Ulrich Deinet (Hrsg.)
Kooperation von Jugendhilfe und Schule

Ulrich Deinet (Hrsg.)

Kooperation von Jugendhilfe und Schule

Ein Handbuch für die Praxis

Leske + Budrich, Opladen 2001

Gedruckt auf säurefreiem und alterungsbeständigem Papier.

Die Deutsche Bibliothek – CIP-Einheitsaufnahme
Ein Titeldatensatz für diese Publikation ist bei
Der Deutschen Bibliothek erhältlich.

ISBN 3-8100-3126-7

© 2001 Leske + Budrich, Opladen

Das Werk einschließlich aller seiner Teile ist urheberrechtlich geschützt. Jede Verwendung außerhalb der engen Grenzen des Urheberrechtsgesetzes ist ohne Zustimmung des Verlages unzulässig und strafbar. Das gilt insbesondere für Vervielfältigungen, Übersetzungen, Mikroverfilmungen und die Einspeicherung und Verarbeitung in elektronischen Systemen.

Satz: Leske + Budrich
Druck: DruckPartner Rübelmann, Hemsbach
Printed in Germany

Inhalt

Vorwort 7

Ulrich Deinet
Sozialräumliche Verbindung, Stolpersteine und Schnittmengen in der
Zusammenarbeit von Schule und Jugendhilfe 9

Wolfgang Gernert
Die Jugendhilfe – das Jugendamt als Partner der Schule 23

Felder und Themen der Zusammenarbeit

Edith Kesberg
Betreuungsangebote für Kinder im Schulalter 35

Raingard Knauer
Wohin entwickelt sich die betreute Grundschule? – Ein Anforderungsprofil 49

Ulrich Deinet
Betreuungsangebote für Jugendliche in der Zusammenarbeit von Jugendhilfe
und Schule 61

Hartmut Kreuznacht
„Schwierige Schüler" – Zusammenarbeit zwischen Schulen und dem
Jugendamt 73

Achim Stopp
Erziehungshilfe und Schule: Konkurrenz oder Kooperation 87

Christoph Gilles
Sport, Bewegung, Abenteuer: Traditionelles und aktuelles Feld der
Kooperation 95

Hans-Peter Schaefer
Zusammenarbeit an der Schnittstelle zu Arbeits- und Ausbildungsmarkt 103

Renate Klees-Möller
Mädchenarbeit und Kooperation, Erfahrungen und Ergebnisse aus einem Modellprojekt 113

Benedikt Sturzenhecker
Kooperation Schule und Jugendarbeit zum Thema „Gewalt" 123

Gerhard Engelking/Christoph Höfer
Schulsozialarbeit – Pädagogische Schulentwicklung durch schulische und sozialpädagogische Praxis 139

Helmut Niemeier
Interkulturelles Lernen in Zusammenarbeit von Schule und Jugendhilfe 155

Planungs- und Strukturebene

Martin Treichel
Das Schulprogramm als Instrument zur Entwicklung und Sicherung der Zusammenarbeit von Schule und Jugendhilfe 171

Helga Heukeroth
Gemeinsame Fortbildungen zwischen Fachkräften der Jugendhilfe und Lehrerinnen/Lehrern 179

Mario Szlapka
Maßnahmen und Gremien der Jugendhilfeplanung als Hilfsmittel zur Zusammenarbeit? 191

Ulrich Deinet
Strukturen in der Zusammenarbeit von Jugendhilfe und Schule verstehen, verändern und entwickeln! 199

Sandra Kreis
Regelungen und rechtliche Rahmenbedingungen zur Kooperationen zwischen Schule und Jugendhilfe in den Bundesländern – Materialsammlung 211

Glossar 227

Autorenverzeichnis 241

Vorwort

Gesellschaftliche Veränderungen, insbesondere der Wandel der Familie als Sozialisationsinstanz und die veränderte Rolle von Frauen in Familie und Gesellschaft haben zu neuen Anforderungen an das Schulsystem und die Jugendhilfe geführt, die mit den traditionellen (getrennten), institutionellen Mustern nicht mehr zu beantworten sind. Die typische deutsche Halbtagsschule mit ihrem bildungsorientierten Fachdidaktiken sieht sich zunehmendem inneren Druck und äußerer Erwartung gegenüber, soziale Probleme selbst lösen zu müssen, die traditionell anderen gesellschaftlichen Bereichen wie der Familie und der Jugendhilfe zugeordnet wurden. Zunehmende Gewalt an Schulen und die von vielen Eltern benötigte ganztägige Betreuung ihrer Kinder sind die beiden Herausforderungen, soziale Probleme, mit denen sich das Schulsystem auseinandersetzen muss, bei gleichzeitigem Abbau von Ressourcen.

Die Jugendhilfe sieht sich ebenfalls in der Situation, auf neue Bedarfe nicht durch den Aufbau neuer Subsysteme reagieren zu können sondern vorhandene Bereiche mit neuen Harausforderungen und Aufgaben zu betrauen: Kindertagesstätten und Horte müssen sich etwa mit den Erwartungen nach mehr Flexibilität und bedarfsgerechteren Angeboten auseinandersetzen. Der Kostendruck im Bereich der Fremdunterbringung lässt Jugendämter nach teilstationären und mobilen Formen der Hilfen zur Erziehung suchen. Einrichtungen der offenen Jugendarbeit müssen mit neuen Angeboten zur Ganztagsbetreuung auf den gestiegenen Bedarf reagieren.

Auch die notwendige Kooperation innerhalb der beiden Systeme muss in Jugendhilfe und Schule erst noch entwickelt werden: so existieren in der Jugendhilfe traditionelle Grenzen und Abgrenzungen, z.B. zwischen Jugendhilfe, Tagesstätten und den Hilfen zur Erziehung, die nur schwer abgebaut werden können. Die Segmentierung des Schulsystems in die einzelnen Schulformen macht es ebenfalls schwer, übergreifende Konzepte zu entwickeln.

Dass Jugendhilfe und Schule als historisch völlig unterschiedlich gewachsene pädagogische Institutionen aufgrund dieser Situation stärker zusammenarbeiten sollen, wird vielfach postuliert, aber in der Praxis gibt es große Probleme bei der Kooperation zweier Systeme, die unterschiedlich legitimiert und strukturiert sind (Strukturdifferenzen), deren Professionelle ein stark divergierendes berufliches Selbstverständnis haben, und deren pädagogische Praxis auf unterschiedlichen fachwissenschaftlichen Paradigmen aufbaut.

In der Praxis hat sich in den letzten Jahren aufgrund unterschiedlicher Problem- und Bedarfslagen und der örtlichen Bedingungen ein sehr breites Spektrum verschiedener Kooperationsformen entwickelt. Vielfach bauen erfolgreiche Projekte der Zusammenarbeit aber einzig auf dem Engagement einzelner Lehrer und Sozialpädagogen auf und sind deshalb wenig konstant.

Die heterogene Vielfalt gemeinsamer Themen und Projekte ist Ausdruck einer kaum zu steuernden Konzeptionierung der jeweiligen Angebote auf die konkreten Rahmenbedingungen und die Bedarfe vor Ort. Diese Vielfalt ist aber auch diffus und unübersichtlich; vorhandene Erfahrungen werden kaum transportiert, Kooperationserfahrung gehen nicht in Strukturen über.

Strukturelle Differenzen und systemische Abgrenzungen machen es schwer, Hemmnisse und Fördernisse für Kooperation klar zu bestimmen und diese sind deshalb auch nicht steuerbar sondern ergeben sich eher zufällig vor Ort.

Die grundsätzliche Fragen lauten deshalb: Wie kann die Kooperation zwischen Jugendhilfe und Schule über Modelle hinaus auf den Weg gebracht werden, welche Rahmenbedingungen, Strukturen müssen geschaffen, verändert, welche Anstöße und Anreize gegeben werden.

Besonders wichtig für das Gelingen der Zusammenarbeit dieser beiden sehr unterschiedlichen Partner ist es, die oft vorhandene Schieflage in der Zusammenarbeit zu verhindern und zu einem gleichberechtigtem Verhältnis zu kommen, dass durch „Geben und Nehmen" gekennzeichnet ist, denn einseitige Instrumentalisierungen führen nicht zu einer langfristigen und partnerschaftlichen Zusammenarbeit. Trotz vorhandener gesetzlicher Bestimmungen, die Jugendhilfe und Schule (in einigen Bundesländern) zur Kooperation verpflichten, ist diese letztlich nicht erzwingbar.

Um die Gefahren von Instrumentalisierung und Schieflage zu überwinden, müssen die unterschiedlichen Sicht- und Herangehensweisen von Jugendhilfe und Schule konstruktiv zusammengebracht und gemeinsame Aufgaben so bearbeitet werden, dass beide Bereiche ihre Profile einbringen und im Sinne der Aufgabenstellung ein Synergieeffekt entsteht.

Die AutorInnen dieses Buches kommen deshalb aus beiden Bereichen. In allen Beiträgen wird großer Wert auf die Verständlichkeit der Jugendhilfe und ihrer Strukturen aus schulischer Sicht gelegt. Zahlreiche Beiträge gehen explizit von schulischen Themen aus, um an diesen Kooperationsmöglichkeiten zu beschreiben.

Das Buch richtet sich an die Praktiker in der Zusammenarbeit von Jugendhilfe und Schule sowie an die Menschen in beiden Bereichen, die Rahmenbedingungen für eine bessere Zusammenarbeit entwickeln können, z.B. Schulleitung, Schulaufsicht oder Leitungskräfte in Jugendämtern. Es soll helfen, Schnittmengen für gemeinsame Projekte und Aufgaben zu finden, auf der Grundlage eigenständiger Profile und gemeinsamer Aufgaben.

Ulrich Deinet

Ulrich Deinet

Sozialräumliche Verbindung, Stolpersteine und Schnittmengen in der Zusammenarbeit von Schule und Jugendhilfe

Ausgehend von einem gelungenen Beispiel der Zusammenarbeit zwischen einer Hauptschule und einer Jugendeinrichtung wird im zweiten Kapitel die Jugendhilfe als System im Vergleich zur Schule kurz skizziert. Unklare Strukturen führen oft zu „Stolpersteinen" und Schieflagen in der Zusammenarbeit, die im dritten Teil vorgestellt werden. Abschließend geht es um Argumente für eine gleichwertige Zusammenarbeit zwischen Schulen und Einrichtungen der Jugendhilfe auf der Grundlage gemeinsamer Aufgaben und eigenständiger Profile.

1. Die sozialräumliche Verbindung von Schule und Jugendhilfe

1.1. Ein gelungenes Beispiel der Zusammenarbeit einer Hauptschule mit einer Jugendeinrichtung in Gelsenkirchen.

Helmut Niemeier leitet eine Hauptschule mit einem sehr hohen Anteil türkischer Kinder und Jugendlicher und steht vor dem Problem der Betreuung ihrer Schüler über Mittag.

Anstoß, sich an das benachbarte ev. Jugendhaus zu wenden, ist für ihn folgendes Problem: Türkische Mädchen bleiben mittags auf dem Schulhof und gehen nicht nach Hause, sondern warten dort bis zum Beginn des Nachmittagsunterrichts. Herr Niemeier fragt deshalb beim direkt benachbarten evangelischen Jugendhaus an, ob die Schule die dortigen Räume für eine „Über-Mittag-Betreuung" nutzen könne.

Seit fünf Jahren besuchen nun jeden Tag zwischen 30 und 70 Schüler das Jugendhaus; sie können dort essen, ihre Hausaufgaben machen sowie die Räume und Spielmöglichkeiten des Jugendhauses nutzen. Zunächst übernahmen zwei hauptamtliche Mitarbeiter der Schulsozialarbeit (angestellt beim Schulträger) die Organisation des Mittagessens, die Hausaufgabenbetreuung und die Aufsicht im Jugendhaus. Nach dem Auslaufen der ABM-Stellen schien das Projekt einzugehen, doch es wurde weitergeführt, weil beide Seiten viel davon haben.

Das Jugendhaus wollte das Projekt aufgrund des Erfolges fortsetzen und eine hauptamtliche Mitarbeiterin des Jugendhauses übernahm die Leitung.

Herr Niemeier sagte seine Unterstützung zu: Lehrer übernahmen die Durchführung der Schulaufgabenbetreuung im Jugendhaus. Die Jugendlichen wurden stärker beteiligt: sie und nicht mehr die Hauptamtlichen organisieren den Cafeteria-Betrieb, Spieleverleih und Getränkeverkauf. Zeitlich liegt das Projekt zwischen dem Ende der sechsten Stunde und dem Beginn des Nachmittagsunterrichts bzw. der regulären Öffnungszeit des Jugendhauses.

Aus der Durchführung einer „Über-Mittag-Betreuung" der Hauptschule in den Räumen der Jugendeinrichtung hat sich eine intensive Zusammenarbeit entwickelt, die sich positiv auf den Schul- und den Jugendhausalltag auswirkt.

Schulische Arbeitsgemeinschaften, die im Jugendhaus von den Sozialpädagogen durchgeführt werden, gehören ebenso zum Alltag wie die Lehrer, die mittags regelmäßig ins Jugendhaus kommen, um dort eine Schulaufgabenhilfe anzubieten (die Hälfte d. Kollegiums geht freiwillig).

Für das Jugendhaus bedeutet diese Entwicklung, dass Jugendliche ins Haus kommen, die beispielsweise über die offenen Angebote nicht angesprochen werden konnten, das Renommee im Stadtteil hat sich verbessert ebenso die Zusammenarbeit mit weiteren Institutionen.

Es gibt regelmäßige Besprechungen zwischen Lehrern und Sozialpädagogen sowie gemeinsame Projekte im Stadtteil oder z.B. eine Theater-AG, die als Schulveranstaltung im Jugendhaus durchgeführt und von dort aus geleitet wird.

Nach fünf Jahren zieht Helmut Niemeier folgendes Resümee aus der Zusammenarbeit mit dem Jugendhaus: „Am Beispiel Eppmannsweg wird weiter deutlich, dass alle Beteiligten aus der Kooperation von Schule und Jugendhaus persönlichen Gewinn schöpfen. Die Schüler/innen genießen freie Bewegungsräume, die ihnen sonst verschlossen wären, und zwar als Nutzer und Gestalter. Sie haben dadurch das Gefühl, erwünscht zu sein und vor allem selbst entscheiden und sogar organisieren zu können, was sie tun: etwa ob sie sich nur unterhalten, spielen oder Hilfe in Anspruch nehmen wollen. Das wirkt sich auf das gesamte Schulklima günstig aus. Für die Eltern wiederum ist über Mittag die Gewißheit gegeben, dass sich ihre Kinder (sofern sie teilnehmen) an einem sicheren Aufenthaltsort befinden und sich dort sogar selbst versorgen können. Für Lehrer/innen schließlich ergeben sich unter entlasteten Bedingungen vermehrte Kontakte zu den Schülern und damit zugleich umfassendere Eindrücke, die als sehr positiv für die eigene Befindlichkeit und Arbeit bezeichnet werden. Ebenso hat sich die Sichtweise der jeweils anderen Institution, der gegenüber z.T. erhebliche Vorbehalte bestanden, verändert. Probleme werden dadurch verständlicher; persönliche Stärken und fachliche Kompetenzen lassen sich breiter nutzen; bestimmte Vorhaben können gemeinsam angegangen und getragen werden." (Niemeier, Helmut 1997, S. 275)

In Gelsenkirchen gibt es eine Brücke zwischen Jugendarbeit und Schule: der Stadtteil mit seinen Themen und Problemen als Rahmenbedingung, mit dem sich Jugendhaus und Schule auseinandersetzen müssen. Außerdem existieren Schnittmengen, gemeinsame Themen und Aufgaben von Jugendeinrichtung und Hauptschule. Beide Institutionen haben etwas von der Zusammenarbeit ohne ihre eigenständigen Profile zu verlieren.

Die Lebenswelt der Kinder und Jugendlichen, der Stadtteil, die Gemeinde sind die Rahmenbedingungen für eine Öffnung in Schule und Jugendhilfe. Sozialräumliches

Denken in der Schule und der Jugendarbeit bedeutet: Interesse an den Räumen und Orten der Kinder, eine Orientierung an den sozialen Themen und Problemen des Stadtteils, Öffnung und Kooperation mit anderen Institutionen usw.

Nur durch eine sozialräumliche Öffnung von Schule und Jugendarbeit kommt Kooperation wirklich zustande! (nicht alleine durch Eingriff von oben, auch nur bedingt durch Förderung von oben). Ganztagsangebote wie beispielsweise ein Schülercafé sind gute Medien für die Entwicklung einer langfristigen Zusammenarbeit.

Obwohl Jugendarbeit und Schule unter hohem gesellschaftlichen Druck stehen, ihre Zusammenarbeit zu verstärken und insbesondere Ganztagsangebote zu entwickeln, zeigen die Erfahrungen aus Kooperationsprojekten, dass eine wirkliche Zusammenarbeit nur dann zustande kommt, wenn sich beide Bereiche öffnen, d.h. Kinder und Jugendliche nicht nur institutionell als „Schüler" oder als „Klientel" betrachten.

Der Anstoß für die Kooperation in unserem Beispiel kommt aus der Lebenswelt: für die türkischen Mädchen, die mittags nicht nach Hause gehen, ist die Schule zum Lebensort geworden, den sie ihrem familiären Raum gegenüber vorziehen, weil sie dort z.B. Rollenerwartungen ausgesetzt sind, denen sie nicht immer entsprechen wollen.

Bei der Suche nach einem geeigneten Kooperationspartner stehen für die Hauptschule in Gelsenkirchen also nicht so sehr Unterrichtsprobleme im Vordergrund, sondern die soziale Situation der Schülerinnen und Schüler, die auf den Lebensort Schule immer stärker angewiesen sind: „Schule kann sich nicht mehr sozial abschotten und die Herstellung des Sozialen anderen überlassen der Familie, der Jugendhilfe... denn sie ist unter der Hand zur sozialräumlichen Szenerie geworden" (Böhnisch 1994, S. 91).

Die mit dieser Einsicht verbundene Öffnung von Schule in Richtung des Stadtteils und der Lebenswelt der Kinder und Jugendlichen lässt sich in vielen Beispielen belegen.

1.2. Schule ist zum Lebensort geworden

Erst wenn Schule aufgrund der sich verändernden gesellschaftlichen Hintergründe „begreift", dass die Herstellung des Sozialen über die reine Unterrichtsgestaltung zu ihren Aufgaben gehört und Lehrerinnen und Lehrer die Erfahrung machen, dass die Einmischung in das Soziale langfristig zur Stabilisierung von Schule und dem „Unterricht halten" beiträgt, besteht eine Grundlage für eine Kooperation.

Nur wenn Schule sich öffnet, ist sie in der Lage zu kooperieren. Bestätigt werden die skizzierten strukturellen Hintergründe und Entwicklungen durch die vielfachen Erfahrungen aus der Jugendarbeit, nur mit solchen Schulen kooperieren zu können, die schon eine sozialräumliche Öffnung als bewussten Prozess eingeleitet haben: „Erfolgversprechend sind Kooperationsprojekte nur dann, wenn es Schule gelingt, in einen stärkeren Austausch mit der sozialen Umwelt zu treten um einmal sich selbst mehr als Sozialraum zu verstehen und zum anderen außerschulische Sozialprozesse auch sozial mitsteuern zu können" (Böhnisch 1994, S. 91).

Der sozialräumliche Bezug zwischen Schule und Jugendarbeit fällt in unserem Beispiel aus Gelsenkirchen leicht, weil es sich hier auch um einen sozial-geografischen Bezug handelt:

- Das Jugendhaus liegt nebenan, die gleichen Kinder und Jugendlichen besuchen Schule und Jugendhaus.
- Der Stadtteil ist ein abgegrenzter überschaubarer Sozialraum; in der Innenstadt von Gelsenkirchen oder in einem Landkreis sind die sozialräumlichen Bezüge sicher ganz andere.

Diese positiven Bedingungen sind jedoch nicht überall gegeben. Besonders die räumliche Nähe zwischen einer Jugendeinrichtung und einer Schule lässt sich nicht so einfach herstellen! Außerdem geht es in vielen Kooperationsprojekten nicht nur um die Einrichtung eines Schülercafés, sondern auch um andere Themen und Probleme, für die nicht so sehr die Jugendarbeit, sondern andere Bereiche der Jugendhilfe als Partner gesucht werden müssen.

1.3. Ist die Jugendarbeit immer der richtige Partner für Schule?

Bezogen auf unser Beispiel kann man die Frage bejahen, denkt man aber an andere Themen und Felder einer Zusammenarbeit so ist die Jugendarbeit oft nicht der einzige und manchmal auch gar nicht der richtige Partner! Wenn räumliche Nähe, vergleichbarer Einzugsbereich, sozialräumliche Orientierung gegeben sind und wenn es thematisch um Freizeit, Ganztagsangebote, Projekte usw. geht, ist eine Kooperation zwischen Jugendarbeit und Schule sehr sinnvoll.
Wenn es um „schwierige Schüler", Einzelfälle und Familienprobleme geht, ist die Jugendarbeit der falsche Partner der Schule; dann ist es unbedingt erforderlich, dass der Allgemeine Soziale Dienst bzw. die Hilfen zur Erziehung in eine Kooperation mit Schulen gebracht werden. Jugendarbeit kann deshalb nie alleine ohne die anderen Bereiche der Jugendhilfe als Partner von Schule gesehen werden, sonst steht sie in der Gefahr, dass alle Erwartungen aus schulischer Seite auf sie gerichtet werden und sie stellvertretend für die Jugendhilfe insgesamt betrachtet wird.
Im Folgenden sollen deshalb wie an weiteren Stellen dieser Veröffentlichung die Strukturen der Jugendhilfe kurz vorgestellt werden im Vergleich zu den Schulstrukturen, so dass deutlich wird, dass beide Systeme sehr unterschiedlich aufgebaut sind.

2. Schule und Jugendhilfe als Systeme – komplizierter geht es kaum!

In folgender Übersicht werden Strukturelemente von Jugendhilfe und Schule gegenübergestellt, um auf die Charakteristika der Jugendhilfe und die Unterschiede zwischen beiden Systemen hinzuweisen.
Die erste Reihe stellt zunächst wesentliche Elemente der Jugendhilfestruktur vor: Die Zweigliedrigkeit des Jugendamtes mit dem Jugendhilfeausschuss und der Verwaltung (das Jugendamt als „Verwaltungsorgan") ist für den schulischen Bereich oft genauso unklar wie die Aufgabe des Jugendhilfeausschusses und die Einbeziehung der freien Träger.
Jugendhilfe ist im Vergleich zur Schule weitgehend kommunal organisiert; es existiert zwar ein überörtlichen Träger (Landesjugendamt) und eine oberste Jugendbehörde, deren Größe und Funktion aber nicht mit dem Schulbereich zu vergleichen sind. So

kennt die Jugendhilfe zwar auch eine staatliche Aufsicht (z.B. Heimaufsicht), diese hat aber deutlich eingeschränktere Funktionen und Strukturen als die Schulaufsicht, die sich je nach Bundesland noch in untere und obere Schulaufsicht unterteilt.

Jugendhilfe	Schule
Struktur	**Struktur**
Zweigliedrigkeit des Jugendamtes: Verwaltung und Jugendhilfeausschuss Rolle der freien Träger	Schulträger-/Schulunterrichtssystem Schulverwaltungsamt Schulamt Schulausschuss
Landesjugendämter und Ministerien	Obere Schulaufsicht und Ministerien
Bereiche der Jugendhilfe	**Schulformen**
Jugendhilfeplanung Kinder- und Jugendarbeit Tageseinrichtungen/Horte Hilfen zur Erziehung (ASD) Jugendsozialarbeit Kinder- und Jugendschutz	Grundschule Hauptschule Realschule Gymnasium Sonderschulen berufsbildende Schulen Gesamtschulen freie Schulen Ganztagsschulen
Schulbezogene Jugendhilfe (Beispiel NRW)	**Öffnung von Schule/Programme (Beispiel NRW)**
Schulsozialarbeit (Träger: Jugendhilfe) Schuljugendarbeit Schulkinderhaus Hort an d. Schule Finanzielle Förderungen (z.B. Projekte mit Schulen) Ganztagsangebote „Sit"(Schülertreff in Tagesstätten)	Schulsozialarbeit (Träger: Kommune/Kreis als Schulträger) Schulprogrammentwicklung Gestaltung des Schullebens und Öffnung von Schule („GÖS") verlässliche Grundschule (Schule von 8-1) Programm „13plus"

Schule ist gegenüber der Jugendhilfe völlig anders aufgebaut: Zunächst muss man zwischen dem Schulträgersystem und dem Unterrichtssystem differenzieren; darauf aufbauend haben Schulverwaltungsämter und Schulämter sehr differierende Funktionen (dies wird aus Sicht der Jugendhilfe oft gar nicht oder falsch wahrgenommen). Aufgabe und Aufbau der Schulaufsicht, deren Gliederung sowie die Funktion des kommunalen Schulausschusses werden ebenfalls aus der schulischen Struktur völlig anders bestimmt als die Gremien und Organe der Jugendhilfe.

Der kommunale Jugendhilfeausschuss ist das entscheidende politische Entscheidungsorgan der Jugendhilfe im Unterschied zum Schulausschuss, der sich wesentlich mit Fragen der Schulträgerschaft („äußere" Schulangelegenheiten) und nicht etwa mit der Unterrichtsgestaltung befasst („innere" Schulangelenheiten). In vielen Kommunen wird diese klassische Teilung zugunsten einer „erweiterten Schulträgerschaft" überwunden, wenn die Kommune etwa selbst Träger von Schulsozialarbeit und anderen schulbegleitenden Maßnahmen ist.

Die zweite Reihe vergleicht Arbeitsbereiche von Jugendhilfe und Schule: Das breite Spektrum unterschiedlicher Felder der Jugendhilfe ist in der Schule nur teilweise bekannt und oft führt die Unkenntnis relevanter Partner zu einseitigen Kooperationen oder diese kommen erst gar nicht zustande. Das Schulsystem differenziert sich in die unterschiedlichen Schulformen, die jeweils eigene Rahmenbedingungen, Inhalte und Kooperationsbedingungen aufweisen.

Die dritte Reihe zeigt am Beispiel Nordrhein-Westfalens Arbeitsbereiche und Institutionen aus beiden Bereichen, die jeweils auf eine Zusammenarbeit mit dem Partner bezogen sind, etwa Formen einer schulbezogene Jugendhilfe, die zunehmende Anzahl von Stellen für Schulsozialarbeit, die in der Jugendhilfe angesiedelt sind, oder die Schulkinderhäuser als Horte an Grundschulen.

Auch im Schulbereich gibt es Felder und Entwicklungen, die unter dem Begriff „Öffnung von Schule" auf Kooperation angelegt sind, insbesondere die Entwicklung von Ganztags- und Betreuungsangeboten wie die „verlässliche Grundschule" oder die „Schule von acht bis eins". Die Entwicklung von Schulprogrammen sowie die Zusammenarbeit zwischen Jugendhilfe und Schule im Rahmen schulischer Programme wie dem nordrhein-westfälischen „GÖS" (Gestaltung des Schullebens und Öffnung von Schule) bilden ebenfalls Grundlagen für eine Zusammenarbeit. In diesem Feld sind auch die unterschiedlichen Formen von Schulsozialarbeit angesiedelt, die im Bereich der Schulen oder Schulträger institutionalisiert sind (im Unterschied zu Schulsozialarbeiterstellen bein Jugendämtern).

Die hier skizzierten strukturellen Unterschiede z.B. die mangelnde Vergleichbarkeit einzelner Arbeitsbereiche führen in der Praxis der Zusammenarbeit zwischen Schulen und Einrichtungen der Jugendhilfe oft zu großen Problemen, die es zu erkennen und zu lösen gilt.

3. Schieflagen und Stolpersteine

Strukturelle Differenzen und systemische Abgrenzungen machen es schwer, Hemmnisse und Fördernisse für die Kooperation klar zu bestimmen.

3.1. Typische Stolpersteine

Größenunterschiede beachten

Die Unterschiedlichkeit der beiden Systeme Schule und Jugendhilfe fängt bei der Größe an: Der schulische Bereich ist mindestens siebenmal größer als die Jugendhilfe!

Die Fachberatung bekam einen Anruf von einer Jugendeinrichtung, die ein gelungenes Projekt mit einer Grundschule durchgeführt hatte und sich jetzt nicht mehr zu helfen wusste, weil 13 weitere Grundschulen angerufen hatten, um ein ähnliches Projekt durchzuführen!

Auch auf der Ebene der oberen Schulaufsicht stehen in Nordrhein-Westfalen einem Landesjugendamt in Westfalen drei und im Rheinland zwei Schulabteilungen der Bezirksregierungen gegenüber. Vor allem in kleinen Jugendämtern übernehmen viele Mitarbeiterinnen und Mitarbeiter Doppelfunktionen: Sie sind gleichzeitig Jugendschützer, Planer usw., so dass es Probleme gibt, wenn die schulische Seite unterschiedliche Kooperationsinteressen gleichzeitig formuliert.

Eigene Betroffenheit – gemeinsames Thema?

Beide Systeme sind sehr stark mit sich selbst beschäftigt und in sich geschlossen. Aus diesem Verständnis heraus kann man nicht davon ausgehen, dass aus der eigenen Wahrnehmung heraus ein Thema automatisch auch für den Partner in Schule oder Jugendhilfe ein Thema ist.

Oft sucht jeder nach seinen Begriffen: Schülerinnen/Schüler oder Klientel. Jedes System hat eigene Themen: Schulprofil, Rhythmisierung, Schulprogramm; oder in der Jugendhilfe: Entspezialisierung, Dezentralisierung, die Erzieherischen Hilfen usw. Man versteht sich oft gegenseitig nicht und die eigenen Begriffe werden dem anderen auch gerne „um die Ohren gehauen".

Die eigene Betroffenheit, insbesondere aber die Unkenntnis der Struktur des Partners führen sehr schnell zu überzogenen Erwartungen. Man erwartet viel mehr als das jeweilige System leisten kann!

Unklares Bild vom anderen System

Hintergrund für überzogene Erwartungen ist oft ein unklares Bild vom anderen System und dieser Punkt weist auch auf viele Missverständnisse hin: Der Begriff Jugendhilfe wird z.B. im schulischen Bereich immer noch mit den Einrichtungen stationärer Erziehungshilfe gleichgesetzt. Hierarchien und Strukturen sind in beiden Systemen völlig unterschiedlich und dies betrifft insbesondere die obere Schulaufsicht und den überörtlichen Träger der Jugendhilfe: Auf kommunaler Ebene ist im Bereich der Jugendhilfe insbesondere die Trennung von Schulträger und Schulunterrichtssystem oft unklar und verschwommen. Der Schulträger ist kommunal organisiert und das Schulunterrichtssystem unterliegt der staatlichen Schulaufsicht bis hin zum Ministerium. Demgegenüber steht die kommunale Organisation der Jugendhilfe, die zwar einen überörtlichen Träger kennt, der jedoch im Gegensatz zum Schulbereich deutlich weniger Aufsichtsfunktion übernimmt.

Instrumentalisierung/Inpflichtnahme

Aus systemtheoretischer Sicht suchen beide Systeme keine Partner, sondern Hilfen, um das eigene System zu stabilisieren. Ein Beispiel dafür ist die vielfache Forderung nach schulischer Sozialarbeit als „Klimaanlage" für schulische Probleme oder auf der anderen Seite versucht die Jugendarbeit oft, die Schule als Reservoir für Kinder und Jugendliche zu nutzen, ohne sich weiter für sie zu interessieren. Diese gegenseitige Inpflichtnahme versucht, den jeweils anderen in Dienst zu nehmen; so kommen keine echten Kooperationen zu Stande! Um solche Prozesse zu verhindern ist es wichtig, sich Klarheit über die eigenen Motive und Zielsetzungen zu verschaffen, bevor man mit dem Partner ins Gespräch kommt. Für die Jugendarbeit ist es z.B. wichtig deutlich zu erkennen, ob sie Interesse an Kindern und Jugendlichen hat, die sie über die Schule erreichen kann, oder wirkliches Interesse an einer Zusammenarbeit mit Schule.

Die Unkenntnis des jeweils anderen Systems und das Problem der gegenseitigen Inpflichtnahme führt zu Ungleichgewichten in Kooperationsvorhaben. Die Jugendarbeit wird oft mit Erwartungen konfrontiert, die an das Jugendhilfe-System insgesamt gestellt werden, und wird u.a. mit dem Problem „schwierige Schüler" konfrontiert, das eigentlich in den Bereich des Allgemeinen Sozialen Dienstes bzw. der Erzieherischen Hilfen gehört.

Hemmschwellen und Fettnäpfchen

Schon im Auftreten ist man sich oft unsicher; die Dienstwege sind ganz andere, auch die Begriffe, und so gibt es viele Fettnäpfchen und Hemmschwellen in der Kooperation. Jugendhilfe „vergisst" z.B. oft die Einbeziehung der Schulämter als untere Schulaufsichtsbehörde. Ein konkretes Problem in der Praxis ist auch: Man kann sich gegenseitig nicht erreichen, Lehrer haben kein Büro, soziale Dienste sind schwer erreichbar und so vergrößern sich schnell die Vorurteile.

Oftmals stimmen auch die Ebenen derjenigen nicht überein, die zusammenarbeiten sollen.

In der Jugendhilfe bestimmen auch die eigenen Schulerfahrungen oder die Schulerfahrungen der Kinder das Bild von der Schule.

Unklare Zielsetzungen und Strukturen

Schule weiß meist genau, was sie in Kooperationsmodellen will, weil es im schulischen System auf Grund der größeren Ordnung und klareren Struktur leichter ist, z.B. Weiße Flecken im Betreuungsangebot auszumachen und entsprechende Erwartungen zu äußern. Auf der anderen Seite ist die Jugendhilfe, insbesondere die Jugendarbeit in Kooperationensehr flexibel und wirkt deshalb unklar und undefiniert.

Ziele für Kooperationsprojekte sollten deshalb zunächst im eigenen Feld geklärt werden, auch unter dem Aspekt, welche Ziele wirklich in die Kooperation hinein gehören und welche nicht.

Überzogene Erwartungen können auf diese Weise von vornherein verhindert werden. Soll die Kooperation zwischen Jugendhilfe und Schule nicht an engagierten Personen hängenbleiben, sondern in Strukturen übergehen soll, also Kontinuität und Verlässlichkeit erhalten, ist es erforderlich, dass Strukturen geschaffen werden, die Kooperation über persönliche Beziehungen hinaus transportieren. Dazu ist es unbedingt notwendig, dass auf Grund der unterschiedlichen Hierarchie und Organisationsstrukturen die „richtigen" Ebenen zusammenarbeiten, z.B. SchulleiterInnen und JugendamtsleiterInnen bzw. AbteilungsleiterInnen, die SchulpraktikerInnen und JugendhilfepraktikerInnen vor Ort sowie die politische Leitungsebene. Ferner ist es hilfreich, in beiden Bereichen Beauftragte und Ansprechpartner zu benennen, die entsprechende Kontakte herstellen können.

3.2. Hintergründe: Sozialpädagogik und Schule – eine spannungsreiches Verhältnis!

Einseitige gegenseitige Rollenzuschreibungen und Instrumentalisierungen, so wie sie immer noch für das Verhältnis zwischen Jugendhilfe und Schule typisch sind, verweisen auf die Geschichte der Sozialpädagogik in ihrem Verhältnis zu Familie und Schule. Der Begriff der Sozialpädagogik (manchmal synonym oder auch in Angrenzung zum Begriff der Sozialarbeit verwendet) bezieht sich auf die hinter der Institution der Jugendhilfe stehenden fachlichen und fachwissenschaftlichen „Paradigmen" (Muster), so wie sie in Forschung, Lehre und Fachöffentlichkeit vertreten werden.

Die ersten Sätze einer bekannten Definition von Sozialpädagogik der preußischen Ministerialbeamtin Gertrud Bäumer aus dem Jahr 1929 erinnern an einen Zusammenhang zwischen Sozialpädagogik, Familie und Schule, der bis heute spürbar ist: „"...alles was Erziehung, aber nicht Schule und nicht Familie ist. Sozialpädagogik bedeutet hier den Inbegriff der gesellschaftlichen und staatlichen Erziehungsfürsorge, sofern sie außerhalb der Schule liegt" (Gertrud Bäumer, 1926,S. 3).

Sozialpädagogik wurde vor allem als Nothilfe begründet, wenn Familie und Schule versagen. In sozusagen komplementärer Weise ist Bäumer deshalb auch der Meinung: „Es wäre gesünder, wenn man die Familie als solche in Umstände versetzen könnte, die das Leben des Kindes bildend gestalten, statt ihm außerhalb der Familie anzuflicken, was ihm innerhalb ihrer verloren gegangen ist." (Bäumer, 1929, S. 14)

Sicher ist die Sozialpädagogik längst über ihre primäre Funktion als Nothelfer für Familie und Schule hinausgewachsen und übernimmt aufgrund gesellschaftlicher Veränderungen wichtige Aufgaben der „Lebensbewältigung und Sozialintegration" (Lothar Böhnisch: 1993, Sozialpäd. d. Kinder und Jugendalter); Sozialpädagogik hat eigenständige fachliche Perspektiven entwickelt, man denke z.B. an die Strukturmaxime des 8. Jugendberichtes wie Prävention, Dezentralisierung/Regionalisierung, Alltagsorientierung, Situationsbezogenheit, Ganzheitlichkeit, Integration, Partizipation, Lebensweltorientierung.

Im aktuellen Verhältnis zwischen Jugendarbeit und Schule wird die Geschichte der Sozialpädagogik „lebendig", und auf diesem historischen Hintergrund sind auch aktuelle Probleme, gegenseitige Instrumentalisierungen und Empfindlichkeiten eher zu verstehen.

Die Sozialpädagogik wird durch die derzeitige Diskussion an ihre Anfänge „erinnert"; besonders im Verhältnis zur Schule bricht die eigene „Profilneurose" immer wieder durch. Für zusätzliches Nichtverstehen sorgen Missverständnisse oder unterschiedliche Begriffsdefinitionen.

Es werden z.B. aus der Sicht der Schule mit den Begriffen „Sozialpädagogik, Jugendhilfe, Jugendamt" zum Teil ganz andere Dinge assoziiert als im sozialpädagogischen Feld selbst.

Die Jugendarbeit als ein Teil institutionalisierte Sozialpädagogik, wird oft als Bereich verstanden, der Schule helfen soll, ihre Probleme zu lösen im Sinne eines „Reparaturbetriebs"; in diesem verkürzten Verständnis wird Sozialpädagogik dann oftmals auf Schulsozialarbeit reduziert.

Sozialpädagogik selbst trägt ebenfalls zu Missverständnissen und Verkürzungen im Verhältnis zu Schule bei, weil:

- die eigene Position undeutlich, in der Kontroverse eher beleidigt, und aus dem Verständnis eines „David" gegenüber dem „Goliath" Schule oft defensiv bleibt;
- ihr Bild von Schule oft stark überaltert ist und von den eigenen Schulerfahrungen der Mitarbeiter getragen wird;
- ihre eigene Funktionsbestimmung im Verhältnis zu Schule oft schwammig ist; man weiß eher, was man nicht will, während Schule meist klare Erwartungen an Jugendarbeit hat.

Sozialpädagogik manövriert sich schnell in die Rolle des Ausfallbürger, weil der eigene Erziehungs- und Bildungsanspruch gegenüber der klassischen Bildungsinstitution Schule nicht klar definiert werden kann sondern eher verschwimmt.

In den Bereichen von Ganztagsangeboten und Kooperationen zwischen Jugendarbeit und Schule bedeutet dies, dass sich Jugendarbeit oft zurücknimmt, Mittagessen „organisiert" und Kinder „betreut"; aus der Sicht der Schule oft „mindere" Tätigkeiten im Vergleich zum eigenen Bildungsauftrag.

Die selbst gewählte Reduzierung der Jugendarbeit wird meist begleitet durch eine ständige Beschwerde über „Nichtbeachtung" bzw. das „Nicht ernst nehmen" durch Schule.

Sozialpädagogik legt heute großen Wert darauf, sich nicht über die Defizite von Familie und Schule zu definieren; die aktuelle Diskussion um den Ausbau von Ganztagsangeboten und die Kooperation zwischen Jugendarbeit und Schule führen jedoch teilweise auf diese Ebene zurück.

Auf Seiten der Schule beeinflusst die Diskussion um die historische Entwicklung der deutschen Halbtagsschule (im Gegensatz zu fast allen anderen europäischen Ländern mit Ganztagsschulen) und die damit verbundenen Probleme im Vergleich zum Ganztagsschulsystem sicher auch das Verhältnis zur Jugendhilfe: So existiert im Schulbereich die nicht von der Hand zu weisende Einschätzung, dass es besser wäre, ein Ganztagsschulsystem aufzubauen anstatt ein hochkompliziertes Förder- und Kooperationssystem zwischen Schule Jugendhilfe und anderen Institutionen zu installieren.

4. Schule ist zum Lebensort geworden und braucht Partner – Argumente für eine gleichwertige Zusammenarbeit

Gerd Brennner fordert eine Neuverteilung der Bildungsaufgaben, die auch Grundlage für eine andere Struktur der Zusammenarbeit sein kann: „Nachdem dem Schulsystem in den letzten Jahrzehnten immer mehr Aufgaben zugewachsen sind, setzt sich in neuester Zeit mehr und mehr die Einsicht durch, dass die Schule mit ihrem inzwischen höchst umfassenden Bildungsauftrag überfordert ist. Als Konsequenz wird überlegt, neben der Schule wieder verstärkt andere Institutionen und Sozialisationsbereiche am gesellschaftlichen Bildungsauftrag zu beteiligen" (Brenner 1999, S. 251).

Unter dem Aspekt der notwendigen Umverteilung eines umfassenden Bildungsauftrages auf mehrere Schultern käme der Jugendhilfe eine eigene Stellung zu und sie wäre nicht mehr in der bisherigen Schieflage der Kooperation in der Jugendhilfe Schule helfen soll, ihre Aufgaben besser zu erfüllen. Brenner bezieht diese tendenzielle Veränderung der Balance zwischen beiden Systemen sehr stark auf die Jugendarbeit: „Die Jugendarbeit hat ihren Bildungsauftrag in den letzten Jahrzehnten tendenziell aus den Augen verloren. Bildungsorientierte Programmatik geriet zum Teil ins Hintertreffen, weil die Jugendarbeit einerseits den Trend hin zur Freizeit-/Erlebnisgesellschaft mitmachte und weil sie andererseits in den Sog einer Umwidmung von Bildung in Betreuung geriet. Jetzt müsste eine Renaissance der außerschulischen Jugendbildung auf der Tagesordnung stehen" (Brenner 1999, S. 251).

Hier weist Brenner zu Recht auf die Umwidmung von Bildung in Betreuung hin, die in vielen Angeboten zu beobachten ist. Bildungsaufgaben, die sich auch im Zusammenhang von Ganztagsangeboten stellen, werden in der Jugendarbeit kaum thematisiert, so z.B. auch die Ernährungsfrage.

Wenn Schule sich in dieser Weise von innerer Erwartung und äußeren Ansprüchen ein Stück weit befreien kann, sind die vorhandenen Probleme zwar noch nicht gelöst, können jedoch anders angegangen werden. Ein auf unterschiedliche Bereiche verteilter Bildungsauftrag macht deren Kooperation und Vernetzung unbedingt erforderlich.

Der Jugendhilfe, insbesondere der Jugendarbeit kann dabei eine wesentliche Funktion zukommen, weil sie aufgrund völlig anderer Rahmenbedingungen, Methoden und

Prinzipien in der Lage ist, plurale Selbstwertangebote für Kinder und Jugendliche zu geben, kulturelle Erweiterungen nicht nur über die Leistungskonkurrenz, Ermöglichung von – auch kommerziell ausgerichteten – Orten, z.B. Schülercafés, wo sich die Schülerkultur ausleben kann.

4.1. Schnittmengen für eine Zusammenarbeit suchen

Schule und Jugendhilfe haben eigenständige und unterschiedliche Bildungsaufträge und Methoden. Die Lebenswelt der Kinder und Jugendlichen, die Gestaltung des Sozialen kann zu einer sozialräumlichen Brücke und zu gemeinsamen Aufgaben führen.

Aus den unterschiedlichen Zugängen und der Formulierung gemeinsamer Ziele lassen sich Schnittmengen finden, die gemeinsam anzugehende Bereiche beschreiben. Es kann nicht darum gehen, aus Schule Jugendhilfe und aus Jugendhilfe Schule zu machen. Es ist deshalb zunächst wichtig, in den einzelnen Bereichen Ziele zu bestimmen, die nicht für eine Kooperation geeignet sind, weil sie eigenständige Ziele oder Prinzipien eines jeden Bereiches sind und dessen Profil ausmachen.

Eine solche Übung führt zur schärferen Ausformulierung der Zielsetzungen, die getrennt bzw. gemeinsam angegangen werden können. Dadurch wird auch die Gefahr einer gegenseitigen Inpflichtnahme für die eigenen Ziele vermieden.

In diesem Klärungsprozess geht es auch darum, sich darüber klar zu werden, was man aufgrund der eigenen Rahmenbedingungen nicht leisten kann und will:

So wird die Jugendarbeit z.B. keine Benotung vornehmen, weil das ihren Prinzipien völlig widerspricht oder sich der Allgemeine Soziale Dienst als Feuerwehr für schulische Aufgaben in Pflicht nehmen lassen. Genauso wenig wird die Schule zum reinen Kreativzentrum, wenn sie weiter auch Inhalte vermitteln und Leistungen bewerten soll.

Da eine Kooperation auf Dauer durch Geben und Nehmen gekennzeichnet ist, müssen sich Jugendhilfe und Schule fragen, was sie in eine Kooperation einbringen können; dabei müssen sich beide Bereiche bewegen und auch neue Aufgaben übernehmen.

Schnittmengen finden bedeutet auch: Beide Seiten haben Vorteile und ziehen Nutzen aus der Zusammenarbeit!

4.2. Strukturelle und sozialräumliche Verbindungen entwickeln

Das folgende Schaubild versucht einen Zusammenhang zwischen den skizzierten strukturellen und sozialräumlichen Bedingungen für eine Zusammenarbeit von Jugendhilfe und Schule zu beschreiben. Im Mittelpunkt stehen vier wichtige Felder der Zusammenarbeit; von links oben erschließt sich der strukturelle, von rechts unten der sozialräumliche Zusammenhang über verschiedene Felder und Bereiche.

Schule und Jugendhilfe	Schule – Struktur	Schulformen	Öffnung von Schule – Programm
Systeme und Subsysteme Bespiel NRW	Schulträger-/ Schulunterrichtssystem Schulverwaltungsamt Schulausschuss Schulamt (untere Schulaufsicht) Obere Schulaufsicht und Ministerien	Grundschule Hauptschule Realschule Gymnasium Gesamtschulen Sonderschulen Berufskolleg Ersatzschulen (Halbtags-/Ganztagsschulen)	Schulsozialarbeit, Schulprogramm Gestaltung des Schullebens ... („GÖS") verlässliche Grundschule (Schule von 8-1) „13plus"
Jugendhilfe-Struktur Zweigliedrigkeit des Jugendamtes: Verwaltung und Jugendhilfeausschuss Rolle der freien Träger Landesjugendämter und Ministerien	***Kooperationsfeld gem. Betreuungs- und Ganztagsangebote*** Schülercafé Schulkindergruppe Betreuung nach 13 Uhr Spiel, Bewegung Mittagessen Schulaufgabenhilfe Einzelförderung	***Kooperationsfelder*** Übergang Schule – Beruf, „Schulverweigerer" z.B.: Projekte mit „schulmüden" Jugendlichen usw. **Schule und Hilfen zur Erziehung** „schwierige" Schüler, familiäre Probleme, Einzelfallhilfen usw.	**Eltern** Schulmitwirkung Schulvereine Elternvereine Fördervereine Elterninitiativen als Träger von Ganztagsangeboten
Bereiche der Jugendhilfe Jugendhilfeplanung Kinder- und Jugendarbeit Tageseinrichtungen/ Horte Hilfen zur Erziehung (ASD) Jugendsozialarbeit Jugendschutz	***Kooperationsfeld Projekte*** AGs als gem. Veranstaltung, Projektwochen (z.B.:Prävention) Klassentagungen (Jugendverbände)	***Kooperationsstrukturen*** gemeinsame Fortbildungen „Pärchen" und Kooperationspartner gem. Arbeitsgruppen Beauftragte Stellen	**Kommunale Strukturen** Stadtteilkonferenz runde Tische AG 78 (SGBVIII) Bezirksvertretung Kriminalpräventive Räte (Polizei) Initiativen, Vereine
Schulbezogene Jugendhilfe (NRW) Schulsozialarbeit Schuljugendarbeit Schulkinderhaus Hort an d. Schule Finanzielle Förderungen (z.B. Projekte mit Schulen) Ganztagsangebote „Sit" (Schülertreff in Tagesstätten)	gemeinsame Themen Freizeit Gewalt Rechtsradikalismus Drogenmissbrauch Ökologie/Agenda Straßenverkehr (Schulweg) Mädchen- und Jungenförderung	**Räume und Orte der Kinder und Jugendlichen** Schule als Lebensraum Schulhöfe Spielplätze Jugendhäuser informelle Treffs Vereine	**Stadtteil, Lebenswelt der Kinder und Jugendlichen** sozialräumliche Verbindung von Schule und Jugendhilfe

Die Felder der Strukturen und relevanten Bereiche aus Jugendhilfe und Schule wurden oben dargestellt. Die mittleren vier Felder des Schaubildes zeigen einige der wichtigsten Themen und Felder der Kooperation zwischen Jugendhilfe und Schule:

- Ganztagsangebote
- Übergang Schule – Beruf
- Zusammenarbeit zwischen Schulen und den Hilfen und Erziehung
- gemeinsame Projekte
- Kooperationsstrukturen

Das vierte Feld in der Mitte bezieht sich auf die Entwicklung von Kooperationsstrukturen, z.B. in gemeinsamen Fortbildungen, in Arbeitsgruppen, Beauftragten und „Pärchen".

Das Schaubild präsentiert von rechts unten betrachtet die sozialräumliche Verbindung zwischen Jugendhilfe und Schule, in der die Lebenswelt der Kinder und Jugendlichen Ausgangspunkt für gemeinsame Kooperationsprojekte ist.

Dabei spielen die Räume und Orte der Kinder und Jugendlichen eine wesentliche Rolle. Die Schule wird genauso als Lebensraum verstanden wie die informellen Treffpunkte und alle verfügbaren Räume der Kinder und Jugendlichen.

Aus diesem Verständnis ergeben sich gemeinsame Themen, die bearbeitet werden. Für eine sozialräumliche Verbindung von Jugendhilfe und Schule bilden kommunale Strukturen eine wesentliche Rahmenbedingung, wie z.B. Stadtteilkonferenzen, Runde Tische, Arbeitsgemeinschaften nach SGB VIII usw.

Dabei ist auch die Einbeziehung der Eltern wichtig, entweder in den Mitbestimmungsgremien der Schule, in Fördervereinen, Elterninitiativen oder sogar als Träger von Ganztagsangeboten (etwa im Rahmen der „Schule von acht bis eins").

Literatur

Bäumer, Gerdrud: Die historischen und sozialen Voraussetzungen der Sozialpädagogik und die Entwicklung ihrer Theorie. In: Nohl/Pallat: Handbuch der Pädagogik. Bd. 5, Langensalza 1929

Bildungskommission NRW: Zukunft der Bildung – Schule der Zukunft. Denkschrift der Kommission „Zukunft der Bildung – Schule der Zukunft" beim Ministerpräsidenten des Landes Nordrhein-Westfalen. Neuwied 1995

Böhnisch, Lothar: Gespaltene Normalität Lebensbewältigung und Sozialpädagogik an den Grenzen der Wohlfahrtsgesellschaft, Weinheim und München 1994, (darin insbesondere das Kapitel „Mit dem Rücken zur eigenen sozialen Wirklichkeit: Das Anomieproblem der Schule")

Brenner, Gerd: Jugendarbeit in einer neuen Bildungslandschaft. In Deutsche Jugend, 6 (1999), S. 249ff.

Deinet, Ulrich (Hrsg.): „Schule aus – Jugendhaus?" Praxishandbuch Ganztagskonzepte und Kooperationsmodelle in Jugendhilfe und Schule. Münster 1997

Deinet, Ulrich: Sozialräumliche Jugendarbeit. Eine praxisbezogene Anleitung zur Konzeptentwicklung in der Offenen Kinder- und Jugendarbeit. Opladen 1999

Niemeier, Helmut: Erfahrungen mit dreieinhalb Jahren Über-Mittag-Betreuung von Hauptschülern in einem Jugendhaus, in: Deinet, Ulrich (Hrsg.): „Schule aus – Jugendhaus?" Praxishandbuch Ganztagskonzepte und Kooperationsmodelle in Jugendhilfe und Schule. Münster 1997, S. 270ff.

Wolfgang Gernert

Die Jugendhilfe/das Jugendamt als Partner der Schule

„Liebe Eltern! Ihr Sohn besucht seit einiger Zeit die Schule nur unregelmäßig. Wenn Sie nicht für sein tägliches Erscheinen sorgen, werde ich Ihren Sohn dem Jugendamt melden mit dem Ziel, dass er in ein Heim kommt und dort erzogen wird ..."

N., Sonderschul-Rektor

Als Leiter eines Jugendamtes haben mich solche und ähnliche Briefe von Schulen immer geärgert. Wurde doch hier ein Bild des Jugendamtes deutlich, das es als „Kinder-Weghol-Behörde" und „Elternschreck" kennzeichnet. Dabei ist das Jugendamt schon lange dem Gesetz nach ein Amt, das Kindern, Jugendlichen, jungen Erwachsenen und ihren Familien helfen soll, mit den vielfältigen Problemen des Aufwachsens fertig zu werden. Wie die Schule hat Jugendhilfe somit den Auftrag, pädagogische Fragen außerhalb der Familie zu bearbeiten mit dem Ziel einer gesellschaftlichen Integration der jungen Menschen. Sind somit diese und ihre Eltern Adressaten beider Systeme, so existieren doch zwischen ihrer Struktur und Arbeitsweise erhebliche Unterschiede.

1. Jugendhilfe kennt viele Träger

Was unter „Schule" zu verstehen ist, weiß jeder aus eigener Erfahrung. Jugendhilfe ist demgegenüber eine Sammelbezeichnung für viele verschiedene Träger, die hier tätig werden. Zwar ist das Jugendamt innerhalb der Jugendhilfe eine wichtige Anlaufstelle; sie muss in jeder kreisfreien Stadt und jedem Kreis eingerichtet werden und trägt die Gesamtverantwortung für alle örtlich notwendigen Angebote. Aber das Kinder- und Jugendhilfe-Gesetz (KJHG) im Sozialgesetzbuch VIII kennt viele verschiedene Träger – vom eingetragenen Verein über die Wohlfahrtsverbände bis zur Eltern-Initiative für einen Kindergarten. Die wichtigsten Träger der Jugendhilfe-Einrichtungen, Dienste und Angebote ergeben sich aus der folgenden Übersicht.

Übersicht 1:

Träger von Einrichtungen der Jugendhilfe	
freie (private) Träger	öffentliche (behördliche) Träger
Wohlfahrtsverbände (z.B. Arbeiterwohlfahrt, Caritasverband, Paritätischer)	örtliche Jugendämter
Kirchen/Religionsgemeinschaften	Landesjugendämter als überörtliche Träger
Jugendverbände (z.B. Ev. Jugend, Sportjugend)	

Während die Kirchen und Wohlfahrtsverbände sowie die öffentlichen Träger kraft Gesetz (KJHG) anerkannt sind, bedürfen die anderen freien Träger zur Förderung mit öffentlichen Mitteln einer ausdrücklichen Anerkennung nach § 75 SGB VIII. Dazu müssen sie bestimmte Voraussetzungen erfüllen:

– Tätigkeit in einem Teilbereich der Jugendhilfe
– Erfüllen der fachlichen und personellen Voraussetzungen
– Verfassungsmäßigkeit nach Satzung und Praxis
– Gemeinnützigkeit nach der Abgabenordnung

Betrachten wir die Trägerschaft von Einrichtungen der Jugendhilfe, dann wird der *hohe Stellenwert freier Träger* deutlich:

Übersicht 2: Einrichtungen der Jugendhilfe in freier Trägerschaft (v.H.)

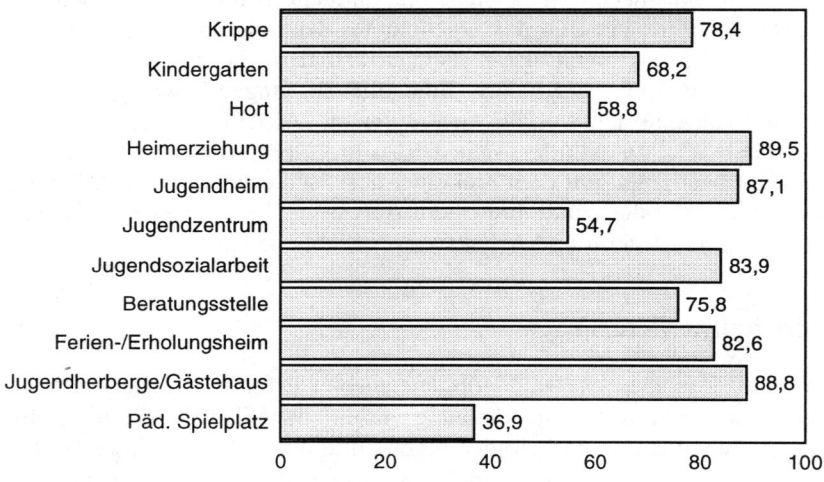

Quelle: Statistisches Bundesamt (Hg.), Sozialleistungen = Fachserie 13, Reihe 6,3: Einrichtungen und tätige Personen in der Jugendhilfe, Wiesbaden 1994, 80f.

Man kann angesichts dieser „Marktanteile" der freien Träger ohne Übertreibung feststellen: Jugendhilfe lebt vom gesellschaftlichen Engagement für Kinder und Jugendliche. Diese Situation führt zu dem Grundauftrag an die öffentliche Jugendhilfe, sie soll partnerschaftlich mit der freien Jugendhilfe zum Wohl junger Menschen und ihrer Familien zusammenarbeiten (§ 4 Abs. 1 SGB VIII). Weil Jugendhilfe auf die Vielfalt der Angebote unterschiedlicher Wertorientierungen angewiesen ist, zieht sich dieser Gestaltungsauftrag durch das ganze Gesetz. Die praktizierte Partnerschaft unterstützt zugleich die Intention, dem Wunsch- und Wahlrecht der Eltern bei den Angeboten und Diensten entsprechen zu können.

Die Jugendhilfe/das Jugendamt als Partner der Schule

2. Jugendhilfe verfolgt sozialpädagogische Ziele

Stehen bei der Schule die Erziehung und Bildung des einzelnen Schülers/der Schülerin im Vordergrund, so gestalten sich die Ziele von Jugendhilfe weit differenzierter: Sie soll nach dem KJHG
>junge Menschen in ihrer individuellen und sozialen Entwicklung fördern und dazu beitragen, Benachteiligungen zu vermeiden und abzubauen< (§ 1 Abs. 3 Ziff. 1 SGB VIII). Hierzu sollen die Eltern beraten und unterstützt werden.
    Jugendhilfe hat somit verschiedene sozialpädagogische Ziele, die sich in vier Funktionen bündeln lassen.

Übersicht 3:

> **Funktionen einer sozialpädagogisch orientierten Jugendhilfe**

– Jugendhilfe hat eine *unterstützende* Funktion
  bei allen Beratungsdiensten (z.B. Erziehungsberatung), bei Erziehungs- und Ausbildungs-Hilfen sowie Unterhaltsfragen (d.h. wirtschaftlicher Jugendhilfe)
– Jugendhilfe *ergänzt* die Familie durch Angebote vorschulischer Erziehung und Bildung, durch Einrichtungen und Gruppen der Kinder- und Jugendarbeit, Spielplätze, Erholungs- und Bildungsmöglichkeiten
– Jugendhilfe erfüllt eine *real-utopische* Funktion über die Teilnahme an der Sozialplanung und Stadterneuerung sowie mit dem Mobilisieren der politischen Kräfte, die sozialerzieherischen Defizite auf ein Minimum zu reduzieren
– Jugendhilfe *ersetzt* schließlich die Familienerziehung bei Waisen und bei notwendiger Erziehungshilfe in Heimen, in einer Pflege- oder Adoptiv-Familie

3. Das Jugendamt besteht aus der Verwaltung und dem Jugendhilfeausschuss

Wenn wir die Ziele der Jugendhilfe mit den Trägern von Angeboten, Diensten und Einrichtungen in Beziehung setzen, dann wird deutlich: Sowohl die freien Träger (Verbände, Gruppen, Kirchen, Vereine) als auch die öffentlichen Träger (Jugendämter, Landesjugendämter) nehmen schwerpunktmäßig sozialpädagogische Aufgaben wahr. Das Jugendamt vor Ort stellt somit eine > Erziehungsbehörde < dar und gilt als Interessenvertretung für Kinder, Jugendliche und ihre Familien (§ 1 Abs. 3 SGB VIII).
    Die Leistungen der Jugendhilfe werden sowohl von den freien wie auch den öffentlichen Trägern erbracht. Leistungs*verpflichtungen* richten sich stets an die Träger der *öffentlichen* Jugendhilfe (§ 3 Abs. 2 SGB VIII). Beide Trägergruppen sollen nach dem Willen des Gesetzgebers „partnerschaftlich zusammenarbeiten" (§ 4 Abs. 1 SGB VIII). Darüber hinaus ist festgelegt:
    „Die Träger der öffentlichen Jugendhilfe haben für die Erfüllung der Aufgaben nach diesem Buch die Gesamtverantwortung einschließlich der Planungsverantwortung" (§ 79 Abs. 1 SGB VIII).
    Wie diese Behörde strukturiert ist, zeigt die folgende Übersicht.

Übersicht 4: Das kommunale Jugendamt auf der Grundlage des SGB VIII – KJHG

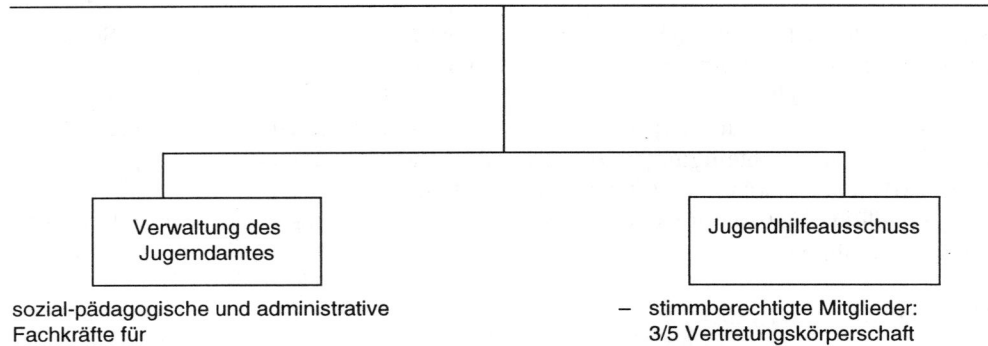

Danach besteht das kommunale Jugendamt aus zwei Bestandteilen:

- aus der Verwaltung des Jugendamtes
- aus dem Jugendhilfeausschuss als politischem Gremium.

Während die Verwaltung für die laufenden „Geschäfte" nach dem KJHG und nach anderen Gesetzen (z.B. Adoptionsvermittlung, Unterhaltsvorschuss, Tageseinrichtungen für Kinder) zuständig ist und damit den täglichen Bedarf an „Jugendamts-Aktivitäten" erfüllt, widmet sich der Jugendhilfe-Ausschuss den grundsätzlichen Fragen der kommunalen Jugendhilfe. Er berät z.B. die Jugendhilfeplanung und beschließt auch, wie die vom Rat bereitgestellten Finanzmittel der Jugendhilfe aufgeteilt werden gemäß kommunalem Haushaltsplan. Diese Sonderstellung des Jugendamtes innerhalb der Kommunalverwaltung beruht vor allem darauf, dass die freien Träger maßgeblich an der Erstellung von Leistungen beteiligt sind. Deshalb sind sie auch im Jugendhilfeausschuss mit Sitz und Stimme vertreten; sie haben Anspruch auf 2/5 aller stimmberechtigten Mitglieder. Neben diesen haben auch Vertreter der Kirchen und Schulen, der Polizei und des Arbeitsamtes, ebenso wie ein Jugend-, Familien- oder Vormundschaftsrichter, der Jugendamtsleiter und der Verwaltungschef in diesem Ausschuss eine beratende Stimme (§ 71 SGB VIII).

Nachdem die Kommunen während der 90er Jahre in erhebliche Finanznot gerieten, suchten sie nach neuen Möglichkeiten zum Ausgleich ihres defizitären Haushaltsplanes. Viele folgten den Empfehlungen der Kommunalen Gemeinschaftsstelle für Verwaltungsvereinfachung (KGSt) zu einer Neuen Steuerung über Produktbeschreibungen, Output-Orientierung, Budgetierung, Kosten-Leistungs-Rechnung, einer dezentralen Ressourcen-Verantwortung mit Controlling und Berichtswesen. Auch diejenigen, die sich nicht auf diese Neue Steuerung umstellten, erprobten vielfältige Möglichkeiten, um von der kameralistischen zur kaufmännischen Bilanz zu kommen; sie führten neue, den Wirtschaftsunternehmen ähnliche Betriebsformen ein und organisierten die Verwaltung neu. Es entstanden Eigenbetriebe für Theater, Jugendheime oder Stadtwerke. Verschiedene, sachlich verwandte Ämter wurden zu Fachbereichen zusammengeschlossen. Dies alles diente dem Ziel, die Wirtschaftlichkeit, Transparenz und Effektivität zu fördern.

Eine Kommune, die sich sehr früh auf die Neue Steuerung ihrer Verwaltung umstellte, war die Stadt Herten (68.000 Einwohner). Wie sich diese Verwaltung heute darstellt, vermittelt das folgende Organigramm:

Übersicht 5: Organigramm Fachbereich 4, Schule und Jugend
(Jugendamt i.S. des KJHG)

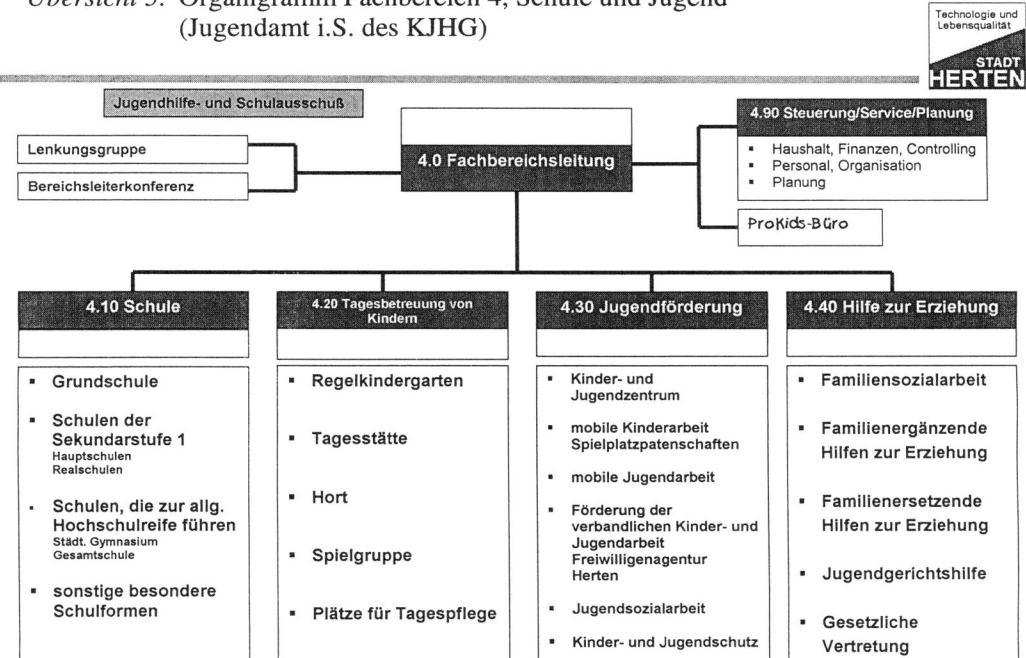

4. Jugendhilfe hat prophylaktischen Charakter

Wenn wir die Praxis der Jugendämter und freien Träger betrachten, dann fallen zwei große Aufgabenblöcke in den Blick, die den größten Teil der finanziellen Ressourcen binden:

- Die Tageseinrichtungen für Kinder
  mit Investitionen und Betriebskosten
- Die „Pflegesätze" als Leistungs-Entgelte
  für stationäre und ambulante Erziehungshilfen

Welches Ausmaß die Kosten der Heimunterbringung in den Kommunen annehmen, verdeutlicht das folgende Säulen-Diagramm.

Übersicht 6: Entwicklung der Heimpflege-Kosten am Beispiel der Stadt Dortmund (590.000 Einwohner)

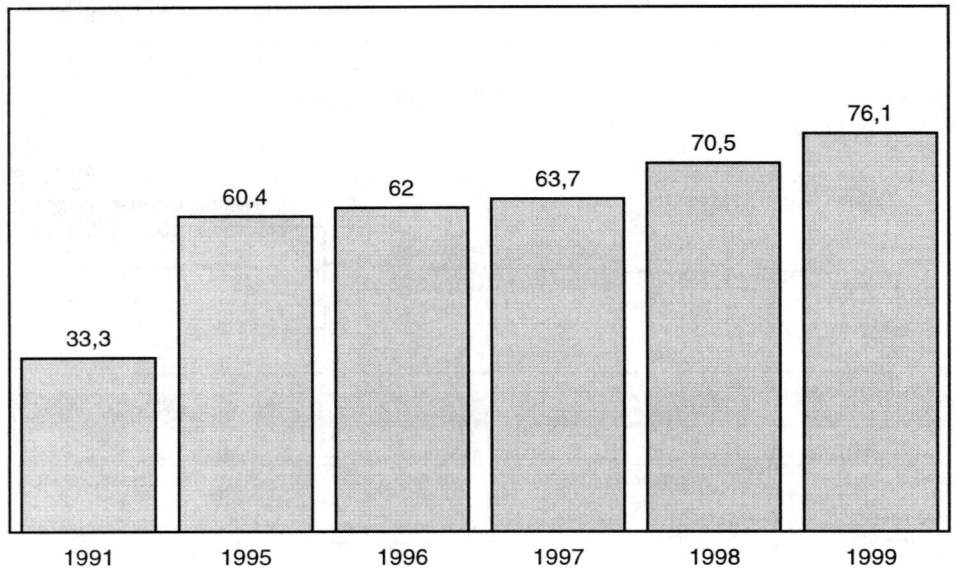

Quelle: Jugendamt Dortmund 1999

Zwar gab die Bundes-Jugend-Ministerin die Losung aus:
> *Kindern, Jugendlichen und Eltern sollen Hilfen nicht erst dann zur Verfügung stehen, wenn die Erziehung in der Familie ernsthaft gefährdet ist. Das KJHG bietet Unterstützung durch fachlich kompetente Beratungsangebote schon vor dem Notfall. Krisen und Konflikte sollen sich gar nicht erst so verschärfen, dass am Ende Kinder von ihren Eltern und ihrem sozialen Umfeld getrennt werden ...<* (KJHG, Bonn 1995, S. 7)

Diese prophylaktische Orientierung von Hilfen für Kinder und Jugendliche gerät angesichts der Finanznot der meisten Städte, Kreise und Gemeinden allzuoft in den Hintergrund. Zwar ist die Umsetzung des *Rechtsanspruches für jedes Kind auf einen Platz im Kindergarten* auch als ein prophylaktisches Angebot anzusehen. Aber für die weiteren, denkbar möglichen oder auch beispielhaft im Gesetz genannten Hilfen und Unterstützungs-Leistungen bleibt in dieser Situation kaum Raum. Das gilt sowohl für die

– Angebote der Jugendarbeit, der Jugendsozialarbeit und des erzieherischen Jugendschutzes
– als auch für die Förderung der Familien-Erziehung
– und für die Angebote der Tagespflege.

5. Jugendhilfe kennt viele Methoden

Ist für die Schule der Unterricht im Klassenverband und die Arbeit in einer Projektgruppe die Regel, so kennt die Jugendhilfe eine Variationsbreite verschiedener Methoden. In der *sozialen Einzelhilfe* (Social Casework) als individuelle, psychologisch vertiefte Einzelhilfe soll der Klient als Partner gesehen werden, bis er selbst wieder zurechtkommt („Hilfe zur Selbsthilfe"). Er ist also nicht einer Fachkraft „ausgeliefert", die über ihn verfügt oder bestimmt, was er zu tun hat. Vielmehr liegt der Auftrag der Sozialpädagogin/des Sozialarbeiters darin, die eigenen Kräfte der von einer Notlage betroffenen Person zu mobilisieren. Das Ziel ist es, selbst die Problematik zu erkennen und Schritte zu ihrer Lösung zu gehen, ggf. auch die Umwelt im Rahmen gegebener Möglichkeiten zu verändern. Das heißt beispielsweise bei Erziehungsproblemen in der Familie, dass nicht nur das „auffällige" Kind, sondern alle Familienmitglieder als bedingende Rahmenvorgaben und Einflussfaktoren einbezogen werden.

Bei der *Sozialen Gruppenarbeit* (Social Groupwork) wird die sozialpsychologisch bedeutsame Wirksamkeit von Gruppen für die Veränderung von Einstellungen und Verhaltensweisen des einzelnen gezielt als Mittel zur Intervention genutzt. Hier handelt es sich oft um Menschen, die in ihren Bedürfnissen unbefriedigt sind oder objektiv einer Hilfe bedürfen. Dies kann ein Lebenskonflikt sein, eine Notlage oder ein persönliches Problem, das nicht aus eigener Kraft zu bewältigen ist. Beispiele hierfür sind straffällige, suchtabhängige oder auch arbeitslose Jugendliche.

Das Ziel der *Sozialen Gemeinwesenarbeit* (Community Development) ist es, Kräfte im Stadtteil und der Gemeinde für das Schaffen von Hilfsmöglichkeiten zu mobilisieren, die der Sozialarbeiter/die Sozialarbeiterin zur Behandlung der Klienten braucht. Planung im Gemeinwesen befasst sich deshalb mit dem Gleichgewicht zwischen individuellen und sozialen Bedürfnissen mit den Angeboten, Diensten und Einrichtungen im Stadtteil, z.B. mit Bürgerhäusern, Spielkreisen und Frauengruppen in Neubauvierteln.

Bei den Methoden der Jugendhilfe (als Teil der sozialen Arbeit) handelt es sich demnach um ein systematisches Vorgehen zum Lösen von Problemen mit den Schritten einer Situations-Analyse, Zielbestimmung, Entwickeln eines Handlungsplanes und einer abschließenden Bewertung (Selbstevaluation).

Hier – bei der Selbstevaluation – treffen sich wieder die Systeme Schule und Jugendhilfe. Während Unterricht seit langem evaluiert wird, gewann die Prüfung von Effektivität und Effizienz erst mit der kommunalen Finanzkrise an Bedeutung. In den 90er Jahren setzte sich deshalb rasch die aus dem sog. Tilburger Modell entwickelte „Neue Steuerung" durch, die anstelle der bisherigen (alten) Steuerung über Geld und Recht vor allem die Wirkung der intrinsischen Motivation von Mitarbeitern nutzt.

Wesentliche Bausteine der Neuen Steuerung sind:

– Abbau von Hierarchie und Amtsautorität, stattdessen situative Führung und Eigenverantwortung im übertragenen Aufgabenbereich
– Entwickeln eines Leitbildes (corporate identity) und eines „Wir-Gefühls" für eine gemeinsame Aufgabe
– Beschreiben der Leistungen als „Produkte": Nicht mehr das Arbeiten an sich reicht aus; vielmehr ist entscheidend, „was hinten rauskommt" (Output-Orientierung)
– Entwickeln einer Kosten-Leistungs-Rechnung, um den Nutzen der eingesetzten Ressourcen (Personal, Investitionen, Sachkosten) bewerten zu können.

Dies alles hört sich für Pädagogen erschreckend betriebswirtschaftlich an. Aber bei knappen Mitteln ist es wichtig, reflektiert die Ausgaben zu überprüfen und entsprechend umsteuern zu können. In der Schule werden inzwischen ebenfalls erste Ansätze für neue Steuerung erprobt – z.B. bei den Mitteln für Beschaffungen, für Bau-Unterhaltung und für Energie-Spar-Programme.

6. Jeder kooperiert am liebsten mit sich selbst ...

In vielen Lebensbereichen fragt man sich, weshalb die Zusammenarbeit verwandter Gebiete so schlecht funktioniert. Zwischen Jugendhilfe und Schule existieren regelmäßig Kontakte, die sich aber in einer recht unterschiedlich engen Zusammenarbeit verdichten oder aber nur sporadisch konkretisieren. Äußerer Anlass waren seit jeher Schulversäumnisse, die das Jugendamt nach der Vorstellung von Lehrern und Schulleitern verhindern soll. Das KJHG verpflichtet die öffentliche Jugendhilfe zur Zusammenarbeit „mit anderen Stellen und öffentlichen Einrichtungen, deren Tätigkeit sich auf die Lebenssituation junger Menschen und ihrer Familien auswirkt ..." (§ 81 SGB VIII). Im einzelnen zählen hierzu:

– Schulen und Schulverwaltungen
– Stellen der beruflichen Aus- und Weiterbildung
– der öffentliche Gesundheitsdienst
– Arbeitsämter
– Träger anderer Sozialleistungen
– die Gewerbeaufsicht
– Polizei- und Ordnungsbehörden
– Justizvollzugsbehörden
– Einrichtungen zur Ausbildung von Fachkräften, der Weiterbildung und Forschung

Für Nordrhein-Westfalen regelt das 1. Ausführungsgesetz zum KJHG die Sicherstellung des Schulunterrichts bei Gewährung von Hilfe zur Erziehung in einer Einrichtung. Danach müssen Kinder und Jugendliche, die keine Schule besuchen, anderweitig den erforderlichen Schulunterricht oder „eine besondere pädagogische Förderung erhalten, die die Wiedereingliederung in die Schule möglich macht" (§ 22 AG-KJHG NRW).

Im Zusammenhang mit der verlässlichen Grundschule, mit dem Übergang vom Kindergarten zur Grundschule, mit Schulproblemen einzelner Schüler wie mit Rowdytum in Stadtteilen kommen sich Lehrer und Soziale Fachkräfte in den letzten Jahren sichtlich näher. Sie alle haben begriffen, dass eine Absprache von Handlungskonzepten den Erfolg der eigenen Arbeit stützt und sichert. Deshalb regelt eine Änderung des Schulverwaltungsgesetzes z.B. in NRW, dass die Schulen mit den Trägern der öffentlichen und freien Jugendhilfe und mit anderen Einrichtungen zusammenarbeiten sollen, die Bildung und Erziehung fördern. Grundlage dieser Zusammenarbeit sei „die gemeinsame Verantwortung für die Belange von Kindern, Jugendlichen und jungen Volljährigen, soweit sie schulpflichtig sind oder über die Schulpflicht hinaus eine Schule besuchen." Diese Zusammenarbeit zielt besonders auf Maßnahmen zur Förderung der Persönlichkeitsentwicklung, die Abwendung von Risiken und Gefährdungen junger Menschen, sowie auf die Entwicklung und Sicherung schulergänzender Angebote (§ 5 b SchVG NRW).

7. Perspektive

Kann sich die Pädagogin/der Pädagoge in der Schule trotz zunehmender Verrechtlichung doch noch weitgehend den übergreifenden Zielen der Bildung und Erziehung widmen, so werden sie im Unterricht mit vielfältigen Problemen konfrontiert, die ihre Wirksamkeit einschränken: Vom Medienkonsum über die Arbeitslosigkeit der Eltern bis zur Suchtabhängigkeit junger Menschen wirken viele negative Faktoren hemmend auf ihren Unterricht ein. Die sozialpädagogischen Fachkräfte des Kindergartens, Jugendheims, von Beratungsstellen und Heimen der Erziehungshilfe sind mit ihren spezifischen Prägungen ebenso wie die Mitarbeiter/innen der Jugendämter und Freien Träger der Jugendhilfe sozialpädagogisch orientiert. Sie haben ihre Aufgaben unter Beachten rechtsstaatlicher Grundsätze oft im Rahmen juristischer Regelungen, ergänzender Verwaltungs-Vorschriften und knapper Finanz-Ressourcen zu erfüllen. Hier gemeinsam das Kind, den Jugendlichen und seine Familie in den Blick zu nehmen, bleibt der Auftrag aller Verantwortungsträger in Schule und Jugendhilfe.

Literatur

Deinet, Ulrich (Hrsg.): „Schule aus – Jugendhaus?" Praxishandbuch. Ganztagskonzepte und Kooperationsmodelle in Jugendhilfe und Schule. Münster 1996

Gernert, Wolfgang (Hrsg.): Das Kinder- und Jugendhilfegesetz 1993 – Anspruch und praktische Umsetzung. Stuttgart, München, Hannover, Berlin, Weimar, 2. Aufl. 1993

Köster, Markus/Küster, Thomas (Hrsg.): Zwischen Disziplinierung und Integration.
Das Landesjugendamt als Träger öffentlicher Jugendhilfe in Westfalen und Lippe (1924-1999). Paderborn 1999

Kuhlmann, Carola/Schrapper, Christian (Hrsg.): Sozialpädagogik und Sozialpolitik. Münster 1996

Felder und Themen der Zusammenarbeit

Edith Kesberg

Betreuungsangebote für Kinder im Schulalter

Betrachtet man die Entwicklung von schulischen und sozialpädagogischen Angeboten, so lohnt sich ein kurzer historischer Rückblick. Neben der Intention der „Obrigkeiten" zur Einführung der Schulpflicht mit einer vierjährigen Grundschulbildung im 17. Jahrhundert, um über leistungsfähige Arbeiter und gesunden Soldatennachwuchs verfügen zu können, nährten sich andere Bestrebungen aus humanistischem Gedankengut. Im Vordergrund stand hier das Bildungsziel, die Begabungen der Kinder zur Entfaltung zu bringen und zu fördern. Ein weiteres Motiv bestand später im 19. Jahrhundert in dem Schutz der Kinder:

– vor Ausbeutung als Kinderarbeiter in Manufakturen, Handel, Gewerbe, Heimarbeit und in der frühen Industrie
– vor Armut und Verelendung
– vor Verwahrlosung und Prostitution

Die Bemühungen um eine Reduzierung der Kinderarbeit führte erst um die Jahrhundertwende zu einem generellen Verbot. Die Umsetzung des Verbots wurde erleichtert durch die schrittweise Durchsetzung eines regelmäßigen Schulbesuchs und den Einsatz von Maschinen in der Industrie, was den Bedarf an Kindern als Arbeitskräfte senkte. Im Gegensatz zum Besitz- und Bildungsbürgertum gestaltete sich dies bei den armen Familien schwieriger. Erwerbsarbeit, Betreuung der jüngeren Geschwister, Krankheit, auf dem Land längere Schulwege etc. führten zu hohen Fehlzeiten und erschwerten damit auch die Umsetzung der Schulpflicht. Für die Proletarierkinder bedeutete der Schulbesuch eine Auszeit von Arbeit und Verantwortung. Straße und Schule übernahmen wichtige Sozialisationsfunktionen anstelle der Eltern, die ihre Kinder aufgrund ihrer eigenen Belastung häufig sich selbst überlassen mußten. Volksschulbildung war also auch eine erzieherisch verantwortungsvolle Reaktion auf die bestehenden sozialen Probleme. Bei den Lehrkräften der Volksschule, die ihren Auftrag in Unterricht und Erziehung sahen (das Selbstverständnis der Gymnasiallehrer bezog sich hingegen nur auf den Lehrauftrag), waren also die sozialen Anliegen unmittelbar verbunden mit pädagogischen Vorstellungen. Dies führte auch zu Beginn des 19. Jahrhunderts zur Entwicklung des Konzeptes „Industrieschule", die – in ihrem Verständnis als berufsvorbereitende Einheitsschule – neben einer Grundbildung auch haus- und landwirtschaftliche Kenntnisse und Fähigkeiten vermittelte. „Aus den frühen armenpolitischen Werkschulen entstanden ... vereinzelt in den ersten beiden Jahrzehnten des 19. Jahrhunderts tatsächlich Reformschulen, in denen unter Anwendung rationalistischer und utilitaristischer Erziehungsgrundsätze ein handlungsorientiertes, ganzheitliches Lernen möglich wurde." (Jeismann, Lundgreen (Hrsg.) 1987, S.124)

Pestalozzis Lehrplan der Elementarbildung sollte ein Instrument zur Entfaltung der „menschlichen Grundkräfte" in körperlicher, geistiger und seelischer Hinsicht sein – umgesetzt in einen Gesamt – und nicht in einen fächerbezogenen Unterricht. Auch Herbart entwickelte eine Lehrplantheorie des „erziehenden Unterrichts", der nicht nach Fächern, sondern nach Themen angeordnet war. Dadurch sollte die Ganzheit und Lebensnähe der Lernstoffe in der Schule erhalten bleiben. Fröbel – der erstmals 1826 den Begriff „Schulleben" verwendete – vertrat die Auffassung, dass die Erziehungswissenschaft zugleich immer Lebenswissenschaft sei. Er forderte von der Schule, an die erzieherischen Maßnahmen der Familie anzuknüpfen und eine „Einigung des Familien- und Schullebens" anzustreben. Das wachsende Bewusstsein für soziale und pädagogische Fragen führte Ende des 19. Jahrhunderts zu einer breiten reformpädagogischen Bewegung. Ein Ergebnis war die Gründung von pädagogischen Vereinen, u.a. Vereine zur Förderung von Kindergärten, Vereine für die „werktätige Erziehung" von Schulkindern (mit ca. 1000 Schülerwerkstätten in ganz Deutschland) und auch „Vereine zur Förderung von Kinderhorten". Der 1871 in Erlangen gegründete „Verein für Volkserziehung" eröffnete ein Jahr später den ersten deutschen Kinderhort. Eine gemeinsame Wurzel von Schule und „Jugendhilfe" lag also in dem Anspruch, die Kinder zu „bewahren", zu erziehen und zu bilden. Der Aspekt der Betreuung – im Jugendhilfebereich immer mit einbezogen und von schulischer Seite in den letzten Jahrzehnten überwiegend ausgeklammert – gewinnt nun heute am Ende des „Jahrhunderts des Kindes" (Ellen Key, 1902) auch für den Schulbereich wieder an Bedeutung. Führt dies in Zukunft zu einem gemeinsamen Erziehungs-, Bildungs- und Betreuungsauftrag von Jugendhilfe und Schule?

1. Angebote für Schulkinder: gemeinsame Wege von Jugendhilfe und Schule

Verschiedene gesellschaftliche Entwicklungen in den letzten Jahren haben dazu geführt, dass die Schere ‚Angebot – Bedarf' an ganztägigen Betreuungsplätzen immer weiter auseinanderklaffte. Um das – auch gesetzlich geforderte (KJHG § 24, Abs. 2) – bedarfsgerechte Angebot für Schulkinder bereitzustellen, bedarf es neben unvermeidbaren finanziellen Anstrengungen und der Überwindung festgefahrener Strukturen, einer weitestgehenden Offenheit für neue Denkmodelle und möglichst vorurteilsfreier Bereitschaft zur Zusammenarbeit. Denn weder Jugendhilfe noch Schule können die heutigen Anforderungen an Betreuung, Erziehung und Bildung alleine bewältigen. Wie reagieren Verwaltung, Träger, Initiativen, Unternehmen auf den bestehenden Betreuungsbedarf – der sich je nach Lebenssituation in sehr differenzierter Weise darstellt – bei gleichzeitigem Sparzwang?

Als Schlüssel zur Lösung des Problems werden Wege der Öffnung, Vernetzung, Flexibilisierung, Ressourcenbündelung oder Kooperation gesehen, die zur Entwicklung und Erprobung neuer Konzepte führen. Diese Notsituation führt in erfreulicher Weise zu Ansätzen ressortübergreifenden Denkens und Handelns. Im Mittelpunkt steht dabei die Kooperation Jugendhilfe und Schule. Dies ist naheliegend, denn:

- Beide Bereiche arbeiten mit den gleichen Kindern/Familien
- Der Erziehungs-, Bildungs- und Betreuungsauftrag läßt sich nicht teilen. Eine Zusammenarbeit, in der jeder seine fachliche Kompetenz einbringt, ist deshalb zwingend.

Schule und Jugendhilfe stehen heute gleichermaßen unter gesellschaftlichem und politischem Druck, über die bestehenden Angebote hinaus flexible Betreuungsmöglichkeiten mit möglichst geringem Kostenaufwand zu entwickeln, quantitativ auszubauen und qualitativ zu sichern bzw. zu verbessern. Dies hat auch zu einer Annäherung, gegenseitigen Beeinflussung und stärkerer Vernetzung von Jugendhilfe und Schule geführt.

Kooperationsansätze bestehen u.a. in:
- der Schaffung institutionalisierter Formen der Zusammenarbeit
  Beispiele hierfür sind administrative Arbeitskreise auf kommunaler Ebene der Fachämter (Schul-, Schulverwaltungs- und Jugendamt) und auf Landesebene (Landesjugendämter, Bezirksregierungen, Fachministerien), gemeinsame Sitzungen des Jugendhilfe- und Schulausschusses, feste Vertreter der Jugendhilfe und Schule im jeweils anderen Fachausschuss, gemeinsame Gremien und Arbeitsgemeinschaften, Teilnahme einer sozialpädagogischen Fachkraft an der Schulkonferenz und einer Lehrkraft an den Sitzungen des Rates der Tageseinrichtungen – verbunden mit einer Verankerung im Schulmitwirkungsgesetz – Benennung eines kommunalen Koordinators und einer Verbindungslehrkraft vor Ort, der Einrichtung einer Stadtteilkonferenz und gemeinsame Fortbildungsveranstaltungen.
- einer bereichsübergreifenden Ressourcenbündelung
  z.B. auf finanzieller Ebene die Einrichtung eines Landesfonds zur Förderung von Kooperationsmodellen und eines kommunalen Fonds, in den Mittel der Schulverwaltung, der Jugendhilfe, evtl. des Sports und der Kultur und Fördermittel von außen fließen;
  auf personeller Ebene die Möglichkeit gegenseitiger Vertretung und Durchführung gemeinsamer Angebote wie Projekte, Ausflüge, Freizeit- und Ferienprogramme, Zusammenarbeit mit den Eltern und anderen Fachkräften,
- einer Abstimmung der Schulentwicklungs- und Jugendhilfeplanung,
- der Entwicklung gemeinsamer Konzepte
  dabei Nutzung der spezifischen Fachlichkeit zur Formulierung gemeinsamer Ziele und pädagogischer Grundlagen,
- gemeinsame Fortbildungsangebote für Lehrkräfte und sozialpädagogische Fachkräfte und in
- der Stärkung der Selbständigkeit und Verantwortung der Beteiligten vor Ort
  z.B. durch Bereitstellung von Verfügungszeiten zur Zusammenarbeit, organisatorischem und rechtlichem Spielraum und durch Budgetierung im finanziellen Bereich.

2. Initiativen in Nordrhein-Westfalen

Angeregt und unterstützt wurde die Annäherung und Kooperation von Jugendhilfe und Schule im Hinblick auf Betreuungsangebote in NRW u.a. durch Regelungen und Modellprojekte, erlassen und gefördert durch die Landesregierung:

- das Modellprojekt „Schulkinder-Haus – Hort und Schule unter einem Dach",
- das Pilotprojekt „Hort in der Jugendfreizeitstätte",
- das „Kooperationsmodell zwischen Jugendhilfe und Schule zur ganztägigen Betreuung von Schülerinnen und Schülern der Sekundarstufe I",
- der laufende Modellversuch „Angebotsbörse" (MFJFG und MSWWF),
- die Maßnahme „Schule von acht bis eins",
- die Aufnahme des Schwerpunktes „Formen der Zusammenarbeit von Jugendhilfe und Schule – Nachmittagsbetreuung von schulpflichtigen Kindern im Alter von 10-14 Jahren (LJPL IV 1, gültig ab 01.01.1999)" in den Landesjugendplan, finanziell verankert in den Förderrichtlinien
- Gesetzliche Verbindlichkeit für eine Kooperation durch KJHG § 78 und 81 „Zusammenarbeit mit anderen Stellen und öffentlichen Einrichtungen. Die Träger der öffentlichen Jugendhilfe haben mit anderen Stellen und öffentlichen Einrichtungen, deren Tätigkeit sich auf die Lebenssituation junger Menschen und ihrer Familien auswirkt, insbesondere mit 1. Schulen und Stellen der Schulverwaltung .... im Rahmen ihrer Aufgaben und Befugnisse zusammenzuarbeiten." (auf schulischer Seite ist dies in Vorbereitung) und das Recht der Leitung eines Schulkinderhauses zur Teilnahme an der Schulkonferenz mit dem Recht, Anträge zu stellen (§ 4 (9)) und an der Lehrerkonferenz mit beratender Stimme teilzunehmen (§ 6 (1)), verankert im Schulmitwirkungsgesetz (SchMG), Gesetz zur Änderung des Schulmitwirkungsgesetzes – Schulmitwirkungsanpassungsgesetz – vom 19. Juni 1994 (CV.NW. S. 343), in Kraft getreten am 14. Juli 1994.

Allein die genannten Projekte zeigen, dass der klassische Hort in der Kindertagesstätte konzeptionell weiterentwickelt wurde, mit anderen Institutionen Kooperationsmodelle erprobt und daneben eine Vielzahl an neuen Angebotsformen für Schulkinder von unterschiedlichen – auch privaten wie z.B. Tagesmüttervermittlung, Kinderhotels – Anbietern entstanden ist und weiter ausgebaut wird. Im Folgenden eine kurze Übersicht.

Für alle Formen der Tageseinrichtungen für Kinder im Alter von 6-14 Jahren gelten u.a. folgende im „Gesetz über Tageseinrichtungen für Kinder – GTK" des Landes NRW vom 01.01.1992 erlassenen Regelungen:

§ 1 *Begriffsbestimmungen*
(2) „Horte sind Tageseinrichtungen für schulpflichtige Kinder bis zur Vollendung des 14. Lebensjahres. Horte an Grundschulen werden als Schulkinder-Häuser in der Regel für Kinder der jeweiligen Grundschule geführt. Horte sind auch in der Form der Schulkinder-Häuser keine Schulen im Sinne der Schulgesetze."

§ 3 *Auftrag des Hortes*
(1) „Der Hort ist eine sozialpädagogische Einrichtung mit einem eigenständigen Erziehungs- und Bildungsauftrag. Als Lebensraum für Kinder soll er in altersangemessener Weise sowohl die wachsende Selbständigkeit der Kinder unterstützen als auch die notwendige Orientierung und Bindung ermöglichen. Er hat die sozialen und emotionalen Bedürfnisse der Kinder, die Freizeit-interessen sowie die Erfordernisse, die sich aus der Schulsituation der Kinder ergeben, zu berücksichtigen. Bei seiner Arbeit hat der Hort eng mit den Schulen zusammenzuwirken. §2 Abs. 3 gilt entsprechend."

Betreuungsangebote für Kinder im Schulalter

(2) „An Grundschulen mit Schulkinder-Haus wird der Erziehungs- und Bildungsauftrag von Hort und Grundschule nach einem abgestimmten pädagogischen Konzept erfüllt."

Ganztägige Angebote der Jugendhilfe
für Kinder im Alter von 6-14 Jahren im Bereich der Tageseinrichtungen für Kinder
Ein Überblick über Formen und Rahmenbedingungen

Hort in der Kindertagesstätte in der Regel 1-2 Hortgruppen in Kombination mit Kindergartengruppen Gruppengröße: 20 Kinder Alter der Kinder: 6-14 Jahre Personal: zwei sozialpädagogische Fachkräfte pro Gruppe	Altersgemischte Gruppe in der Kindertagesstätte in der Regel 1 Gruppe in Kombination mit Kindergarten- und Hortgruppen Gruppengröße: 20 Kinder Alter der Kinder: 3-14 Jahre Personal: zwei sozialpädagogische Fachkräfte pro Gruppe
Der Hort als eigenständige Tageseinrichtung 1 oder mehrere Hortgruppen Gruppengröße: 20 Kinder Alter der Kinder: 6-14 Jahre Personal: zwei sozialpädagogische Fachkräfte pro Gruppe	**Schulkinder-Haus** 1-2 Gruppen in räumlicher Anbindung an eine Grundschule Gruppengröße: 20 Kinder, i.d.R. Kinder der Standortschule Alter der Kinder: schwerpunktmäßig 6-10/11 Jahre Personal: zwei sozialpädagogische Fachkräfte pro Gruppe Erziehungs- und Bildungsauftrag von Hort und Schule wird nach einem abgestimmten Konzept erfüllt Zusätzlich zu den eigenen Räumlichkeiten Mitnutzung von Räumen der Schule
Hort in der Jugendfreizeitstätte 1 Gruppe in räumlicher Anbindung an die Jugendfreizeitstätte Gruppengröße: 20 Kinder Alter der Kinder: schwerpunktmäßig 10-14 Jahre Personal: zwei sozialpädagogische Fachkräfte pro Gruppe Die pädagogische Arbeit beider Institutionen wird nach einem abgestimmten Konzept erfüllt Zusätzlich zu den eigenen Räumlichkeiten Mitnutzung von Räumen der Jugendfreizeitstätte	**Neue Angebotsformen** **Teilzeitangebote:** Hort/Schulkinder-Haus mit verkürzten Öffnungszeiten, z.B. 11.00-15.00 Uhr, Schülertreff in Tageseinrichtungen, ca. 13.00-16.00 Uhr **Kooperative Angebote** von Jugendhilfe und Schule: z.B. Schulkinder-Haus und „Schule von acht bis eins" **Integrierte, vernetzte Angebote:** z.B. Schulkinder-Haus, Teilzeit-Schulkinder-Haus-Gruppe und „Schule von acht bis eins" Rahmenbedingungen der Jugendhilfe-Angebote: s.o. Schulkinder-Haus Angebote „8-13": Breites Spektrum an Rahmenbedingungen

Jeder Hortgruppe stehen ca. 68 qm Raumfläche zur alleinigen Nutzung zur Verfügung.

Sowohl im Jugendhilfe- wie im Schulbereich bestehen Bemühungen, den größten Betreuungsbedarf zusätzlich durch – z.T. niederschwellige – Teilangebote abzufangen.

2.1. Beispiele aus dem Jugendhilfebereich

– Angebote der offenen Jugendarbeit wie den „pädagogischen Mittagstisch", das Kinder-Café (mit Imbissmöglichkeit), die „Hausaufgabengruppe", Schulkinder- oder Teenie-Gruppe.
– Schüler-Cafés/Teenie-Clubs an Horten/Schulkinder-Häusern als offenes Angebot für nicht angemeldete und ehemalige ältere Kinder im Anschluß an die Kern-Öffnungszeit des Hortes, z.B. ab 15.00 Uhr/16.00 Uhr.

– Schülertreffs in Tageseinrichtungen für Kinder (SiT) mit i.d.R. einer Gruppe (14 oder 20 Kinder) für 6- bis 9/10-jährige; Öffnungszeit Mo-Fr ca. 13.00 bis 16.00 Uhr (mind. 15 Std. pro Woche) und in den Schulferien ganztags.

2.2. Beispiele aus dem schulischen Bereich

– Angebote der „Schule von acht bis eins" des Schulträgers oder z.B. von Elterninitiativen mit Honorarkräften und evtl. ehrenamtlich Tätige, i.d.R. 2 bis 4 Stunden täglich in oft schwierigen, räumlichen Bedingungen, i.d.R. keine Mahlzeit, keine Ferienbetreuung, jedoch fast immer mit vertraglicher Bindung und Elternbeitrag.

Kooperative Angebote von Schule und Jugendhilfe werden von Vereinen, Jugendorganisationen/Verbänden in Schulen, Vereinshäusern, kirchlichen oder städtischen Räumen, manchmal auch von Lehrkräften als Schul-AG's in Jugendzentren ein- oder mehrmals wöchentlich durchgeführt.

Interessant sind auch die Entwicklungen in verschiedenen Kommunen, durch Angebotskombinationen und Stadtteil-Häuser eine Vielfalt an außerfamiliären und außerschulischen Angeboten unter einem Dach zu vereinen. Sie werden oft durch die Stadtteilkonferenz koordiniert und begleitet und bieten auch 6- bis 14jährigen parallel verschiedene altersgerechte Möglichkeiten (von der verläßlichen ganztägigen Hortgruppe über Kinder- und Jugendcafé bis zu einzelnen Freizeitkursen).

Kooperative Angebote, integrierte Angebotsformen oder Angebotskombinationen werden meist gemeinsam aus verschiedenen Bereichen finanziert: dem Ministerium für Frauen, Jugend, Familie und Gesundheit (Fördermittel über das Gesetz über Tageseinrichtungen für Kinder – GTK und den Landesjugendplan), dem Ministerium für Schule und Weiterbildung, Wissenschaft und Forschung (Mittel für „Schule von acht bis eins" und „Dreizehn plus"), den Kommunen, den Trägern der freien Wohlfahrtspflege, Betriebe und/oder Eltern. Diese Mischfinanzierungen ermöglichen und unterstützen die Weiterentwicklung von offenen, stadtteilorientierten Konzepten – hin zu einem Netzwerk und einer Begegnungsstätte für Kinder, Jugendliche und Erwachsene.

2.3. Tendenzen in der Jugendhilfeplanung vor Ort sind:

– eine stadtteilbezogene Versorgung, entsprechend dem sich darstellenden differenzierten Bedarf,
– eine Reduzierung eingruppiger Einrichtungen,
– der Ausbau von altersgemischten, alterserweiterten Gruppen und
– die Schaffung von Einrichtungen mit breitem Angebotsspektrum,
– die Entwicklung von „Stadtteileinrichtungen" mit ausgeprägtem Öffnungskonzept,
– die Schaffung von Einrichtungen mit unterschiedlichen Angebotsbausteinen und Flexibilisierung der Öffnungszeiten,
– die Entwicklung von Angebotskombinationen mit einer Leitung,
– die Entwicklung von Konzepten zu konzeptioneller und finanzieller Vernetzung unterschiedlicher Angebotsformen und
– der Ausbau der Kooperation von Jugendhilfe und Schule.

Mit viel Engagement wird auf der Praxisebene an Konzepten und Erprobungen der Kooperation von Jugendhilfe und Schule gearbeitet.

3. Praxisbeispiel: Haus für die Jugend/OT in Bergisch-Gladbach-Moitzfeld

Zu den Rahmenbedingungen

Das Umfeld:
Das Haus für die Jugend/OT liegt in einem ländlich geprägten Ortsteil von Bergisch-Gladbach in unmittelbarer Nähe zur Großstadt Köln. Der Ortsteil hat 4832 Einwohner. Die Kinder können im Ort 3 Kindertagesstätten und 1 Grundschule besuchen. Weiterführende Schulen befinden sich in den nahegelegenen Orten Bensberg und Herkenrath.

Hortplätze für Schulkinder stehen – außer im Haus für die Jugend – noch in einer Kindertagesstätte zur Verfügung. Arbeitsplätze werden in Moitzfeld selbst wenig geboten. Die meisten Moitzfelder (viele Selbständige) fahren zu ihrer Arbeitsstelle nach Bergisch-Gladbach und Köln. Die Mütter sind i.d.R. nicht oder teilzeit (nach der Einschulung der Kinder) berufstätig. Die mittelständischen Familien leben überwiegend in Eigenheimen. Eine Ausnahme bildet ein Heim für Asylbewerber-Familien, deren Kinder z.T. auch das Haus der Jugend besuchen.

Die Einrichtung:
Das Haus für die Jugend/OT wurde am 01.08.1996 als Haus für über 6jährige Kinder und Jugendliche, bestehend aus einem Hort und einem Jugendhaus/OT, eingerichtet. Träger ist der Bürgerverein „Ein Haus für die Jugend", fachlich beraten durch den Diözesan-Caritasverband, Köln.

Im Rahmen der Konzepterarbeitung wurden zwei weitere Angebotsbausteine aufgenommen: seit dem 01.08.1999 bestehen eine Gruppe „Schule von acht bis eins" und eine Gruppe „Hausaufgabenhilfe".

Darüber hinaus beteiligt sich die Einrichtung an der Erprobungsmaßnahme gem. § 21 GTK, Abs. 1 des Gesetzes über Tageseinrichtungen für Kinder (GTK). Erprobt wird im genehmigten Zeitraum vom 01.09.1999 bis 31.12.2002 die „Entwicklung eines Kinderhauses, damit verbunden Splitting von Plätzen", um den vielfältigen und sich ändernden Bedarfslagen der Familien gerecht zu werden. Die neue Angebotsstruktur bezieht sich auf

- den Verzicht auf die traditionelle Einteilung in Gruppen,
- den Verzicht auf Kontingentierung für bestimmte Altersgruppen/Jahrgänge,
- die freie Wahl der Betreuungszeit in Rahmen der Öffnungszeit (8.00-18.00/ 19.00 Uhr),
- die Möglichkeit, den Betreuungsumfang jeweils zum 01.02., 01.05., 01.08. und 01.11. d. J. zu wechseln und
- die Möglichkeit, die max. Hortgruppen-Kinderzahl von 20 durch Doppel- und Dreifachbelegung zeitversetzt zu splitten.

Ein „buntes Team", d.h. Einbeziehung anderer (pädagogischer) Fachkräfte, ist erwünscht. Den Mitarbeitern/innen (einschl. Leitung) werden verschiedene Teilzeitmodelle angeboten, evtl. auch Jahresarbeitszeitmodelle, um Belegungsschwankungen besser gerecht werden zu können.

Haus für die Jugend, Bergisch-Gladbach-Moitzfeld

Rahmenbedingungen	Jugendhaus	Hort	Schule von acht bis eins	Hausaufgabenhilfe
Eröffnungsdatum	01.08.1996	01.08.1996	01.08.1999	01.08.1999
Anzahl der Gruppen Anzahl der Kinder, Jugendlichen	Ca. 20 Besucher täglich und die Besucher besonderer Angebote	1 Gruppe 20 Kinder (z.Zt. 22 Kinder)	1 Gruppe 10 Kinder	Teilnehmer sind Kinder aus dem Hort, Jugendhaus, „Schule von acht bis eins" mit vorheriger Anmeldung
Alter der Besucher	Bis 24jährige, Schwerpunkt 14 bis 18 Jahre	6- bis 11jährige	6- bis 11jährige	6- bis ca. 14jährige
Öffnungszeiten	16.00-22.00 Uhr außer Montag bis 18.00 Uhr für bis 14jährige, ab 18.00 Uhr für ab 15jährige ab 22.00 Uhr für über 16jährige, das Jugendcafé ist mittwochs für über 16jährige von 19.00 Uhr bis 23.00 Uhr geöffnet	7.45 Uhr-18.00 Uhr	7.45 Uhr-13.00 Uhr	13.00-16.00 Uhr
	Am Wochenende ist das Haus geschlossen, Ausnahmen: besondere Aktionen wie Sonntagsfrühstück, Feiern			
Ferienschließungszeiten	Jugendhaus und Hort wechseln sich ab			
Personelle Besetzung	1 Dipl.Soz.Päd, 38,5 Std., 1 Dipl.Soz.Päd., 19,25 Std. geplant: 1 Honorarkraft für den Abendbereich	1 Dipl. Sozialpädagogin mit 34,25 Std., als Leiterin zu 50% freigestellt, 1 Erzieher mit 38,5 Std., 1 Erzieherin mit 23,5 Std.	2 Honorarkräfte (geeignete Kräfte) mit 3 Std./Tag auf 630,- DM-Basis	
Zusätzlich für das gesamte Haus	2 Küchenkräfte (davon 1 Kinderpflegerin) auf 630,- DM-Basis 1 Reinigungskraft mit 4 Std./Tag über den Sozialdienst, 1 Fensterputzer			
Räumliche Situation der Gesamt-Einrichtung (s. Bauplan)	Foyer: Eßbereich, Küche, Freizeitbereich mit Billard-Tisch, Sitzecke, Internet- und Playstation, Büro, Toilette, Treppenaufgang in die 1. Etage 1. Etage: ein großer Gruppenraum mit Hochebene für den Hort, ein Hausaufgabenraum, ein Theater-/Medien-/Freizeitraum, ein Mehrzweckraum für Gruppen von außen und evtl. Hausaufgaben, eine Teeküche, Toiletten, Garderobe Keller: je ein Computer-, Werk-, Ruhe-/Musik-, Disco-/Freizeit- und Vorratsraum Außengelände: kaum, dafür Möglichkeiten zur Mitnutzung der Grünfläche der benachbarten Kirche, des Spiel-/Bolz- und Sportplatzes und des Schulhofs der Grundschule			
Finanzierung		Förderung entsprechend GTK	6.000 DM pro Jahr Landesförderung entsprechend MSWWF	4100 DM pro Jahr Landesförderung über das MFJFG (Mittel aus dem Landesjugendplan)
	Hinzu kommen Gelder durch Vermietung von Räumlichkeiten			
Elternbeitrag	Keine	Nach Einkommen gestaffelt entsprechend GTK plus Mittagessen zum Preis von 65,- DM/mtl.	40,- DM pro Monat plus evtl. zusätzl. Angebotsbausteine wie Mittagessen, Kinderhausnutzung (entspr. GTK)	20,- DM pro Monat, bei zusätzl. gezielter Förderung 10,- DM mehr, bei Niedrigeinkommen übernimmt das Jugendamt den Beitrag

3.1. Konzeptioneller Schwerpunkt

Grundlage der pädagogischen Arbeit im Haus für die Jugend sind die Lebenssituationen der Kinder und Jugendlichen und das Konzept der offenen Arbeit. Viele konzeptionelle Gedanken sind bereits in die Bauplanung des Hauses eingeflossen: u.a. zwei eigenständige Einrichtungen unter einem Dach zu vereinen und vielseitig nutzbare Räume vorzuhalten, um flexibel auf unterschiedliche Bedarfe und veränderte Konzepte reagieren zu können. Dies ist 1999 geschehen durch die Aufnahme einer Gruppe „Schule von acht bis eins", die Einrichtung einer Hausaufgabenhilfe und die Öffnung des Hauses für Bürger/-innen und Gruppen des Ortes. Beispiele hierfür sind

– die Eltern-Kind-Gruppen, die regelmäßig den Ruhe-/Musikraum nutzen und dort in einem eigenen Schrank ihre Materialien aufbewahren können,
– die externen Gruppen, die im Mehrzweckraum Gruppenstunden, Kommunion-unterricht o.ä. abhalten oder
– sonstige Träger, Vereine, Institutionen, Interessierte, die Räume des Hauses reservieren lassen für Feiern, Vorträge, Schulungen (z.B. DRK, Ärzte).

Personen und Gruppen von außen können gegen eine Tagesgebühr von 20,- DM Räume anmieten. Für Kinder und Jugendliche, die nicht zu den „Stammbesuchern" gehören, besteht die Möglichkeit, sich an sog. offenen Angeboten (d.h. offen für alle), z.B. einem Computer-Kurs, Seidenmal-Kurs gegen Zahlung einer Teilnehmergebühr anzumelden. Dies gilt jedoch nicht, wenn z.B. die über 14jährigen alle 2 Monate freitags eine Jugend-Disco selbst organisieren und Freunde dazu einladen.

Das Haus für die Jugend praktiziert nicht nur eine Öffnung nach außen. Träger und Mitarbeiter/-innen der Einrichtung arbeiten an einer pädagogischen Konzeption, die sich am Kinderhaus-Modell orientiert. Sie wollen offen sein für die Bedarfe und Bedürfnisse „ihrer" Kinder, Jugendlichen und Familien. Das bedeutet u.a.

– die gemeinsame Nutzung aller Räumlichkeiten. Ausgenommen hiervon ist der Hort-Gruppenraum, zu dem die anderen Kinder und Jugendlichen nur als „Gäste" zugelassen sind.
– bedarfsgerechte Betreuungszeiten und –angebote durch Platz-sharing, das Anbieten einzelner „Bausteine", z.B. Mittagessen, Hausaufgabenhilfe und eine breite Rahmenöffnungszeit. Eltern können sich entscheiden, einzelne oder mehrere Angebotssteine in Anspruch zu nehmen oder eine bestimmte Anzahl von Betreuungsstunden. Darüber hinaus ist die Einrichtung auch während der Schulferien geöffnet, was berufstätigen Eltern eine große Sorge nimmt.

Das Kinderhaus besteht aus den drei Angeboten: Hort, „Schule von acht bis eins" und Hausaufgabenhilfe. Zwischen 7.45 Uhr und 16.00 Uhr steht den Kindern, die keinen festen Gruppen und Räumen zugeordnet sind, das gesamte Haus zur Verfügung. Besucherkinder sind nach Absprache willkommen. Nach 16.00 Uhr ist das Haus offen für alle, die bleiben oder kommen möchten. Eine Mitarbeiterin des Jugendhauses/OT beginnt ihren Dienst bereits um 13.00 Uhr, um eine Verzahnung beider Einrichtungen zu gewährleisten. Sie begleitet auch die OT-Kinder bei der Hausaufgabenbearbeitung.

Die pädagogische Arbeit wird auch getragen und entwickelt durch die Zusammenarbeit mit anderen Institutionen und Fachkräften. Eine intensive Zusammenarbeit besteht mit der benachbarten Grundschule, deren Schulleiterin auch Mitglied im Trägerverein des Hauses für die Jugend ist. So bietet z.B. der Hort Projekte in der Schule an, umgekehrt ist die Hospitation von Lehrkräften bei der Hausaufgabenhilfe geplant. Kooperationspartner sind darüber hinaus auch der Kindergarten, die Beratungsstelle und ein Lernstudio, das gezielt Nachhilfe anbietet.

Fachlich beraten und begleitet werden die Mitarbeiter/-innen durch die Fachberaterin des Caritasverbandes und das Jugendamt der Stadt Bergisch-Gladbach. Sie arbeiten mit in Leiterinnen-Konferenzen, dem Netzwerk OT-Treffen, der Hort-AG der Stadt und nehmen an Fortbildungen der Stadt oder anderer Träger teil. Zusätzlich bezahlt der Träger eine Teamsupervison, die insgesamt 15x (1 pro Monat) durchgeführt wird.

Große Unterstützung erfahren die Mitarbeiter/-innen des Hauses für die Jugend von ihrem Träger, deren Vorstandsmitglieder ehrenamtlich viele Verwaltungs- und Organisationsaufgaben übernehmen. Ergänzend hat der Vorstand drei Ausschüsse eingerichtet, in denen wichtige Angelegenheiten besprochen und Entscheidungen vorbereitet werden:

1. Finanzausschuß (zuständig u.a. für Mitgliedsbeiträge, Zuschüsse, Sponsoren)
2. Pädagogikausschuß (Personalsachen, Konzepte)
3. Öffentlichkeitsausschuß (Pressearbeit etc.)

Die personelle Zusammensetzung der Ausschüsse dokumentiert die Vorstellung von Transparenz und Offenheit. Jeder Ausschuß besteht aus einem Vorstandsmitglied, Vereinsmitgliedern und Interessierten aus der Einrichtung und dem Ort. In den Pädagogikausschuß werden zu bestimmten Tagesordnungspunkten Mitarbeiter/-innen der Einrichtung eingeladen.

Die konzeptionelle Arbeit ist z.Zt. noch ein sehr lebendiger Prozess, da die Erfahrungen mit der Umsetzung von neuen Ideen und Veränderungen verarbeitet und Entwicklungen (z.B. wie werden die Angebote angenommen, wie wirkt sich das Angebot auf den Bedarf aus?) beobachtet werden müssen. Es werden offene Fragen, weiße Flecke in der Konzeption oder Probleme entdeckt, für die noch eine Lösung erarbeitet werden muß. Zwei wesentliche Punkte sollen an dieser Stelle benannt werden:

3.2. Beitragsregelung

Wie kann im Rahmen einer Angebotsflexibilisierung eine gerechte, leistungsbezogene Beitragsregelung geschaffen werden? Der Besuch des Jugendhauses ist traditionell beitragsfrei, der Hortbeitrag nach Einkommen gestaffelt, Hausaufgabenhilfe ist im Hortangebot enthalten. Das größte Problem ist jedoch: Scheitert das Kinderhaus-Konzept mit Budgetierung und Platz-Sharing – trotz Teilnahme an der Erprobungsmaßnahme – letztlich daran, dass die Eltern grundsätzlich den vollen Beitrag zahlen müssen, unabhängig davon, wie viel Betreuungsstunden sie „gebucht" haben?

3.3. Regelung der Leitung

Welches Leitungskonzept ist für ein kombiniertes Angebot das bessere: eine Leitung für das Gesamthaus, je eine Leitung für Kinderhaus und Jugendhaus, ein Leitungsteam,

Verwaltungs-/Organisations- und pädagogische Leitung trennen, eine Verwaltungs- und 2 pädagogische Leitungen für Kinder und für Jugend? Wo liegen gesetzliche, pädagogische, finanzielle Grenzen?
Welche Angebotsbausteine fallen in wessen Verantwortungsbereich?

4. Erfahrungen mit kooperativen und kombinierten Angeboten

Auch wenn es bei neuen Angebotsformen noch einigen Klärungsbedarf gibt, sind inzwischen doch schon grundsätzliche Vorteile bei kombinierten, sog. „Baustein"-Modellen deutlich geworden. Gerade aus dem Blickwinkel der heutigen Lebenssituation von Kinder, Jugendlichen und Familien betrachtet, bieten diese Einrichtungen ein hohes Maß an Bedarfs- und Bedürfnisorientierung, d.h. u.a.:

- Die Bündelung der personellen Ressourcen stellt einen flexiblen Personaleinsatz und Vertretungsmöglichkeiten, d.h. eine verläßliche Betreuungszeit, sicher.
- Die Kinder erfahren Kontinuität durch eine gesicherte Personalstruktur.
- Die nicht pädagogisch ausgebildeten Kräfte mit Teilzeitverträgen werden in ein Fachkräfte-Team eingebunden und erhalten so Anregung und Beratung.
- Die Mitarbeiter/-innen der verschiedenen Einrichtungen können sich fachlich austauschen und gegenseitig bereichern.
- Die räumlichen Bedingungen sind großzügiger, vielfältiger und flexibler nutzbar – insbesondere eine qualitative Verbesserung für niederschwellige oder Teilangebote wie „Schule von acht bis eins".
- Die Kinder haben eine größere Auswahl an Spielpartnern und altersgerechten Spielmöglichkeiten.
- Kinder aus Teilangeboten (z.B. „Schule von acht bis eins") können an den Ferienangeboten teilnehmen und je nach familiärer Situation auch sporadisch zusätzliche Angebotsbausteine in Anspruch nehmen.
- Die jüngeren Schulkinder wachsen behutsam in eine offene Form der Betreuung in das ihnen bereits vertraute Jugendhaus hinein und haben so auch als Jugendliche verläßliche Ansprechpartner.
- Die enge Zusammenarbeit der Einrichtung mit anderen Angeboten und Vereinen in und außerhalb des Hauses hilft den Kindern, sich in dem Stadtteil zu integrieren und gibt Orientierung außerhalb der Betreuungszeit und nach der Abmeldung vom Hort.

5. Allgemeine Entwicklungen in den Bundesländern

In allen Bundesländern wird die Notwendigkeit einer bedarfsgerechteren Jugendhilfeplanung deutlich. Jugendhilfeträger ziehen die Konsequenz, kurzfristig neue Konzepte zu entwickeln und zu erproben.
Im Schulbereich wird in vielen Bundesländern – z.T. flächendeckend – als Betreuungsangebote eine verläßliche Grundschule umgesetzt bzw. angestrebt. An einen Ausbau von Ganztagsgrundschulen ist zur Zeit aus finanziellen Gründen nicht zu denken.

Die Annäherung oder gar Verzahnung von Jugendhilfe und Schule gelingt mit unterschiedlich großem Erfolg.

Bezogen auf die Situation der neuen Betreuungsangebote fällt dabei auf,

- dass die Kooperationsprojekte i.d.R. unter dem Druck des Defizits entwickelt wurden,
- dass bisher nur punktuell die „Betreuungsnot" gelindert wird, aber ein Gesamtkonzept von Jugendhilfe und Schule vielfach noch aussteht und
- dass sich die Kooperation überwiegend auf das persönliche Engagement der Kollegen/-innen stützen muß, da die strukturellen, organisatorischen und finanziellen Rahmenbedingungen noch nicht gezielt entwickelt wurden und so eine systematische Umsetzung erschwert.

Konzeptionen zur Zusammenarbeit von Jugendhilfe und Schule benötigen jedoch zur erfolgreichen Umsetzung ein verbindliches Regelsystem, das

- die Verpflichtung zur Zusammenarbeit auf allen Ebenen stärkt,
- die sozialpädagogischen Kompetenzen im Schulbereich verankert,
- die Bearbeitung der Schnittstellen von Jugendhilfe und Schule sicherstellt und
- einen gemeinsamen Evaluationsprozess erleichtert und die Erarbeitung eines Konzeptes zur Qualitätsentwicklung ermöglicht.

Eine solche Unterstützung wird den Fachkräften in der Praxis von Jugendhilfe und Schule die Zusammenarbeit wesentlich erleichtern.

Literatur

Balluseck, Hilde von (Hrsg.): Ganztagserziehung – ja bitte! Zum Zusammenwirken von familiärer und öffentlicher Erziehung im Grundschulalter, Berlin 1996.

Berg, Christa (Hrsg.): Handbuch der deutschen Bildungsgeschichte, Bd. IV 1870 -1918, Von der Reichsgründung bis zum Ende des Ersten Weltkriegs, München 1991

Bundesarbeitsgemeinschaft der Landesjugendämter: Empfehlungen und Hinweise zur Tagesbetreuung von Schulkindern im Rahmen der Jugendhilfe. Kassel Nov 1996.

Deinet, Ulrich (Hrsg.): „Schule aus – Jugendhaus?" Ganztagskonzepte und Kooperationsmodelle in Jugendhilfe und Schule, 2. Aufl., Müster 1997.

Fatke, Reinhard/Valtin, Renate (Hrsg.): Sozialpädagogik in der Grundschule. Arbeitskreis Grundschule – Der Grundschulverband – e.V., Frankfurt/Main 1997.

Frank, Kerstin; Pelzer, Susanne: Hort, Schule und was sonst noch? Deutsches Jugendinstitut (Hrsg.)., München 1996.

Jeismann, Karl-Ernst/Lundgreen, Peter (Hrsg.): Handbuch der deutschen Bildungsgeschichte, Bd. III 1800 – 1870, Von der Neuordnung Deutschlands bis zur Gründung des Deutschen Reiches, München 1987

Jugendministerkonferenz: Beschluß der Konferenz der Jugendminister und -senatoren der Länder am 7./8. Mai 1987 zur Zusammenarbeit von Hort und Schule (Wolfenbüttel)

Kaplan, Karl-Heinz/Becker-Gebhard, Bernd (Hrsg.): Handbuch der Hortpädagogik, Freiburg/Brsg. 1997.

Kesberg, Edith/Nordt, Gabriele: Neue Entwicklungen bei den Angeboten für Schulkinder, Sozialpädagogisches Institut NRW (Hrsg.), Köln 1998.

Kesberg, Edith/Nordt, Gabriele: Schulkinder-Haus – Hort und Schule unter einem Dach. Abschlußbericht zum Modellprojekt. Sozialpädagogisches Institut NRW (Hrsg.), Köln 1995.

Kesberg, Edith/Hellekes, Benedikta: Hort in der Jugendfreizeitstätte. Abschlußbericht zum Pilotprojekt, Sozialpädagogisches Institut NRW (Hrsg.), Köln 1995.

Kesberg, Edith/Rolle, Jürgen: Kennen Sie die Hort-Angebote in NRW?, Hrsg. SPI Köln, 7. überarb. u. erw. Aufl. 1998

Landesjugendamt Hessen (Hrsg.): Wohin nach dem Unterricht? Orientierungshilfen zur Schulkinderbetreuung in Hessen, Kassel November 1997.

Ministerium für Arbeit, Gesundheit und Soziales des Landes Nordrhein-Westfalen (Hrsg.): Schule aus – was nun? Ganztagsangebote für schulpflichtige Kinder, Dokumentation der Fachtagung vom 04.09.1997 in Dortmund, Düsseldorf 1998.

Ministerium für Schule und Weiterbildung des Landes Nordrhein-Wetsfalen (Hrsg.): „Schule von acht bis eins" – Betreuung von Schülerinnen und Schülern in Grundschulen und Sonderschulen vor und nach dem Unterricht, Informationen und Materialien für die Einrichtung, Durchführung und Weiterentwicklung von Betreuungsmaßnahmen, Düsseldorf 1997a.

Rolle, Jürgen/Kesberg, Edith: Der Hort als Erziehungs- und Bildungseinrichtung für Kinder im schulpflichtigen Alter, 1. Aufl. Köln 1986, 4. Aufl. 1995 (Der Hort. Handbuch für die Praxis in Hort und Schulkinder-Haus; Bd.1).

Rolle, Jürgen/Kesberg, Edith: Der Hort im Spiegel seiner Geschichte, 1. Aufl. Köln 1988, (Der Hort. Handbuch für die Praxis in Hort und Schulkinder-Haus; Bd.4)

Zeiher, Hartmut J./Zeiher, Helga: Orte und Zeiten der Kinder, Weinheim/München 1994.

Raingard Knauer

Wohin entwickelt sich die Betreute Grundschule?
Ein Anforderungsprofil im Spannungsfeld unterschiedlicher Erwartungen

1. Vorbemerkungen

Die Betreute Grundschule, die es in Schleswig-Holstein seit 1990 gibt, ist ein Erfolgsmodell (in Schleswig-Holstein verfügte 1997 fast ein Drittel der Grundschulen über eine Schulkindbetreuung, 2000 sind es fast 50%). Begonnen als Notlösung für Betreuungslücken, ist diese Einrichtung in Schleswig-Holstein mittlerweile landesweit zur selbstverständlichen Dienstleistung im Umfeld der Schule geworden und wird auch künftig nicht wegzudenken sein.

Auch in anderen Bundesländern nehmen die schulflankierenden Betreuungsangebote, die Eltern eine verlässliche Unterrichtszeit garantieren, zu. Dabei variieren die Namen, die Ausgestaltung und die Trägerschaft dieser Betreuung: „Volle Halbtagsgrundschule", „Verlässliche Halbtagsschule", „Betreute Grundschule", „Verlässliche Grundschule", „Nachbarschaftsschule" etc. Im folgenden wird über die Entwicklung in Schleswig-Holstein berichtet. Die hier zu beobachtenden Tendenzen sind vermutlich nicht nur Schleswig-Holstein-typisch.

Trotz dieser Erfolgsgeschichte bleibt die Betreute Grundschule aus fachlicher Sicht (sowohl von Seiten der Schul- als auch der Sozialpädagogik) allerdings bislang merkwürdig konzeptionslos. Für diese Konzeptionslosigkeit gibt es mehrere Gründe.

Am gravierendsten ist sicherlich die fachliche Heimatlosigkeit dieser Einrichtung. Die Betreute Grundschule nimmt eine Zwitterstellung ein. Sie ist ein Wanderer zwischen zwei Welten – nämlich zwischen Schule und Jugendhilfe (Sozialpädagogik).

- Die Betreute Grundschule ist an der Schule tätig, ist aber nicht Schule – die Mitarbeiterinnen der Betreuten Grundschule haben einen anderen Anstellungsträger als Lehrkräfte, sie haben im schulischen Alltag nur begrenzte Mitspracherechte, die Betreute Grundschule ist eindeutig ein zusätzliches, vom Schulalltag abgrenzbares Angebot.
- Die Betreute Grundschule erfüllt Aufgaben der Jugendhilfe – ist aber i.d.R. kein Teil der Jugendhilfe – Betreute Grundschulen unterliegen nicht dem Kindertagesstättengesetz (wie z.B. die Horte) sie sind i.d.R. auch nicht in die Diskussionszusammenhänge der Jugendhilfe eingebunden.

Damit steht die Betreute Grundschule – wie Schulsozialarbeit – zwischen zwei Institutionen, ohne einer dieser Institutionen eindeutig zugeordnet zu sein.

Diese Zwitterstellung kann Freiheitsgrade eröffnen – wenn die Betreute Grundschule einen dritten Weg zwischen Schule und Jugendhilfe findet und sich sozusagen die positiven Seiten beider Institutionen aussuchen kann. In der Praxis allerdings empfinden die Mitarbeiterinnen der Betreuten Grundschule diese Wandererposition eher als belastend, weil eindeutige Konzepte und Diskussionszusammenhänge fehlen und die kleine Institution Betreute Grundschule zwischen den beiden großen traditionellen Institutionen Schule und Jugendhilfe zermahlen wird.

Das Pfund, mit dem die Betreute Grundschule wuchern kann, ist ihr Erfolg in der Praxis. Eltern betrachten dieses Angebot mittlerweile als Selbstverständlichkeit – egal ob es der Schule oder der Jugendhilfe zugerechnet wird. Um fachliche Eigenständigkeit zu entwickeln muss die Betreute Grundschule ihre Standortbestimmung deutlich machen und ein professionelles Selbstbewusstsein entwickeln. Dazu muss sie wissen, welche Erwartungen an sie gestellt werden.

2. Die Betreute Grundschule im Spannungsfeld unterschiedlicher Erwartungen

Die Betreute Grundschule entstand zunächst aus dem Wunsch von Eltern nach verlässlichen Grundschulzeiten. Dieser familien- – genauer frauenpolitische – Aspekt entstand aus Alltagsnöten heraus. Im Laufe der letzten Jahre geriet die Betreute Grundschule aber in das Spannungsfeld sehr unterschiedlicher Interessen, die auf die weitere Entwicklung dieser Institution entscheidenden Einfluss haben und – so meine Prognose – zu einer Konzeptvielfalt dieser Institution führen werden.

Wer stellt Erwartungen an die Betreute Grundschule?

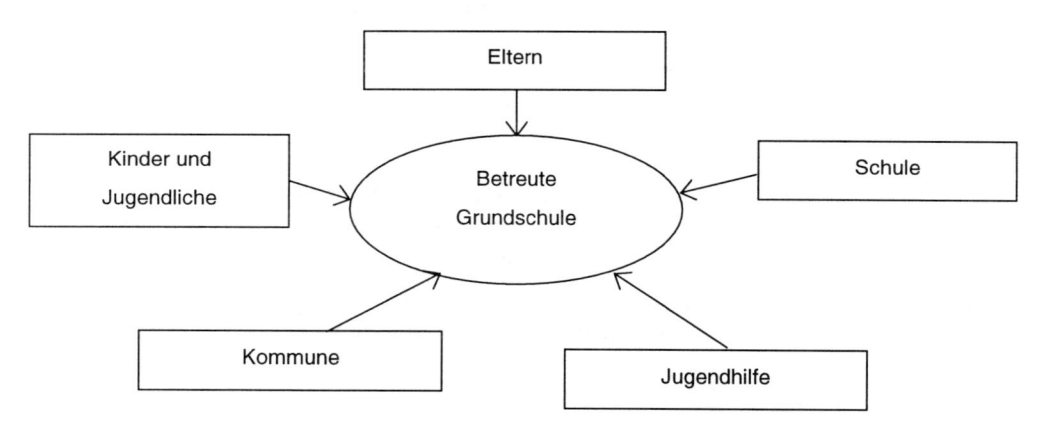

```
          Eltern
            |
            v
Kinder und          Betreute          Schule
Jugendliche  --->  Grundschule  <---
            ^          ^
            |          |
        Kommune    Jugendhilfe
```

Die Betreute Grundschule muss sich dieser unterschiedlichen Erwartungen bewusst sein, um ein eigenständiges Konzept und ein zunehmendes fachliches Selbstbewusstsein zwischen den großen Institutionen entwickeln zu können.

Im folgenden werden die Erwartungen der verschiedenen Partner konkretisiert.

2.1. Erwartungen der Eltern

Die Betreute Grundschule ist durch die Bedarfe der Eltern – speziell der Wünsche von Müttern – initiiert worden. Die zunehmende Berufstätigkeit von Frauen hat die traditionelle Struktur mit der Voraussetzung der ständigen Verfügbarkeit einer Betreuungs- und Begleitperson in Frage gestellt. Durch das teilweise „Verschwinden der Mütter als Unterstützungslehrkraft" wurde die Schule in die Pflicht genommen, berechenbarer zu werden. Die Betreute Grundschule trat in Schleswig-Holstein in die Lücke, die in anderen Bundesländern durch die Etablierung einer festen Halbtagsschule geschlossen wurde.

Wenn Eltern nach ihren Wünschen an die Betreute Grundschule befragt werden, nennen sie zunächst Wünsche an die Öffnungszeiten der Einrichtung. In Schleswig-Holstein lässt sich zur Zeit eine „zweite Welle" von Elternwünschen an Betreuungszeiten beobachten. Eltern initiieren zunehmend Initiativen zur zeitlichen Ausweitung des Betreuungsangebotes. Sie wünschen eine Ausweitung der Öffnungszeiten über die Mittagszeit hinaus bis in die Nachmittagsstunden sowie in die Schulferien. Von immer mehr Eltern werden von der Betreuten Grundschule Öffnungszeiten des Hortes gefordert.

Die Betreute Grundschule hat damit etwas geschafft, was den Kindertagesstätten nicht gelungen ist: Einzelne Betreute Grundschulen sind dabei, hortähnliche Angebote (bezüglich der Öffnungszeiten) zu etablieren und damit für eine Ausweitung von Hortangeboten zu sorgen. Auch wenn dies bislang nur in Einzelfällen realisiert wird, entsteht hier ev. eine neue Elternoffensive. Eine zeitliche Ausweitung des Betreuungsangebotes ist allerdings nur deshalb möglich, weil die Betreute Grundschule nicht die strengeren Auflagen bezüglich Raumangebot, Qualifikation des Personals etc. bezüglich des Kindertagesstättengesetzes befolgen muss. Überspritzt gesagt kann man konstatieren: Die Betreute Grundschule ist in einigen Kommunen still und heimlich auf dem Weg, sich zu einer Billigversion des Hortes zu entwickeln.

Dabei kann aus fachlicher Sicht eine Anbindung der Schulkindbetreuung an die Schule durchaus sinnvoll sein. Auch wenn es schwierig ist: berufspolitische und sozialpädagogische Diskussionen sollten möglichst getrennt werden.

Nach inhaltlichen Wünschen befragt, nennen die Eltern i.d.R. den Wunsch nach einem für die Kinder attraktiven Angebot. Die Kinder sollen – so möchten die Eltern – gerne und ohne Überredungskünste in die Betreute Grundschule gehen. Auf die Idee eine über die reine Betreuung hinausgehende Unterstützung durch die Betreute Grundschule zu erwarten – also sozusagen sozialpädagogische Aufgaben einzufordern – kommen bislang nur wenige der Eltern.

– Zusammengefasst lässt sich feststellen: die Betreute Grundschule ist für Eltern ein Dienstleistungsangebot, das in erster Linie ihren zeitlichen Bedarf nach Betreuung ihrer Kinder in attraktiver Form nachkommen soll.

2.2. Erwartungen der Schule

In der Anfangsphase waren betreute Grundschulgruppen für die Schule vor allem aus zwei Gründen von Interesse:

- sie wurde von Eltern gefordert,
- Lehrkräfte litten in einigen Schulen verstärkt unter der Präsenz von Kindern, die vor und nach dem Unterricht in oder vor der Schule „herumlungern".

Heute gibt es weitere Gründe, warum Schulen ein Interesse an einer Betreuung entwickeln: sie werden als Teil des Schulprofils diskutiert und sie bieten eventuell eine Antwort auf pädagogische Probleme der Schule.

Die Betreute Grundschule im Rahmen von Schulprogrammen

In der Schule tut sich etwas. Die Institution, die lange in dem Ruf stand, behäbig und unbeweglich zu sein, gerät in Bewegung. Organisationsentwicklung, Qualitätsüberprüfung, Dienstleistungsorientierung etc. sind Begriffe, die auch in Schulen langsam diskutiert werden.

Jede Schule in Schleswig-Holstein ist dazu verpflichtet, ein Profil zu entwickeln und in einem Schulprogramm festzulegen, d.h. auch Aussagen über künftige Entwicklungen und Schwerpunktsetzungen an der Schule zu machen. Dieses Schulprogramm soll unter Mitwirkung der Schülerinnen und Schuler sowie der Eltern entwickelt werden.

Eine verbesserte Abstimmung von Schulen auf die Lebenswelten vor Ort soll auch durch die Schulautonomie (z.B. die Möglichkeit, Personal selbst auszuwählen) verstärkt werden – in der Jugendhilfe heißt dieses Prinzip Lebensweltorientierung. Schule soll mehr Flexibilisierung verwirklichen und Lernsettings anbieten, die die Schülerinnen und Schüler vor Ort benötigen. Schule hofft auf diesem Weg fit für die Zukunft zu werden.

Der Wandel von Schule vollzieht sich langsam. Einerseits ist Schulentwicklung vom Ministerium in Schleswig-Holstein vorgegeben, andererseits spüren Schulen vermehrt einen Druck „von unten" – sie geraten unter Konkurrenz. Seit Eltern Schulen frei wählen können hat der gute oder schlechte Ruf einer Schule Einfluss auf die Anmeldezahlen, Nachbarschaftsnähe allein genügt nicht mehr.

Für die Schule kann die Betreute Grundschule ein Profilelement sein. Das jeweils konkrete Konzept muss sich durch die Situation vor Ort ergeben.

Je nach Bedarf können die Betreuten Grundschulen unterschiedliche Schwerpunkte anbieten. Folgende Aufgaben und Funktionen können dabei übernommen werden:

- die Garantie fester Schulzeiten bis zur Mittagszeit (Betreute Grundschule als verlässliche Halbtagsschule)
- ausgedehnte Betreuungszeiten am Nachmittag und Ferienangebote (Betreute Grundschule als Hortangebot)
- eine Funktion als pädagogische Insel (Betreute Grundschule als Schulsozialarbeit)
- das Angebot einer Nachmittagsschule (Betreute Grundschule als offene Kinderarbeit)
- die Tätigkeit des Koordinators eines sozialpädagogisches Netzwerkes (Betreute Grundschule als Teil des Kindernetzwerkes eines Quartiers und Unterstützung von Kindern mit wenigen Ressourcen)
- die Aufgabe einer erzieherischen Hilfe (Betreute Grundschule als ambulante oder teilstationäre Erziehungshilfe)

Im Rahmen der Organisationsentwicklung müssen Schulen sich entscheiden, welche Bedeutung die Betreute Grundschule im Rahmen ihrer Dienstleistungen hat. Dazu müssen sie wissen:
- Wie sieht die soziale Zusammensetzung der Elternschaft an unserer Schule aus?
- Welche Lebensbedingungen haben die Schülerinnen und Schüler im Stadtteil?
- Welche Bedarfe haben die Schüler und die Eltern bezüglich der zeitlichen und pädagogischen Betreuung? (z.B. welche Problemlagen finden sich in der Schule?)

Erst aufgrund einer solchen Analyse ist es möglich, ein bedarfsgerechtes Konzept der Betreuten Grundschule zu gestalten.

Die Betreute Grundschule als Schulsozialarbeit

Kontakte von den Lehrkräften zu den Mitarbeiterinnen der Betreuten Grundschule werden vor allem dann aufgenommen, wenn es um problembehaftete Kinder geht. Die Schule erhofft sich von den Fachkräften der Betreuten Grundschule Unterstützung im Umgang mit auffälligen Schülerinnen und Schülern.

„Kinder sind heute schwieriger geworden" – das ist eine beliebte Darstellung des anstrengender gewordenen pädagogischen Alltages, auch des Schulalltages. Sie sind lauter, sie zeigen mehr Verhaltensauffälligkeiten und Entwicklungsverzögerungen, sie sind aggressiver geworden. So einleuchtend diese Aussage klingt, wenn man sich Kindergruppen heute anschaut, ist sie doch zu einfach. Auch wenn eine Zunahme von Verhaltensauffälligkeiten zu beobachten ist, gilt doch für die meisten Kinder: Nicht die Kinder sind schwieriger geworden (und damit die Verantwortlichen für den problematischen Schulalltag), sondern die Lebenswelten, aus denen die Kinder kommen, sind vielfältiger geworden. In Kindergarten, Jugendarbeit und Schule haben wir es heute mit sehr inhomogenen Gruppen zu tun. Die Spannbreite der Unterschiede ist größer geworden: die Familienform in der die Kinder leben (verheiratet zusammenlebend, verheiratet getrennt lebend, alleinerziehend, nicht-eheliche Lebensgemeinschaften etc.), die Arbeitsbedingungen der Eltern sind flexibler geworden (als Beispiel sei nur auf die aktuelle Diskussion über Aufhebung des Sonntagsarbeitsverbotes im Dienstleistungssektor verwiesen), die kulturellen Hintergründe sind vielfältig (eine einfache Aufteilung in Deutsche und Ausländer wird der multikulturellen Lebensrealität schon längst nicht mehr gerecht) etc. Auch in scheinbar homogenen Wohnquartieren kommen Kinder mit sehr unterschiedlichen Lebenshintergründen zusammen, die versuchen, sich in einer sehr komplexen Welt zu behaupten. Allein diese Lernvoraussetzungen sind für Lehrkräfte (und Kinder) anstrengender, sie verlangen ihnen Lernkonzepte ab, in denen die Schaffung individueller auf die Lebensbedingungen der Schülerinnen und Schüler abgestimmter Lernsettings im Mittelpunkt steht – Nur die wenigsten Lehrkräfte haben dies gelernt.

In dieser Situation liegt es für die Schule nahe, die „schwierigen" Schüler denen zu überantworten, die als (sozial-)pädagogische Fachkräfte hier mehr Kompetenzen haben. Der Betreuten Grundschule werden Aufgaben zugewiesen, wie sie ursprünglich die Schulsozialarbeit übernehmen sollte. Die Betreute Grundschule als pädagogische Insel, als Kindernetzwerk, als erzieherische Hilfe erfüllt die Funktionen von Schulsozialarbeit. Sie knüpft dabei allerdings nicht an die Diskussionen um Schulsozialarbeit wie sie in den 80er Jahren geführt wurden an.

Dabei kommt es – wie überall dort, wo Schule und Jugendhilfe zusammen arbeiten – zu kontroversen Diskussionen über die Grenzsetzungen: Was ist noch Aufgabe der Lehrkraft, was ist schon Aufgabe der Erzieherin. Während Schule der Jugendhilfe Einmischung in ihre Belange vorwirft, beschwert sich die Jugendhilfe häufig darüber, dass Lehrkräfte zu wenig bereit seien, ihr didaktisches Konzept den veränderten Lernvoraussetzungen der Schülerinnen und Schüler anzupassen und vorschnell Kinder an sozialpädagogische Einrichtungen „abschiebe". Hinzu kommt der große Statusunterschied zwischen Lehrkräften und sozialpädagogischen Fachkräften, der eine Kommunikation, die von gegenseitigem Verständnis und Achtung vor der jeweiligen fachlichen Position des anderen getragen ist, erschwert. In der Praxis entstehen gerade aus dieser Aufgabe der Betreuten Grundschule vielfältige Probleme, die gelöst werden müssen.

– Die Betreute Grundschule wird für Schule sowohl als profilbildendes als auch (schul)systemstabilisierendes Moment immer wichtiger.

2.3. Erwartungen der Jugendhilfe

Die Jugendhilfe erwartet von der Betreuten Grundschule auf der einen Seite präventive Wirkungen, auf der anderen Seite konkrete Unterstützung in individuellen Fällen der Hilfen zur Erziehung nach § 27ff. KJHG.

Betreute Grundschule als präventives Angebot im Stadtteil

Im 8. Jugendbericht ist Prävention als eine der Leitlinien der Jugendhilfe genannt worden. Die Unterstützung von jungen Menschen im Vorfeld von Problemlagen scheint sowohl aus pädagogischer als auch aus ökonomischer Sicht sehr viel sinnvoller als Hilfe, die erst in Krisensituationen angeboten wird.

Eine verlässliche Betreuung der Kinder vor und nach der Schule allein kann schon Problemsituationen für die Kinder verhindern, ein Herumlungern auf der Strasse wird vermieden, sinnvolle Freizeitbeschäftigungen geübt. Gerade Kinder Alleinerziehender oder berufstätiger Elternteile sind auf diese verlässliche Tagesstruktur angewiesen. Hier kann man von einer primären Prävention der Betreuten Grundschule sprechen.

Eine sekundäre Prävention findet statt, wenn Angebote für Kinder und Eltern dort platziert werden, wo erfahrungsgemäß Probleme entstehen. Als sekundäre Prävention wirkt die Betreute Grundschule, wenn sie Kinder, die im Unterricht auffallen (durch Störungen, aber auch durch Verweigerung und Rückzug) frühzeitig betreut. Die Schule ist gleichsam ein Seismograph für schwierige Lebensrealitäten, die häufig mit schulischen Problemen verbunden sind. Integrierte Angebote der Betreuten Grundschule können Kinder hier individuell unterstützen, ohne sie zu stigmatisieren.

Betreute Grundschule als Hilfe zur Erziehung

Im Zuge der Rationalisierung im Bereich der erzieherischen Hilfen gerät die Zusammenarbeit zwischen Schule und Jugendhilfe in den Blick. Tagesgruppen werden an Schulen etabliert, niedrigschwellige Jugendhilfeangebote im Umfeld der Schule sollen Jugendliche schon früh erreichen und unterstützen. Hier bietet sich die Betreute

Grundschule als sozialpädagogische Einrichtung an der Schule geradezu an, nicht nur im präventiven Bereich, sondern auch als erzieherische Hilfe im Einzelfall.

Wenn es gelingt, Kinder, die erzieherischer Hilfe bedürfen, in der Betreuten Grundschule intensiver zu betreuen, kann das im Einzelfall ein sinnvoller Weg sein, Fremdunterbringung zu verhindern. Kinder bleiben in ihr Umfeld integriert, erhalten eine fachliche Unterstützung ohne stigmatisiert zu werden. Dazu bedarf es allerdings der entsprechenden Qualifikation der sozialpädagogischen Fachkräfte und der entsprechenden Rahmenbedingungen. Erste Versuche, Tagesgruppe und Betreute Grundschule als integrierte Maßnahme zusammenzufassen, existieren in Schleswig-Holstein. Sie scheinen sich als sinnvolle Maßmaßnahme zu etablieren, sind aber in besonderer Form von den oben genannten Schwierigkeiten der Zusammenarbeit behaftet.

Im Fall erzieherischer Hilfen vermengt sich auch die Finanzierung der Betreuten Grundschule. Jugendhilfe, Schulträger und Eltern werden – je nach Voraussetzung – unterschiedlich zur Finanzierung herangezogen. Der Einsatz der Betreuten Grundschule als Instrument der Hilfen zur Erziehung verlangt eine Maßnahmeentscheidung im Rahmen einer Hilfeplankonferenz nach § 36 KJHG.

– Aus Sicht der Jugendhilfe ist die Betreute Grundschule eine bislang noch zu wenig genutzte Ressource.

2.4. Erwartungen der Kommune

Kann die präventive Wirkung der Betreuten Grundschule erwiesen werden, ist diese Einrichtung auch aus Kostengründen für die Kommune interessant – sie bildet ein kostengünstiges Angebot für die Reduzierung von Jugendhilfeausgaben.

Zunehmend kann aber auch ein anderer Aspekt für die Kommune eine Rolle spielen. Einzelne Gemeinden und Städte haben den Werbefaktor des Labels „kinderfreundlich" erkannt. Gemeinden, die Eltern ihren Alltag – z.B. durch ein durchdachtes Kinderbetreuungskonzept – erleichtern, werden attraktiv gerade für junge Familien (und damit langjährige Steuerzahler). Die Betreute Grundschule kann als Imageträger für die Kinder- und Familienfreundlichkeit der Kommune genutzt werden.

2.5. Erwartungen der Kinder

Die Wünsche der Kinder an die Betreute Grundschule orientieren sich an ihren Lebensbedingungen.

– Sind diese günstig, reicht es ihnen, wenn sie ein attraktives Angebot bis zur Rückkehr der Eltern haben. Dabei spielt die Möglichkeit, mit Freunden zu spielen sicher eine wichtige Rolle.
– Sie wünschen sich ein attraktives Freizeitangebot als Alternative zum ‚Rumhängen' (und werden damit ev. vor einem Abrutschen in Straßenszenen bewahrt).
– Wenn die Betreute Grundschule es anbietet und den Kindern vertraut ist, kann sie Anlaufstelle bei Problemen sein.
– Und für einige Kinder ist sie ein sicherer und verlässlicher Ort, der sie dazu befähigt, ihr „Zu Hause" wieder ertragen zu können.

– Um so hilfreicher ist es, wenn die Betreute Grundschule kein diskriminierender, sondern ein „normaler" Ort ist, in dem Kinder ihre Alltagsbezüge (Freunde, Mitschüler, bekannte Erwachsene) stabilisieren und vertiefen können.

Dass die Betreute Grundschule dies bieten kann, müssen die Kinder in der Praxis erfahren. Durch den Namen des Angebotes erfahren sie es nicht. Die Bezeichnung „Betreute Grundschule" (die Kinder sagen „ich gehe in die Betreute") zeichnet sich weder durch sprachliche Genauigkeit noch durch Kreativität aus.

3. Die Betreute Grundschule braucht Organisationsentwicklung

Die Vielfalt der Anforderungen macht deutlich: die Betreute Grundschule kann sich in ganz unterschiedliche Richtungen entwickeln. Welche sinnvoll ist, kann nur vor Ort entschieden werden. Meine Prognose ist, dass in den nächsten Jahren sehr unterschiedliche Konzepte von Schulkindbetreuung entstehen und sich auch behaupten werden.

Zur Zeit ist noch vieles dem Zufall überlassen. Während es einige Schulen gibt, an denen sich die Betreute Grundschule sehr professionell mit der Konzeptentwicklung zu beschäftigen scheint, sind andere Einrichtungen damit völlig alleingelassen und überfordert. Die Betreute Grundschule braucht Organisationsentwicklung – als Teil der Organisationsentwicklung der Schule *und* der Jugendhilfe.

Wie jede Planung sollte dies in folgenden Schritten erfolgen:

3.1. Situationsanalyse und Bedarfsfeststellung:

Ausgangspunkt sind die Daten der Sozialraumanalyse: Kinderquoten, Armutsquoten, Daten zu Arbeitslosigkeit, Alleinerziehung, Ausländeranteil, etc. Diese Daten sollten im Rahmen der Jugendhilfeplanung vorliegen. Ev. hat auch die Schule selbst schon solche Daten für ihren Schuleinzugsbereich (der mit den von der Jugendhilfe erfassten Sozialräumen nicht immer übereinstimmt).

Aus diesen Daten kann schon grob geschlossen werden, welche Bedarfe die Kinder und Eltern im Schulbezirk vermutlich haben. Darüber hinaus ergänzen Befragungen (von Eltern, Kindern, dem Jugendamt/ASD, der Kirche etc.) die Daten. Auch eigene Beobachtungen können hilfreich sein („lungern" bestimmte Kinder jeden Nachmittag vor dem Einkaufszentrum? Wo sind Anzeichen für Straßencliquen?)

So entsteht ein konkreter Überblick über die Unterstützung, die Kinder und ihre Familien im Stadtteil benötigen. Die Aufgaben, die die Betreute Grundschule in Zusammenarbeit mit der Schule und anderen Einrichtungen übernehmen sollte, können konkreter benannt werden.

3.2. Ressourcenanalyse – Ist-Analyse

Jedes pädagogische Konzept steht und fällt mit den zur Verfügung stehenden Ressourcen. Diese zu kennen erleichtert die Verwirklichung der Pläne.

Prüfen Sie die

– finanziellen Ressourcen: Welche Zuschüsse sind möglich? Kann ein Sponsor gefunden werden? Stehen Räumlichkeiten und Sachmittel günstig zur Verfügung etc.?

- personellen Ressourcen: Über welche Qualifikationen verfügen die sozialpädagogischen Mitarbeiterinnen aber auch die Lehrkräfte (findet sich z.B. jemand mit langjährigen Erfahrungen als Vertrauenslehrkraft)? Wer ist engagiert und begeisterungsfähig? Wer kann die geplanten Maßnahmen nach außen vertreten?
- ideellen Ressourcen: von nicht zu unterschätzender Bedeutung ist auch die ideelle Unterstützung. Wer im Stadtteil befürwortet eine fachliche Ausweitung der Betreuten Grundschule? Wie ist die Position des Sozialausschusses, der Verbände etc.? Können Vereine mit an den Tisch geholt werden? Welche Netzwerke können geknüpft werden?

3.3. Konzeptionsentwicklung – Sollbestimmung

Aus den festgestellten Bedarfen muss Jugendhilfe in Zusammenarbeit mit Schule ein Betreuungskonzept entwickeln. Das kann sehr unterschiedlich gestaltet sein – eine Integration sozialpädagogischer Angebote in den schulischen Tagesablauf, eine additive Betreuung, eine Verbindung mit dem Hort oder der offenen Kinder- und Jugendarbeit vor Ort, ein Tagesgruppenangebot bis hin zu Angeboten, die sich auch an die Eltern der Kinder richten.

Anzustreben ist, dass Schule und Jugendhilfe sich hier als gleichberechtigte Partner verstehen, die an einem Strang ziehen und bereit sind, neue Vorgehensweisen zu erproben.

Am Ende dieses Schrittes sollte ein Konzept stehen, in dem die angestrebten Ziele konkret angegeben sind.

3.4. Planung

Schließlich geht es um die schrittweise Veränderung. Die Einbeziehung von Bündnispartnern und die Kenntnisse der einzelnen Teilschritte erleichtert die konkrete Planung.

3.5. Evaluation – Qualitätsentwicklung

Wie zur Zeit alle Jugendhilfeangebote und die Schule selbst muss auch die Betreute Grundschule ihre Arbeit evaluieren, d.h., sie muss systematisch überprüfen, ob sie ihre Ziele erreicht hat. Elemente der Evaluation können Befragungen (der Kinder, Eltern, Lehrkräfte etc.) sein, Beobachtungen im Schulalltag bis hin zu der Überprüfung der abgesprochenen Hilfeplanziele im Bereich erzieherischer Hilfen.

4. Ersetzt die Betreute Grundschule den Hort oder die Schulsozialarbeit?

Die Entwicklung der Betreuten Grundschule lässt Fragen zu Veränderungen im Kanon der Schulkindbetreuungsmaßnahmen aufkommen. Folgende Thesen zum Abschluss sollen zur Diskussion anregen:

4.1. Die Betreute Grundschule wird als Erfolgsmodell weiter bestehen. Sie wird sich allerdings in sehr unterschiedliche Konzepte ausdifferenzieren.

Je nach Standort und der Bereitschaft und Fähigkeiten der Beteiligten wird es die Betreute Grundschule als reines Betreuungsmodell, als sozialpädagogische Einrichtung bis hin zum Angebot erzieherischer Hilfen oder als Stadtteilzentrum geben.

4.2. Dabei lässt sich die Tendenz beobachten, dass die Betreute Grundschule immer mehr sozialpädagogische Aufgaben übernimmt – einerseits ersetzt bzw. ergänzt sie zum Teil das Hortangebot, andererseits übernimmt sie Aufgaben, die klassischerweise der Schulsozialarbeit übertragen waren.

Der Betreuten Grundschule werden von unterschiedlicher Seite (Eltern, Schule, Jugendhilfe, Kommune) weitere Aufgaben übertragen, die weit über das ursprünglich intendierte Ziel (reine Betreuung) hinausgehen. Das Verhältnis zum Hortangebot, zur Schulsozialarbeit und zu anderen Jugendhilfeangeboten muss geklärt werden. Aus Sicht des Hortes führt die Betreute Grundschule zu einer Standardabsenkung der Schulkindbetreuung.

4.3. Damit lässt sich von einem Professionalisierungsschub der Betreuten Grundschule sprechen.

Sollen die Betreuten Grundschulen zusätzliche Aufgaben übernehmen, sind die anspruchsvollen pädagogischen Aufgaben sind nur mit einer entsprechenden Qualifikation und Fortbildung zu erbringen. Es muss offensiv über die Rahmenbedingungen z.B. die Qualifikation des Personals gestritten werden.

4.4. Setzt der Trend zu einer sozialpädagogischen Ausweitung der Betreuten Grundschule fort, lässt sich gleichzeitig von einer Deprofessionalisierung der Schulsozialarbeit sprechen.

Während in der Diskussion über Schulsozialarbeit (vor allem in den 80er Jahren) Konsens darüber bestand, dass aus vielfältigen Gründen der Abschluss Diplom-Sozialpädagoge als Mindestqualifikation für dieses Tätigkeitsfeld zu gelten habe, sind in den Betreuten Grundschulen zur Zeit überwiegend Erzieherinnen eingesetzt – häufig finden wir auch Mitarbeiterinnen in ungesicherten Arbeitsverträgen ohne jegliche formale pädagogische Qualifikation.
   Die formalen Mindeststandards, die z.B. für Horte gelten, werden auf die Betreute Grundschule nicht angewandt.

4.5. Diese gegenläufigen Tendenzen verlangen eine baldige Fachdiskussion über die Inhalte und Rahmenbedingungen von Schulkindbetreuung.

Schule und Jugendhilfe kooperieren selten. Fachliche Kommunikationsstörungen existieren auf allen Ebenen:

- zwischen den Theorievertretern der Schulpädagogik (Universität) und Sozialpädagogik (Fachhochschule, Fachschule, Berufsfachschule)
- zwischen Kultus- und Sozialbürokratie bzw. Kommune (erschwert durch die dazu notwendige Kooperation zwischen dem Land, das zuständig für die Personalpolitik der Schule ist und der Kommune, die Träger der Jugendhilfe ist)
- zwischen Lehrkräften und sozialpädagogischen Fachkräften

Auf allen Ebenen spielen neben fachlichen Verständigungsschwierigkeiten vermeintliche Statusunterschiede eine Rolle. Die Betreute Grundschule braucht einen fachlichen und theoretischen Background. Der kann nur in interdisziplinärer Zusammenarbeit zwischen Bildungswissenschaft und Sozialpädagogik entstehen.

Die Betreute Grundschule ist m.E. zur Zeit die erfolgreichste (und die unspektakulärste) Zusammenarbeit zwischen Schule und Jugendhilfe. Sie sollte unterstützt aber nicht überfrachtet werden, um ihre Hauptaufgabe – Kinder im Groß-Werden zu unterstützen – gerecht werden zu können.

Ulrich Deinet

Betreuungsangebote für Jugendliche in der Zusammenarbeit von Jugendhilfe und Schule

Ausgehend von einem Praxisbeispiel der Kooperation zwischen einer Hauptschule und der Jugendhilfe, bei dem es um die Schaffung eines sozialpädagogischen Angebotes für Jugendliche im Nachmittagsbereich der Schule geht, werden typische Rahmenbedingungen und Konzeptbausteine solcher gemeinsamen Projekte beschrieben.

Das komplexe Feld der unterschiedlichen „Typen" von Betreuungssangeboten in Schule und Jugendhilfe wird übersichtlich dargestellt, um dann der Frage nachzugehen, inwieweit solche Betreuungsangebote als Chance zur Kooperation zwischen Jugendhilfe und Schule genutzt werden können.

Ich beziehe mich im Folgenden auch auf die Altersstufe der sogenannten „Schulkinder", also der 6-12jährigen, insbesondere aber auf die jüngeren Jugendlichen (die „Teenies" und „Kids" zwischen 11 und 14 Jahren) und auf ältere Jugendliche, wobei die Altersgrenzen und Übergänge eher fließend erscheinen.

1. Praxisbeispiel (Kreis Gütersloh: Kooperationsprojekt in Harsewinkel)

„Die Kooperationspartner dieses Projektes sind die Gemeinschaftshauptschule Harsewinkel und auf Seiten der Jugendhilfe der AWO-Kreisverband als Träger der Schulsozialarbeit an der Hauptschule und weiterer Maßnahmen der Gemeinwesenarbeit im Stadtteil Dammans Hof (Jugendtreffs, Bewohnertreff).

Zielgruppe: Eine sozialpädagogische Betreuung für Schüler der Hauptschule am Nachmittag incl. einer Hausaufgabenbetreuung war zunächst für SchülerInnen in den fünften Jahrgängen geplant, die Lernschwierigkeiten haben. In der Praxis wurde das Angebot jedoch schnell auf die sechsten und siebten Jahrgänge ausgeweitet.

Projektverlauf: In Kooperation mit der GAB (Gesellschaft für Arbeits- und Berufsförderung) wurde die Organisation eines Mittagessens geplant. In Form eines Projektes „Jugend in Arbeit in Harsewinkel" konnte die GAB im Rahmen einer Hauswirtschaftsausbildung das Angebot eines Mittagessens verwirklichen. Täglich ab 13.30 Uhr wird in dem Vorraum der Mehrzweckhalle, die in unmittelbarer Nachbarschaft zur Hauptschule liegt, ein Mittagessen angeboten. Die Anmeldung zum Mittagessen er-

folgt täglich im Büro des Schulsozialarbeiters. Die Teilnahme am Mittagessen ist leider sehr gering. Damit das Angebot überhaupt erhalten werden konnte, wurde das Mittagessen auf Schüler des Gymnasium und der Realschule erweitert.

Ab 13.45 Uhr bietet die Hauptschule eine Hausaufgabenhilfe an, diese endet um 15.15 Uhr.

Ab 14.00 Uhr beginnt das Nachmittagsangebot. 15-20 Schüler nehmen an dem Angebot teil. Die Fluktuation ist sehr hoch, so dass sich das Angebot zu einem eher offenen Angebot verändert hat. Die Schüler kommen jedoch gern zu dem Spielangebot und das beabsichtigte Ende von 16.00 Uhr wird meist auf 17.00 Uhr erweitert.

Ein weiteres Angebot wurde auf Anregung der Jugendgerichtshilfe in Kooperation mit der Schule und der AWO verwirklicht. Jeweils einmal wöchentlich, montags von 15.00-17.00 Uhr, wird für 14 bis 19 jährige Aussiedlerjugendliche eine Ballsportangebot in der Sporthalle unterbreitet. Es kommen jeweils 15-20 spielinteressierte Jugendliche und mehrere Zuschauer. Durchgeführt wird das Angebot von einem Mitarbeiter der Jugendgerichtshilfe des Kreisjugendamtes Gütersloh und einer zusätzlichen Honorarkraft. Der Verein „Kriminalprävention im Kreis Gütersloh" unterstützt die Maßnahme durch Übernahme der nicht gedeckten Kosten für Honorare.

Die Hauptschule ist seit jeher im Nachmittagsbereich sehr aktiv. Die Nachmittagsbetreuung ist ein zusätzliches Angebot, das ergänzend zu Hausaufgabenhilfen und Maßnahmen der erweiterten Bildungsangebotes stattfindet. Zahlreiche Klassenräume sind am Nachmittag belegt. Für die Nachmittagsbetreuung wurden im Eingangsbereich zwei Räume vorläufig freigestellt. Es ist beabsichtigt, eine ehemaligen Fahrradwerkstatt im Keller zu einem Schülertreff umzubauen. Entsprechende Bauanträge sind bei der Stadt bereits gestellt.

Die Nachmittagsbetreuung findet montags bis donnerstags von 14.00-16.00/17.00 Uhr statt, das Sportangebot findet jeweils montags von 15.00-17.00 Uhr statt und wird auch während der Ferien weitergeführt.

Für das Nachmittagsangebot wurde eine aramäische Honorarkraft gefunden, die das Angebot in enger Abstimmung mit dem Schulsozialarbeiter durchführt.

Das Sportangebot wird von einer Fachkraft der Jugendgerichtshilfe und einer Honorarkraft durchgeführt.

Die Hauptschule ist an Nachmittagsangeboten für ihre SchülerInnen sehr interessiert. Im Bereich der erweiterten Bildungsangebote und Hausaufgabenbetreuung werden seit vielen Jahren bereits Angebote gemacht. Das gut frequentierte Nachmittagsangebot mit seinen Spielangeboten wird von der Schule wie auch vom Schulträger sehr geschätzt. Der Schulausschuss der Stadt Harsewinkel ist über das Projekt informiert und berät über eine eventuelle Fortführung der Maßnahme über das Ende des Modellprojektes hinaus..

In Harsewinkel finden halbjährliche Reflektionsgespräche mit allen Beteiligten der Projekte an der Grundschule und an der Hauptschule einschließlich einer Mitarbeiterin des allgemeinen sozialen Dienstes (ASD) statt." (Unveröffentlichter Bericht des Kreises Güterloh, 2000)

2. Typische Rahmenbedingungen und Konzeptbausteine gemeinsamer Betreuungsangebote

Komplexe Kooperationsstruktur

Im Vergleich zu dem im ersten Beitrag des Buches vorgestellten Beispiel der Zusammenarbeit zwischen einer Hauptschule und einer Jugendeinrichtung ist die Kooperationstruktur in Harsewinkel weitaus komplizierter: Nicht wie in Gelsenkirchen das benachbarte Jugendhaus, sondern die Arbeiterwohlfahrt als Wohlfahrtsverband und Trägerin der Schulsozialarbeit an der Hauptschule sowie weiterer Einrichtungen ist der Partner einer Hauptschule, die selbst schon über ein differenziertes Angebotsspektrum auch am Nachmittag verfügt, z.B. die Hausaufgabenbetreuung.

Typisch für den Bereich der Ganztags- und Betreuungsangebote für Jugendliche sind als Kooperationspartner die Hauptschulen, die mit Trägern und Einrichtungen der Jugendhilfe zusammenarbeiten.

Zusammenarbeit mit unterschiedlichen Einrichtungen der Jugendhilfe

In Gelsenkirchen ist es das benachbarte Jugendhaus, in Harsewinkel die Arbeiterwohlfahrt, die als sehr unterschiedliche Kooperationspartner aus dem System der Jugendhilfe gefunden werden. Die AWO als Wohlfahrtsverband ist eher dem Bereich der erzieherischen Hilfen zugehörig, hat sich aber in Harsewinkel als Trägerin der Schulsozialarbeit schon in ein Feld hineinbegeben, das eher als gemeinwesenorientierte soziale Arbeit zu bezeichnen ist. Demgegenüber handelt es sich in Gelsenkirchen um eine Einrichtung der offenen Kinder- und Jugendarbeit, ein häufiger Kooperationspartner von Hauptschulen, wenn bestimmte Bedingungen erfüllt werden, etwa räumliche Nähe und eine Öffnung der Einrichtung in den Stadtteil (sozialräumliche Verbindung).

Schwierige Einschätzung der Bedarfe

Das Mittagessen in Harsewinkel wird zunächst schlecht angenommen und auch die Gruppenarbeit funktioniert nicht so wie es sich die Pädagogen vorstellen. Dies sind typische Erfahrungen aus Projekten, die sich an Jugendliche richten. Im Vergleich zum Grundschulbereich fällt die Bedarfseinschätzung wesentlich schwerer: Die Erwartungen von Eltern, Schule, Jugendhilfe, insbesondere aber den Jugendlichen selbst, erscheinen nur schwer zusammen zu kommen. Die hohe Fluktuation in den Gruppen und der gleichzeitige Wunsch, dass offene Spielangebot bis 17.00 Uhr zu erweitern, zeigt typische Verhaltensstrukturen dieser Altersstufe.

Jüngere Jugendliche als spezifische Zielgruppe

Die „Teenies" sind oft unsicher in ihrem Verhalten, wechselhaft, hin und her gerissen zwischen kindlichen und jugendlichen Anteilen in ihrem Verhalten. Szene- und Cliquenorientierung sind bekanntermaßen wesentliche Faktoren für die aktuellen Entscheidungen der Jugendlichen, die alltagsorientiert handeln und wenig langfristig planen. Für sie ist die Schule in Harsewinkel zum Lebensraum geworden; dies bedeutet aber noch lange nicht, dass sie die angebotenen Projekte auch hinreichend frequentieren. Nicht nur bei der Bedarfseinschätzung sondern auch bei der Konzeptionierung von Angeboten und Projekten muss den spezifischen Bedingungen dieser Altersstufe Rechnung getragen werden; Angebotsstruktur und Inhalte müssen sich deutlich von denen für Kinder im Grundschulalter unterscheiden sonst werden sie nicht angenommen!

Differenzierte Konzeptionierung von Angeboten

Im Vergleich zwischen Gelsenkirchen und Harsewinkel wird deutlich, dass die Konzepte von Betreuungsangeboten für diese Altersstufe sehr flexibel sein müssen. Mittagessen und Schulaufgabenbetreuung – zwei Kernelemente der meisten Konzepte – konstituieren sich in Harsewinkel so nicht bzw. eine Hausaufgabenbetreuung wird durch die Schule selbst durchgeführt. Mittagessen und Hausaufgabenbetreuung sind in Gelsenkirchen zentraler Bestandteil des Angebotes, wenngleich auch hier die Schulaufgabenbetreuung durch Lehrer angeboten wird.

Die Bedeutung von Räumen und der Beteiligung von Jugendlichen

Das Beispiel der Hauptschule Harsewinkel deutet auf die zentrale Funktion der konkreten Räume für diese Altersstufe hin: Der Ausbau des Kellers (ehemaliger Fahrradkeller, demnächst Schülercafé) ist ein Medium für die Beteiligung der Jugendlichen, für die Schaffung eines gemeinsamen Raumes, der gegenüber den bisherigen Räumlichkeiten mit Sicherheit auch weitere Funktionen übernehmen wird. Ein hohes Maß der Beteiligung an der Gestaltung von Räumen und Angeboten sowie an der konkreten Durchführung (so wie in Gelsenkirchen etwa beim Spieleverleih oder dem Getränkeverkauf) sind charakteristische Elemente solcher Konzepte.

Verbindung zur Schulsozialarbeit

Obwohl noch lange nicht flächendeckend, gibt es doch zahlreiche Projekte von Schulsozialarbeit, die wie in Harsewinkel beim Schulträger, d.h. der Kommune/Gemeinde angesiedelt sind. Die AWO als Wohlfahrtsverband tritt hier als Träger der Schulsozialarbeit auf, die somit in das System der Jugendhilfe gehört. Gerade im Bereich der Schulsozialarbeit gibt es aber auch viele Beispiele der Anstellung der Fachkräfte direkt beim Schulträger durch die entsprechende Gemeinde. Insofern ist eine Angebotsstruktur in Harsewinkel bereits vorhanden, auf die zurückgegriffen und die entsprechend ausgebaut werden kann. Jugendhilfe ist an der Hauptschule in Harsewinkel in Person des Schulsozialarbeiters schon bekannt, und deshalb fallen auch auf den ersten Blick kompliziert erscheinende Vernetzungen hier relativ leicht so wie die Kooperation mit der Jugendgerichtshilfe.

Gemeinsame Reflexion als Kooperationsstrutur

Die vom Kreisjugendamt in Harsewinkel regelmäßig durchgeführten Reflexionsgespräche bieten ein Forum für alle Beteiligen, Chancen und Probleme der Kooperation zu resümieren und entsprechende Veränderungen vorzunehmen. Auch in Gelsenkirchen gibt es solche regelmäßigen Gespräche – eine wichtige Grundstruktur für die gemeinsame Entwicklung und Evaluation von Angeboten.

Betreuungsangebote für Jugendliche

Auf Grund der komplizierten Struktur der Kooperation und der Gestaltung unterschiedlicher Angebote in Harsewinkel, erscheint es mir nun sinnvoll im nächsten Teil unterschiedliche Typen von Ganztags-/Betreuungsangeboten für Jugendliche in der Kooperation von Schule und Jugendhilfe darzustellen.

3. Betreuungsangebote für Jugendliche in der Schule

Kooperationsprojekte können geschaffen werden, wenn bereits vorhandene Entwicklungen in Schule und Jugendhilfe konzeptionell miteinander verbunden werden. Oft bleibt diese Verbindung nur additiv, ohne dass eine wirkliche Zusammenarbeit zustande kommt, wenn etwa ein Schülercafé an einer Hauptschule eingerichtet wird ohne Beteiligung der Jugenhilfe oder eine Jugendeinrichtung ein Über-Mittag-Angebot konzipiert ohne die Schule miteinzubeziehen. Solche additiven Angebote müssen nicht schlecht sein, bleiben aber auf einer Stufe der Kooperation stehen, die eher formal ist und aus der heraus meist keine wirklich gemeinsamen Projekte entwickelt werden können.

Um die richtige „Andockstelle" im jeweils anderen System finden und gemeinsame Projekte entwickeln zu können, werden im Folgenden typische Entwicklungen in Schule und Jugendhilfe vorgestellt, die im weiteren Sinne mit sozialpädagogischen Angeboten am Nachmittag, „Betreuung-" Freizeit- und Bildungsangeboten außerhalb des Unterrichts zu tun haben.

3.1. Schulische Programme: Beispiel „13plus" (NRW)

Neben der Einrichtung von Ganztags- und Gesamtschulen gibt es in den meisten Bundesländern zusätzliche Programme, die die Kooperation zwischen Schulen und Einrichtungen der Jugendhilfe, insbesondere im Bereich von Ganztags- und Betreuungsangeboten fördern. Beispielhaft sei hier das Programm „13 plus" des Schulministeriums aus NRW genannt:

„Die Landesregierung fördert im Rahmen des Programms „13 plus" die Einrichtung von Betreuungsangeboten nach Schulschluss für Schülerinnen und Schüler der Sekundarstufe I mit einem Gesamtvolumen von 16 Mio DM. Des Weiteren hat die Landesregierung den Ausbau von Betreuungsangeboten in den Koalitionsvereinbarungen festgeschrieben. Angesprochen sind insbesondere Haupt- und Sonderschulen, aber auch die anderen Schulformen können sich bewerben. Betreuungsgruppen an Haupt- und Sonderschulen werden mit 10 000 DM pro Schuljahr gefördert, die anderen Schulformen mit 8 000 DM, wobei die Mittel für Personal- und Sachkosten verwendbar sind.

Die Zusammenarbeit von Jugendhilfe, Schule, Sport und anderen Partnern steht hier im Mittelpunkt des Interesses. Dabei geht es um die Verknüpfung des Unterrichts mit dem Betreuungsangebot zu einem pädagogisch abgestimmten integrativen Konzept. Die Schulen sind aufgefordert, ihr Schulprogramm weiter zu entwickeln, die Kooperation mit außerschulischen Partnern zu intensivieren und den Jugendlichen ein interessantes Angebot für den Nachmittag zu unterbreiten.

Im Rahmen dieses Programms sollen Maßnahmen gefördert werden, die ein verlässliches Ganztagsangebot sicherstellen und somit einen wesentlichen Beitrag zur Gestaltung des Schullebens leisten. Konzeptionelle Grundelemente sind dabei das gemeinsame Mittagessen, die Hausaufgabenbetreuung und sogenannte „offene" Angebote.

Bei der Durchführung dieser Vorhaben empfiehlt es sich, bereits vorhandene Aktivitäten im Betreuungs- und Freizeitbereich von Seiten der Jugendhilfe einzubeziehen, auch um den Erfahrungsaustausch und die Vernetzung im Gemeinwesen und in der Kommune zu unterstützen.

Vielfältige Maßnahmen können in Kooperation von Jugendhilfe und Schule den Unterricht und das Schulleben bereichern:

- Einrichtung einer Nachhilfebörse (Schüler helfen Schülern)
- Durchführung themenbezogener Projekte
- Teilnahme an freizeitorientierten Angeboten (Sport und Spiel)
- Einrichtung eines Schülertreffs/Schülerclubs
- Nutzung oder Einrichtung eines Internetcafés
- Vorhaben zur beruflichen Orientierung und Lebensplanung (z.B. Sozialpraktika)
- Intensivierung der Zusammenarbeit mit freiwilligen Arbeitsgemeinschaften der Schule
- Verknüpfung schulischer und außerschulischer Angebote im Bereich kreativer, musisch-kultureller und erlebnispädagogischer Maßnahmen:
- Kunstwerkstatt (Besuch von Museen und Ausstellungen)
- Literaturwerkstatt (Leseförderung, Besuch von Bibliotheken)
- Kletterkurse
- Selbstbehauptung/Selbstverteidigung

All diese Maßnahmen erfordern die intensive Zusammenarbeit von Eltern, Lehrern und weiteren Kooperationspartnern der Schule, wobei die Zusammenarbeit mit den Trägern der Jugendhilfe von besonderer Bedeutung ist." (Deinet/Dreier/Meyer-Behrendt in: Landschaftsverband Westfalen-Lippe – Landesjugendamt (Hrsg.) , Münster 2000, S. 43ff.)

Der Übergang von Ganztags- und Betreuungs- zu Freizeit- und Bildungsangeboten ist fließend, so dass auch andere Schulprogramme in diesem Bereich genannt werden müssen wie z.B. das Programm „Gestaltung des Schullebens und Öffnung von Schule" aus NRW, dessen Zielsetzung nicht nur die Schaffung von Betreuungsangeboten ist, sondern es geht um eine Öffnung von Schule und die Kooperation mit unterschiedlichen außerschulischen Partnern weit über die Jugendhilfe hinaus.

3.2. Schulsozialarbeit – ein Feld zwischen Schule und Jugendhilfe

Im Bereich der Schulsozialarbeit haben sich sehr unterschiedliche Konzepte entwickelt von einer rein schul- und problembezogenen bis zu einer eher gemeinwesen- und freizeitorientierten Arbeit. Wesentliche Merkmale einer schulbezogenen Schulsozialarbeit sind die Orientierung an Schülerinnen und Schülern der jeweilgen Schule sowie ein deutlicher Problem- und Einzelfallbezug. Deshalb stehen Einzelförderung, Unterrichtsergänzung sowie Erzieherische Hilfen im Vordergrund der Bemühungen, die meist eine klare Problemorientierung besitzen, etwa die Zielsetzung, Gewaltanwendung oder Drogenkonsum zu bekämpfen. Die Vorteile einer solchen schulstandortbezogenen Schulsozialarbeit sind hoher Problem- und Unterrichtsbezug sowie eine mögliche Präventionswirkung für die Einzelschule. Kooperation mit anderen Institutionen findet dabei eher als „Nebenprodukt" statt, wenn sie den o. g. Zielen dient.

Die Strukturen einer solchen Schulsozialarbeit sind im Schulsystem angelegt, d.h. Dienst- und Fachaufsicht sind im schulischen System angesiedelt, z.B. beim Schulverwaltungsamt. Dem Vorteil der schnellen Hilfe und eines deutlichen Problembezuges stehen die Nachteile gegenüber, dass sich Schulsozialarbeiterinnen und -arbeiter in dieser Struktur oft als Einzelkämpfer fühlen und aufgrund der Konzeption der Schulsozialarbeit den angemeldeten Bedarf nie decken können.

Demgegenüber steht das Konzept einer lebensweltbezogenen Schulsozialarbeit, die sich an den Kindern und Jugendlichen eines Stadtteils/Sozialraumes orientiert sowie den in der Lebenswelt auftretenden Themen und Problemen richtet und nicht nur die Einzelschule im Blick hat.

In Bezug auf die Probleme von und mit einzelnen Schülerinnen und Schülern und deren Familien geht es bei diesem Ansatz um eine Einzelfallmoderation, d.h. um die sinnvolle Vernetzung mit anderen Institutionen, insbesondere den Hilfen zur Erziehung und den damit verbundenen Anspruch, die Einzelfälle nicht selbst bearbeiten zu müssen. Elemente einer solchen Arbeit sind Freizeitangebote in und außerhalb der Schule (etwa ein Schülercafé) und ein thematischer Bezug, der ein breites Spektrum unterschiedlicher Themen zulässt, z.B. Mädchenförderung, gemeinsame Fortbildungen usw. Der Vorteil dieses Ansatzes besteht darin, dass er die Öffnung von Schule nachhaltig unterstützt, vor allem durch die Kooperation mit außerschulischen Institutionen und eine Vernetzung im Sozialraum. Dadurch können „Sekundärgewinne" erzielt werden, z.B. aus der Kooperation mit Vereinen und Initiativen.

Die Strukturen einer solchen Schulsozialarbeit sind zwischen Jugendhilfe und Schule angelegt, z.B. durch die Verankerung der Stellen im Bereich der Jugendhilfe.

Ein Problem dieses Ansatzes besteht sicher in der hohen Kompetenzanforderung an Mitarbeiterinnen und Mitarbeiter sowie die damit verbundene Gefahr der Verzettelung in den vielen möglichen Einsatzbereichen. Der Vorteil besteht darin, dass langfristig positive Effekte erzielt werden können.

Im Vergleich erscheint eine schulstandortbezogene Schulsozialarbeit zwar effizient in Hinsicht auf Problemorientierung und schulinterne Bedarfe – sie bleibt aber letztlich im System Schule gebunden und führt langfristig nicht zu einer Kooperation zwischen Jugendhilfe und Schule. Um die Grenzen des eigenen Systems auch in Bezug auf die Konzipierung von Schulsozialarbeit zu überwinden, ist es für Schule unbedingt notwendig, Abschied von der Vorstellung und Zuschreibung zu nehmen, den gesellschaftlichen Bildungsauftrag alleine bewältigen zu können.

Das Beispiel aus Harsewinkel zeigt, wie gut sich Betreuungsangebote mit einer Schulsozialarbeit verbinden lassen, die bereits eine Brücke zur Jugendhilfe gebildet hat.

4. Betreuungsangebote für Jugendliche in der Jugendhilfe

4.1. Tagesstättn und Horte

Bei den Tagesstätten und Horten kann man in der Jugendhilfe von den klassischen Betreuungs-und Betreuungsangeboten sprechen, wobei Hortplätze auch für jüngere Jugendliche bis max. 14 Jahre zur Verfügung stehen könnten, wenn der Bedarf für Kinder im Grundschulalter nicht so groß wäre. In der Praxis liegt das Höchstalter in Tagesstätten (z.B. den „großen altersgemischten Gruppen" in NRW) etwa bei 12 Jahren, so dass dieser Bereich als Kooperationspartner für gemeinsame Projekte im Jugendalter nur ausnahmsweise zur Verfügung steht (vgl. dazu den Beitrag von Edith Kesberg in diesem Buch).

Ein weiteres Angebot der Jugendhilfe, das sich eher an Kinder und weniger an Jugendliche richtet ist die „Tagespflege von Kindern durch Tagesmütter", die aus Elterninitiativen entstanden ist und sich inzwischen zu einem vielerorts vorhandenen Jugendhilfeangebot entwickelt hat und eine oft viel bedarfsgerechtere Alternative zu Tageseinrichtungen und Horten darstellt.

Die „Tagesgruppen" (vgl. den Beitrag von Achim Stop) stellen eine Form der Erziehungshilfe in einem therapeutisches Gesamtkonzept dar, in dem die Tagesbetreuung nur ein Bestandteil ist. Deshalb gehe ich im Zusammenhang der eher Freizeit- und bildungsorientierten Betreuungsangebote auf diese Hilfeform nicht näher ein.

4.2. Betreuungsangebote als konzeptionelle Entwicklung der Offenen Jugendarbeit

Viele Jugendeinrichtungen haben ihr Konzept in Richtung der Schaffung unterschiedlicher Betreuungs- und Betreuungsangebote qualifiziert. Auch zeigt sich in den letzten Jahren ein eigener pädagogischer Ansatz für die Zwischenaltersstufe der 9- bis 14jährigen, der Teenies und Kids, die als „Lücke-Kinder" lange Zeit unbeachtet blieben. Im Feld der offenen Kinder- und Jugendarbeit lassen sich differenzierte „Konzepttypen" beobachten:

„Über-Mittag-Gruppen" in Jugendhäusern (ca. 6-12 jährige)

Bei diesem Konzept handelt es sich um eine konzeptionelle Verbindung von Offener Kinder- und Jugendarbeit mit Hortelementen. Die Elemente Mittagessen, Betreuung über die Mittagszeit, pädagogisches Angebot, Schulaufgabenbetreuung, „Freiraum" sind variabel und müssen je nach spezifischen Rahmenbedingungen vor Ort kombiniert werden.

In der Zeit zwischen ca. 12.00 bis 15.00 Uhr übernehmen die Schulkindergruppen eine verbindliche (oft vier Tage in der Woche) dem Hort vergleichbare Betreuungsfunktion mit einer gegenüber dem offenen Betrieb deutlich erhöhten Verlässlichkeit gegenüber den Eltern (meist mit fester Anmeldung).

Nach dem Ende der Schulkindergruppen haben die Kinder Gelegenheit, an den Freizeitangeboten der Einrichtung teilzunehmen; hier gilt wieder das Prinzip der Freiwilligkeit und Offenheit. Gerade für ältere Kinder, die oft auch als „hortmüde" bezeichnet werden, ist diese Form geeignet und entspricht den ambivalenten und wechselnden Interessen und Bedürfnissen dieser Altersgruppe nach Geborgenheit in der Kleingruppe über Mittag sowie einem Freiraum innerhalb und außerhalb der Einrichtung sowie nach Kontakt zu älteren Jugendlichen.

Offener Betrieb mit Betreuungselementen

Die Kinder- und Jugendeinrichtung öffnet ab Mittag für alle Kinder und Jugendlichen. Zur Mittagszeit besteht die Möglichkeit, eine Mahlzeit oder einen Imbiss einzunehmen und die Freizeitangebote bzw. die Hausaufgabenhilfe im Haus zu nutzen. Ein solches Angebote richtet sich vor allem an jene Kinder und Jugendliche, die ihren Nachmittag selbständig gestalten; für sie besteht die Möglichkeit, über die Teilnahme an den Freizeitangeboten hinaus Ansprechpartner zu finden, bei denen sie ihre persönlichen Anliegen loswerden können. Hier wird die „normale" Öffnungszeit von Einrichtungen nach vorne verlagert, um so ein Betreuungsangebot für Schulkinder zu gestalten innerhalb der Rahmenbedingungen des offenen Bereiches (Freiwilligkeit der Teilnahme, keine Anmeldung usw.).

Schülercafé

Für den Bereich der Sekundarstufe I, also für die 10- bis 16jährigen, gibt es viele Beispiele aus der Jugendarbeit, in denen offenere Formen von Betreuungsangeboten entwickelt wurden: Schülercafé oder die Nutzung der Räume eines Jugendhauses durch die benachbarte Schule, Projektwochen usw. sind Formen, die über die relativ intensive Betreuung der Schulkinder hinausgehen und stärker Jugendliche ansprechen.

Für solche Formen ist der Betreuungsbegriff ungeeignet; wenn überhaupt, kann man von offenen Angeboten sprechen, weil es sich um die Offene Kinder- und Jugendarbeit handelt, die einen Beitrag zur Betreuung leistet innerhalb ihrer Rahmenbedingungen. Aus Sicht von Jugendlichen und aufgrund der Erfahrungen der Jugendarbeit sind z.B. für vierzehnjährige Jugendliche auch nur solche offene Angebote wie z.B. Schülercafé als Betreuungsangebot sinnvoll.

4.3. Weitere Betreuungsangebote der Jugendhilfe an Schulen

In vielen Kommunen werden auch Projekte der Jugendhilfe direkt in Schulen durchgeführt, das Personal kommt aus der Jugendhilfe, die Elemente sind: Betreuung über die Mittagszeit, Mittagessen, Schulaufgabenhilfe, Freizeitangebot. Wenn solche Projekte rein additiv bleiben stellen sich die Probleme einer oft mangelnden Kooperation zwischen Jugendhilfe und Schule, der im Vergleich zum Hort schlechteren räumlichen und personellen Ausstattung und der fehlenden Anbindung an die Freizeitangebote der Jugendarbeit. Dann haben diese Projekte oft den Charakter der Lückenfüller und der Verlängerung von Schule. Dennoch wird hier ein Bedarf gedeckt, den andere Bereiche der Jugendhilfe nicht ausreichend ausfüllen können.

Neue Einrichtungstypen

Aufgrund fehlender finanzieller Möglichkeiten zur Errichtung eigener Einrichtungen aber auch aus Gründen der besserer Ausnutzung von Ressourcen und der gebotenen fachlichen Kooperation verschiedener Bereiche der Jugendhilfe gibt es neue Einrichtungen als Kombination bisher getrennter „Typen" wie z.B.

- Hort und Offene Jugendeinrichtung unter einem Dach,
- verlässliche Grundschule in einer Kinder-und Jugendeinrichtung,
- verlässliche Grundschule kombiniert mit Schulkinderhaus (Hort in der Grundschule)
- gemeinsames Konzept von Abenteuerspielplatz, Hort und Jugendeinrichtung

Solche „Kombi"-Einrichtungen haben viele Vorteile und scheinen für eine Kooperation mit Schule sehr geeignet weil sie über ein breites Angebotsspektrum verfügen.

5. Betreuungsangebote als Chance der Koopertion? – Erfahrungen aus Projekten im Bereich der Offenen Kinder-und Jugendarbeit

Die Entwicklung von bedarfsgerechten Ganztags- und Betreuungsangeboten ist eines der wichtgsten Kooperationsfelder zwischen Jugendhilfe und Schule. Aber es zeigen sich zahlreiche Probleme in der Praxis, die bearbeitet werden müssen. Die folgende

Darstellung solchen Probleme basiert u.a. auf den Ergebnissen einer Befragung der über das Landesjugendamt Westfalen-Lippe aus dem Landesjugendplan geförderten Betreuungsangebote. Die Befragung fand 1999 anhand von Fragebögen statt, und es wurden 41 Projekte erfasst.

5.1. Schulaufgabenhilfe: ein Konfliktfeld zwischen Jugendhilfe und Schule

Ein klassisches Konfliktfeld findet sich auch in den Betreuungsangeboten der Jugendarbeit: Die Mitarbeiterinnen und Mitarbeiter der Jugendarbeit sind mit den schulischen Problemen schnell überfordert und trotz erfreulicher Zusammenarbeit mit den Schulen stellt sich die Frage, ob die Schulaufgabenbetreuung so intensiv in den Betreuungsbereich gehört und damit Schule institutionell aus ihrer Verantwortung für die „Schulaufgaben" entlassen wird. Eine alte und neue Frage, die auch im Hortbereich schon immer gestellt wurde.

Die Konfliktlinie „Hausaufgaben/Schulaufgaben" bzw. die entsprechenden Erfahrungen in den Projekten können folgendermaßen zusammengefasst werden:

– Wenn Jugendhilfe die Erledigung der Schulaufgaben übernimmt, verwässern sich Eigenständigkeit von und Unterschiede zwischen Schule und Jugendhilfe; diese übernimmt eine Funktion, die ursprüngliche Aufgabe von Schule und Elternhaus ist. Die Übernahme der Schulaufgabenbetreuung bedeutet eine Fortsetzung von Schule durch Jugendhilfe.
– Die Schulaufgaben sind traditionell eine häusliche Angelegenheit und in der Verantwortung der Kinder und deren Eltern. Solange die Lernzeit zu Hause zum Konzept der Halbtagsschule gehört, brauchen die Kinder und Jugendlichen hierbei Unterstützung.
– Auf Grund der Lebensweltorientierung der Jugendhilfe kann sie die Problematik der Hausaufgaben nicht ausblenden, sondern muss auf freiwilliger Basis Hilfestellungen für Kinder und Jugendliche geben.
– Die Rolle der Eltern wird unterschiedlich bewertet. Zum Teil drängen Eltern nachdrücklich auf die Erledigung der Hausaufgaben in Betreuungsangeboten der Jugendhilfe, zum Teil kümmern sie sich überhaupt nicht um diese Frage.
– Wenn Jugendhilfe die Elternfunktion bei der Erledigung der Hausaufgaben übernimmt, kommt sie in die gleiche Zwickmühle wie sie auch von Eltern erlebt wird. Eine ähnliche Diskussion gibt es ebenfalls im Hortbereich seit langem.

Im Rahmen der Befragung zeigten sich jedoch auch positive Beispiele für die Zusammenarbeit zwischen Jugendhilfe und Schule in dieser Frage: Lehrkräfte übernahmen die Hausaufgabenbetreuung in gemeinsamen Betreuungsangeboten unter Anrechnung auf die Pflichtstundenzahl.

In den beiden von mir dargestellten Beispielen aus Gelsenkirchen und Harsewinkel (im ersten Beitrag) übernimmt jeweils die Hauptschule die Schulaufgabenbetreuung entweder als eigenständiges Angebot (in Harsewinkel) oder im Rahmen des gemeinsamen Projektes mit der Jugendeinrichtung (in Gelsenkirchen). Das Problem der notwendigen schulischen Beteiligung besteht in den dafür zum Teil nicht vorhandenen Ressourcen. So ist es dem Schulleiter aus Gelsenkirchen gelungen, den Lehrkräften eine Förderstunde für die Durchführung der Schulaufgabenhilfe zur Verfügung zu stel-

5.2. Verbesserung der Kooperation mit Schulen oder Inpflichtnahme der Jugendarbeit?

Die Einrichtung von Betreuungsangeboten – so zeigen die Ergebnisse unserer Befragung – hat zu einer engeren Kooperation zwischen Jugendeinrichtungen und Schulen geführt, wobei die Jugendeinrichtungen oft den aktiveren Part übernehmen. Insbesondere die in fast allen Projekten erfolgte und vom Zuschussgeber geforderte Übernahme der Schulaufgabenbetreuung erscheint unterm Strich problematisch.

Wie groß die Gefahr der Instrumentalisierung ist, zeigen die Probleme von Einrichtungen, die sich vor allem in der Schulaufgabenbetreuung ständig gegenüber den Leistungsanforderungen der Schule (und manchmal auch der Eltern) abgrenzen müssen, um nicht zum verlängerten Arm der Schule zu werden. Wenn es zu einer konkreten Zusammenarbeit zwischen Jugendarbeit und Schule gekommen ist, ergeben sich durch den täglichen Kontakt Probleme und Konflikte, die gelöst werden müssen. Unterschiedliche Sichtweisen in Bezug auf Aufsicht und Begleitung der Schülerinnen und Schüler, aber auch pädagogische „Verständigungsschwierigkeiten" können dann wiederum konkrete Anlässe für Besprechungen und Kontakte sein oder für gemeinsame Fortbildungen, die von vielen Projekten der Jugendarbeit gewünscht werden.

Erfreulich sind die vielen Hinweise zur Entstehung von Strukturen der Zusammenarbeit zwischen Jugendarbeit und Schule, die über die Ebene der persönlichen Kontakte hinausgehen. Dies scheint insbesondere dort der Fall zu sein, wo sich Schulen ihrerseits geöffnet haben und Interesse an den Lebenswelten der Kinder und Jugendlichen zeigen.

Wenn dazu die im Grund- und Hauptschulbereich meist vorhandene räumliche Nähe zu Einrichtungen der Jugendarbeit hinzu kommt und Schule damit eine Gemeinwesenorientierung gewinnt, entwickeln sich stabile Formen der Zusammenarbeit, wie einige Beispiele zeigen. Die optimistische Einschätzung der Kooperation zwischen Jugendarbeit und Schule bleibt aber an der Stelle zwiespältig, wo man deutlich sagen muss, dass nur durch die zusätzlich der Jugendarbeit zur Verfügung gestellten Ressourcen die Zusammenarbeit in Gang zu kommen scheint. Viele Hinweise auf Überlastungen und Überforderungen zeigen, dass der Aufbau einer Kooperationsstruktur aufwendig ist, zumal die schulische Seite keine zusätzlichen Ressourcen einbringen kann.

Die Ressourcenfrage ist aber nicht allein entscheidend, weil es auch im schulischen Bereich eine wachsende Flexibilität und Entscheidungsbefugnis der Einzelschule über ihre Ressourcen gibt. Es ist vielmehr entscheidend, ob die Schule die Notwendigkeit sieht, in ein gemeinsames Projekt auch eigene Ressourcen einzubringen und die Schulaufgabenbetreuung nicht nur der Jugendhilfe zu überlassen.

Literatur

Deinet, Ulrich (Hrsg.): „Schule aus – Jugendhaus?" Praxishandbuch Betreuungsangebote und Kooperationsmodelle in Jugendhilfe und Schule. Münster 1996.

Gilles, Christoph: Ganztagsbetreuung von Schulkindern – Was kann die Offene Jugendarbeit leisten? In: Jugendwohl, 75. Jg., (1994), Heft 6, S. 270-275.

Deinet/Dreier/Meyer-Behrendt: Übersicht zu Ganztagsangeboten und Betreuungsmaßnahmen in Jugendhilfe und Schule. In: Landschaftsverband Westfalen-Lippe – Landesjugendamt (Hrsg.), Münster 2000, S. 43ff.

Landschaftsverband Westfalen-Lippe – Landesjugendamt – (Hrsg.): Kooperation zwischen Jugendhilfe und Schule III, Münster 2000

Ministerium für Arbeit, Gesundheit und Soziales/Kultusministerium des Landes Nordrhein-Westfalen (Hrsg.): Zwischenbericht zum Kooperationsmodell zwischen Jugendhilfe und Schule zur ganztägigen Betreuung von Schülerinnen und Schülern der Sekundarstufe I einschließlich der Sonderschulen. Düsseldorf 1995

Ministerium für Arbeit, Gesundheit und Soziales/Kultusministerium des Landes Nordrhein-Westfalen (Hrsg.): Zwischenbericht zu den Empfehlungen zum Ausbau der Betreuungsangebote für Kinder im Alter zwischen 6 und 14 Jahren in Schule und Jugendhilfe. Düsseldorf 1993.

Ministerium für Arbeit, Gesundheit und Soziales NRW: 6.Jugendbericht des Landes NRW. Düsseldorf 1995

Rixius, Norbert: Kooperation von Schule und Jugendarbeit. Anlässe, Chancen und Grenzen. In: Jugendarbeit und Schule. Landesinstitut für Schule und Weiterbildung (Hrsg.), Soest 1990, S. 7-22

Hartmut Kreuznacht

Schwierige Schüler: Zusammenarbeit von Schule und Jugendamt

Lehrer haben in ihrem Unterricht auch mit verhaltensauffälligen, entwicklungsgestörten, schulmüden Schülern zu tun. Sie machen trotz ihres engagierten Einsatzes die Erfahrung, dass einige dieser „schwierigen Schüler" mit den pädagogischen Mitteln der Schule kaum zu erreichen sind. Nicht immer kennt ein Lehrer die Möglichkeiten des Jugendamtes bzw. des dort angesiedelten Allgemeinen Sozialen Dienstes (ASD). Tatsache ist: Die „schwierigen Schüler" sind ein oft konfliktbeladenes Thema in der Zusammenarbeit zwischen Schule und Jugendamt. Vorurteile, Fehlen von Informationen, auch „schlechte Erfahrungen", prägen nicht selten das Verhältnis zueinander. Schule sagt: „Die kannst du fünfmal anrufen, da passiert ja doch nichts!" Jugendhilfe sagt: „Die wollen nur ihre Problemfälle bei uns entsorgen!". Zusammenarbeit zu beiderseitigem Gewinn von Schule und Jugendhilfe, aber insbesondere zum Vorteil der Schüler und deren Familien, kann allerdings sehr gut funktionieren. Darum geht es in diesem Beitrag.

1. Was macht der ASD im Jugendamt?

Es gibt Unterschiede zwischen den Jugendämtern. Manchmal werden Aufgaben der Sozialhilfe mitbearbeitet. Für eine bestimmte Aufgabe gibt es dann einen speziellen Dienst. Das ist maßgeblich von der Größe einer Kommune abhängig. Doch einige, gesetzlich festgeschriebene Aufgaben werden in jedem Jugendamt wahrgenommen, zumeist im ASD.

– Beratung junger Menschen und Familien in Notlagen
– Trennungs- und Scheidungsberatung
– Einleitung und Planung von Hilfen zur Erziehung
– Schutzmaßnahmen für Kinder und Jugendliche
– Mitwirkung in Verfahren vor dem Familiengericht (häufig Sorgerechts- und Umgangsregelungen).

Zu den Aufgaben eines Jugendamtes gehört auch die Jugendgerichtshilfe, ein Dienst, dessen Adressaten straffällig gewordene Jugendliche und Heranwachsende sind. Diese

Jugendlichen sind auch Schüler. Es gibt also eine große Zahl von „schwierigen" Kindern und Jugendlichen, die zeitgleich von Schule und Jugendhilfe erreicht werden.

2. Was sind Hilfen zur Erziehung?

Die rechtlichen Grundlagen der Hilfen zur Erziehung (HzE) finden sich im Kinder- und Jugendhilfegesetz (KJHG). Dort heißt es im § 27 (1): „Ein Personensorgeberechtigter hat bei der Erziehung eines Kindes oder eines Jugendlichen Anspruch auf Hilfe (Hilfe zur Erziehung), wenn eine dem Wohl des Kindes oder des Jugendlichen entsprechende Erziehung nicht gewährleistet ist und die Hilfe für seine Entwicklung geeignet und notwendig ist." Hilfe gibt es demnach unter zwei allgemeinen Voraussetzungen:

– eine dem Wohl des Kindes entsprechende Erziehung ist nicht gewährleistet,
– die Hilfe ist geeignet und notwendig.

Den Anspruch auf Hilfe haben die Sorgeberechtigten. Art und Umfang der Hilfe richten sich nach dem erzieherischen Bedarf im Einzelfall, das engere soziale Umfeld des Kindes oder Jugendlichen soll einbezogen werden (§ 27 (2) KJHG). Zum engeren sozialen Umfeld gehört, neben der Familie, auch die Schule. Die Schule ist kein Adressat und kein Kompagnon der Jugendhilfe, aber ein Kooperationspartner, wenn es im Einzelfall sinnvoll ist.

Das Vorliegen der Voraussetzungen prüft das Jugendamt, in Person einer Fachkraft des ASD. Ziel ist eine individuell zugeschnittene, fachlich begründete und von den Eltern und Kindern getragene Entscheidung. Die Maßnahmen dürfen allerdings den erzieherischen Mangel nicht überkompensieren und damit zu stark in die Erziehung der dazu eigentlich Verpflichteten, der Eltern, eingreifen.

3. Übersicht über das Hilfespektrum

Die Angebote des Jugendamtes unterstützen, ergänzen oder ersetzen die Erziehung eines Kindes in der Familie. Häufig eingerichtete und im KJHG benannte Hilfen, die sich an Kinder und Jugendliche mit schwierigen Verhaltensweisen und deren Eltern wenden, sind kurz skizziert.

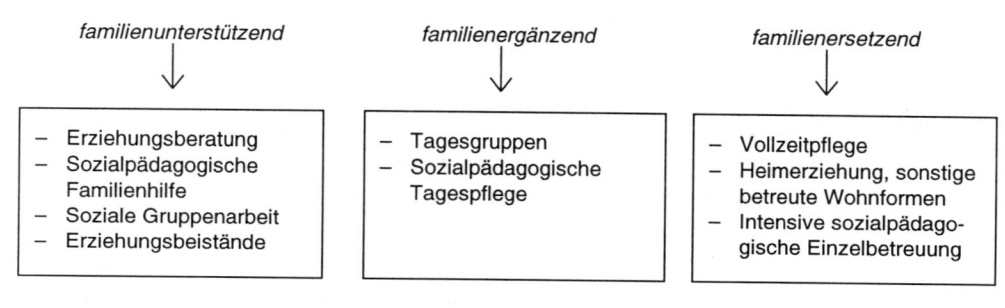

familienunterstützend ⇩	*familienergänzend* ⇩	*familienersetzend* ⇩
– Erziehungsberatung – Sozialpädagogische Familienhilfe – Soziale Gruppenarbeit – Erziehungsbeistände	– Tagesgruppen – Sozialpädagogische Tagespflege	– Vollzeitpflege – Heimerziehung, sonstige betreute Wohnformen – Intensive sozialpädagogische Einzelbetreuung

Erziehungsberatung	Erziehungsberatungsstellen helfen Kindern, Jugendlichen und Eltern bei der Klärung und Bewältigung individueller und familienbezogener Probleme, bei der Lösung von Erziehungsfragen und in Trennungs- und Scheidungssituationen. Dabei kommen eine Reihe von Methoden zur Anwendung, z.B.: Einzel- und Familienberatung, pädagogische Diagnostik, Spieltherapie.
Sozialpädagogische Familienhilfe	Regelmäßig, ein bis dreimal in der Woche, kommt eine sozialpädagogische Fachkraft in die Familie. Die längerfristige angelegte Hilfe ist umfassend und reicht von Haushaltsproblemen und Behördengängen über Freizeit bis zur Beratung in Erziehungs- aber auch Beziehungsfragen.
Soziale Gruppenarbeit	Soziale Gruppenarbeit ist ein intensives Angebot mit regelmäßigen Treffen für Kinder und Jugendliche mit Entwicklungsschwierigkeiten und Verhaltensproblemen. Soziales Lernen steht im Mittelpunkt.
Erziehungsbeistand	Schwerpunkt ist die Einzelbetreuung von Kindern und Jugendlichen. Ihnen wird bei der Bewältigung von Entwicklungsproblemen – unter Einbeziehung des sozialen Umfeldes – direkt geholfen. Der Umfang beträgt ca. 2 bis 6 Std./Woche, bei Bedarf auch mehr.
Tagesgruppe	Schulische Förderung, Elternarbeit, soziales Lernen und individuelle Entwicklung stehen im Mittelpunkt der Arbeit in Tagesgruppen. 10-12 Kinder/Jugendliche gehen direkt nach der Schule in eine Tagesgruppe, werden dort beköstigt, betreut, gefördert und kehren am späten Nachmittag wieder in ihre Familien zurück. Im Unterschied zu einem Hort als Kindertageseinrichtung setzt die Tagesgruppe einen erzieherischen Bedarf voraus.
Sozialpädagogische Tagespflege	Aufgaben, wie sie die Tagesgruppe übernimmt, können auch in qualifizierter Tagespflege stattfinden. Das Kind geht nach der Schule in eine andere Familie und wird dort gefördert. Abends kehrt es nach Hause zurück.
Vollzeitpflege	Kinder und Jugendliche sind außerhalb ihres Elternhauses in Pflegefamilien untergebracht. Pflegeeltern erhalten regelmäßige Beratung. Für besonders entwicklungsbeeinträchtigte Kinder/Jugendliche gibt es besondere Formen der Vollzeitpflege, z.B. professionelle Pflegfamilien mit einer sehr intensiven fachlichen Begleitung und mit einem Pflegeelternteil, der eine sozialpädagogische Ausbildung hat.
Heimerziehung, sonstige betreute Wohnformen	Kinder und Jugendliche sind außerhalb ihres Elternhauses in einer Einrichtung untergebracht und werden dort versorgt, betreut, erzogen, gefördert. Es gibt mittlerweile ein sehr breites Band an Wohnformen: Kinderhäuser, kleine Wohngruppen zur Verselbständigung, betreutes Einzelwohnen, Mädchen- und Jungengruppen, Gruppen mit speziellen Angeboten (z.B. bei seelischer Behinderung, nach sexuellem Missbrauch) und anderes mehr.
Intensive sozialpädagogische	Diese intensive Unterstützung Jugendlicher im Umfang von bis zu 30 Stunden wöchentlich hat das Ziel der sozialen Integration

Einzelbetreuung und der eigenverantwortlichen Lebensführung. Die Hilfe kann im Elternhaus, in einer eigenen Wohnung des Jugendlichen oder als Individualmaßnahme mit erlebnispädagogischen Elementen, geleistet werden.

Eine besondere Stellung im System der Hilfen zur Erziehung haben die Erziehungsberatungsstellen. Viele Lehrer kennen eher die Fachkräfte dieser Stellen als die Fachkräfte des Jugendamtes. Eine HzE bedarf der Entscheidung und der Planung durch das Jugendamt. Erziehungsberatung als Hilfe zur Erziehung aber findet zumeist ohne Beteiligung des Jugendamtes statt. Das Team einer Beratungsstelle führt das Hilfeplanverfahren in eigener Regie durch. Aber auch im Vorfeld von Hilfen können sich Eltern, Kinder und Jugendliche, aber auch Lehrer, Beratung bei den – von den Jugendämtern wesentlich mitfinanzierten Beratungsstellen holen.

Weitere Hilfen, die nicht ausdrücklich gesetzlich genannt sind, können ebenfalls eingerichtet werden. Ein Beispiel ist das elternunterstützende Videotraining. Mit einer Video-Kamera werden 10-minütige Alltagssequenzen aufgenommen und mit der Familie gemeinsam analysiert. Eltern sehen sich selbst in ihrem Erziehungsverhalten, es entsteht ein differenziertes Bild über die Familienstruktur und –dynamik. Weitere Beispiele sind die systemische Familientherapie oder die sozialpädagogische Wochenpflege. In Hilfekonzepten können einzelne Unterstützungsformen kombiniert werden oder aufeinander aufbauen. Insgesamt kann festgehalten werden, dass sich in den letzten zwei Jahrzehnten erhebliches getan hat. Hilfen sind differenzierter, problemangemessener, zielgenauer, adressatenspezifischer geworden.

4. Fallbeispiel

Der Hauptschullehrerin Frau Schulze fällt der 12-jährige Timo auf. Bis Ende des vergangenen Schuljahres war er ein unauffälliger Schüler. Seit Monaten fehlen nun regelmäßig Hausaufgaben. Wenn sie mal gemacht sind, weisen sie erhebliche Mängel auf. Timo zeigt aggressives Verhalten gegenüber einigen Mitschülern, auch gegenüber Lehrern. Er hat Konzentrationsprobleme und beansprucht viel Zuwendung, welche die Möglichkeiten der Klassenlehrerin deutlich überfordern. Auf Ansprache reagiert er distanziert oder aggressiv abwiegelnd („Das geht Sie gar nichts an!"). Er beginnt stundenweise zu fehlen. Seine Versetzung ist gefährdet, die Leistungsdefizite sind erheblich. Die Mitschüler wenden sich ab, in den Pausen stromert er alleine über den Schulhof. Über die Familie Timos weiß Frau Schulze nicht viel. Sie spricht andere Lehrer an, um deren Eindruck von Timo zu erfahren. Sie hört u.a., er widersetze sich oft massiv im Unterricht, störe die Stunden erheblich, werfe z.B. ohne Vorankündigung sein Lineal durch den Klassenraum, stehe einfach auf und verlasse den Raum.

Frau Schulze lädt die Mutter Timos, Frau Arbener, zu einem Gespräch in die Schule ein. Kurz vor dem Termin ruft die Mutter an und entschuldigt ihr Fernbleiben mit einer plötzlichen Erkrankung. Auf einen neuen Termin will sie sich nicht einlassen. Sie deutet zwar kurz an, dass sie mit Timo überfordert sei. Auf eine weitere schriftliche Einladung aber reagiert sie überhaupt nicht.

Zum Hintergrund: Die Mutter fühlt sich verantwortlich, kann Timo aber nicht gerecht werden. Er ist nicht ihr einziges „Sorgenkind". Die jüngere Schwester Timos hat seit

Jahren Neurodermitis, die ältere besucht die Sonderschule für Lernbehinderte. Frau Arbener ist alleinerziehend – und alleingelassen. Nach der Trennung von ihrem Mann ist die Familie aus der Nachbarstadt in die jetzige Wohnung gezogen. Vater und Kinder sehen sich selten. Stabile Nachbarschaftsbeziehungen sind nicht vorhanden, Verwandte wohnen entfernt, Unterhaltszahlungen bleiben aus, die Familie lebt von Sozialhilfe. Die 3 ½-Zimmer-Wohnung ist klein, die Mädchen teilen sich ein Zimmer, Timo hat ein Durchgangszimmer. Oft weiß Frau Arbener nicht, wie sie sich den Kindern gegenüber verhalten soll. Mal versucht sie es mal mit Hinweisen und Ratschlägen, dann mit Versprechungen, auch mit Drohungen. Eine Androhung konsequent umsetzen fällt ihr schwer. Niemand ist da, den sie mal fragen kann. Die Erfüllung eigener Bedürfnisse kann kaum stattfinden.

Die Lehrerin findet keinen Kontakt zu Timo, die Mutter nimmt ihr Gesprächsangebot nicht an. Sie holt sich Rat bei einem Sonderpädagogen. Der sieht Timos Verhalten in Zusammenhang mit seinem familiären Hintergrund, weist auf die isolierte Situation Timos unter den Gleichaltrigen hin und empfiehlt, mit dem ASD Kontakt aufzunehmen.

Zu diesem Zeitpunkt erhält der Mitarbeiter des ASD, Herr Blatzke, die polizeiliche Information, Timo sei beim Ladendiebstahl ergriffen worden. Timo ist nicht strafmündig. Herrn Blatzke kennt die Familie nicht. Er bietet schriftlich ein Beratungsgespräch an. Eine Antwort bleibt aus. Herr Blatzke weiß, dass Bagatelldelikte in diesem Alter keine Seltenheit sind und häufig nur Episodencharakter haben. Er belässt es bei dem Beratungsangebot und muss davon ausgehen, dass Frau Blatzke selbst Timos Verhalten sanktioniert.

Frau Schulze ruft bei der Stadtverwaltung Herr Blatzke an. Er informiert Frau Schulze über die Angebote des Jugendamtes und sendet ihr ein Faltblatt über die Hilfemöglichkeiten zu. Er macht deutlich, dass die Hilfen auf Freiwilligkeit basieren. Für eine anonyme Fallbesprechung stehe er grundsätzlich zur Verfügung, er sei aber nicht bereit, mit Frau Schulze über die Familie Arbener ohne deren Wissen direkt zu reden. Er schlägt Frau Schulze vor, einen Hausbesuch durchzuführen und bekundet grundsätzlich seine Bereitschaft zur Zusammenarbeit.

Frau Schulze besucht Frau Arbener daraufhin. Diese, sichtlich überrascht, bittet die Lehrerin in ihre Wohnung. Die Lehrerin schildert kurz aber eindringlich die Situation Timos, fragt nach, wie er sich zuhause verhält, welche Hobbys er hat, ob es noch Geschwister gibt. Sie zeigt sich interessiert und verständnisvoll für die schwierige Situation der alleinerziehenden Mutter. Es entwickelt sich ein kurzes, gutes Gespräch. Beide sind froh, miteinander gesprochen zu haben. Frau Arbener hat ein wenig die Angst vor kritischen Fragen und Sanktionen der Schule verloren. Auch Frau Schulze fühlt sich nicht mehr so hilflos, denn sie merkt, dass die Mutter zur Erziehung ihres Sohnes bereit ist. Mit Hinweis auf das Faltblatt des Jugendamtes schlägt die Lehrerin vor, es an weiteren Überlegungen zu beteiligen.

Dass das Jugendamt ins Spiel kommen soll, macht Timos Mutter Angst. Sie befürchtet Vorwürfe. Vielleicht nimmt das Amt ihr gar die Kinder weg. Sie spürt zugleich, dass sie Unterstützung braucht. Sie ruft Frau Schulze an und teilt ihre Befürchtungen mit. Die Lehrerin meint, dass die Probleme mit Timo mit dem Jugendamt gemeinsam besser gelöst werden können. Frau Arbener ist zu einem Termin bereit, bittet allerdings darum, das Gespräch in der Schule stattfinden zu lassen. Lehrerin vereinbart daraufhin mit dem ASD-Mitarbeiter, Herrn Blatzke, einen Termin.

Herr Blatzke kommt etwas eher in die Schule. Er und die Lehrerin stimmen ab, wie das Gespräch gestaltet werden soll und wer welche Rolle übernimmt. Die Mutter wird freundlich empfangen, und die Lehrerin berichtet zunächst über Timo und dessen positive Seiten, dass er sich z.B. durchsetzen könne und dass er unter Druck durchaus Leistungen bringe. Sie berichtet dann über die Verhaltensschwierigkeiten. Frau Arbener bestätigt einige Aussagen durch Kopfnicken, ergänzt einiges. Nachdem die Lehrerin geendet hat, fragt Frau Arbener, womit sie denn jetzt zu rechnen habe. Herr Blatzke nutzt die Gelegenheit, die Befürchtungen der Mutter zu entkräften. Er schildert an Beispielen, wie Hilfe aussehen könnte und fragt dann Timos Mutter, welche Entwicklung sie sich wünsche. Frau Arbener ist über diese Frage etwas überrascht. Dass sie Wünsche äußern solle, damit hat sie nicht gerechnet, es fällt ihr schwer, überhaupt eine Antwort auf diese Frage zu geben. Herr Blatzke schlägt einen weiteren Termin vor, bei dem er die Mutter genauer beraten will. Frau Arbener stimmt daraufhin einem Besuch Herrn Blatzkes in ihrer Wohnung zu.

Der Hausbesuch verläuft gut. Die Mutter fühlt sich informiert, bittet aber um Bedenkzeit. Wenige Tage später ruft sie mit gemischten Gefühlen Herrn Blatzke an: Sie hat sich zu einer Hilfe entschlossen.

Der Sozialarbeiter versucht nun, Informationen zu gewinnen: Vorgeschichte, Lebenssituation, soziale Bezüge, Hobbys, Problembeschreibungen u.s.w. Dabei werden Ziele, Wünsche und Hilfevorstellungen der Familie berücksichtigt. Kinder werden ihrem Alter und Entwicklungsstand angemessen beteiligt. Auch Timo wird einbezogen.

Die Informationen werden strukturiert in ein Fachgespräch eingebracht. Gemeinsam wird überlegt, was die Familie bzw. die einzelnen Personen an Unterstützung aus sozialpädagogisch-fachlicher Sicht benötigen. Wichtig ist der Hinweis auf das Fehlen einer männlichen Bezugsperson für Timo, seine Vereinzelung in der Schule, der ambivalente Erziehungsstil der Mutter und die Isoliertheit der Familie in der Nachbarschaft. Es werden Vorschläge erarbeitet: Soziale Gruppenarbeit für Timo, sozialpädagogische Familienhilfe mit dem Schwerpunkt der Unterstützung der Mutter in der Erziehung, aber auch, um mit Mutter und Kindern Kontakte und Unterstützungsmöglichkeiten im Stadtteil zu erschließen (Sportverein, Müttercafé, Ferienmaßnahmen u.s.w.). Auch über die Zusammenarbeit zwischen Schule, Mutter und möglicher hilfeleistender Stelle wird gesprochen.

Der Sozialarbeiter erläutert Frau Arbener die Hilfevorschläge. Sie findet das Angebot der Gruppenarbeit für Timo sehr gut, auch Timo kann sich vorstellen, sich das mal anzugucken. Eine Familienhilfe, die sie bei der Bewältigung ihres erzieherischen Alltags begleitet, kann Frau Arbener gut akzeptieren. Konkret denkt sie an Hausaufgabenhilfe und an regelmäßige Gespräche, aber auch an persönliche Unterstützung im Alltag. Allerdings will sie erst langsam damit beginnen. Denn sie muss sich noch an den Gedanken gewöhnen, dass regelmäßig eine fremde Person in ihre Wohnung kommt. Die Hilfe beginnt!

5. Wie fällt die Entscheidung über HzE?

Die Hilfegewährung erfolgt auf Antrag. Die Praxis ist vielfältig. Einige Beispiele:

- Schriftliche Beantragung, ohne dass es vorher Kontakt zum Jugendamt gegeben hat.
- Eltern kommen in die Sprechstunden und informieren sich zunächst allgemein.
- Ihnen wird von Dritten, z.B. der Schule, empfohlen, Kontakt zum Jugendamt aufzunehmen und einen Antrag zu stellen.
- ASD-Fachkräfte selbst regen die Antragstellung an.

Oft ergibt sich erst im Laufe eines längeren Prozesses der Entschluss zum Antrag. Sowohl vor einem Antrag wie auch während der Bearbeitung werden die Eltern über Rechte, Pflichten, Möglichkeiten und Folgen beraten. Auf den Antrag – er ist übrigens nicht an eine bestimmte Form gebunden – folgt die Sachverhaltsermittlung: Sind die Voraussetzungen vorhanden? Wie ist die aktuelle Lebenssituation. Welche Besonderheiten gibt es? Was soll erreicht werden? Es gibt einige herausragende Merkmale: Die Beteiligung der Betroffenen, die Kooperation der Fachkräfte, das Erstellen eines Hilfeplanes und der Einbezug des sozialen Umfeldes.

Kontaktaufnahme/Anfrage/ Krisenintervention
Antragstellung
Erste Beratung Sachverhaltsermittlung
Fallerörterung im Fachgespräch mit Lösungsvorschlägen
Hilfeplangespräch mit der Familie
Umsetzung der Hilfe
Planung der Hilfe durch den hilfedurchführenden Dienst
Überprüfung, Fortschreibung

Die ASD-Fachkraft erhebt die Informationen grundsätzlich bei den Betroffenen. Schon im Prozess der Sachverhaltsermittlung sind die Eltern und Kinder aktiv beteiligt. Wichtige Informationen können von Dritten kommen: Kindergarten, Schule, Ärzte. Was Eltern und Kinder wollen, ist bedeutsam für die Ausgestaltung der „richtigen" Hilfe. Die Fachlichkeit wird gesichert durch eine Reflexion des Falles im Zusammenwirken mehrerer Fachkräfte üblicherweise des Jugendamtes. Aber auch andere, z.B. Lehrer, können beteiligt sein. In diesem Fachgespräch wird der Leistungsanspruch geprüft und Lösungsmöglichkeiten vorbereitet. Es folgt das Hilfeplangespräch mit den Eltern. Hier wird auf Basis der im Fachgespräch entwickelten Lösungen die Entscheidung getroffen, welche Hilfe geeignet ist. Ergebnis ist der sogenannte Hilfeplan. Er macht schriftlich Aussagen über Bedarf, Form, Umfang und Ziele der Hilfe. Schließlich kommt es zu einem förmlichen Bescheid über die Hilfegewährung, und die Hilfe setzt ein. Regelmäßig wird die Hilfe kontrolliert: Werden die gesteckten Ziele erreicht? Müssen sie verändert werden? Ist die Hilfe noch notwendig? Ist der Umfang noch angemessen?

Das hier kurz skizzierte Hilfeplanverfahren ist das zentrale Steuerungsinstrument für die Einrichtung, Durchführung und Kontrolle einer Hilfe. Beratung und Beteiligung der Eltern und Kinder findet quasi ständig statt, das Verfahren ist transparent, und an vielen Stellen können Lehrer, Erzieher oder Mitarbeiter freier Träger eingebunden sein.

6. Gedanken zur Zusammenarbeit

6.1. Wissen, was der andere macht

Jugendhilfe muss ein hohes Interesse daran haben, Schule über sich zu informieren. Viele Lehrer wissen nur wenig über die Hilfemöglichkeiten des Jugendamtes. Fachkräfte der Jugendhilfe, ob im ASD oder in den hilfeleistenden Diensten, wissen oft nicht, was in Schulen läuft, was dort, auch einzelfallbezogen, gedacht und getan wird. Voneinander wissen ist die wesentliche Voraussetzung, um zusammenzuarbeiten. So könnte das Jugendamt beispielsweise seine Arbeit im Rahmen einer Lehrerfortbildung in der Schule präsentieren, Beratungslehrer könnten sich mit ASD-Fachkräften austauschen, jeder Lehrer bekommt ein kurzes Infoblatt über Unterstützungsmöglichkeiten, mit Telefonnummern, Ansprechpartnern u.s.w. Lehrer müssen schnell erfahren können, welche Fachkraft im Jugendamt für welchen Schüler zuständig ist. Denn die Bereiche des ASD werden in zusammenhängende Wohnbezirke aufgeteilt, nicht nach Schulen oder Anfangsbuchstaben der Familiennamen.

6.2. Informationen austauschen

Verschiedene pädagogische Fachkräfte haben unterschiedliche Informationen über Familien oder Kinder/Jugendliche, ohne voneinander zu wissen. Ob und welche Informationen ausgetauscht werden dürfen, regelt der Datenschutz. Für beide Bereiche, d.h. für die Jugendhilfe und die Schule, gilt ein sogenannter bereichsspezifischer Datenschutz. Beide Bereiche müssen vom Grundsatz her ihre Informationen bei den Betroffenen erheben. Weitergegeben werden dürfen Daten immer, wenn der Betroffene der Weitergabe seiner Daten – schriftlich – zustimmt. Personenbezogene Daten der Schüler und der Erziehungsberechtigten dürfen von den Schulen an die Jugendämter zur Erfüllung von Aufgaben der Jugendhilfe übermittelt werden (s. § 19 Abs. 5 Schulverwaltungsgesetz NW –SchVG).

Nicht nur wegen des Datenschutzes, sondern besonders aus Gründen einer partnerschaftlichen Zusammenarbeit legt der ASD großen Wert auf Transparenz gegenüber Familien bzw. Personensorgeberechtigten. Die Fachkräfte müssen für die Familie kalkulierbar sein, sonst entwickelt sich keine Basis für hilfreiche Prozesse. Ohne Wissen der Familie wird der ASD sich – es sei denn bei unmittelbarer und substantieller Gefährdung des Kindes – nicht mit der Schule austauschen.

Lehrer werden – übrigens gar nicht selten – von ASD-Fachkräften gefragt, welchen Eindruck sie von einem Schüler haben. Sie erhalten allerdings nicht immer Rückmeldung, ob und welche Hilfe zur Erziehung gewährt wird. Für ihre Arbeit kann diese Information aber wichtig sein. Und wenn man schon gefragt wird oder etwas mitteilt, möchte man als Beteiligter auch gerne wissen, wie es weitergeht. Jugendämter sollten diese Informationen weitergeben. Das würde auch ein Beitrag sein, die Atmosphäre zwischen Schule und Jugendhilfe zu verbessern. Jugendämter können die Informationen aber nur weitergeben, wenn dies mit Einverständnis der Eltern geschieht, oder wenn diese Informationen für die pädagogische Arbeit der Schule erforderlich ist.

6.3. Anonyme Fallbesprechungen

Wenn man sich nicht sicher ist, ob eine Information jugendhilferechtlich relevant ist, kann man einen Fall auch zunächst anonym besprechen. Lehrer und Mitarbeiter der Jugendhilfe überlegen gemeinsam, wie bei einem Problem vorgegangen werden kann. Sie tauschen – unter Wahrung des Datenschutzes – Informationen aus und überlegen gemeinsam Wege, wie mit der aktuellen Situation umgegangen werden kann. Zudem lernen sich die handelnden Akteure kennen und formulieren und klären Erwartungen. An diesen Beratungen können auch Fachkräfte beteiligt werden, die über spezielle Kompetenzen verfügen, z.B. Erziehungsberater mit besonderen Kenntnissen über sexuelle Auffälligkeiten, Entwicklungsverzögerungen oder seelischen Behinderungen.

6.4. Das Bild des Jugendamtes

Als Vermittler und „Brückenbauer" haben Lehrer und Lehrerinnen eine nicht hoch genug einzuschätzende Funktion. Sie bauen auf Grundlage der eigenen Beziehung den Kontakt einer Familie zum Jugendamt auf. Die Tür zu Eltern und Familien öffnet sich durch Wertschätzung, Akzeptanz und Anerkennung. Es ist daher von besonderer Bedeutung, wie das Bild des Jugendamtes durch Schule oder andere soziale Dienste vermittelt wird. Die Zeiten, in denen ein Lehrer Jugendlichen oder Eltern quasi mit dem Jugendamt „gedroht" haben, müssen der Vergangenheit angehören. Das Jugendamt hat aber bei vielen Menschen, leider auch noch bei einigen Fachkräften anderer Sozial- oder Bildungsbereiche, das Image einer „Eingriffsbehörde", die mit pädagogischem Zeigefinger und Brille haargenau zur Kenntnis nimmt, was alles falsch läuft, um dann klare Vorgaben zu machen, wie es richtig auszusehen hat. Falsches Bild! Die Kinder- und Jugendhilfe ist ein Dienstleistungsbereich. Als Institution mit Beratungs- und Dienstleistungscharakter verfügt der ASD, was kaum bekannt ist, nicht über eingreifende Funktionen.

Oft machen die Menschen mit dem Mann oder der Frau vom Amt viel bessere Erfahrungen, als sie erwarten: „Der Blatzke arbeitet zwar beim Jugendamt, aber der ist eigentlich ganz in Ordnung". Die Erfahrungen, die viele Familien positiv mit Jugendamtsmitarbeitern machen, müssen manche Lehrkräfte erst spüren. Die Schule sollte wissen, mit wem sie es zu tun hat. Eine Kooperation von Institutionen wird erwünscht; zusammenarbeiten aber werden Menschen. Zum Bild des Jugendamtes gehören damit immer die handelnden Personen.

6.5. Schwierige Schüler

Ein schwieriger Schüler, der dem Lehrer auf den Nägeln brennt, erzeugt nicht automatisch in gleichem Maße bei der ASD-Fachkraft Handlungsdruck. Und andersherum: So manche Familie verschafft dem Sozialarbeiter Kopfzerbrechen, obwohl der Lehrer den Schüler in seinem Verhalten unproblematisch erlebt. Beides hat nichts mit fehlendem Interesse oder Problembewusstsein zu tun oder gar mit Ignoranz. Die Sicht- und Vorgehensweisen sind unterschiedlich. Der Lehrer sieht den Schüler in der besonderen unterrichtlichten Situation, der Sozialarbeiter sieht das Kind oder den Jugendlichen in seinem familiären Zusammenhang. Es kommt zu unterschiedlichen Einschätzungen und Zielen. Die professionstypischen Deutungsmuster decken sich nicht immer, und das kann Anlass zu Missverständnissen und kommunikativen Störungen sein. Wer darum weiß, kann damit konstruktiv umgehen, z.B. indem er einfach den anderen fragt.

6.6. Das Beteiligungsgebot in der Jugendhilfe

Grundlage einer Hilfe ist eine aktive Beteiligung der Menschen, für die diese Hilfe ist: Hilfe nicht gegen, sondern mit den Eltern und den Kindern und Jugendlichen. Deren Vorstellungen sind wichtige Hinweise für Inhalte und Ziele. Die aktive Beteiligung ist nicht nur im Respekt vor den Eltern und deren Verantwortung begründet, sondern auch fachlich, denn es geht um förderliche Entwicklungen, die i.d.R. das Ziel haben, von den Eltern ohne weitere Hilfe getragen zu werden, also Hilfe zur Selbsthilfe. Bei der Suche nach dem richtigen Hilfeangebot ist also neben den Überlegungen, welche individuellen und sozialen Zusammenhänge und Hintergründe die als problematisch beschriebenen Entwicklungen (vermutlich) haben, die Antwort auf weitere Fragen bedeutend: Was sind Stärken, aus denen sich Ansatzpunkte für Hilfekonzepte ergeben? Was wollen die einzelnen erreichen? Welche Wünsche haben sie? Aushandeln ist der Begriff, der sich für das Vermitteln von einerseits der fachlich indizierten Hilfe und andererseits der seitens der Betroffenen gewünschten oder zugelassenen Hilfe etabliert hat. Die optimale Hilfe ist somit fachlich begründet und zugleich von Eltern und Kindern aktiv getragen. Beteiligt sind auch Kinder, ihrem Alter und ihrem Entwicklungsstand entsprechend. Aus vielerlei Erfahrungen mit jungen Menschen lässt sich feststellen: Kinder und Jugendliche lassen sich auf Hilfe ein, wenn sie für sich etwas erreichen können. Über Ziele bedarf es daher eines Austausches. Dass ist außerhalb der Jugendhilfe nicht einfach zu verstehen, stellt gleichwohl ein zentrales Prinzip sozialpädagogischer Dienstleistung dar.

6.7. Synergie durch Kooperation der Fachkräfte

Das Zusammenwirken mehrerer Fachkräfte bei der Hilfeplanung ist fachliche und gesetzliche Vorgabe. Auf diese Weise lassen sich Probleme und Situationen differenzierter erfassen und Hilfemöglichkeiten kreativer und flexibler entwickeln. Das Fachgespräch findet im Jugendamt statt, an ihm nehmen üblicherweise sozialpädagogische Fachkräfte teil. Die Eltern wissen, wer da wann zusammensitzt, um über ihre Familie zu sprechen. Mit Einverständnis der Personensorgeberechtigten können auch andere Fachkräfte teilnehmen. Lehrer sollen ihren Beitrag leisten, indem sie dem ASD oder dem hilfeleistenden Dienst ihre Informationen zur Verfügung stellen. Ein individuelles Hilfekonzept wie im geschilderten Fall des Timo Arbener kann auf Basis einer gemeinsamen Strategie von Lehrer, ASD-Fachkraft und Sozialpädagogen in der HzE entwickelt werden. Die Ziele, Aufgaben und Bereiche der Hilfen werden im Hilfeplan schriftlich fixiert. Er stellt damit die Basis der Hilfe dar. Regelmäßig findet eine Überprüfung statt, ob bzw. inwieweit die anvisierten Ziele erreicht wurden und ob die Hilfe modifiziert werden kann oder muss. Daran sind Eltern und Kinder aktiv beteiligt; auch Schule kann und sollte in vielen Fällen eingebunden werden.

6.8. Lebensweltbezug

Das engere soziale Umfeld der Familie bzw. des Kindes/Jugendlichen soll in das individuelle Hilfekonzept einbezogen werden. Damit wird dem grundlegenden Gedanken Rechnung getragen, dass die Lebenswelt der Familie bzw. des jungen Menschen Ausgangspunkt aller Überlegungen sein muss, dass hier Chancen und Ressourcen liegen, die es zu finden und zu aktivieren gilt. Schule selbst ist Teil des sozialen Umfeldes. Das bedeutet, Schule soll informiert sein über das, was Jugendhilfe auf den Weg bringt, das Einverständnis der Eltern vorausgesetzt. Hilfeplanung hat die schulische Situation grundsätzlich in ihre Überlegungen zu integrieren.

6.9. Kommunikationsstrukturen zwischen Schule und Jugendhilfe

Schule und Jugendhilfe stehen oft unvermittelt nebeneinander. Der Lehrerberuf und der Beruf des Sozialarbeiters bzw. Sozialpädagogen unterscheiden sich erheblich, was Wissen, Können, Rahmenbedingungen, Selbstverständnis und Einstellungen betrifft. In einem kritischen Spannungsverhältnis stehen allerdings beide: Der Lehrer fördert und fordert. Der Sozialarbeiter hilft und kontrolliert.

Auch die Systeme Schule und Jugendhilfe sind völlig unterschiedlich. Allein die aktuelle Professionalisierungsdiskussion um den Lehrberuf zeigt, wie komplex das Thema ist. Ist der Lehrer eher Anwender und Vermittler von Wissenschaft oder übernimmt er auch Aufgaben als personaler Erzieher und Entwicklungshelfer seiner Schüler und ist er somit Sozialpädagoge?

Die „problematischen Schüler" sind eine gemeinsame Zielgruppe, bei der die hier nur angerissenen Unterschiede zwischen den beiden Systemen deutlich werden. Dabei gibt es viele gemeinsame Themen: Betreuungsangebote, sozialpädagogische Angebote in und mit der Schule (Selbstbehauptungstraining, geschlechtsspezifische Projekte u.s.w.), Freizeitangebote, Schülercafés. An Ideen mangelt es also nicht. Für einen überschaubaren Stadtteil könnte ein Arbeitskreis eingerichtet werden, in dem regelmäßig – nicht zu oft – zu festgelegten Themen Austausch stattfindet zwischen Beratungslehrern und ASD-Fachkräften. Oder das Jugendamt präsentiert die Möglichkeiten der Jugendhilfe im Bereich der Beratung und der Hilfen zur Erziehung im Lehrerkollegium. Oder Mitarbeiter des Jugendamtes gehen in Schulklassen und informieren über einzelne Themen, z.B. Straffälligkeit bei Jugendlichen und Jugendgerichtshilfe, Angebote der Jugendarbeit vor Ort u.s.w. Oder der ASD ist in der Schule präsent, z.B. in Sprechstunden.

Es ließen sich auch runde Tische denken, an denen sich für Beratungs- und Fallbesprechungen Lehrer, Sozialarbeiter, Erziehungsberater in einem regelmäßigen Turnus zusammenfänden, um sich auszutauschen und zu unterstützen.

Eine besondere Rolle kommt auch den Jugendhilfeausschüssen zu. Hier werden Weichen für die kommunale Entwicklung von Jugendhilfe gestellt. Mit beratender Stimme ist auch die Schule vertreten und kann dort Dinge anregen.

Ohne stabile Kommunikationsstrukturen geht es nicht. Sie müssen vor Ort entwickelt und können nicht von oben verordnet werden. Die Verantwortung dafür liegt bei beiden Seiten.

7. Zusammenarbeit zwischen Schule und HzE-leistender Institution

Nehmen Familien Hilfen in Anspruch, gibt es wichtige Berührungspunkte. Bei der Tagesgruppe als Hilfeform ist beispielsweise die enge Zusammenarbeit mit der Schule vorgeschrieben. Bei Pflegekindern hat es die Schule mit den Pflegeeltern statt mit den leiblichen Eltern zu tun. In Einrichtungen untergebrachte Kinder werden von sozialpädagogischem Fachpersonal betreut, das sich auch um Hausaufgaben und andere schulische Belange kümmert, z.B. den Elternsprechtag wahrnimmt. Bei ambulanten Hilfen gibt es ebenfalls Absprachen, Austausch und Kooperation zwischen Schule und HzE.

Der ASD leitet, plant, kontrolliert die erzieherischen Hilfen. In den verschiedenen HzE findet die Unterstützung und Begleitung kontinuierlich statt. Die Fachkräfte der hilfedurchführenden Dienste begleiten die Familie bzw. den jungen Menschen für längere Zeit mit zuverlässiger Intensität. Gleiches gilt auch für die Schule, die den jungen Menschen ja werktäglich sieht. Wenn Schule und Jugendhilfe das gemeinsame Ziel haben, jungen Menschen auf dem Weg zu selbständigen, gemeinschaftsfähigen und produktiven Individuen zu begleiten, muss geradezu die Gruppe der „schwierigen Schüler" als gemeinsame Aufgabe betrachtet werden.

8. Eingriff in das Elternrecht

Die weitverbreitete Meinung, das Jugendamt könne in Elternrechte eingreifen, ist irrig. Eingreifen in Rechte kann nur das Gericht. Dabei kommt allerdings dem Jugendamt eine wichtige Rolle zu, da es verpflichtet ist, das Gericht zu unterstützen. Auch hat es das Familiengericht zu informieren, wenn es der Auffassung ist, gerichtliche Maßnahmen seien angezeigt.

In akuten Krisensituationen hat das Jugendamt die Möglichkeit, Kinder aus einer sie gefährdenden oder schädigenden Situation herauszunehmen, sie vorläufig in Obhut zu nehmen, auch gegen den Willen der Eltern. Es muss sich dabei aber um eine dringende Gefahr für das Wohl des Kindes oder des Jugendlichen handeln. Nach einer Inobhutnahme hat das Jugendamt die Eltern umgehend zu informieren. Widersprechen diese der Inobhutnahme, hat das Amt die Kinder ihnen zu übergeben – oder einen gerichtlichen Beschluss zu erwirken. Das Instrument der Inobhutnahme eignet sich damit weder rechtlich noch fachlich für die individuelle Hilfeplanung.

Es gibt Familien, die nicht mit dem Jugendamt zusammenarbeiten wollen, deren Kinder aber in der Schule auffallen und Probleme verursachen. Die Schule informiert den Mitarbeiter des ASD. Der vermag aus den Schilderungen auch einen erzieherischen Bedarf zu erkennen, jedoch kommt es nicht zur Zusammenarbeit, es gibt keinen Antrag. Nun muss das Jugendamt prüfen, ob eine Mitteilung an das Familiengericht abgegeben werden soll. Eine Mitteilung muss substantiell begründet sein und eignet sich in keinem Fall als Disziplinierungsmaßnahme, denn solches widerspricht dem Geist der Jugendhilfe als Dienstleistungsanbieter. Familien, die nicht mit dem Jugendamt zusammenarbeiten wollen, sind zumeist auch nicht bereit, dass Schule und Jugendhilfe sich über sie austauschen. So gibt es Fälle, in denen tatsächlich kaum etwas geschieht – was nicht befriedigend ist. Jugendhilfe hat – ebenso wie Schule – Grenzen, finanzielle, personelle, methodische.

9. Ausblick

In der Jugendhilfe wie in der Schule ist sehr viel in Bewegung, nicht jede Veränderung wird als hilfreich erlebt. Viele Entwicklungen aber sind notwendig. Elternhäuser werden ihren Erziehungsaufgaben immer weniger gerecht. Immer weniger Kinder haben Geschwister, aber umso mehr Medien. Kinder sind immer früher auf sich gestellt, anspruchvoll, eigensinnig, ihre Möglichkeiten steigen unaufhörlich, aber auch der Druck, was aus sich zu machen. Jugendliche fragen nicht mehr: Was ist erlaubt? Sie fragen: Was ist möglich. Schule kann ebenso wenig wie Jugendhilfe diese gesellschaftlichen Entwicklungen auffangen oder gar ersetzen. Aber eine sinnvolle Zusammenarbeit, institutionell-strukturelle Kommunikation einerseits, persönliche Kommunikation andererseits, schafft Potenziale, um dem gemeinsamen Ziel, junge Menschen selbständig und gemeinschaftsfähig zu machen, näher zu kommen. Was wir brauchen, ist Wissen voneinander, ist Kommunikation miteinander, ist Zutrauen und Vertrauen ineinander. Jeder, der über den anderen klagt, muss einen Schritt machen, wenn es besser werden soll.

Literatur

Eine Übersicht über die Jugendhilfe mit Gesetzestext gibt es in der kostenlosen Broschüre „Kinder- und Jugendhilfegesetz", herausgegeben vom Bundesministerium für Familie, Senioren, Frauen und Jugend, PF 201551, 53145 Bonn

Über die Arbeit des ASD informiert kritisch und engagiert: Veszelinka Ildikò Petrov: Zwischen allen Stühlen. Vom Tun und Lassen einer Bezirks-Sozialarbeiterin im Jugendamt. Freiburg 2000

Eine Orientierung über Hilfen zur Erziehung, Aufgaben, Organisationsformen, Methoden, findet sich in: Richard Gründer: Hilfen zur Erziehung. Freiburg 1999

Achim Stopp

Erziehungshilfe und Schule: Konkurrenz oder Kooperation?

Wenn Schule mit Erziehungshilfe in Berührung kommt, ging meist voraus, dass irgend jemand Verhaltensweisen eines Kindes oder Jugendlichen als schwierig, störend oder beeinträchtigt beschrieben hat. Voraus ging außerdem oft eine längere Phase, in der die Probleme und Schwierigkeiten anwuchsen oder in der Lösungen und Abhilfen mit ‚Bordmitteln' versucht wurden. Und schließlich haben sich dann Betroffene und Experten über mögliche Hilfen geeinigt.

Familien, Kinder, Helfer und auch LehrerInnen haben vor der Inanspruchnahme von Erziehungshilfe oft schon eine beträchtliche Wegstrecke von „Versuch und Irrtum" zurückgelegt. Diese Vorphase zu würdigen, Probleme als Lösungsversuche anzuerkennen und Ressourcen für die Konstruktion einer sinnhaften und zielorientierten Hilfeform für Kinder und Jugendliche (wieder) zu finden, ist wichtige Aufgabe von Erziehungs- und Jugendhilfeangeboten, die systemisch und/oder lösungs- und ressourcenorientiert arbeiten.

Im folgenden soll anhand der Hilfeform *Tagesgruppen* versucht werden, die Praxis eines Jugendhilfeangebotes exemplarisch vorzustellen unter besonderer Berücksichtigung des Kontextes der Zusammenarbeit mit Schule(n).

1. Hilfeform „Tagesgruppe"

Tagesgruppen gibt es „offiziell" seit der Neufassung des Kinder- und Jugendhilfegesetzes 1991. Schon vorher hatten einige Heimeinrichtungen mit langer Tradition teilstationäre Fördereinrichtungen ausgebaut, die unter Bezeichnungen wie „Tagesheimgruppe" oder „Heilpädagogisch-therapeutische Tagesstätte" liefen. Der Impuls zum Ausbau von Tagesgruppen, die ab 1991 einen regelrechten Boom erlebten, wurde angeregt u.a. durch fachliche Fragestellungen in der Entwicklung familientherapeutischer und systemischer Sichtweisen und andererseits durch Bestrebungen der „alten" Heimträger, eine Erweiterung und Differenzierung ihrer Angebote zu erreichen.

In Tagesgruppen sollen Kinder/Jugendliche und ihre Familien Unterstützung erhalten, die in Beziehungs-, Erziehungs- und Entwicklungsfragen in Schwierigkeiten geraten sind. Die Idee, eine Hilfeform zu etablieren, die als Tagesangebot Entwicklungsräume bereitstellt, ohne die Kinder von ihren Familien zu trennen, hat sich in den letzten Jahren als erfolgreich erwiesen und sich regional unterschiedlich ausgebreitet.

Die rechtliche Grundlage ist im Kinder- und Jugendhilfegesetz wie folgt formuliert:

„Ein Personenberechtigter hat bei der Erziehung eines Kindes oder eines Jugendlichen Anspruch auf Hilfe (*Hilfe zur Erziehung*), wenn eine dem Wohl des Kindes oder des Jugendlichen entsprechende Erziehung nicht gewährleistet ist und die Hilfe für seine Entwicklung geeignet und notwendig ist." (§ 27 (1) KJHG/SGB VII).

„Hilfe zur Erziehung in einer Tagesgruppe soll die Entwicklung des Kindes oder des Jugendlichen durch soziales Lernen in der Gruppe, Begleitung der schulischen Förderung und Elternarbeit unterstützen und dadurch den Verbleib des Kindes oder des Jugendlichen in einer Familie sichern. (§ 32 KJHG/SGB VIII). Die Tagesgruppe ist in der Regel Teil eines Jugendhilfeverbundes mit verschiedenen Maßnahmen".

Das Angebot von Tagesgruppen richtet sich an Familien und Kinder, deren persönliche und familiäre Situation sich als überlastet herausgestellt hat und in deren Leben eskalierende Entwicklungen eingetreten bzw. zu befürchten sind, die durch ambulante Hilfen oder einen Schulwechsel allein nicht aufgefangen werden können. Die Tagesgruppe ermöglicht zeitlich begrenzt die Aufarbeitung der Probleme des Kindes, des Jugendlichen und der familiären Bezugsperson durch die fachliche Begleitung der pädagogischen-therapeutischen Mitarbeiter/Innen der Tagesgruppe.

Tagesgruppe umfasst als ganzheitliches Angebot:

- Die Begleitung des gesamten Hilfeprozesses von der Aufnahme bis zur Entlassung
- Die individuelle Förderung des Kindes
- Das soziale Leben in der Gruppe
- Die Begleitung der schulischen Förderung
- Die Arbeit mit dem familiären Bezugssystem
- Die Einbeziehung des sozialen Umfeldes und anderer betreuenden Institutionen
- Möglichkeiten der Zusammenarbeit mit Kollegen/Innen im Jugendhilfe-Verbund, die andere Angebotsteile vertreten

Die interdisziplinär abgestimmte Arbeit ermöglicht:

- Die Klärung der Beziehungen zwischen den Familienmitgliedern
- Gemeinsame Lernerfahrungen aller Familienmitglieder
- Die Entlastung der Eltern, ohne sie aus der Verantwortung für das Kind zu entlassen
- Die Förderung des Kindes mit speziellen Methoden
- Die alltagsnahe Abstimmung der Erziehung zwischen Pädagogen/Innen und Eltern

Probleme entstehen spätestens dann, wenn jemand sie benennt. Die Indikation zur Aufnahme ergibt sich letztlich nicht aus den Auffälligkeiten im Verhalten oder Rückständen der kindlichen Entwicklung, sondern aus der Diagnose und der Bewertung der Umfeldbedingungen.

Einen wichtigen Anlass, Kinder in der Tagesgruppe vorzustellen, stellen schulische Probleme dar. So führen teilleistungs- und milieureaktive Störungen sowie kognitive Verzögerungen häufig in der Entwicklung des Kindes auch zu Auffälligkeiten im schulischen Kontext.

Entwicklungsstörungen im psychomotorischen, sozialen und emotionalen Bereich korrespondieren in vielen Fällen mit Erziehungsunsicherheiten der Eltern. Kinder reagieren symptomatisch auf spezifische Familienkonstellationen und/oder -themen.

Somit werden unruhige, hyperaktive, aggressiv und grenzenlose Kinder ebenso in der Tagesgruppe vorgestellt wie verzweifelt enttäuschte, ängstliche oder verbissen selbstdestruktiv agierende Kinder.

Nicht aufgenommen werden Kinder mit einer geistigen oder schwerwiegend körperlichen Behinderung, die intensiverer Hilfen bedürfen als sie im Rahmen einer Tagesgruppe geleistet werden kann. Auch deutlich psychiatrische Krankheitsbilder oder fortgeschrittene Dissozialität/Verwahrlosung der Kinder in der Familie sind kontraindiziert.

Auf Anfrage kommt ein Erstgespräch zustande, in dem die MitarbeiterInnen das Angebot vorstellen und die Familie (ggf. erweitert um Sozialarbeiterin, Lehrerin ...) über sich, das Kind und die Problemlage berichtet. Eine offizielle Anfrage der Übernahme der Förderung erfolgt durch den/die fallführende(n) Sozialarbeiter/in; erst dann wird das Kinder auf der Warteliste geführt und der Aufnahme- und Klärungsprozess kann fortschreiten. Gespräche mit der abgebenden/zuständigen Schule, dem Hort, Ärzte/Innen, Therapeuten/Innen und Sozialarbeiter/Innen ergänzen das diagnostische Bild.

Die Hospitation des aufzunehmenden Kindes in der Gruppe ermöglicht eine Prozessdiagnose sowie die Orientierung des Kindes bezogen auf eine Aufnahmeentscheidung. Bei Nichtaufnahme wird in Familien- und Fachgesprächen und in Berichten eine alternative Förderung vorgeschlagen und begründet.

Steht der Aufnahmewunsch bzw. die Aufnahmeentscheidung von Seiten der Familie, des Kindes, der Tagesgruppe sowie des Jugendamtes fest, werden in einem Hilfeplangespräch Absprachen getroffen, gemeinsame Ziele und der Beginn der Förderung festgelegt. Eine umfangreiche und differenzierte Diagnostik bildet die Grundlage der Zielbestimmung und des Förderplans. Falls schon nicht vorher geschehen, werden auch Testverfahren eingesetzt. Eine ausführliche Anamnese, Verhaltensbeobachtungen, die Beschreibung der Ressourcen der Familie und der Stärken des Kindes sowie die Familien- und Sozialdiagnostik werden zu einem diagnostischen Gesamtbild zusammengesetzt.

Die Entwicklungsfortschritte werden spätestens alle sechs Monate zusammen mit der betreuenden Sozialarbeiter/In, der Familie, dem Kind und den Lehrerinnen, Pädagogen/Innen und Therapeuten/Innen besprochen.

Auch Familien, deren Lebensumstände sich als belastet darstellen und die manchmal schon über längere Zeiträume an nicht zielführenden Problemlösungen festhielten, können durch geduldiges Einladen zur Zusammenarbeit, die Entlastung vom täglichen Problemdruck durch die ganztägliche Betreuung des Kindes und durch die systemisch-lösungsorientierte Gesamtorientierung der Förderung an gemeinsame Zielsetzungen und Aufgabenstellungen herangeführt werden.

Bei der Familie sollte sich grundsätzlich Bereitschaft zur Mitarbeit wecken lassen. Das Erreichen einer tragfähigen Kooperation zwischen Familie und Tagesgruppenmitarbeitern/innen stellt die Hauptaufgabe in der ersten Phase der Förderung dar.

Wichtig ist dabei, ein leitendes Thema für die Förderung zu finden, das positiv formuliert ist und Ressourcen und Kräfte sinnvoll bündelt und orientiert. Sind ausreichend übereinstimmende Sichtweisen des pädagogisch-therapeutischen Vorgehens nicht zu erreichen, sollten Notwendigkeit und Sinnhaftigkeit der Tagesgruppenförderung im Rahmen des Hilfeplanungsprozesses reflektiert ggf. alternative Hilfeformen eingeleitet werden.

Der Tagesablauf gestaltet sich in Tagesgruppen je nach konzeptioneller Orientierung unterschiedlich:

– In Tagesgruppen, die im Wohnumfeld der Kinder liegen, gehen oder fahren diese im Anschluss an den Schulunterricht in die Tagesgruppe. Die Kinder besuchen unterschiedliche Schulformen. Gemeinsames Mittagessen, Hausaufgabenunterstützung, Spiel- und Fördereinheiten sowie Eltern- und Erziehungsberatung stehen im Mittelpunkt der Förderung. Die Zusammenarbeit mit anderen Einrichtungen der Umgebung und besonders mit den Schulen ist fachlich unabdingbar.
– Tagesgruppen, manchmal auf der „grünen Wiese" im Umfeld einer alten Heimeinrichtung gelegen, können auch als „Gesamtpaket" zusammengesetzt sein, wenn die schulische Förderung (meist Sonderschule für Erziehungshilfe), heilpädagogisch-therapeutische Unterstützung sowie qualifizierte Elternarbeit/Familientherapie in Kombination Sinn macht und Kinder im Wohnumfeld und der Regelschule allein nicht ausreichend gefördert werden konnten.

In jedem Falle wurden ambulante Hilfeformen als nicht ausreichend angesehen, aber eine Heimunterbringung wird von den Eltern und Sozialarbeiter/Innen nicht gewünscht.

Tagesgruppenförderung kann auch als Klärungshilfe verabredet werden, im Rahmen derer mit allen Beteiligten zusammen erarbeitet werden kann, ob die Kräfte der Familie reichen oder eine intensivere Hilfeform (Fünf-Tages-Gruppe, heilpädagogische Gruppe ...) angezeigt ist.

2. Heilpädagogisch-therapeutische Tagesgruppe als „Entwicklungshilfe"

Am Beispiel einer Heilpädagogisch-therapeutischen Tagesgruppe, die ein Gesamtpaket anbietet, soll im folgenden aus der Nutzerperspektive verdeutlicht werden, was Kinder und Eltern erwartet, wenn sie sich auf diese Hilfeform einlassen.

Die Kinder werden mit neutralen Taxis oder Bussen von zu Hause abgeholt und erreichen die Tagesgruppe, wo die Sozialpädagogen/Innen und Lehrer/Innen sie in Empfang nehmen.

Erster Programmpunkt in jeder Gruppe ist eine Begrüßungsrunde oder ein gemeinsames Frühstück, das die einzelnen Kinder auf die Gruppe, die Regeln der Tagesgruppe und die anliegenden Aufgaben und Aktivitäten hin orientiert. Lehrer/Innen und Sozialpädagogen/Innen gestalten diese wichtige Anfangssituation gemeinsam.

Im Anschluss übernehmen die Lehrer/Innen die Kinder zum Schulunterricht. Nach dem Prinzip „Gruppe gleich Klasse" bleiben die Kinder den ganzen Tag zusammen und werden nicht nach Lerngruppen getrennt oder in verschiedenen Klassen unterrichtet. Die Kinder erhalten in den Grundfächern individualisierte Arbeitsaufträge und Hilfen. Im Rückraum und bei räumlicher Nachbarschaft und Integration der Schule in die Tagesgruppenräume, steht mindestens ein Sozialpädagoge/In bereit, der Kinder "auffangen" kann, die am Unterricht nicht teilnehmen können oder andere Hilfen und Unterstützungsmöglichkeiten benötigen. Die PädagogInnen können in der Klasse nach Absprache mit den Lehrern auch stützende und fördernde Aufgaben übernehmen.

Das Vormittagsfrühstück wird wieder gemeinsam in den Räumen der Gruppe eingenommen. Nach dieser Pause werden Nebenfächer erteilt und die Kinder werden, genau wie am Nachmittag, nach Teamabsprache und Stundenplan in sogenannten Förderzeiten einzeln oder in kleinen Gruppen im Hinblick auf ihre Schwierigkeiten gefördert (motorische Förderung, Spieltherapie, Meditationsgruppe, kognitive Förderung, Einzelgespräche ...).

Am Mittag treffen sich alle anwesenden Pädagogen/Innen mit Lehrern/Innen und Kindern, um gemeinsam über den Vormittag zu berichten, so dass die Pädagogen/Innen aus erster Hand und direkt über Entwicklungen oder auch Krisen unterrichtet sind.

Nach dem gemeinsamen Mittagessen und Abräumen/Abspülen folgt eine gemeinsame Besprechung, in der der Nachmittag geplant und abgesprochen wird.

Hier geht es entweder um Vorgaben und Angebote der Erzieher/Innen, feste Förderzeiten, gemeinsame Gruppenaktivitäten oder freie Spielverabredungen (oder auch Hausaufgaben). Wichtig dabei ist, dass Verabredungen, Räume und Zeiten klar abgesprochen werden und die Kinder von den Erwachsenen Hilfe erhalten, die Absprachen zunehmend besser umzusetzen und durchzuhalten.

Auch Konfliktregelung und Deeskalationsfähigkeiten werden hier von den Pädagogen/Innen abverlangt. Am Ende des Nachmittags werden Erlebnisse und Erfahrungen in einer gemeinsamen Abschlussrunde reflektiert und evtl. folgt ein Ausblick auf die Zeit in der Familie.

Diese Tagesstruktur wird mit Modifikationen auch in einigen Schulferienwochen insgesamt für zwei Jahre vorgehalten. Flankiert wird die pädagogisch-therapeutische Förderung des Kindes von Familiengesprächen, Hospitationen, gemeinsamen Aktivitäten, Hausbesuchen etc. je nach Verabredung, die mit den Eltern und Sozialarbeitern/Innen gemeinsam getroffen wurde.

Wichtige Strukturmerkmale dieser Ausprägung von Tagesgruppenarbeit sind:
– Klare Strukturiertheit des pädagogischen Feldes
– Individuelle Möglichkeiten der Förderung
– Hohe Kontinuität und Vorhersagbarkeit für Kinder und Eltern
– Enge und wertschätzende Zusammenarbeit zwischen Pädagogen/Innen, Heilpädagogen/Innen, Therapeuten/Innen, Lehrer/Innen
– Dichter und direkter Informationsaustausch der PädagogInnen mit den anderen im Team vertretenen Berufsgruppen
– Positives Gruppenklima
– Positive Konnotation der Sinnhaftigkeit der Förderung bei Familien und Kindern
– Lösungs- und Ressourcenorientierung
– Reintegrationsbestrebungen so bald wie möglich
– Geschützter Entwicklungsraum zum Nachreifen, Experimentieren ...

Soweit exemplarisch ein Blick auf das Hilfeangebot „Tagesgruppe".

3. Qualitätskriterien der Zusammenarbeit von Schule und Tagesgruppe

Die Qualität von Kooperation von Schule und Tagesgruppen oder überhaupt mit Einrichtungen der Erziehungshilfe (vom ambulanten bis zum stationären Hilfesetting) lässt oft zu wünschen übrig.

Obwohl Fachleute dies regelmäßig bedauern, scheinen Bedingungen für eine fruchtbare Zusammenarbeit nicht ohne weiteres „herstellbar" zu sein. Eher sind Eskalationsschleifen gegenseitiger Schuldzuschreibungen festzustellen, die Lösungs- und Ressourcenorientierung vermissen lassen.

Allgemein ist auch infolgedessen der Trend erkennbar, dass sich Systeme dann eher von anderen entfernen und Segmente der psychosozialen Hilfelandschaft ausbilden, die im Grunde nebeneinander arbeiten und Hilfen aus einer Hand nur selten oder unzureichend konstellieren können.

Welche kooperationsfördernden Bedingungen und Haltungen können exemplarisch für die Beziehung Tagesgruppe/Schule genannt werden?

Zunächst einmal ist ein gemeinsamer Sinn/Deutungsrahmen von hoher Wichtigkeit.

Erleben Kinder und ihre Eltern beispielsweise im Schulkontext Eskalationen, die zu Teufelskreisen von Verweigerung, Versagen, Aggressionen und Ausstoßung führen, sollten Zielbeschreibungen und Vorgehensweisen, so Jugendhilfemaßnahmen mit ins Spiel kommen, gemeinsam mit allen Beteiligten erarbeitet und abgestimmt werden.

Im Vorteil sind dabei Schulen, und leichter tun sich solche, die angefangen vom Schulprofil bis hin zu Bemühungen zur Supervision von Kollegen/Innen ihre Pädagogik analog z.B. zu systemischen oder lösungsorientierten Paradigmen qualifizieren.

Leichter tun sich mittel- und langfristig auch Jugendhilfeeinrichtungen, die eine Kultur der Zusammenarbeit mit Lehrern/Innen etablieren konnten, die fachlichen Qualitätsanforderungen genügt und von gegenseitiger Wertschätzung getragen ist.

Die Entwicklung übergreifender gemeinsamer Grundhaltungen, wie das Einüben und Reflektieren kompetenz- und lösungsorientierter Methoden und Verhaltensmuster, hat zur Voraussetzung, dass Zeit und Energie zur fachlichen Begegnung eingesetzt wird, wenn ein Sinn darin gesehen wird, gemeinsam ein ganzheitlich orientiertes Lern- und Entwicklungsfeld zu kreieren.

Tagesgruppen mit Sonderschullehrern/Innen im Team, die Kinder gemeinsam den ganzen Tag fördern, betreuen und beschulen (z.B. mit dem Strukturmerkmal Gruppe gleich Klasse), haben dabei strukturell andere Vorgaben als Einrichtungen, die mit vielen verschiedenen Schulen zu tun haben.

Des weiteren sei darauf verwiesen, dass die Koppelung verschiedener Hilfsangebote (Schule, Heilpädagogik, Therapie, Beratung) fallangemessen und individuell kombiniert, zum Wiederfinden einer klaren Zielorientierung von Hilfemaßnahmen führen kann, die in der Verwirrung unterschiedlicher und z.T. sogar konträrer Deutungen von Fachleuten verloren gegangen war.

Lehrer/Innen müssten, um Kooperation zu fördern, den Arbeitsbereich der Sozial- und Heilpädagogen/Innen kennenlernen und ihn wertschätzen. Genauso müssten Pädagogen/Innen Schulen in ihrem Arbeitsauftrag und Vorgehen verstehen und aus ihrer Profession heraus unterstützen, indem sie ihre Ziele mitdenken.

Als letzter wichtiger Faktor zur Konstellation von Kooperation sei auf „weiche" emotionale Bedingungen verwiesen: Nichts entwickelt in Arbeitszusammenhängen und Teams schneller Sprengkraft als verdeckte Schuldzuweisungen, vergiftete Atmosphäre, projizierte persönliche Themen oder Burn-out-Effekte. Das Thematisieren solcher Faktoren und der produktive Umgang mit ihnen ist eine wichtige Voraussetzung für echte und zielführende Zusammenarbeit zwischen Schule und Tagesgruppe.

4. Schule und das Spektrum der Erziehungshilfen

Diese gerade ausgeführten Ideen und Bedingungen für eine zielführende Zusammenarbeit zwischen Jugendhilfeeinrichtungen und Schule gelten ihm Grunde für alle Angebote der Leistungspalette von Erziehungshilfe. Jugendhilfeanbieter halten heute, oft als Jugendhilfeverbund organisiert, ein breites Spektrum unterschiedlicher Hilfeformen vor.

Grundidee ist dabei, dass ambulante und teilstationäre Hilfesettings Vorrang haben sollten vor weitgehend lebensfeldersetzenden Hilfen wie Heimen, Familienwohngruppen oder Erziehungsstellen. Andererseits ist eine fachlich professionelle Diagnostik und Indikationsstellung von hoher Wichtigkeit, wenn eskalierendes Durchreichen von Familie und Kindern von einer Hilfeform zur nächsten verhindert werden soll. Gerade unter Kostengesichtspunkten arrangieren Helfer zu oft die „falschen" Hilfen.

Es ist Auftrag und Ziel, vor allem der fallführenden Sozialarbeiter/Innen, in Fach- und Hilfeplangesprächen zusammen mit Betroffenen und Anbietern zielführenden Problemlösungen zu finden. Je mehr Kinder und Familien Erziehungshilfeangebote als Chance, wieder Kompetenz zu erlangen und nicht als Versagen oder Strafe begreifen können, desto leichter kann eine positive Konnotation der Lösungsbemühungen und das Ziel der Förderung erreicht werden.

Um die verschiedenen Jugendhilfeangebote überblicken zu können, werden diese hier noch kurz vorgestellt:

- *Erziehungs- und Lebensberatungsstellen* werden pauschal finanziert und vorgehalten. Sie bieten Eltern und Kindern wohnortnah die Möglichkeit einer qualifizierten pädagogischen oder therapeutischen Beratung und Förderung.
- *Flexible Erziehungshilfeteams* und *sozialpädagogische Familienhilfe* erhalten über die Hilfeplanung Aufträge von Familien und Sozialarbeiter/Innen, die sie im Umfeld und in der Familie selbst umsetzen.
- *Soziale Gruppenarbeit* bietet Kindern Förder-Möglichkeiten, die soziale Bezüge, Regeleinhalten und Beziehungsgestaltung u.s.w. einüben sollten.
- *Tagesgruppen* bieten mit unterschiedlichem Profil zusätzliche und alternative Entwicklungsräume für Kinder/Jugendliche und Unterstützung für Eltern.
- *Stationäre Heimgruppen* bieten Heranwachsenden zeitlich begrenzt verabredet einen alternativen Lebensraum.
- *Außen- und Familienwohngruppe* bzw. *Erziehungsstellen* werden für Kinder und Jugendliche verabredet, die eine längerfristige Perspektive außerhalb ihrer Herkunftsfamilie benötigen.

Alle Einrichtungen und Hilfeformen, die von unterschiedlichen Trägern vorgehalten werden, sollten sich der Kooperation mit Schule und anderen Institutionen öffnen und diese unter fachlichen Gesichtspunkten optimieren, soweit dies nicht schon geschieht.

Die Begründung dazu liegt auf der Hand: Schule ist für viele Jahre ein zentraler Ort der Sozialisation von Kindern und Jugendlichen. Zunehmend muss sich Schule genauso wie Erziehungshilfe mit Schwierigkeiten und Problemen auseinandersetzen, die Heranwachsende aus ihren Lebenswelten mitbringen.

Die Weiterentwicklung der „Organisation" Schule und die Fragen der Kooperation mit Jugend- und Erziehungshilfeangeboten werden so auf absehbare Zeit nicht von der Tagesordnung verschwinden.

Eine psychosoziale Kultur, die getragen ist vom Geist des Einübens der Kooperation, vom Ringen um Lösungen und das (Wieder-)finden von Ressourcen wäre – wo nicht schon oder zumindest in Ansätzen praktiziert – ein gutes Motto für die nächsten Jahre, wenn die Problemlagen in Gesellschaft, Schule und Jugendhilfe voraussichtlich eher größer werden als abnehmen.

Christoph Gilles

Sport, Bewegung, Abenteuer: Traditionelles und aktuelles Feld der Kooperation

Sport – was verbindet sich nicht alles damit: Massenphänomen, Quotenbringer in den Medien, emotionales Identifikationsobjekt von der Region bis zur Nation, Lieblingsschulfach für die meisten Jungen und für viele Mädchen, bindet mehr als die Hälfte der Kinder und Jugendlichen in Vereinen, garantiert Jugendlichkeit und Dynamik auch im höheren Alter, prägt die Modeszene vor allen Dingen bei den Jugendlichen...

Der Sport, vielschichtig, attraktiv und manchmal auch schillernd bietet sich für die Kooperation zwischen Jugendhilfe und Schule einfach an (Landesinstitut für Schule und Weiterbildung NRW 1997, 45).

Das ist für die Sportvereine absolut nicht neu. Sie können auf eine langjährige und erfolgreiche Tradition der Zusammenarbeit mit der Schule zurückblicken. Diese Zusammenarbeit ist lebendig und entwickelt sich aktuell unter den gegebenen Rahmenbedingungen weiter (Landessportbund NW 1999). Früher waren die Kooperationen eher auf die sportliche Leistung und die Leistungsförderung in Form von Wettkämpfen ausgerichtet. Heute stehen mehr der Breitensport und die abenteuer- und erlebnisorientierten Aktivitäten im Vordergrund.

1. Welche Kooperationspartner gibt es?

Wenn Schulen unter dem Thema von Sport, Bewegung und Abenteuer kooperieren, dann tun sie dies mit sehr unterschiedlichen Partnern aus der Jugendhilfe:

1.1. Sportvereine

Die Sportvereine sind zusammengefasst in den Stadt- oder Kreissportbünden, die wiederum ihre Basis in den Landessportbünden der einzelnen Bundesländer Deutschlands haben. Dazu gehören auch die entsprechenden Jugendorganisationen, die Sportjugenden, als anerkannte Träger der Jugendhilfe. Die Sportjugenden gehören zu den Jugendverbänden nach § 12 des Kinder- und Jugendhilfegesetzes (KJHG). Die Jugendverbände agieren vor allem auf der Basis einer ehrenamtlichen Struktur.

1.2. Jugendämter/hauptamtlich organisierte Jugendarbeit

In den letzten Jahren haben viele Jugendämter und Einrichtungen in öffentlicher und freier Trägerschaft (Kirchen, Initiativen, AWO etc.) ausgezeichnete Konzepte im Bereich von Sport, Bewegung und Abenteuer entwickelt. In den Jugendzentren, auf päd. betreuten Spielplätzen, bei den mobilen Angeboten sind hauptamtliche Mitarbeiter und Mitarbeiterinnen tätig, die in der Mehrzahl eine sozialpädagogische oder sozialarbeiterische Ausbildung haben. Die Jugendarbeit hat ihre gesetzlich Grundlage im § 11 des KJHG.

1.3. Initiativen und kleine Vereine,

die sport- und erlebnispädagogische Programme anbieten. Sie sind oft anerkannte Träger der Jugendhilfe (nach § 74/75 KJHG) und gehören in das Feld der Jugendarbeit, manchmal auch in das Feld der erzieherischen Hilfen nach § 35ff. KJHG.

2. In welchen Bereichen findet Kooperation statt?

Die Kooperationszusammenhänge der oben beschriebenen Partner sind sehr vielschichtig. Ein Überblick ergibt sich am ehesten aus der Darstellung der verschiedenen konkreten Praxisfelder:

2.1. Talentsuche/Talentförderung

Im Bereich der Talentsuche und Talentförderung finden sich traditionell bewährte und erfolgreiche Formen der Zusammenarbeit von Schule und Sportverein bzw. Sportverbänden. Bekannt sind die Programme „Jugend trainiert für Olympia" und die Sportinternate/ Teilzeitinternate für die Leichtathlethik in Bochum, für das Fechten in Tauberbischofsheim und das Christopherus Internat in Berchtesgaden für den Bereich des Skisports.

In einem Referat „Talentsuche und Talentförderung – eine gemeinsame Aufgabe von Schule und Sport" hat der ehemalige Kultusminister des Landes Nordrhein-Westfalen, Jürgen Girgensohn, schon im Jahre 1978 folgende Grundsätze zur Kooperation formuliert: *„Jugend trainiert für Olympia" ist der deutlichste Beweis für funktionierende Zusammenarbeit von Schulen und Vereinen, zugleich allerdings auch ein deutlich sichtbarer Beweis dafür, dass Schulen innerhalb ihres pädagogischen Auftrags in der Lage sind, ein gehobenes Leistungsniveau in großer Breite zu entwickeln.* (Landessportbund NW 1980, S. 46)

Die meisten Formen der Zusammenarbeit gestalten sich jedoch nicht über Sonderprogramme, sondern sie entwickeln sich zwischen der Schule und dem normalen Sportverein. Über in beiden Institutionen tätige engagierte Sportlehrer, Übungsleiter und Schulsportbeauftragte der Vereine wird immer wieder die wichtige Brücke zwischen Schulsport und dem zumeist leistungsorientierten Vereinssport aller Leistungsklassen aufgebaut. Interessierte und talentierte Kinder und Jugendliche finden über den Schulsport den Weg in die Sportvereine hinein.

Sport, Bewegung, Abenteuer: Traditionelles und aktuelles Feld der Kooperation

2.2. Qualifizierungsmaßnahmen

In der Zusammenarbeit mit Sportorganisationen bieten viele Schulen Möglichkeiten zum Erwerb formaler Qualifikationen an. Diese Qualifzierungsmaßnahmen richten sich an Schülerinnen und Schüler ab dem 13. Lebensjahr, die an einer aktiven Mitgestaltung von sportlichen Angeboten interessiert sind und es ihnen ermöglichen soll, im außerunterrichtlichen Schulsport und auch im Rahmen des Vereinssports Leitungsfunktionen zu übernehmen. Möglich sind Ausbildungen z.B. zum Rettungsschwimmer, zum Schiedsrichter, zum Übungsleiter bzw. Übungsleiterhelfer.

Die Tätigkeitsfelder in der Schule sind die freiwilligen Schülersportgemeinschaften, der Pausensport und schulsportliche Wettkämpfe. Im Verein bieten sich als Jugendtrainer bzw. Jugendtrainerhelfer, Schiedsrichter oder Übungsleiter vielfältige Einsatzmöglichkeiten an.

Die Qualifizierungsmaßnahmen werden meist als Schulveranstaltungen (in Projektwochen, in Wahlpflichtkursen etc.) durchgeführt und basieren grundsätzlich auf dem Prinzip der partnerschaftlichen Zusammenarbeit von Schule und Sportorganisationen (vgl. Rahmenvereinbarung über gemeinsame Initiativen zur Qualifizierung von Schülerinnen und Schülern für die Mitarbeit im Sport, Landessportbund NW, 1994).

2.3. Freiwillige Schülersportgemeinschaften

Die freiwilligen Schülersportgemeinschaften werden durch Übungsleiter der Vereine bzw. Sportbünde im Nachmittagsprogramm von Schulen organisiert und teilweise durch Mittel der Landessportbünde finanziell unterstützt.

Diese, vor allem breitensportorientierten Sportgruppen, haben eine große Resonanz bei den Schülern und Schülerinnen gefunden, da sie ein interessantes und die Möglichkeiten des Schulsports übersteigendes Spektrum an Sport- und Bewegungsmöglichkeiten anbieten können. Die Schule kann so im Nachmittagsbereich ein zusätzliches attraktives Programm anbieten und die Vereine haben die Möglichkeit, aus den Gruppen heraus motivierte Vereinsmitglieder zu akquirieren. Viele Gesamtschulen kooperieren in der Gestaltung ihres Nachmittagsprogrammes sehr eng mit den ortsansässigen Sportvereinen.

2.4. Angebote für Schulkinder

Die z.B. in Nordrhein-Westfalen aufgelegten Landesprogramme zur Betreuung von Schulkindern (verlässliche Grundschule 8 bis13Uhr; Nachmittagsangebote für die Sekundarstufe 1 in der Kooperation von Jugendarbeit und Schule – Landesjugendplanprogramm IV.1; Programm des Schulministeriums Gestaltung und Öffnung von Schule GÖS; 13 plus – Verlässliche Ganztagsangebote in der Sek. I und viele kommunale Fördermöglichkeiten) sollen ausdrücklich nicht nur aus einem System heraus organisiert werden, sondern die Träger der Jugendhilfe und die Schulen sind explizit aufgefordert, diese Programme in Kooperation umzusetzen. Dies hat bei den Sportjugenden der Kreis- und Stadtsportbünden und bei einigen Vereinen zu Überlegungen geführt, als anerkannter Jugendhilfeträger solche Projekte zu übernehmen. Viele Praxisprojekte sind an verschiedenen Orten erfolgreich realisiert worden.

Jedoch sind dem durchschnittlichen Verein bei der Übernahme solcher Betreuungsformen Grenzen gesetzt. Durch die ehrenamtliche Struktur sind sie nur bedingt in der Lage, verbindliche Betreuungszeiten am Vormittag oder am frühen Nachmittag zu organisieren und zu gewährleisten.

Übermittagbetreuung an der Hauptschule in Kooperation mit dem Sportverein

Die Hauptschule Albermannstraße in Köln und der Aktive Volleyball Club e.V. 93, Köln gestalten gemeinsam die Übermittagbetreuung. Sie findet in den Räumen der Hauptschule statt. Zum Programm gehören Mittagessen, Hausaufgabenbetreuung und Freizeitangebote, die ihren Schwerpunkt natürlich im sportlichen Bereich haben. Dafür stehen Hallenzeiten seitens der Schule, die Sportanlage des Vereins Borussia Köln und ein Schulschwimmbecken in der Nachbarschule zur Verfügung.
Die Schülerinnen und Schüler können in Kooperation mit der Sportjugend NW zu SV-Sporthelfern im Schulsport ausgebildet werden.
Die Betreuungskräfte (Honorarkräfte) sind meist Studierende der Sporthochschule Köln. Die Sportjugend Köln hat in Zusammenarbeit mit dem Schulverwaltungsamt Köln die Betreuungskräfte auf ihre Aufgabe vorbereitet. Darüberhinaus wurde mit dem Jugendamt eine Fortbildung durchgeführt, an der Lehrer, Honorarkräfte der Maßnahme und Mitarbeiter der Jugendeinrichtungen im Stadtteil teilgenommen haben.
Finanziert wird das Projekt mit kommunalen Mitteln und Landesmitteln. Träger ist die Sportjugend Köln. Sie übernimmt die 10% Eigenanteil sowie die Verwaltungskosten. Das Schulverwaltungsamt Köln übernimmt die Erneuerung bzw. Neubeschaffung der Sportgeräte etc. Das Jugendamt Köln ist für die Schulungsmaßnahmen und die Versicherung zuständig.
(vgl. auch: KITA spezial Sonderausgabe 1/1999, 45-46)

2.5. Erlebnis und Abenteuer ...

... dazu gehören das kalkulierte Risiko, Grenzerfahrungen mit dem eigenen Körper, neue Erfahrungen im sozialen Miteinander im Nahraum der Schule (Schulhof, Sporthalle) oder in weiter entfernten Naturräumen auf Klassenfahrten (Gilles 1994). Im Zuge dieser Erweiterung des Schulsportverständnisses mit der Einbeziehung von erlebnisreichen und abenteuerlichen Sport- und Bewegungsformen (Gilsdorf/Volkert 1999) haben sich neue Kooperationsstrukturen zwischen Jugendhilfe und Schule herausgebildet. Im Zusammenhang mit Maßnahmen zur Sucht- und Gewaltprävention, aber auch bei der Gestaltung von Klassenfahrten, Projekttagen und Wandertagen wird vermehrt auf das Angebot kommunaler Jugendämter und freier Träger der Jugendhilfe zurückgegriffen, die sich gerade im erzieherischen Kinder- und Jugendschutz und mit anderen präventiven Maßnahmen auf dem Feld der Erlebnis- und Abenteuerpädagogik spezialisiert haben (Dithmar 1998). Schulen kommen so zu höchst attraktiven Angeboten, die sie sonst aufgrund ihrer personellen und materiellen Ressourcen nicht realisieren können.

Von Seiten der Jugendämter wird der *Nutzen* so beschrieben, dass über das Medium Abenteuer und Erlebnis überhaupt Zugänge zur Schule geschaffen werden können. Als kooperative Weiterentwicklungen haben sich gemeinsame Fortbildungen zum Thema für Lehrer und Fachkräfte aus der Jugendhilfe als besonders effektiv und erfolgreich bewährt.

Eine Besonderheit in diesem Feld stellen die halbkommerziellen oder auch kommerziellen Anbieter bzw. Vereine im Bereich der Erlebnis- und Abenteuerpädagogik dar. Die Initiatoren und Mitarbeiter haben in vielen Fällen ihre beruflichen Wurzeln in der Sozialarbeit bzw. Sozialpädagogik. Sind dies anerkannte Träger der Jugendhilfe, stehen ihnen auch mögliche Förderprogramme der Kommunen oder des Landes zur Verfügung. Einige Schulen, vor allen Dingen Gymnasien haben durch Teilnehmerbeiträge oder Fördervereine andere finanzielle Möglichkeiten, eine solch attraktive Zusammenarbeit zu ermöglichen.

Auf diesem Weg werden die spezifischen pädagogischen Zielsetzungen und Methoden der sozialen Arbeit in die Schulpraxis hineingetragen. Die begeisterten Berichte von Schülern und Lehrern über solche Aktionen bestätigen diese Form der Zusammenarbeit.

Sucht- und Gewaltprävention in der Kooperation von Sport, Schule und Jugendhilfe

Der Kreissportbund im Rheinisch-Bergischen Kreis und die Kreispolizeibehörde sind die Initiatoren einer Midnight-Basketball-Tour durch die Städte und Gemeinden des Kreises.
Der Erfolg dieses Projekts beruht maßgeblich auf der engen Kooperation mit den Schulen und Einrichtungen der Jugendhilfe.
Das Schulverwaltungsamt stellt Sporthallenzeiten und Räume zur Verfügung, Elternpflegschaft und/oder die Schülervertretungen übernehmen die Bewirtung (so können einzelne Klassen etwas für ihre Klassenkasse tun), Teambildung und Teamvorbereitung sind Teil des Sportunterrichts. Das örtliche Jugendzentrum sorgt für eine professionelle Musikbeschallung, „DJ" und die notwenige „coole" Atmosphäre. Dieses dichte Netz der Kooperation stellt das zentrale Qualitäts- und Erfolgskriterium für die Veranstaltung dar.

2.6. Schulhofgestaltung

Unterricht, das bedeutet immer auch eine intensive Körperdisziplinierung. Zweimal fünfundvierzig Minuten stillsitzen fällt vielen Schülerinnen und noch mehr Schülern schwer – trotzdem gelingt der entsprechende Ausgleich durch rennen und toben in der Pause nur bedingt. Graue Asphaltwüsten sind für viele Kinder nicht bewegungsanregend und eine Vielzahl von Bewegungsverboten blockieren den Aktivitätsdrang. Kein Wunder, dass schon in der Grundschule viele Mädchen und Jungen mehr herumsitzen und stehen als sich bewegen.

In der Kooperation von Jugendhilfe und Schule sind in den letzten Jahren viele Schulhofgestaltungsprojekte realisiert worden (Dietrich/Nicolai 1998, S. 97-102). Bewegungsanregende und bewegungsfördernde Geräte- und Geländearrangements ergänzen die glatten Spiel- und Bolzflächen, bieten Nischen und Rückzugsräume (Hildebrandt 1993, S. 134-135). Der Zielsetzung eines ganzheitlichen Lernens mit Kopf, Herz und Hand kommen diese Schulen deutlich näher.

2.7. Gesundheitsförderung

In den letzten Jahren hat es sowohl in der Jugendhilfe als auch im Schulbereich sehr intensive Bemühungen gegeben, dieses Thema in die pädagogische Praxis zu integrieren. Zu nennen sind hier:

- das Projekt der Bundeszentrale für gesundheitliche Aufklärung „Gut drauf" mit Praxisansätzen für die Jugendarbeit und für die Schule,
- das Projekt „Gesundheitsförderung in der Offenen Kinder- und Jugendarbeit" des Landesjugendamtes Rheinland (Gilles 1998) und
- das „Europäische Netzwerk gesundheitsfördernder Schulen" (OPUS – Offenes Partizipationsnetz und Schulgesundheit.1998).

Allen Projekten gemeinsam ist die Abkehr von einer askeseorientierten Zeigefingerpädagogik und die Hinwendung zu einem Konzept, das sich an dem gesundheitsfördernden Alltagshandeln und nicht an den ungesunden Verhaltensweisen (z.B. Rauchen, schlechte Ernährung, Bewegungsmangel) der Kinder und Jugendlichen orientiert. *Bewegung, Ernährung und Entspannung* stellen hierfür konzeptionelle Bausteine dar.

Sowohl vom Bedarf als auch vom Inhalt her ist die Gesundheitsförderung ein idealtypisches Feld der Kooperation von Jugendhilfe und Schule. Denoch finden sich nur vereinzelt gemeinsame Projekte. Dabei könnten die vorhandenen fachlichen, personellen und finanziellen Ressourcen sinnvoll zusammengefasst werden und ein attraktives Konzept ermöglichen, das für Jugendhilfe und Schule gleichermaßen bereichernd ist.

3. Was ist zu tun?

Sport, Bewegung und Abenteuer mit ihren attraktiven und faszinierend-motivierenden Möglichkeiten bieten sich als Medium einer Kooperation zwischen Jugendarbeit bzw. Sportverein und Schule geradezu an.

Kooperationen leben von engagierten Personen vor Ort, sie brauchen aber unbedingt eine strukturelle Absicherung. Kooperationsbemühungen werden dann leichter zum Erfolg führen, wenn die zuständigen interessierten Lehrerinnen und Lehrer bei den Sportvereinen und im Jugendamt bekannt sind. Diese Kolleginnen und Kollegen müssen aber auch die Möglichkeit eingeräumt bekommen, an der Entwicklung und Erarbeitung von neuen Projekten und Aktivitäten im Rahmen ihrer Arbeitszeit mitarbeiten zu können. So können die möglichen Stolpersteine einer erfolgreichen und effektiven Kooperation aus dem Weg geräumt werden.

Der Umfang und die Qualität der Kooperation mit dem Thema Sport, Bewegung und Abenteuer machen sich daran fest, welchen Stellenwert dieses Thema in der Schule hat:

- Sind Gesundheitsförderung, Sport-, Abenteuer- und Erlebnisaktivitäten Teil des Schulprogramms?
- Ist die Kooperation mit außerschulischen Partnern im Schulprogramm festgeschrieben?
- Findet sich die ganzheitliche Orientierung von Bildung und Erziehung im Unterricht und in den anderen Schulaktivitäten wie Projektwochen, Klassenfahrten, Tagen der Offenen Tür etc. wieder?

Die Motivation, gemeinsam neue Wege zu gehen, neue Möglichkeiten für die Kinder und Jugendlichen, für die Schülerinnen und Schüler zu eröffnen, hängt wesentlich davon ab, ob der Nutzen, der Gewinn für alle Beteiligten klar und eindeutig ist: für die Kinder und Jugendlichen, die Jugendhilfe, die Sportvereine und für die Schule.. Hilfreich hierzu ist auf jeden Fall eine gemeinsame *Konzeptentwicklung, in der die Ziele, die Inhalte und die Überprüfungsinstrumentarien* für das geplante Kooperationsprojekt erarbeitet werden.

So wird das Gemeinsame der beteiligten Partner prägend, die Schwierigkeiten und Probleme in der Zusammenarbeit rücken in den Hintergrund und werden lösbar!

Literatur

Barkholz,U./Gabriel,R./Jahn,H./Paulus,P.: OPUS – Offenes Partizipationsnetz und Schulgesundheit. Gesundheitsförderung durch vernetztes Lernen. Flensburg und Lüneburg 1998. *(Bezugsadresse: OPUS, Rostocker St. 6, 24944 Flensburg)*

Dithmar,U.: Lernen im Abenteuer – Lernen aus Erfahrung. Materialien für den Unterricht im BVJ/BGJ. Kassel 1998 *(Bezugsadresse: bsj e.V. Biegenstr.40, 35037 Marburg)*

Dietrich,J./Nicolai,M.: Zur Beteiligung von Schülerinnen und Schüler an der Schulraumgestaltung. In: Anstöße III. Beispiele kommunaler Jugend- und Jugendbildungsarbeit in Hessen. Hrsg. Landesjugendamt Hessen u.a., Kassel 1998, S. 97-102. *(Bezugsadresse: Landesjugendamt Hessen, Postfach 410139, 34063 Kassel)*

Gilles,C.: Vom einfachen Leben und Traumschifffluxus. Klassenfahrten und Jugendfreizeiten auf Plattbodenseglern. In: Zeitschrift Sportpädagogik 5 (1994), S. 65-67

Gilles,C.: Gesundheitsförderung in der Offenen Kinder- und Jugendarbeit. In: Deutsche Jugend 12 (1998), S. 521 – 528

Gilsdorf,V./Volkert,K. (Hrsg.): Abenteuer Schule. Alling 1999

Hildebrandt,R.: So kommt Bewegung in die Schule. Konzeptionelle Gedanken zu einer Außenraumgestaltung. In: Zeitschrift Spielraum 4 (1993), S. 134-135

Landessportbund NW (Hrsg.): Sport in Nordrhein-Westfalen. Nr.4 Talentsuche – Talentförderung. Duisburg 1980. *(Bezugsadresse:Friedrich- Alfred Str. 25, 47055 Duisburg)*

Landessportbund NW (Hrsg.). Rahmenvereinbarungen über gemeinsame Initiativen zur Qualifizierung von Schülerinnen und Schülern für die Mitarbeit im Sport. Duisburg 1994 *(Bezugadresse: Friedrich- Alfred Str. 25, 47055 Duisburg)*

Landessportbund NW (Hrsg.): Leitfaden Kooperation Schule – Sportverein. Duisburg 1999 *(Bezugsadresse: Friedrich- Alfred Str. 25, 47055 Duisburg)*

Landesinstitut für Schule und Weiterbildung NW (Hrsg.): Kooperation zwischen Schule und Jugendarbeit – Schuljugendarbeit. S. 45ff. "Sport bringt Bewegung in die Schule", Soest 1997

Hans Peter Schaefer

Zusammenarbeit an der Schnittstelle zu Arbeits- und Ausbildungsmarkt

Die Diskussion in der Jugendsozialarbeit dreht sich aktuell um Fragen der Prävention, um die Zusammenarbeit mit anderen sozialen Diensten wie der Bezirkssozialarbeit (ASD) und regelmäßig um die Beziehung zu den Akteuren der Arbeitsmarktpolitik. Immer wieder und immer wieder neu entsteht die Auseinandersetzung um Verbundsysteme, das heißt lokale und regionale Netze der Zusammenarbeit mit Betrieben, der Arbeitsverwaltung und nicht zuletzt auch um die Zusammenarbeit mit der Schule.

Diese Fragen stehen auf der Tagesordnung der Jugendsozialarbeit, weil sie an biografischen Schnittstellen junger Menschen arbeitet, dort wo Bildung, sprich Schule, Berufsberatung und Arbeitsvermittlung (die Arbeitsverwaltung), Betriebe und Wirtschaft und eben die Jugendhilfe als Erziehungsinstanz einander begegnen. Insbesondere die Schnittstelle des Übergangs von der Schule in den Beruf stellt für die originären Zielgruppen der Jugendsozialarbeit (sozial benachteiligte und individuell beeinträchtigte junge Menschen) eine prekäre Situation dar. Die bis dahin erworbenen Kompetenzen (in Familie, Umfeld und Schule) stehen auf dem Prüfstand neuer Anforderungen, jetzt definiert vom Ausbildungs- und Beschäftigungssystem.

Die Schule als ein zentraler Lebensraum in dem auf „das Leben" (wesentlich verstanden als Arbeit und Familie) vorbereitet wird, gerät damit aus den Handlungsfeldern der Jugendsozialarbeit heraus wie selbstverständlich in den Blick. Ihre Bedeutung für das Selbstimage Jugendlicher, die hier vergebene Lizenz für den beruflichen Lebensweg, die in schulischer Bildung liegenden Chancen aber auch das hier schon oft programmierte Scheitern fordert zur Kooperation auf – für Intervention wie Prävention. Es geht um Erziehung und Bildung. Es geht aber auch immer wieder um Einmischung in eine Schule, die nicht allen gerecht wird, um die Einmischung in schulische Bedingungen, die das Lernen und die Entwicklung der ihr anvertrauten behindern wenn nicht gar verhindern. (Eine Herausforderung an der sich, zugespitzt formuliert, schon die letzte Sozialarbeitergeneration abgearbeitet hat.)

Positiv gedeutet, liegt für die Jugendsozialarbeit in der Zusammenarbeit mit der Schule eine besondere Chance. Hier erreicht sie im Interesse von gezielter Prävention alle, hier sind Gefährdungen und Risiken jugendlicher Biografien früh erkennbar. Hier begegnet Sozialarbeit oft auch kompetenten Partnern, die ihre Verantwortung als Lehrerinnen und Lehrer sehen und sich deshalb auch ihrer Grenzen bewusst sind. Sozialarbeit, die für Erziehung auf Beziehung setzen sollte, kann hier in Kooperation Grundlagen für manchmal neue Weichenstellungen legen, Jugendlichen neue Perspektiven eröffnen und stabilisierend Einfluss auf gefährdete Entwicklungen nehmen. Die Erfahrungen zeigen, dass dies gelingen kann.

Jugendsozialarbeit allerdings muss diese Zusammenarbeit mit der Schule einbinden in den größeren Kooperationsrahmen mit all den anderen Akteuren, die für die schulisch-berufliche Zukunft ihres Klientels von Bedeutung ist.

1. Jugendwohnen

Das Jugendwohnen, in den 70er Jahren noch die Hauptsäule des Feldes, verstand sich von Anfang an als natürlicher Kooperationspartner schulischer Bildung. Lehrlingswohnheime kooperierten mit Betrieben – waren sie nicht selbst Außenstelle eines Unternehmens – und wie selbstverständlich verstanden sie sich für ihr Klientel als Teil des Dualen Systems zusammen mit der Berufsschule. Für Lehrlinge, heute Auszubildende (beiderlei Geschlechts), definierten sie in Kooperation Erziehungsziele, Förderwege und Fragen der beruflichen Orientierung.

Leben heute Schülerinnen oder Schüler im Jugendwohnheim, der Wohngruppe oder einer anderen Form sozialpädagogisch betreuten Wohnens, stehen entsprechende Kooperationen mit allgemein- und berufsbildenden Schulen auf der Tagesordnung.

Hat sich das Jugendwohnen während der letzten Jahrzehnte erheblich gewandelt, d.h. der gesellschaftliche Modernisierungsschub erzwang neue Wohnformen, Koedukation hielt verstärkt Einzug, Migration und Auflösungserscheinungen tradierter Milieus machten in ihren Konsequenzen nicht Halt vor der Jugendsozialarbeit: Die Zusammenarbeit mit der Schule steht ungebrochen auf der Tagesordnung. Sie gibt dem Angebot des „Obdachs" sogar oft erst Sinn. Schließlich entsteht aus dem Ausbildungsverhältnis und/oder dem Schulbesuch erst der Anlass für das Wohnangebot (die Ursachen liegen meist erheblich tiefer). Jugendwohnen ist so unbedingt gekoppelt an Berufs-und Bildungserfolge. Schließlich misst sich die Qualität des Jugendwohnens auch daran, ob der soziale Rahmen für Ausbildungs- und Schulerfolg geboten wird.

Das neue Zauberwort, Förderplanung, hat daher in den letzten Jahren auch ins Jugendwohnheim Einzug gehalten. Erzieherinnen, Erzieher oder Sozialarbeiter und – pädagogen planen und gestalten mit den Jugendlichen Alltag, formulieren Ziele, Schritte in Richtung Selbständigkeit, Berufsweg und Lebensplanung – nicht ohne Eltern, aber auch nicht ohne die für das Ziel Bildung Verantwortlichen.

Das heißt, es müssen tragfähige Beziehungen zur Schule bestehen. Das notwendige Verständnis für schulische Ziele und Verfahren muss existieren, auch die Bereitschaft sich darauf einzulassen. Aber es muss auch die Fähigkeit bestehen, die sich aus individueller Entwicklung, familiärem Hintergrund, Lebenswelt und Sozialraum ergebenden Belange gegenüber der Schule in den Förderungs- bzw. Entwicklungsprozess einzubringen; notwendigerweise komplementär relevant zu Unterricht, der Versetzung und dem Schul- oder Ausbildungsabschluss.

Neben diesen die einzelnen Jugendlichen, die einzelne Schülerin betreffenden Strategien, stehen immer wieder Formen der Zusammenarbeit an, die darüber hinaus gehen. Hier, bei der Projektarbeit mit einer einzelnen Schule, bei Freizeitangeboten, die sich an den schulischen Sozialraum einzelner oder einer Gruppe junger Bewohner richten, gibt es allerdings noch Entwicklungsbedarf. Ebenso in der sozialräumlichen Einbindung der Einrichtungen, die besonders dann vielversprechend sein könnte, würde sie gemeinsam mit Schulen verfolgt.

2. Jugendberufshilfe

Ausgehend von der ersten Wohlstandskrise der Nachkriegsära und der daraus resultierenden Jugendarbeitslosigkeit in den Siebzigern, entstand – teils mit der Geburtshilfe der Arbeitsmarkt- und Wirtschaftspolitik – die Jugendberufshilfe als Angebot der Jugendhilfe. Kommunale Anstrengungen, Landesjugendpläne und mancherorts EU-Mittel leisteten das ihrige. Es ging z.B. um Lehrgänge, arbeitsmotivierende Maßnahmen, Straßensozialarbeit. Jugendliche drehten zwar manche Warteschleife und manches Projekt sich selbst entwickelnde Ehrenrunden, doch es entstanden auch vielversprechende Ansätze und vielfach bis heute bewährte Einrichtungs- und Angebotsformen. Bis es schließlich mehr und mehr Standards gab, sich Jugendhilfe und Arbeitsmarktpolitik teilweise von einander verabschiedeten, ihr jeweils eigenes Selbstverständnis entwickelten und die Standortfrage, jedenfalls in der Jugendhilfe – zur Bestimmung von Zielgruppen, der Benennung von Methoden und von Kooperationspartnern führte.

Diese Klärungsprozesse fanden statt vor dem Hintergrund, dass sich einerseits Komm-Strukturen für Beratungsangebote als wenig aussichtsreich erwiesen. Qualifizierende Projekte der Jugendhilfe (wie Jugendwerkstätten) wiederum mussten sich eigenen und fremden Fragen nach ihrer Existenzberechtigung bzw. Legitimation (als Einrichtungen der Jugendhilfe) stellen als das arbeitsmarktpolitisch ausgerichteten Maßnahmen der Berufsvorbereitung mehr und mehr ausgebaut wurde.

3. Beratung und Begleitung

Ursprünglich entwickelte Komm-Strukturen (per Plakat und Flugblatt), das heißt das geduldige Warten darauf, dass die Zielgruppe den Weg zum Beratungsangebot findet, bewährten sich für die *Beratungsstellen* nicht. Also fanden sie bald den Weg hin zu Geh-Strukturen, gingen dort hin, wo sich junge Menschen, die von Arbeitslosigkeit bedroht sind, in der Regel aufhalten, in die Schule. Dabei lernten sie die Schulpflicht als hilfreich zur Erreichung der Zielgruppe individuell beeinträchtigter und sozial benachteiligter junger Menschen (§ 13,1 KJHG) kennen und schätzen. Beratungsstellen der Jugendberufshilfe/Jugendsozialarbeit, wenden sie sich an Schülerinnen und Schüler, erreichen so, haben sie einmal Kooperationsstrukturen zu den Schulen aufgebaut, fast mühelos ihr Klientel. Hier entsteht allerdings leicht eine neue Standortfrage, nämlich die nach der schulisch oft eingeforderten allgemeinen Schulsozialarbeit – in der Regel dringend erforderlich und erfolgversprechend – mit dem originären Auftrag der Jugendsozialarbeit jedoch kaum vereinbar. Denn so hoch Konzepte und Praxis auch Sozialraum- und Lebensweltorientierung halten, der bestimmende Fokus gilt dem Übergang von der Schule in Beruf oder Ausbildung. Auch entstanden und entstehen immer wieder andere Begehrlichkeiten von Seiten der Schule. Ob nun die Zumutung an Beratungsfachkräfte mal darin besteht, die Schulpflicht gegenüber Schülern bzw. Eltern durchzusetzen oder schulisch verantwortete Praktika begleitet werden sollen.

Der Weg zur Zusammenarbeit mit Haupt- und Sonderschulen, Gesamt- und Berufsschulen war gepflastert mit gegenseitigen Vorbehalten. Dabei lernten Beratungsfachkräfte – häufig entgegen eigener schulischer Erfahrungen – hinzuschauen auf schulische Wirklichkeit, auf vielfach engagierte Lehrkräfte und objektive Probleme, die nicht immer allein schulisch verursacht sind. Schulen lernten den Ernstcharakter sozialpädagogischen Handelns kennen, begriffen, dass Synergieeffekte entlastend wirken. Und wenn Ruf und Anerkennung einer Schule etwas mit vermittelten Chancen zu tun haben, vermag Beratung und Begleitung durch Angebote der Jugendberufshilfe dazu beizutragen und nicht nur Beiträge zur Überlebenshilfe von Schüler/-innen zu leisten. Es steigt nachweislich auch die Wirksamkeit der schulischen Angebote.

Seit nunmehr bald 15 Jahren haben sich in diesem Arbeitsfeld Standards entwickelt, die für unterschiedliche Formen der Beratung (Informationsgespräche, Kurzzeit- und Entwicklungsbegleitende Beratung, Seminar- und Bildungsarbeit) wie für die Zusammenarbeit mit Schulen gelten.

Kennzeichnend ist hier, dass regional unterschiedlich zwar, aber praktisch überall, Kooperationsformen gefunden wurden, die zumindest so etwas wie eine (Schul-)Jahresplanung mit einzelnen Schulen vorsehen. Es handelt sich um Vereinbarungen, die Präsenzzeiten für Einzelberatungen beinhalten, Seminare für Berufs- und Lebensplanung betreffen, Angebote der Berufsorientierung und -erkundung meinen können sowie geschlechtsspezifische Aspekte betreffen bzw. thematisieren. Ein geradezu „bunter Reigen" von Möglichkeiten, der gar Freizeit- und Erlebnischarakter annimmt, wenn Mädchen z.B. mit Blick auf die Vereinbarkeit von Beruf und Familie gestärkt werden sollen oder Jungen an ihren sozialen Kompetenzen feilen.

Über die einzelne Schule hinaus sind vielerorts, manches Mal angeregt aus der Praxis der Jugendsozialarbeit, Netzwerke entstanden, die Schule, Freizeitstätten und soziale Dienste sozialräumlich, lokal und vereinzelt regional zusammenbringen, im Stadtteil, der Gemeinde, in Kreis oder Stadt. Anderen Orts existieren Verbünde, in denen Beratungsstellen zwischen Arbeitsverwaltung und Schule mit den lokalen oder regionalen Akteure des Arbeitsmarktes sitzen, und an Strategien für neue Bildungsgänge, verbesserte Übergänge zwischen einzelnen Bausteinen arbeiten und Durchlässigkeit wie verbesserte Chancen für Benachteiligte arbeiten. Die an der einzelnen Schule geleistete Zusammenarbeit, die Präsenz auf Schulleiterkonferenzen und im besten Fall gemeinsame Fortbildung, gründet die Basis für derartige Strategien, mit denen an einem Seil gezogen wird.

In dieser Zusammenarbeit von Beratugsstellen mit der Schule ist ein wesentlicher Dreh- und Angelpunkt die Definition der Zielgruppe. Ob Schüler der Sonderschulen für Lernbehinderte, Hauptschüler oder Gesamtschülerinnen mit Hauptschulabschluss, die Zeiten sind seit langem nicht danach, dass sie mühelos den Traumjob erhalten oder ausgebildet werden mit garantiert anschließendem Dauerarbeitsplatz. Das Prekäre, das im Begriff Job angelegt ist, manifestiert sich für die Einzelnen (empirisch als relevant belegt) in antizipierter Perspektivlosigkeit, die leicht in Schulversagen und Vermeidungsstrategien mündet. Das führt aber auch dazu, dass nicht allein die 14/15% einer Kohorte bzw. eines Jahrgangs, die ohne schulischen Abschluss auf den Arbeitsmarkt kommen, wenig Chancen auf ehemals tradierte, geradlinige Erwerbsbiografien besitzen. Die zweite Moderne (Heinrich Klotz) hält Risiken für die heutige Jugend bereit. Es ist, in Abwandlung eines sokratischen Zitats wohl so, dass es noch nie eine schlimmere Erwachsenengeneration gab, als die gegenwärtige – was die Vermittlung von Chancen an die Heranwachsenden angeht. Schwer jedenfalls ist heute die saubere, besser gesagt die genaue Unterscheidung zwischen sogenannten Arbeitsmarktbenachteiligten und jenen, die das KJHG mit sozial Benachteiligten und individuell Beeinträchtigten meint.

Beratungsangebote der Jugendberufshilfe/Jugendsozialarbeit wenden sich an diese Zielgruppe, die sich nicht allein an Kriterien wie Schulabschlussperspektive oder schulische Leistung definieren lässt – so wichtig und meist hilfreich der Blick darauf ist und Anhaltspunkte gibt. An diesem Zugang zu Schülerinnen und Schülern scheiden sich leicht die Geister zwischen Jugendhilfe und Schule. Gleichzeitig eröffnen sie aber auch Anlässe für andere Kooperationsstrategien, z.B. zwischen Schule und Berufsberatung, Schule und Betrieben. Beratungsstellen spielen dabei oft eine Scharnierfunktion und befördern solches Vorgehen.

In der vielfältigen Arbeit von Beratungsstellen kommt es darauf an, die unterschiedlichen Aufträge zu definieren und die Schule nicht aus ihrem Bildungs- und Erziehungsauftrag zu entlassen. Es müssen Verbindungen zwischen schulischer Berufsorientierung, schulisch verantworteten Praktika und dem allgemeinbildenden Unterricht sowie sozialpädagogisch orientierter Berufsorientierung, -findung, Berufs- und Lebensplanung hergestellt werden.

Das heißt für die sozialpädagogische Praxis: Schulkollegien, Beratungs-/Vertrauens- und Klassenlehrer sind einzubeziehen, sollten mitverantworten, was Beratung leistet und anbietet, müssen mitwirken an Förderprozessen und Seminaren. Sozialpädagogik soll Schule entlasten, nicht aber entlassen aus einer ganzheitlichen Verantwortung für Schülerinnen und Schüler.

Komplizierter einerseits, andererseits aber auch chancenreicher wird dieses Zusammenspiel durch weitere Beteiligte. Der Kooperationsauftrag der Berufsberatung und die Kooperationsinteressen von Betrieben, Qualifizierungsangeboten des zweiten Arbeitsmarktes sowie die notwendige Zusammenarbeitsschiene mit anderen sozialen Diensten und Einrichtungen (z.B. Jugendfreizeitstätten) erweitern das mit Synergieeffekten beschreibbare Spektrum erheblich.

4. Werkpädagogik sozialpädagogisch (Jugendwerkstatt)

Neuerer Art sind aktuelle Kooperationsformen zwischen Schule und sozialpädagogisch orientierter und werkpädagogisch umgesetzter Qualifizierung der Jugendhilfe (*Jugendwerkstätten* beispielsweise).

Angefangen hat es schon vor vielen Jahren. Meistens ausgehend vom Interesse der Teilnehmergewinnung entwickelten sich Werkstatt-/Maßnahmepraktika für Schüler der Entlassklassen. Hieraus ergab sich besseres gegenseitiges Kennenlernen. Fachkräfte beider Institutionen lernten auch Gemeinsamkeiten von Problemstellungen und die oft erlebte Vergeblichkeit allen Bemühens. Einerseits fiel auf, dass mancher, der nach der Schule arbeitslos in die Jugendwerkstatt kam, eine schwierige schulische Entwicklung mit zum Teil erheblichen Fehlzeiten hinter sich hatte. Zum Anderen wurde die Erfahrung gemacht, dass Schüler/-innen, die in der Schule längst aufgegeben hatten/von der Schule aufgegeben waren, vom Angebot der Werkstatt im Praktikum motivierend erreichend wurden. So geriet das Thema Prävention auf die Tagesordnung.

Zwei Ansätze sind es, die den aktuellen Stand der Zusammenarbeit von Jugendwerkstätten und Schulen ausmachen.

Die gezielte Gruppenarbeit mit Schülern, die absehbar den Hauptschulabschluss nicht erreichen werden, entwickelt sich gegenwärtig zu einem der möglichen Standards. Z.B. Ruhrwerkstatt Oberhausen. Dort kooperiert die Jugendwerkstatt mit einer Hauptschule, einer Sonderschule für Lernbehinderte und einer für Erziehungshilfe. Die Praxis mit den Schülerinnen und Schülern entsteht in der Zusammenarbeit. Das kann ein Projekt in der Schule sein, z.B. Renovierung und Gestaltung von Wänden. Fachkräfte der Jugendwerkstatt kommen mit ihrem Know how in die Schule, planen und arbeiten mit Jugendlichen und deren Lehrer/-in. Das kann auch eine Art Praktikum in der Werkstatt sein, zwei-, dreimal die Woche, ebenfalls Erfolgserlebnisse vermittelnd, neue Motivation vermittelnd.

5. Projekt für Schulmüde/Schulverweigerer

Ganz anders das Schulverweigererprojekt. Die Schulpflicht wird ab dem siebten oder achten Schulpflichtjahr in der Werkstatt erfüllt. Handlungsleitend ist Werkpädagogik, sozialpädagogisch orientiert und begleitet. Die Schule stellt eine Lehrkraft, die sich auf dieses Vorgehen einlassen kann/will und sich als Teil eines Teams versteht. In solcher Praxis findet Unterricht, wenn überhaupt, erst spät statt. Regelmäßig steht die Arbeit in der Werkstatt oder einem Projekt im Vordergrund, gibt Anlässe für Grundrechenarten, Deutsch und mehr. Es ist Beziehungspädagogik angesagt. Beziehungen zwischen Fachkräften, die tragfähig sind für Konflikte, Anforderungen, Belastung sind gewünscht, die nicht per Zuweisung oder Zuständigkeit entstehen, sondern sich ergeben; aus dem Alltag, aus Zuneigung, Respekt, als Anerkennung ... . Beziehungen, die Grundlage sein können für Förderung, Entwicklung und Reflektion, für Elternarbeit und die Bearbeitung ungünstiger Lebenslagen.

Lehrer können sich in diesem Kontext nicht hinter dem Lehrbuch oder ihrer Profession zurückziehen (ebensowenig wie beteiligte Handwerker). Lehrerin oder Lehrer sind hier, wie die anderen Profis auch, Mädchen für alles. Ihre Spezialkompetenz ist nur „auch" gefragt. Dies gilt interessanterweise ebenso für die in einzelnen Schulen eigenständig entwickelten Modelle von kleinen Klassen oder Jahrespraktika für von „Schulmüdigkeit" bedrohte junge Leute. Auch hier haben sich ergänzende sozialpädagogische Angebote von Beratungsstellen oder anderen Einrichtungen als sinnvoll und wirksam erwiesen.

Wichtig für eine Ebene verlässlicher Kooperation zwischen den Institutionen ist, dass unabhängig von der Trägerschaft, Jugendamt und Schulamt beteiligt sind. Das Schulamt sichert insbesondere die Verantwortung der Schule, die auch am „anderen Ort" nicht aufgegeben werden darf. Schule muss in der Pflicht bleiben, Schule darf auch nicht „abschieben". Die weiterhin gegebene Verantwortung der Schule für ihre Schüler/-innen und die nicht aufgegeben Schulpflicht dokumentiert sich in der zur Verfügung stehenden Lehrerstelle. Existiert eine Werkstatt für das Projekt, gehen Raum,

Ausstattung, Sozialpädagogin und Handwerker in der Regel auf das Konto der Jugendhilfe. Vereinzelt engagiert sich die Schule aber auch mit personellen und Sachkapazitäten an Berufsschulen/-kollegs oder stellt anderweitig jedenfalls Räume zur Verfügung.

Neben der institutionalisierten Zusammenarbeit zwischen Schulamt und Schulen, Schulamt, Jugendamt und Einrichtung, bewähren sich Arbeitskreise dieser Beteiligten, in die weitere für die Zielgruppe relevante soziale Dienste einbezogen sind. Auch hat es sich als sinnvoll erwiesen, wenn sich Schulleiterkonferenzen dieses Themas annehmen und das Projekt in ihre Arbeit einbeziehen.

Kooperation gegen Schulmüdigkeit oder Schulverweigerung benötigt einen stabilen Hintergrund von beiden Seiten, Schule und Jugendhilfe müssen ihn institutionell absichern, damit die Praktikerinnen und Praktiker in Ruhe arbeiten können und nicht zwischen bürokratische Mühlen geraten.

Ein weiterer wichtiger Partner ist die Wirtschaft, sind Betriebe. Der Ernstcharakter eines kurzen oder langen Praktikums im Betrieb kann oft mehr bewirken als manch ein langer pädagogisch intendierter Vortrag, das schulische Lernen fürs Leben oder die Simulation in der Werkstatt.

Schulverweigerungsprojekte sind und bleiben vorerst eine der größeren Herausforderungen für die Zusammenarbeit zwischen Jugendhilfe und Schule. Viel neues entsteht, viele Experimente werden entwickelt. Kreativität, das ist jedenfalls meine aktuelle Erfahrung, dominiert. Das wirkt sich aus als gesteigerte Herausforderung an die Kooperationsbereitschaft und -kompetenz der Partner, auf die Kooperationsformen und insbesondere die Fähigkeit der Schule, sich auf ungewöhnliche Wege einzulassen.

6. Schulsozialarbeit

Schulsozialarbeit (der Jugendberufshilfe), ein weiteres Standbein der Jugendsozialarbeit, ist weniger spektakulär aber umso bewährter. Einer der Schwerpunkte ist die Arbeit mit Schüler/-innen an berufsbildenden Schulen. Es geht um das Berufsvorbereitungsjahr oder die Vorklasse zum Berufsgrundschuljahr (NRW), es geht um Angebote für junge Leute mit unsicheren Perspektiven dank fehlendem Schulabschluss. Jugendsozialarbeit ist hier ergänzend und komplementär zu Schule gefordert, den einzelnen als Menschen mit sozialem Hintergrund, Individualität und persönlicher Geschichte wahr- und anzunehmen. Sie setzt direkt am Lebens- und Sozialraum Schule an. Das hat zwar Nachteile, fehlt doch meist die Ausweichmöglichkeit ins Neutrale, doch überwiegen die Vorteile.

Der verbindliche Rahmen der Schule, der erneute Einstieg in schulisches Lernen in einem anderen Umfeld, bietet für die hier angesprochene Zielgruppe erhebliche Chancen – nicht ohne Risiken. Diese Situation kann Schulsozialarbeit abfedern und den erneuten Absturz vermeiden helfen. Ihre ganzheitliche Sicht auf Schüler/-innen, das Engagement in der Elternarbeit, in der Förderung von Kompetenzen, der Motivierung und der alltäglichen Begleitung, ergänzt den Unterricht, die Praxis wie die Ziele. Gesellschaftliche Integration geschieht ja nicht allein aufgrund erreichter Bildungsabschlüsse. So wie deren Erwerb soziale und individuelle Kompetenzen voraussetzt, braucht Partizipation – als Begriff für selbstverantwortete und durch Erwerbsarbeit gesicherte Teilhabe an der Gesellschaft – Persönlichkeit. Die Entwicklung dahin ist ein zentraler Auftrag von (*nicht nur der*) Schulsozialarbeit im Übergang von der Schule in den Beruf. Da sie frei ist von den Sanktionsmechanismen der Schule – Noten, Zeugnissen und Versetzungen – kann sie für solche Entwicklungsprozesse Vertrauen aufbauen: als Grundlage für Einzelhilfe, Gruppenangebote und Entwicklungsbegleitung.

Es geht hier um einen zentralen Aspekt von Jugendsozialarbeit, der zunehmend Bedeutung erlangt. Die Perspektive von benachteiligten jungen Menschen auf einem Arbeitsmarkt, der immer enger wird für die Schwächeren. Die Diskussion darüber hat zwar vielleicht schon Anfang der 90er Jahre begonnen, beantwortet sind die damit gestellten Fragen nach der Reaktion von Sozialarbeit auf absehbar prekäre (Erwerbs-) Biografien bislang nicht. Deutlich ist aber längst, dass die Mindestvoraussetzung für die Betroffenen eine starke Identität sein muss. Sie benötigen situative Flexibilität und kommunikative Kompetenz neben viele anderen Fähigkeiten als Schlüsselqualifikationen für ein Leben von der Stütze in den Job und zurück und ... . Die Diskussion und die Politik um eine Zukunft der Arbeit wird weder von den hier Scheiternden noch von der Sozialarbeit, der Jugendhilfe oder der Schule gestaltet. Sie sind Reagierende. Sie müssen sich einstellen auf absehbare Entwicklungen. Das heißt: Schulsozialarbeit muss ihr Klientel in der Zusammenarbeit mit den schulischen und anderen Akteuren stark machen für die Zumutungen, die unsere Gesellschaft für sie aktuell bereithält.

Schulsozialarbeiter sind allerdings nicht nur diejenigen, die ihren Jugendlichen im pädagogischen Sinne eine Beziehung anbieten, sich als Mentor oder Modell einbringen können. Sondern sie haben auch die Chance, Katalysator im System Schule zu sein. Gehen sie ihren ganz spezifischen Gefährdungen, von der Schule nämlich zweckentfremdet instrumentalisiert zu werden, aus dem Weg, sind sie sozusagen Agenten für Veränderung. Das meint nach meiner Erfahrung, dass sie die Keimzelle bilden können für die Öffnung ihrer Schule in den Sozialraum, dass sie die lebensweltliche Sicht auf Schüler befördern und ständig am Faden zu anderen außerschulischen Institutionen spinnen, dem Allgemeinen Sozialen Dienst, der Schuldnerberatung usw. Ihr methodisches und Wahrnehmungspotential spielt im schulischen Alltag – den optimalen Fall unterstellt – eine wichtige Rolle für Veränderungsprozesse in der Schule selbst. Das gilt für Fragen von interner Kooperation und Reflexion, das gilt ebenso für die Verbindung von Bildungs- und Erziehungsauftrag. In diesem Sinne verstehen sich viele Schulsozialarbeiterinnen und Schulsozialarbeiter als Multiplikatoren und auch als Berater oder Coach für ihre Lehrerkollegen.

Voraussetzung ist dafür regelmäßig die Trägerschaft durch die Jugendhilfe, deren Fach- und Dienstaufsicht, die Kommunikation, Reflexion und Interaktion in und mit Jugendhilfe. (Ausnahmen bestätigen die Regel.)

7. Horizonte für Verstetigung

Zur Zusammenarbeit von Jugendhilfe und Schule werden Kongresse und Tagungen durchgeführt, wird debattiert und publiziert. Diese Kooperation steht so sehr im Blickpunkt der Aufmerksamkeit, dass es schon mehr sein muss als eine der wiederkehrenden Modeerscheinungen in der pädagogischen Diskussion, mehr als Erlebnispädagogik oder Aspekte der Gesundheitsförderung. Das Miteinander von Jugendhilfe und Schule ist vielmehr – und für die Jugendsozialarbeit kann das definitiv gesagt werden – ein zentraler Bestandteil professionellen Handelns. In der Jugendsozialarbeit lag die Entwicklung eines solch zentralen Handlungsstranges geradezu in der Luft. Entsprechend alt sind die hier umgesetzten Strategien der Zusammenarbeit.

Doch Alter schützt vor Dummheit nicht, sagt der Volksmund. Erfahrene Akteure sozialer Arbeit werden in diesem Sinne bei aller Sicherheit, die im Handlungsfeld der Kooperation liegt, wachsam bleiben, ihre Praxis kritisch reflektieren und sich neuen Herausforderungen stellen. Das unter dem Vorzeichen präventiver Ansätze segelnde Thema Schulverweigerung ist eine solche. Hier fehlen Standards. Hier fehlt weithin valide Erfahrung. Es wird vieler Orts experimentiert. Darüber entstehen neue Formen der Kooperation, bewährte Ansätze erscheinen in neuem Licht, neue müssen gefunden werden. So steigt z.B. die Bedeutung der Schulaufsicht für den Kooperationsrahmen. In dem Maße wie es nicht allein um einzelne Sozialräume oder Quartiere geht, werden Verabredungen auch auf höheren Ebenen notwendig; was gleichermaßen für die Jugendhilfe gilt. Jugendämter und Schulämter müssen ihre Zusammenarbeit institutionalisieren und verstetigen. Jugendhilfeausschüsse und Schulausschüsse sind gefordert das Feld abzusichern.

Die Herausforderung liegt aus der Sicht der Jugendsozialarbeit nicht mehr allein im gelungenen Übergang von der Schule in den Beruf. Sie liegt in gelungener Sozialisation. Ein hoher Anspruch sicher, zu hoch bestimmt als Messlatte für pädagogisches Handeln. Ein Anspruch jedoch, der Maßstab sein muss für vernetztes Handeln. Damit ist die Zusammenarbeit aller gemeint, die relevant sind für die „Kultur des Aufwachsens" vor Ort. Es ist die Vielzahl sozialer Dienste, die zwar überwiegend unter dem Dach der Jugendhilfe agieren, doch mit Blick auf die Lebenswelt Schule regelmäßig isoliert arbeiten. So wie die Jugendhilfe/Jugendsozialarbeit auf Seiten der Schule verbindliche Ansprechpartnerinnen und Ansprechpartner braucht, muss die Jugendhilfe sich intern verständigen und sich spiegelbildliche Kooperationsstrukturen erarbeiten. Dazu gehört eine gezielte Kooperation zwischen den Angeboten und Einrichtungen der Jugendhilfe (also Jugendsozialarbeit und Allgemeiner Sozialer Dienst, Jugendfreizeitstätte, Jugendgerichtshilfe usw.): bezogen auf einzelne Jugendliche, auf Sozialräume, aber auch gegenüber der einzelnen Schule(gemeinsame Förderpläne?!) wie der lokalen Schulszenerie. Die Zusammenarbeit mit ihr muss, wie auch mit diesem Buch angestrebt, ein *gemeinsames* Anliegen werden.

Die Jugendsozialarbeit besitzt hier Verantwortung. Sie muss im Interesse ihres Klientels an neuen Verbünden zwischen Jugendhilfe und Schule mitwirken, die über die Stadtteilkonferenz hinaus weisen und gleichfalls Einfluss auf die Schulentwicklungs- wie die Jugendhilfeplanung. Dabei dürfen sich die Verantwortlichen in der Jugendsozialarbeit nicht darauf verlassen, dass die Jugendhilfeplanung es schon richten wird. An zu vielen Orten hat diese genug Probleme mit der Bestands- und Bedarfserhebung, als dass sie nun auch noch (und das allein) ein solch großes Rad drehen könnte.

Renate Klees-Möller

Mädchenarbeit und Kooperation.
Erfahrungen und Ergebnisse aus einem Modellprojekt

Kooperationen zwischen Pädagoginnen der parteilichen Mädchenarbeit und Schulen werden schon seit langem gepflegt. Ein wichtiger Bereich der Zusammenarbeit liegt in der Unterstützung der Berufs- und Lebensplanung von Mädchen in Form gemeinsamer Seminare und Projekte, die der Benachteiligung von Mädchen im Übergang von Schule in den Beruf entgegenwirken wollen und neben der berufsbezogenen Information Auseinandersetzungen um die Identitätsfindung als Frau anbieten.

Weitere Kontakte und Kooperationen beziehen sich auf spezifische Problemstellungen, wie sexuelle Gewalt, soziale Benachteiligung, Migration oder Abhängigkeiten, und darauf bezogene mädchenspezifische Beratungs- und Hilfsansätze. Andere Felder der Zusammenarbeit sind kulturelle und sportliche Aktivitäten u.v.m. In vielen Städten Nordrhein-Westfalens haben sich in den neunziger Jahren Mädchenarbeitskreise gebildet, in denen Pädagoginnen unterschiedlicher Träger mit Lehrerinnen verschiedener Schulformen vernetzt sind und konkrete Vorhaben mit und für Mädchen planen und umsetzen (vgl. FUMA 1998).

Obwohl die Bezüge zwischen Schule und Mädchenarbeit vielerorts dennoch eher punktuell bestehen und manchmal recht brüchig sind, zeigen die beschriebenen Entwicklungen das allgemein gestiegene Interesse an einer professionalisierten Zusammenarbeit. Die Sensibilität für das Geschlechterverhältnis in Schulen ist gewachsen, und im Zuge der geforderten Öffnung von Schule für die Lebenswelten ihrer Schülerinnen und Schüler geraten auch geschlechtsspezifisch geprägte Lebenslagen von Kindern und Jugendlichen stärker in den Blick. Die Erfahrungen in Modellprojekten zur Koedukationsfrage weisen darauf hin, dass die zeitweilige Geschlechtertrennung von Mädchen und Jungen im Unterricht durchgängig gute Ergebnisse bringt, darüberhinaus aber auch die Inhalte und die Unterrichtsgestaltung unter der Geschlechterperspektive verändert werden müssen. Die Mädchenarbeit kann zu diesen Fragen aufgrund langjähriger Erfahrungen einiges beisteuern.

Die Mädchenprojekte entdecken die Schule immer mehr als einen wichtigen Lebensort der Mädchen, an dem sie oft besser erreichbar sind als im Freizeitbereich und den es im Interesse der Mädchen mitzugestalten gilt. Die Motivation für eine verstärkte Zusammenarbeit mit der gesellschaftlichen Institution Schule verbindet sich in der Mädchenarbeit außerdem mit Bestrebungen, die in den achtziger Jahren entwickelten

Konzepte und Zugänge auf ihre Aktualität zu überprüfen und Angebote zu entwickeln, die den Bedürfnissen und Problemen der heutigen Mädchengeneration gerecht werden. In diesem professionalisierten Verständnis der Mädchenarbeit kommt der gezielten Kooperation mit der Schule und anderen gesellschaftlichen Akteuren mit dem Ziel der Bündelung von Ressourcen im Interesse der Überwindung weiterhin bestehender Benachteiligungen von Mädchen eine erhebliche Rolle zu.

Im folgenden wird über ein Projekt der Mädchenarbeit im Feld Schule berichtet, an dem sich beispielhaft einige Chancen und Probleme einer Kooperation diskutieren lassen.

1. Der Ausgangspunkt: Selbstbehauptungs- und Selbstverteidigungskurse für Mädchen an Schulen

Selbstbehauptungs- und Selbstverteidigungskurse werden seit langem im Rahmen parteilicher Mädchen- und Frauenarbeit angeboten, um Mädchen dazu befähigen, sexistische Belästigungen und potentielle Gewalt wahrzunehmen und individuelle und situationsangepaßte Strategien der Gewaltprävention und -verhinderung zu entwickeln. Die Kurse sollen dazu beitragen, das Selbstwertgefühl der Mädchen zu stärken und die gegenseitige Unterstützung und Solidarität zu fördern. Die Angebote richten sich an Mädchen jeden Alters ab ca. sechs Jahren aus den unterschiedlichsten Lebenszusammenhängen.

Die mädchenspezifischen Konzepte knüpfen an den alltäglichen Lebenserfahrungen und Reaktionsmustern von Mädchen und Frauen an und machen sie zur Grundlage der Reflexion und des Handelns. Im Mittelpunkt stehen Entspannungs- und Wahrnehmungsübungen, Rollenspiele, Übungen zur Selbstsicherheit und thematisch zentrierte Gespräche und Informationen über Normen und Rollen für Mädchen, Gewaltverhältnisse und Gewalthandeln, Sexualität und Verhütung, Ängste und Hemmschwellen, sich zu wehren. Daneben werden leicht und rasch anwendbare Kampfsporttechniken erlernt, um sich gegen Übergriffe und sexuelle Gewalt durch Jungen und Männer zur Wehr setzen zu können.

Seit einigen Jahren werden in Nordrhein-Westfalen Selbstbehauptungskurse mit Unterstützung des Gleichstellungsministeriums auch an Schulen angeboten, um eine größere Zahl von Mädchen als im Freizeitbereich zu erreichen und Schulen anzuregen, sich mit dem Thema geschlechtsbezogener Gewaltprävention verstärkt auseinander zu setzen und darauf bezogene Handlungsschritte zu entwickeln. Dies ist als Reaktion auf wissenschaftliche Untersuchungen und Erfahrungsberichte von Lehrerinnen zu verstehen, die zeigen, dass geschlechtsbezogene Gewalt an Schulen sehr verbreitet ist (vgl. Orenstein 1996; Kaiser 1996). Nicht selten werden sexistische Bemerkungen verharmlost oder der gewalttätige Aspekt von Übergriffen auf den Körper von Mädchen und Frauen geleugnet, sodass ein Unrechtsbewußtsein bei den Jungen und Männern, die die Grenzen verletzen, erst gar nicht entstehen kann.

Nicht berücksichtigt wurde lange Zeit das Bedürfnis vieler Mädchen, sich zum Thema „Selbstbehauptung und Selbstverteidigung" über das Medium Buch zu informieren bzw. auf diesem Wege in einem Kurs Gelerntes aufzufrischen und zu intensivieren. Dies stellt um so mehr ein Problem für Jugendliche im ländlichen Raum dar, wo mädchenparteiliche praktische Angebote und Beratungsmöglichkeiten eher dünn gesät sind.

2. Das Projekt

Vor diesem Hintergrund entstand im münsterländischen Greven das Projekt „Macht uns nicht an!" als Kooperationsprojekt von Schule, Jugendhilfe sowie kommunaler und regionaler Frauenförderung. Mädchen, die im Rahmen einer Berufswahlorientierungsmaßnahme einen Selbstbehauptungs – Kurs durchlaufen hatten, schrieben gemeinsam ein Buch über dieses Thema – von Mädchen für Mädchen – und wurden am Gesamterstellungsprozess beteiligt (vgl. Wortberg 1998). Das Projekt wurde im ersten Schulhalbjahr 1997/98 durchgeführt.

Die mit dem Projekt angesprochenen Mädchen sollten zu Akteurinnen ihrer Lebenswelt werden, indem sie nicht nur Literatur nutzen, sondern für ihre Altersgruppe erstellen, dabei zu wesentlichen Fragen Stellung beziehen und alle Schritte von der Planung über die Produktion bis hin zur Öffentlichkeitsarbeit selbst bestimmen. Dies steht im Gegensatz zur herkömmlichen Praxis, in der Erwachsene für und über Kinder und Jugendliche schreiben oder entscheiden.

2.1. Die beteiligten Mädchen

An dem Projekt waren acht Mädchen im Alter von 15-17 Jahren beteiligt, die Abgangsklassen (Jahrgangsstufe 9/10) der Johannesschule, einer Sonderschule für Lernbehinderte, besuchten. Mädchen an dieser Schulform leben zumeist unter erschwerten sozialen und familiären Bedingungen. Sie haben oft mit einer Häufung von Problemen wie materiellen Notlagen, Arbeitslosigkeit und niedriger beruflicher Qualifikation der Eltern, beengten Wohnverhältnissen und frühen Überforderungen durch die Zuständigkeit für Haushaltstätigkeiten und Geschwisterbetreuung zu kämpfen. Beeinträchtigungen des Selbstvertrauens und Selbstwertgefühls erfahren die Mädchen zudem, da ihr weiteres soziales Umfeld auf den Besuch der Sonderschule negativ reagiert und sie als Außenseiterinnen stigmatisiert. Die meisten Mädchen reagieren auf diese Ausgangslage mit unterschiedlichen und teilweise widersprüchlichen Bewältigungsstrategien. Verdrängen, Träumen, romantische Liebeswünsche stehen neben Abenteuerlust, Selbstbehauptung und aggressiven Verhaltensformen. Dieses Verhalten der Mädchen ist nicht von dem anderer Mädchen „abweichend", sondern von anderer Qualität, wie Annedore Prengel schon 1982 in ihrem Aufsatz „Was ist besonders an der Situation der Sonderschülerinnen" feststellte. Zitat: „Die Maskeraden derjenigen, die ausgegrenzt werden müssen, beruhen auf einer graduell tiefergehenden Erfahrung von Mangel und Minderwertigkeit seit den ersten Lebenstagen, die Symptome spiegeln diese Leiderfahrungen und sind zugleich Protest" (S. 209).

2.2. Zielsetzungen des Projekts

Die an der Buchproduktion beteiligten Mädchen sollten darin unterstützt werden, ihre im vorher durchlaufenen Kurs erworbenene Kompetenzen zu erleben und produktiv in eine neue Arbeit einzubringen. Sie sollten in die Lage versetzt werden, sich neue Fähigkeiten anzueignen, die im Produkt „Buch" ihren greifbaren Niederschlag finden würden, und mehr Selbstbewußtsein zu entwickeln.

Die Thematisierung der Grundlagen für Selbstbehauptung und Selbstverteidigung und ihre Vertiefung im Prozess der Aufbereitung der Inhalte für das Buch sollte aber auch zu einer Schärfung des Bewußtseins für Gewaltstrukturen im Geschlechterverhältnis beitragen und den Mädchen ermöglichen, dies für die eigene Lebensplanung nutzbar zu machen, indem sie lernen, eigene Vorstellungen und Wünsche an eine Partnerschaft zu erkennen, auszusprechen und sich gegen als unzumutbar empfundene Ansprüche abgrenzen.

Schließlich war mit dem Projekt auch beabsichtigt, durch Einsicht in Arbeitsabläufe gewerblicher Betriebe den Berufsfindungsprozess der Mädchen zu stützen, insbesondere eine Erweiterung des mädchenspezifisch engen Berufswahlspektrums anzuregen.

2.3. Die KooperationspartnerInnen

Durch die Einbettung des Projektes in den Schulalltag kam es zu neuen Begegnungen zwischen Schule, mädchenparteilicher Arbeit sowie kommunaler und regionaler Frauenförderung. Diese Kooperation war inhaltlich interessant, da verschiedene Denkansätze und berufliche Erfahrungshintergründe mit Bezug auf die gleiche Gruppe, die jugendlichen Mädchen, gebündelt und für das gemeinsame Vorgehen fruchtbar gemacht werden konnten. Die beteiligten Personen trafen sich mit der ebenfalls installierten wissenschaftlichen Begleitung regelmäßig, ca. einmal monatlich, in einem Projektbeirat und stimmten das konzeptionelle Vorgehen und die organisatorischen Schritte miteinander ab. Nach Abschluß des Projektes wurden gemeinsam Bewertungen des Verlaufs vorwiegend hinsichtlich der Aspekte „Partizipation", „Berufs- und Lebensplanung", „Gewaltprävention" und „Kooperation" vorgenommen und die inzwischen erschienene Abschlußpublikation entwickelt und diskutiert (Diakonisches Werk u.a. 1999). Auf den Untersuchungsschwerpunkt „Kooperation" bezogen, wurden gefragt, wie sie sich im einzelnen gestaltete, wo sich diese Bezüge förderlich auswirkten und an welchen Stellen es Reibungen ab. Außerdem: Wurde die schulische Auseinandersetzung mit dem Problem geschlechtsbezogener Gewalt durch das Projekt gefördert? Gingen von dem produkt- und handlungsorientierten Projektansatz Auswirkungen auf das schulische Lernen insgesamt aus? Ergaben sich Impulse im Hinblick auf die Gestaltung der koedukativen Arbeit?

2.4. Zum Projektverlauf

Die Gruppenarbeit mit den Mädchen erfolgte in einem Schulhalbjahr 1 x wöchentlich während der Unterrichtszeit in der 5. und 6. Stunde. Die Leitung hatte die Sozialpädagogin und erfahrene Trainerin von SB/SV- ursen Christiane Wortberg, die den Mädchen aus dem Vorprojekt bereits bekannt war. – Die Treffen fanden in lockerer Atmosphäre statt, ein Schulzimmer wurde zu diesem Zweck in einen „Redaktionsraum" mit großem Tisch, Kaffeemaschine und Hängeregistratur für erarbeitete Texte umfunktioniert. Methodisch orientierte sich die Arbeit an einem gruppenpädagogischen Verfahren, in dem die einzelne Person (Ich) die Gruppe (Wir) und der Inhalt (Es), eine Balance bilden sollten (Themenzentrierte Interaktion). Jedes Treffen hatte dieselbe Grundstruktur: Ankommen/Warming-up – themenbezogene Arbeit – Reflexion/Vorausschau auf die nächste Sitzung/Verabschiedung.

In der *Einstiegsphase* ging es darum, die Mädchen für das Vorhaben zu gewinnen und erste thematische und zeitliche Klärungen vorzunehmen. Keineswegs war beabsichtigt, ihnen die Idee gegen ihren Willen „überzustülpen". Nachdem den Mädchen zugesichert wurde, dass die von ihnen geäußerten Probleme mit der Rechtschreibung keine Rolle spielen würden und sie in der geplanten Veröffentlichung „anonym" bleiben könnten, entschieden sie sich für das Projekt. (Anmerkung zur „Anonymität": Die Forderung danach interpretieren wir als Ausdruck des anfänglich geringen Selbstvertrauens und der Befürchtung, sie könnten sich mit ihrer Arbeit möglicherweise „blamieren").

In der *Produktionsphase* von September 1997 bis Februar 1998 wurden die Themen eingegrenzt und bearbeitet – Mittel und Wege der Selbstbehauptung, Umgang mit Angst, Techniken der Selbstverteidigung. Mittels Brainstorming, Gruppenarbeit, Rollenspielen u.ä. entstanden Vorlagen, aus denen die Sozialpädagogin die Texte erstellte, die wiederum in der jeweils folgenden Sitzung gemeinsam besprochen wurden. Der Produktionsablauf des Buches wurde durch den Besuch des beteiligten Verlages und der Druckerei transparent gemacht. Die Mädchen arbeiteten zunehmend selbständiger und verfaßten einen Text, in dem sie zu ihrem Status als Sonderschülerin stehen und sich gegen Diskriminierung und Abwertung aussprechen.

Die *Präsentationsphase* von Februar bis April 1998 umfaßte erneute inhaltliche Klärungen, das Verfassen von Briefen an Medien in der Region (Radio, Zeitungen) und die Erarbeitung einzelner Präsentationen in unterschiedlichen Kontexten, vor allem durch Rollenspiele. Das Projekt wurde von den Mädchen in einer größeren Veranstaltung den Eltern, Lehrkräften und der interessierten kommunalen Öffentlichkeit vorgestellt.

2.5. Ergebnisse und Erfahrungen

„Ich hab von allem was dazu gelernt" – mit dieser Aussage brachte eine der Jugendlichen auf den Punkt, welchen persönlichen Ertrag sie mit dem Projekt verband. Auch die anderen Mädchen äußerten in der Abschlußbefragung, dass sie auf verschiedenen Ebenen von dem Projekt profitiert hatten. Ihrer Einschätzung nach haben sie ihre Kompetenzen in Selbstbehauptung und Selbstverteidigung erweitert und sahen sich in die Lage versetzt, das Erlernte situationsgerecht umzusetzen. Bei der Beurteilung von geschlechtsbezogener Gewalt vertrauten sie eigenen Wahrnehmungen mehr als Definitionen anderer. Diese gewachsene Unabhängigkeit in der Sichtweise zeigte sich auch darin, dass sich einige der Mädchen mehr Gedanken darüber machten, wie sie sich Gewaltfreiheit in Beziehungen und Institutionen vorstellten. Im schulischen Alltag wurden Dominanzansprüche und Übergriffe durch Jungen eher wahrgenommen und zurückgewiesen und die mangelnde Sensibilität der Institution Schule bei der Duldung und Aufrechterhaltung von geschlechtsbezogener Gewalt kritisiert. Gegen anfängliche Anfeindungen und Abwertungen als „Emanzenprojekt" vor allem durch Mitschüler setzten sie sich zur Wehr, indem sie den erlebten Spaß und die Erfahrung der Solidarität in der Gruppe herausstellten. Zunehmend gelang es den Mädchen auch, die eigenen Leistungen in der Projektarbeit anzuerkennen, kreative Ideen einzubringen und die anfänglich bestehenden Schreibhemmungen abzubauen. Auch die Entscheidung, sich in dem Buch mit eigenem Namen und als Sonderschülerinnen zu erkennen zu geben, zeigt, wie sehr die beteiligten Mädchen durch das Schreiben in ihrem Selbstwertgefühl gestärkt wurden. Durch die Veröffentlichung des Buches haben sie außerdem selber einen Beitrag zur Gewaltprävention geleistet.

Die Schülerinnen wurden im Rahmen des Projektes in ihren aktuellen Lebensbezügen und Problemstellungen abgeholt und erhielten ein attraktives Angebot, das zum Mitmachen motivierte. Das pädagogische Konzept setzte an den Fähigkeiten der Mädchen, an ihren sozialen Kompetenzen und Kenntnissen über Selbstbehauptung an und bot Auseinandersetzungen über die in der Jugendphase zentrale Frage der Entwicklung einer tragfähigen Lebensperspektive und der persönlichen Identitätsfindung. Vor allem mußte es für die als unfähig etikettierte Gruppe eine Herausforderung darstellen, ungewöhnliche kognitive/intellektuelle Leistungen in Form des Mediums Buch und somit den Gegenbeweis der unterstellten Defizite zu erbringen.

2.6. Kooperationserfahrungen

Eine wesentliche Bedingung des Projekterfolges ist zweifellos in der Kooperation der beteiligten PartnerInnen zu sehen. Ein gleichberechtigtes und offenes Aufeinanderzugehen wurde von Beginn an angestrebt und durch den Bezug auf das gemeinsame Thema auch schrittweise realisiert. Alle Beteiligten konnten in unterschiedlicher Weise ihre spezifischen Erfahrungen und die mit ihrer Institution gegebenen Ressourcen einbringen. Der Beirat bot die Möglichkeit, konkrete Projektschritte zu besprechen, aber auch zu einem Austausch über die zum Teil unterschiedlichen professionellen Zugänge und Arbeitsweisen zu gelangen.

Um sicherzustellen, dass das Projekt nicht der Schule als „Fremdköper" eingepflanzt wird, wurde mit Unterstützung des Schulleiters Raum für das Vorhaben und für konzeptionelle Diskussionen in der Schulkonferenz gegeben. Dies förderte die Motivation auch anfänglich skeptischer LehrerInnen zur aktiven Mitarbeit und trug zu wechselseitigen Lernprozessen bei.

Dabei zeigte sich, dass die Durchführung des Projektes durch eine sozialpädagogisch und mädchenpädagogisch ausgebildete Fachkraft, die nicht mit Schule identifiziert wurde, nicht in der Lehrerinnenrolle auftrat, von wesentlicher Bedeutung war. Die Mädchen nahmen deutlich wahr, dass die Projektleiterin keine Mitarbeiterin der Schule war, nicht der Weisungsbefugnis der Schulleitung unterlag und keine Zensuren zu vergeben hatte. Ängste im Leistungsbereich ließen sich so besser abbauen, und die Mädchen äußerten sich zunehmend offener über ihre alltäglichen Probleme. Die Mädchengruppe gewann so den Charakter eines Freiraumes von in der Lebenswelt erfahrenen Belastungen und bot die Möglichkeit, abschalten zu können, ausgelassen zu sein und Spaß zu haben. Vor diesem Hintergrund trauten sich auch einzelne Mädchen, neue, zum Teil mit Ängsten verbundene Lernschritte zu vollziehen: Erfahrungen aufschreiben und die eigene Meinung zu vertreten, kritischen Äußerungen von Mitschülerinnen und -schülern sachlich zu begegnen, ein Radiointerview geben und in Form von Rollenspielen das Erlebte einem breiteren Publikum präsentieren.

Die Projektleiterin arbeitete an vielen Stellen mit LehrerInnen zusammen und vermittelte den Mädchen nicht eine Konkurrenz, sondern Kooperation und Komplementarität der Rollen zwischen Lehrkräften und Mädchenpädagogin.

3. Annäherungen

Resümierend ist festzustellen, dass die Kooperation zwischen Schule und Mädchenarbeit einen wichtigen Beitrag zur qualifizierten Förderung von Mädchen, die von ihnen auch angenommen wird, leisten kann. Mitarbeiterinnen der Mädchenarbeit/Jugendhilfe erfahren mehr über einen zentralen Lebensbereich der Mädchen und haben die Gelegenheit, Vorurteile gegenüber einer Institution zu überprüfen, die oftmals allein unter dem Blickwinkel der Benachteiligung von Mädchen gesehen wird: Die in Studien nachgewiesene geringere Beachtung und Aufmerksamkeit von Lehrerinnen und Lehrern gegenüber Mädchen, das Dominanzverhalten vieler Jungen und die gegen Mädchen gerichteten verbalen und körperlichen Aggressionen, die mangelnde Auseinandersetzung der Kollegien mit dem Problem geschlechtsbezogener Gewalt gegen Mädchen und die Ausblendung dieses Faktors in der „allgemeinen" Diskussion um Jugendgewalt.

Dagegen entsteht in der Auseinandersetzung mit der Schule ein differenzierteres Bild: Deutlicher wahrnehmbar wird – neben den beschriebenen Problemen – das Engagement vieler LehrerInnen für die Schülerinnen und Schüler, auch die Wahrnehmung der Mädchen in ihrer Benachteiligung und ihren Bewältigungsstrategien durch einzelne Lehrkräfte. Deutlich werden ebenfalls die Schwierigkeiten der Lehrerinnen, den Mädchen und Jungen im Alltag gerecht zu werden, ihre Lebenswelt einzubeziehen, zugleich aber Leistung zu fordern und durch die Notenvergabe zu selektieren. Der Respekt wuchs vor solchen Lehrkräften, die sich tagtäglich in diesem Spannungsfeld für ihre SchülerInnen engagieren.

Die beteiligten LehrerInnen machten dagegen die Erfahrung, dass der von der Mädchenpädagogin praktizierte parteiliche Ansatz eine Vertrauensbasis zu den Mädchen schuf und eigenständiges, selbstbestimmtes und selbstverantwortetes Handeln der Mädchen förderte. Die Orientierung an den Stärken der Mädchen als Arbeitsprinzip, die stete Ermutigung und Bestärkung der Mädchen in ihrem „So-sein" wirkten sich sichtlich positiv auf ihr Selbstvertrauen aus. Nachvollziehbar wurde auch, dass das Zusammensein in der Mädchengruppe, ohne Jungen, die Erfahrung der eigenen Stärken und das Selbstbewußtsein der Mädchen enorm förderte. Bestehende Vorurteile, bei der Mädchenarbeit handele es sich um ein ideologiebefrachtetes Angebot, in dem einige „Emanzen" jungen Mädchen ihr Weltbild aufdrängen, konnten in der Auseinandersetzung mit der Projektpraxis überprüft und revidiert werden.

Die Kooperation von Schule und Mädchenarbeit förderte die Erkenntnis darüber, dass das Geschlechterverhältnis ein gemeinsames Thema ist, die Geschlechterperspektive somit in das alltägliche professionelle Handeln und die Konzipierung neuer Angebote in Schule und Jugendhilfe durchgängig einzubeziehen ist.

Teile dieses Beitrages entstammender Abschlußpublikation über das Projekt (Diakonisches Werk Westfalen u.a. (Hrsg.): „Ich hab' von allem was dazugelernt..." 1999)
Weitere Projektbeschreibungen und Material:
Landesarbeitsgemeinschaft Mädchenarbeit. Alsenstraße 28, 33602 Bielefeld.
Tel: 0521/139594. Fax: 0521/3292105

Literatur

Dithmar, Ute/Helga Maier-WarnekeKathrin Lichte/Lotte Rose: Kein Kinderspiel. Erfahrungen eines Modellprojektes zur Kooperation von Schule und Mädchenarbeit. In: Betrifft Mädchen 2 (1999), S. 13-17 (ISA Münster)
FUMA – Frauen unterstützen Mädchenarbeit (Hrsg.): Bestandsaufnahme und Bedarfsanallyse von Mädchenarbeitskreisen und Mädchennetzwerken in NRW. Gladbeck 1998
„Ich hab' von allem was dazugelernt". Neue Ansätze in der Mädchenarbeit. Ergebnisse und Erfahrungen aus dem Modellprojekt „Macht uns nicht an!" Hrsg.: Diakonisches Werk der Ev. Kirche von Westfalen, Gleichstellungsstelle der Stadt Greven, Regionalstelle Frau und Beruf für den Kreis Steinfurt.
Kaiser, Astrid (Hrsg.): FrauenStärken – ändern Schule. 10. Bundeskongreß Frauen und Schule. Bielefeld 1996
Orenstein, Peggy: Starke Mädchen, brave Mädchen. Was sie in der Schule wirklich lernen. Frankfurt/M. 1996
Prengel, Annedore: Was ist besonders an der Situation der Sonderschülerinnen? – Erste Schritte von Frauenforschung in der Sonderpädagogik. In: Ilse Brehmer (Hrsg.): Sexismus in der Schule. Weinheim 1982, S. 202-214
Wortberg, Christiane (Hrsg): „Macht uns nicht an!" Tips und Tricks zur Selbstbehauptung von Mädchen für Mädchen. Münster 1998

Kontaktadresse für Mädchenarbeit bundesweit:

Bundesarbeitsgemeinschaft (BAG) Mädchenpolitik e.V.

Kontakt:
LAG „Mädchen und junge Frauen in Sachsen" e.V.: Brigitte Drechsel
Altenzeller Str. 19
01069 Dresden
fon + fax 0351.4716429

Kontaktadressen für landesweite Zusammenschlüsse in der Mädchenarbeit

Baden-Württemberg

Landesarbeitsgemeinschaft Mädchenpolitik Baden-Württemberg e.V.
Geschäftsstelle:
Albrechtstr. 8
72072 Tübingen
Tel./Fax: 07071 – 76 6 41

Bayern

Landesarbeitsgemeinschaft Arbeit mit Mädchen und jungen Frauen/Mädchenpolitik in Bayern (in Gründung). Kontakt: Tina Kuhne
c/o Kontakt- und Informationsstelle/IMMA e.V.
Jahnstr. 38
80469 München
Tel.: 089 – 26 85 65, Fax: 089 – 26 89 79
email: IMMA.e.V@gmx.net

Berlin

LAG in Gründung
Kontakt: Gabriele Naundorf
Wannsee FORUM
Hohenzollernstr. 14
14109 Berlin
Tel.: 030/806800, Fax: 8068088

Brandenburg

Brandenburgisches Mädchen- und Frauennetzwerk
Kontakt: Ulrike Häfner
Kontakt- und Koordinierungsstelle für außerschulische Mädchenarbeit im Land Brandenburg
Geschwister-Scholl-Str. 53
14471 Potsdam
Tel./Fax: 0331 – 96 31 52

Bremen/Bremerhaven

Arbeitskreis Mädchenpolitik
Kontakt: Gundula Lösch-Sieveking
c/o Bremische Zentralstelle für die Verwirklichung der Gleichberechtigung der Frau
Knochenhauerstr. 20/25
28195 Bremen
Tel.: 0421 – 361 3346 oder 361 3133, Fax: 0421 – 361 3228

Hamburg

AKÜ- Überbezirklicher Arbeitskreis Frauen in der feministischen Mädchenarbeit, Hamburg
Kontakt: Marja L. Evers
c/o Dolle Deerns e.V.
Lippmannstr. 16
22769 Hamburg
Tel.: 040 – 43 44 82, Fax: 040 – 43 25 08 08

Hessen

Landesarbeitsgemeinschaft Mädchenpolitik in Hessen e.V.
Kontakt: Kirsten Langmaack
Riedstr. 54
60388 Frankfurt/M.
Tel./Fax: 06109 – 36 833

Niedersachsen

Niedersächsisches Modellprojekt – Mädchen in der Jugendarbeit
Kontakt über: Koordinationsstelle des Niedersächsischen Modellprojektes
„Mädchen in der Jugendarbeit",
Sabine Sundermeyer
Schwarzer Bär 4
30449 Hannover
Tel.: 0511/2153153, Fax: 2153154

Nordrhein-Westfalen

FUMA – Frauen unterstützen Mädchenarbeit e.V., Fachstelle Mädchenarbeit NRW
Kontakt: Cäcilia Debbing, Marita Ingenfeld
Landstr. 164
45968 Gladbeck
Tel./Fax: 02043 – 30 959

Landesarbeitsgemeinschaft Autonome Mädchenhäuser/Feministische Mädchenarbeit, NRW e.V.
Kontakt: Renate Janßen
Paulstr. 4
45889 Gelsenkirchen
Tel./Fax: 0209 – 87 94 11

Landesarbeitsgemeinschaft Mädchenarbeit in NRW e.V.
Kontakt: Ulrike Graff
Alsenstr. 28
33602 Bielefeld
Tel.: 0521 – 13 95 94, Fax: 0521 – 32 92 105
email: lag@maedchenarbeit-nrw.de; http://www.maedchenarbeit-nrw.de

Sachsen

Landesarbeitsgemeinschaft Mädchen und junge Frauen in Sachsen e.V.
Kontakt: Brigitte Drechsel; Fach- und Koordinierungsstelle
Altenzellerstr. 19
01069 Dresden
Tel.: 0351 – 252 28 68, Fax: 0351 – 252 28 68

Sachsen-Anhalt

Landesarbeitsgemeinschaft Mädchenarbeit im Land Sachsenanhalt
Koordination der LAG: Referat Mädchenarbeit im Amt für Kinder – und Jugendarbeit der KPS, Kerstin Schumann
Schöppensteg 16
39124 Magdeburg
Tel.: 0391 – 25 40 212

Schleswig-Holstein

Landesarbeitsgemeinschaft Mädchen und junge Frauen in der Jugendhilfe Schleswig-Holstein
Geschäftsführung: Maren Lehmann
c/o Ministerium für Frauen, Jugend, Wohnungs- und Städtebau
Theodor-Heuß-Ring 49
24113 Kiel
Tel.: 0431 – 988 7421

Thüringen

Landesarbeitsgemeinschaft: „Thüringer Mädchenpolitik und Mädchenarbeit"
Kontakt: Susanne Schur
Fraueninitiative Neuhaus
Semmelweißstr. 7
98724 Neuhaus
Tel.: 03679 – 723144

Benedikt Sturzenhecker

Kooperation von Schule und Jugendarbeit zum Thema „Gewalt"

1. Einleitung

Die Ursachen von „Gewalt", die Definitionsprobleme dieses Begriffs und die zahlreiche Literatur werden in diesem Text nicht referiert. Der Beitrag beschränkt sich auf die Darstellung eines breiten Spektrums von Arbeitsweisen, in denen Jugendarbeit und Schule kooperieren können, wenn sie gemeinsam etwas zur Behebung von Gewaltursachen tun wollen.

Eine wichtige Voraussetzung der Kooperation ist gegenseitige Kenntnis der Partner. Deshalb werden als erstes die verschiedenen Formen der Jugendarbeit beschrieben und mögliche Motive von Jugendarbeit geschildert, mit Schule „gegen Gewalt" zusammen zu arbeiten. Der größte Teil des Textes zeigt dann die praktischen Kooperationsmöglichkeiten auf. Im Überblick:

- Gewalt verstehen
- Konflikte bearbeiten
- soziales Lernen: Alternativen zur Gewalt einüben
- Mitbestimmen: Schule und Jugendarbeit als Erfahrungsfeld von Demokratie
- Ressourcen eröffnen
- Vernetzen und Koordinieren

2. Wer ist der Kooperationspartner Jugendarbeit?

Die Jugendarbeit teilt sich im Wesentlichen auf in zwei große Bereiche, in die verbandliche Jugendarbeit und die offene Jugendarbeit. Die weltanschaulich wertorientierten Jugendverbände haben aus Tradition eine Ausrichtung an fester Mitgliedschaft, obwohl sie sich auch zunehmend für Nichtmitglieder und allgemeine Aufgaben der Jugendarbeit (so auch der Kooperation mit Schule) öffnen. Die Offene Jugendarbeit wird sowohl von freien wertorientierten Trägern als auch vom öffentlichen Träger angeboten. Sie kennt keine dauerhafte Mitgliedschaft, sondern die Kinder und Jugendlichen besuchen die Häuser, Jugendzentren, Jugendräume freiwillig und nach selbstgewählter Zeiteinteilung. Die Jugendverbandsarbeit ist sehr stark dadurch charakterisiert, dass es wenige Hauptamtliche gibt und die Arbeit im Wesentlichen durch Freiwillige (Ehrenamtliche) durchgeführt wird. Das sind oft selber Jugendliche oder junge Menschen, die dann wieder Kinder- und

Jugendgruppen leiten. Die Verbände zeichnen sich aus durch eine interne demokratische Struktur, Leitungspersonen auf den unterschiedlichen Ebenen werden demokratisch gewählt. Das Programm in den Verbänden knüpft im Wesentlichen an die Interessen der Mitglieder an, andererseits aber werden auch im Gesamtverband bestimmte Großthemen gemeinsam für alle als Orientierung festgesetzt (z.B. wie Themen Umweltschutz, Dritte Welt, Behindertenarbeit usw.). Ein Teil der Verbände hat auf der Basis der grundsätzlichen Wertorientierung (z.B. katholische, evangelische, sozialistische Jugendverbände) eine ganz allgemeine Orientierung an den Interessen von Kindern und Jugendlichen und an deren Lebenswelt. Andere Verbände sind eher thematisch orientiert (Feuerwehrjugend, Lebensrettung, gewerkschaftliche Jugendverbände usw.). Da Schule ein wichtiges Thema im Leben von Kindern und Jugendlichen darstellt, haben auch die Verbände im Prinzip Interesse an einer Kooperation. Dabei ist jedoch zu bedenken, dass die Arbeitsweisen im Wesentlichen durch Ehrenamtliche getragen werden, die selber nach der Schule oder dem Beruf die Jugendarbeit durchführen. Oft sind Kooperationsformen, wie sie hier im Weiteren beschrieben werden, für Ehrenamtliche zu aufwendig zu leisten und sie ihnen neben ihrer normalen Arbeit im Verband noch zusätzlich aufzusatteln, käme einer Überforderung gleich. Kooperationen mit Ehrenamtlichen und den Verbänden müssen deren Interessen, Zeitbudget und andere Ressourcen konstruktiv einplanen. Andererseits hat sich in den letzten Jahren (besonders in Nordrhein-Westfalen) doch ein System von hauptamtlicher Unterstützung für Jugendverbandsarbeit entwickelt. So gibt es in kath. Dekanaten oder ev. Kirchenkreisen häufig hauptamtliche Jugendarbeiter, die sich auch um die Verbandsjugendarbeit kümmern und die auch Kooperationspartner von Schule sein können. Diese Hauptamtlichen können selber mit Schule Projekte durchführen und andererseits Mittler zu ehrenamtlichen Strukturen sein. Vor Ort sind die Verbände häufig in Kreis- oder Stadtjugendringen organisiert und auch diese Zusammenschlüsse sind Partnerorganisationen, die Kontakte zu einzelnen Verbänden vor Ort herstellen können.

Die Offene Jugendarbeit ist im Gegensatz zu den Verbänden deutlich durch hauptamtliche pädagogische Fachkräfte bestimmt. Das macht besonders die Offene Arbeit zu einem potenziellen Kooperationspartner von Schule, weil dabei pädagogische Professionelle mit pädagogischen Professionellen zusammen arbeiten können. Außerdem bringt die Offene Jugendarbeit wichtige räumliche und fachliche Ressourcen mit, die gerade für Kooperationsprojekte interessant sein können, die sich auch aus der Schule heraus bewegen wollen.

Für beide Formen von Jugendarbeit ist aus Sicht der Schule stets zu bedenken, dass für die Jugendarbeit die „Freiwilligkeit" zu einem Grundcharakteristikum gehört. Freiwilligkeit bedeutet, dass Kinder und Jugendliche in der Jugendarbeit zu nichts verpflichtet werden können und sie nach ihren eigenen Wünschen sich in Aktivitätsformen oder Zeiten beteiligen (d.h. aber auch wegbleiben können). Dieses steht im Gegensatz zur Schulpflicht und zur starken Strukturierung durch Schule von Klassen und Unterricht. In Kooperation ist deshalb stets darauf zu achten, dass dieses Charakteristikum von Jugendarbeit durch Schule nicht ignoriert oder aufgehoben wird. Jugendarbeit muss Freiwilligkeit erhalten und verteidigen um überhaupt Jugendarbeit zu bleiben. Generell gilt es bei der Kooperation zweier so verschiedener Organisationen wie Schule und Jugendarbeit auch sehr darauf zu achten, die unterschiedlichen Charakteristika der Institutionen zu verstehen und anzuerkennen und auf der Basis der Differenz doch Gemeinsamkeiten zu suchen.

3. Motive der Jugendarbeit zur Thematisierung von „Gewalt"

Jugendarbeit greift die Themen und Probleme der Kinder und Jugendlichen in ihrer Lebenswelt auf. Sie engagiert sich dafür, dass die Lebensbedingungen für Kinder und Jugendliche verbessert werden und dass diese in der Jugendarbeit, im Stadtteil, in der Schule und in der politischen Gemeinde stärker mitbestimmen können. Wenn also Gewalt ein Problem von Kindern und Jugendlichen ist, kann Jugendarbeit dieses nicht ignorieren. Kinder und Jugendliche sind von Gewalt als „Täter" und als „Opfer" betroffen und das Symptom Gewalt zeigt, dass es Belastungen für Kinder und Jugendliche geben muss, die diese mit Gewalthandlungen beantworten. Jugendarbeit hat das Ziel, die Entwicklung von Kindern und Jugendlichen zu einer mündigen Persönlichkeit und zu einem mündigen und engagierten Gesellschaftsmitglied zu fördern. Das Symptom Gewalt zeigt, dass solche positive Entwicklung gefährdet ist und Jugendarbeit ist gehalten, Gewalt konstruktive Alternativen entgegenzusetzen. Dazu kann auch die Kooperation mit Schule gehören, die ja einen wichtigen Faktor in der Lebenswelt von Kindern und Jugendlichen darstellt und in der die Jugendarbeit die Chance hat, viele Kinder und Jugendliche zu treffen und sie von der Attraktivität ihrer Angebote und Arbeitsweisen zu überzeugen. Dennoch bleibt einschränkend zu sagen, dass Gewalthandlungen nicht das einzige Problem von Kindern und Jugendlichen sind und die Jugendarbeit sinnvolle Schwerpunkte setzen muss. Das gilt vor allen Dingen für die ehrenamtliche Jugendarbeit der Verbände, die sich aus dieser Begrenzung heraus nicht um alle Themen kümmern kann. Aber auch die Offene Jugendarbeit muss Schwerpunkte setzen und kann nicht an allen Themen gleichzeitig arbeiten. Zudem ist Jugendarbeit nicht beauftragt mit „Problemlösungen", sondern ein Feld, in dem Kinder und Jugendliche ihre (Freizeit-)Interessen selbstverantwortlich realisieren können. Einfach gesagt: Spaß haben hat in ihr genau so viel Berechtigung wie Arbeit an Problemen. Deshalb ist es nicht automatisch gegeben, dass Jugendarbeit in jedem Fall Interesse an einer Kooperation mit Schule zum Thema Gewalt haben wird. Schule muss vor Ort herausfinden unter welchen Bedingungen die Jugendarbeit vor Ort arbeitet und welche attraktiven Möglichkeiten der Kooperation mit Schule es für sie geben könnte. Jugendarbeit befürchtet häufig, das Schule nur ein weiteres soziales Problem wie Gewalt, das sie selber nicht lösen kann oder will, auf andere Expertensysteme abwälzen möchte. Solchen Ansinnen verweigert sich Jugendarbeit in der Regel. Statt dessen hat sie Interesse an einer Kooperation, die aus der Unterschiedlichkeit der beiden Systeme für beide neue Perspektiven und veränderte Arbeitsweisen eröffnet. Dazu müssen sich auch beide Seiten nach ihren Kräften möglichst gleichberechtigt einbringen.

4. Praktische Kooperationsformen

Die im Folgenden dargestellten Kooperationsformen von Jugendarbeit und Schule zum Thema „Gewalt" wurden nach den inhaltlichen Aufgaben zusammengefasst, die sich stellen für eine pädagogische Arbeit im Umgang mit Gewalt, die nicht nur Gewaltsymptome bekämpfen will, sondern die dahinterliegenden Ursachen in Lebensverhältnissen, Belastungssituationen von Kindern und Jugendlichen und struktureller Gewalt (auch in den Institutionen) verändern will (vgl. dazu auch: Hurrelmann/Rixius/Schirp 1996).

4.1. Gewalt verstehen

Häufig werden Jugendarbeit und Schule erst tätig, wenn manifest Gewalt hervortritt. Nicht selten stürzt man sich dann auf die angeblichen „Täter" und versucht sie zur Rechenschaft zu ziehen, sie zu disziplinieren oder zu therapieren. Man bleibt jedoch häufig an der Oberfläche, weil die Gewaltursachen nicht analysiert werden und die Gewalthandlung individualisiert wird als Problem von „Einzeltätern"."Gewalt hat jedoch immer eine Geschichte, sie entsteht in bestimmten Lebensbedingungen und Situationen. Nur wenn diese Hintergründe gesehen und verstanden werden, kann man auch Möglichkeiten finden, wie sie beeinflusst werden können. Schule und Jugendarbeit können sich bei einem solchen Versuch der Gewaltanalyse ergänzen. Ihre unterschiedlichen professionellen Sichtweisen und institutionellen Bedingungen können zusammenkommen und somit eine komplexere Analyse ermöglichen und damit später auch ein angemesseneres und komplexeres Handeln eröffnen. Im Folgenden werden einige solcher Kooperationsmöglichkeiten für eine komplexere Gewaltanalyse aufgezeigt.

Kollegiale Beratung

Die besonders zu empfehlende Form der Kooperation im Verstehen von Gewalt sind kollegiale Arbeitskreise, in denen sich pädagogische Fachkräfte aus Schule und Jugendarbeit (möglicherweise auch noch in Kooperation mit schulpsychologischem Dienst, Beratungsstellen, Polizei usw.) treffen. Anstatt allgemein das Gewaltthema zu behandeln, geht es hier darum, einzelne Problemfälle, die sich in den Arbeitsfeldern für die beteiligten Hauptamtlichen stellen, gegenseitig zu beraten. Einzelpersonen müssen also konkrete Fälle und Fragestellungen einbringen, die dann nach einem bestimmten Grundschema von der Gruppe beraten werden. Dieses Schema kollegialer Beratung ist einfach und kann innerhalb eines Tages von einer solchen Gruppe gelernt werden (Anleitung zu solchen Beratungsmethoden geben z.B. Supervisorinnen und Supervisoren der Deutschen Gesellschaft für Supervision, Köln). In jeweils 1- bis 1 1/2 Stunden Gesamtberatung stellt ein Protagonist zunächst sein Problem vor, sein oder ihr Verstehen wird durch Verstehenshypothesen der anderen Beteiligten erweitert und schließlich werden mögliche Handlungsalternativen entwickelt. Dabei bleibt die Entscheidung über Deutungen und Handlungen stets in der Hand des Protagonisten, die Gruppe bietet ihm ausschließlich Vorschläge zur Interpretation und zu Handlungsperspektiven an. Grundbedingung einer solchen Arbeit sind:

– Kenntnis der Grundmethode kollegialer Beratung.
– Die Arbeit an konkreten Projektthemen aus dem Alltag der einzelnen Mitglieder.
– Die Bereitschaft zur Öffnung und gegenseitigen Hilfestellung durch Deutungsanregungen und Suche nach Handlungsalternativen.
– Nur motivierte TeilnehmerInnen, die eigene Praxissituationen besser verstehen und ihr Handeln verändern wollen (und die nicht als Vertreter ihrer Institution zwangsabgeordnet wurden).
– Die lokale Nähe der Arbeitskreismitglieder untereinander, die enge Kooperation auch zu einer weiteren Bearbeitung der Einzelfälle möglich macht.
– Interdisziplinarität: Pädagogische Fachkräfte aus unterschiedlichen Institutionen bringen ihre unterschiedlichen Perspektiven zur Bereicherung ein.

- Gruppengröße nicht kleiner als 5 nicht größer als 10 TeilnehmerInnen.
- Verabredung gegenseitiger Vertraulichkeit: Die gegenseitig erfahrenen Informationen werden nicht an andere weiter gegeben.

Beispiel:
Im Norden des Kreises Gütersloh hatte sich in einer Stadt ein Arbeitskreis „Jugend und Gewalt" gebildet, unter Beteiligung von MitarbeiterInnen aus kommunalen Jugendzentren, drei Lehrern/Lehrerinnen (Berufsschule, Gymnasium, Realschule) sowie Fachkräfte aus einer Erziehungsberatungsstelle und der Jugendgerichtshilfe und schließlich ein mit Präventionsaufgaben betrauter Polizeibeamter. Angeleitet durch einen externen Berater traf sich die Gruppe vierwöchentlich zu jeweils dreistündigen Sitzungen, in der zwei bis drei Problemfälle einzelner Teilnehmer gegenseitig beraten wurden. Dabei wurde ein Grundschema kollegialer Beratung verwendet. Etwa die Hälfte der behandelten Probleme drehten sich um konkretes Gewalthandeln von Jugendlichen (Vandalismus von türkischen Jungs, Schlägereien zwischen Schülern verschiedener Schulformen, Angriffe auf Lehrer, Kleinkriminalität von Schülern, Jugendarbeit mit Gewalttätigen). Die andere Hälfte thematisierte institutionelle (soziale, strukturelle, machtbedingte, politische) Probleme der Durchsetzung angemessener Umgangsweisen mit Jugendgewalt, z.B. Einrichtung von Täter-Opfer-Ausgleich, Präventionsgestaltung als Aufgabe der Polizei, aufrechter Gang oder Duckmäuserei von Lehrern in der Schule, Beratungsformen des Kreisjugendamtes für lokale Gewaltprobleme usw. Die Gruppe machte positive Erfahrungen mit dieser Arbeitsweise. Sie erbrachte ein neues Verständnis von Gewaltursachen in den jeweiligen Arbeitsfeldern, zeigte, das oft die Institution am Entstehen der Gewalt beteiligt waren, brachte ein gegenseitiges besseres Kennen und Verstehen der institutionellen Gegebenheiten und Zwänge der bei den einzelnen Mitgliedern, ermöglichte neue Handlungsweisen im Umgang mit Gewalt, die alte Konventionen überschritten, half gegenseitig im Alltag zu kooperieren und gemeinsam Problemstellungen zu lösen. So wurde die Arbeit von allen Beteiligten als sehr positiv bewertet.

Fallkonferenzen

Fallkonferenzen werden hier verstanden als kooperative Analyseform in der pädagogische Fachkräfte aus Schule und Jugendarbeit gemeinsam einzelne Gewaltprobleme oder -situationen besser zu verstehen und für sie Handlungsalternativen zu entwickeln. Diese Arbeitsform ist also zeitlich und thematisch begrenzt. Sie empfiehlt sich besonders, wenn die Kinder und Jugendlichen (Schüler/Schülerinnen), um deren Handeln es geht, sowohl Jugendarbeit wie Schule aufsuchen. Evtl. ist es möglich, dass die Jugendarbeit auch beteiligt wird, wenn diese Jugendlichen nicht direkt an ihr teilnehmen, aber zu ihrem potenziellen Adressaten im Einzugsgebiet gehören. In solchen Fallkonferenzen geht es darum, ein möglichst komplexes Hintergrundbild über die Gewaltursachen und die Beteiligten herzustellen. Dabei muss auch immer geprüft werden, wie die beteiligten Institutionen durch ihr Handeln (oder Nichthandeln) Gewalt möglicherweise gefördert haben. Neben der Informationssammlung über die Lebensbedingungen und möglichen Gründe für das Gewalthandeln der Kinder und Jugendlichen, gilt es immer wieder zu fragen, welchen „Sinn" ihr Gewalthandeln macht, welche Funktionen es für sie hat in ihren sozialen Zusammenhängen oder in der jeweiligen Problemsituation. Nach einem Versuch komplexeren Verstehens geht es in Fallkonferenzen darum, mögliche Handlungsalternativen aufzufächern (d.h. auch immer Handlungsmöglichkeiten zu entwickeln, die bisher noch nicht zum Standardrepertoire der Institutionen und Fachkräfte gehören) und dann möglicherweise in Kooperation Handeln zu verabreden. Es muss darauf hingewiesen werden, dass Fallkonferenzen die Gefahr mit sich bringen, dass Kinder und Jugendliche als Täter stigmatisiert werden und einen nun vernetzten und kooperativen Zugriff von Institutionen erleiden müssen. Diese Gefahr kann vermieden werden, wenn Kinder und Jugendliche (Schülerinnen und Schüler) an solchen Fallkonferenzen beteiligt werden. Hier entsteht allerdings ein Übergang zur Methode der Mediation, die weiter unten geschildert wird.

Anwalt für Kinder und Jugendliche, Schülerinnen und Schüler

Eine Variante der Fallkonferenzen kann sein, dass Schulkonferenzen zu einzelnen Gewaltproblemen Fachkräfte aus der Jugendarbeit einladen und sie bitten, im Prozess der Gewaltanalyse und der Entwicklung von Handlungsmöglichkeiten anwaltschaftlich die Position der betroffenen Kinder und Jugendlichen zu vertreten, wenn diese nicht anwesend sein können. Wird diese Rolle gesondert zugewiesen, kann es weniger dazu kommen, dass Fallkonferenzen über die Köpfe und Deutungen von Kindern und Jugendlichen hinweg entscheiden. Die Aufgabe der Fachkraft aus der Jugendarbeit ist es, sich in die Rolle der betroffenen Kinder und Jugendlichen hineinzuversetzen und aus ihrer Sicht, aber in erwachsener fachlicher Sprache sowohl Hintergründe für Gewalthandlungen aufzuzeigen, als auch mögliche Reaktionen der betroffenen Kinder und Jugendlichen auf Sanktionen oder Handlungsweisen der Schule zu imaginieren. In dem so zumindest anwaltschaftlich die Stimme der Kinder und Jugendlichen in diesen Konferenzen vertreten ist, werden sie weniger stigmatisiert oder ungerecht behandelt. Die Handlungsweisen gegen Gewalt können optimiert werden, in dem man sich vorstellt, wie Kindern und Jugendliche auf sie reagieren würden.

Gemeinsame Sozialraumanalysen zu Gewaltursachen und ihrer Veränderung

Wichtige Gewaltursachen lassen sich finden in Belastungen und mangelnden Ressourcen für Kinder und Jugendliche in ihrer Lebenswelt. Für Schule und Jugendarbeit stellt sich gemeinsam die Aufgabe, die Lebenswelten oder den Sozialraum ihrer Adressaten kennen zu lernen, sich in der Pädagogik darauf zu beziehen und die Bedingungen in ihm für Kinder und Jugendliche Schülerinnen und Schüler zu verbessern. Solche Belastungs- und Ressourcenanalysen können mit den betroffenen Kindern und Jugendlichen gemeinsam z.B. in ihrem Stadtteil durchgeführt werden. Prinzipielle Methoden von Sozialraumanalysen finden sich in Deinet 1999. Spezifische Blickwinkel, die sich besonders auf besseres Verstehen von Gewaltursachen in Lebenswelten richten sind z.B.: Besondere *Konfliktorte*, in denen es zu Gewalt kommt, *Interessenanalysen*, in denen es darum geht, herauszufinden, was Kinder und Jugendliche brauchen und wo und warum sie es nicht erhalten, *Ressourcenanalysen*, in denen es darum geht, wie Kinder und Jugendliche im Stadtteil bei ihren Problemen unterstützt werden (oder auch nicht), *Konfliktanalysen*, in denen es darum geht, die Konfliktpotenziale unterschiedlicher Lebenslagen von sozialen Gruppen herauszufinden usw. Beteiligt man die Kinder und Jugendlichen an solchen Projekten, erhält man nicht nur Insiderinformationen und holt die Lebenswelt in die Schule herein, sondern man zeigt auch den Kindern und Jugendlichen, dass man ihre Probleme erkennt und aufgreift und sie mit ihnen gemeinsam verändern will.

Beispiel:
Eine Hauptschule in einem ländlichen Mittelzentrum führte in Kooperation mit dem Jugendhaus der Gemeinde eine Projektwoche durch mit zwei fünften Klassen zum Thema „Konflikt- und Gewaltorte", das für die Kinder übersetzt hieß, an welchen Orten auf dem Schulweg und in unserer Stadt habe ich Angst und wo kommt es zu Streit. Gemeinsam mit den Kindern besuchten die Jugendarbeiterin und der Lehrer die verschiedenen Orte, die Kinder beängstigend und konfliktträchtig empfanden, erstellten davon Fotodokumentationen (auch von nachgestellten Konfliktgeschichten die sich dort ereigneten) und legten eine Art Kataster (eine Landkarte) belastender Orte von Kindern und Jugendlichen in der kleinen Stadt an. Es stellte sich heraus, das für diese Klassen besonders die Schulbusfahrten und der große Busbahnhof bedrohlich waren, das es dort immer wieder zu Konflikten und Gewaltsituationen kam. Daraufhin wurden gemeinsame Veränderungsaktionen geplant, es wurde ein Projekttraining im Jugendhaus zur Gewaltvermeidung im Schulbus durchgeführt, die Jugendarbeiter besuchten häufiger die Jugendszene auf dem Busbahnhof und entwickelten mit den Kindern im Nachmittagsbereich des Jugendhauses Plakate, in dem sie ihren Protest gegen Gewalt von Älteren am Busbahnhof ausdrückten. All diese Aktionen hatten nicht unbedingt ein Verschwinden, so doch aber eine deutliche Verminderung von Gewalt an den bedrohlichen Orten zur Folge.

Beispiel:
In einer Stadt im Ruhrgebiet erstellten Jugendhausmitarbeiter in einer schulischen Projektwoche mit einer Schülergruppe aus verschiedenen Klassen eine Broschüre über die verschiedenen Hilfsangebote für Kinder und Jugendliche im Stadtteil (der von dem Jugendarbeiter vorgeschlagene lebensweltnahe Titel der Broschüre „Hier werden Sie geholfen" wurde allerdings von den beteiligten Lehrern nicht akzeptiert). Hier ging es darum, Kindern und Jugendlichen aufzuzeigen, welche Unterstützungsmöglichkeiten und Ressourcen sie bei ihren Problemen erhalten können. Jugendarbeitsangebote, Beratungsstellen, Sportvereine, Freizeitaktivitäten usw. wurden in diesem Reader aufgeführt.

Gegenseitige Institutionanalyse Jugendhaus und Schule als Gewaltquellen

Gewalt entsteht nicht außerhalb pädagogischer Institutionen, sondern auch in ihnen durch personelle und strukturelle Gewalt. Das gilt für Schule wie für Jugendarbeit. Diese Gewalthaltigkeit der eigenen Institution und des pädagogischen Handelns in ihr selbstkritisch zu reflektieren und zu verändern, kann eine wichtige Kooperationsaufgabe sein, bei der sich Schule und Jugendarbeit gegenseitig unterstützen können. Dieses kann geschehen in gegenseitigen Institutionsanalysen, in dem einzelne oder Gruppen von pädagogischem Personal aus der jeweiligen Partnerinstitution die andere kritisch unter die Lupe nehmen und analysieren, welche Gewaltursachen sie dort erkennen können. Dafür nehmen sie gegenseitig an typischen pädagogischen Situationen teil (z.B. im Unterricht und in den Pausen oder im offenen Bereich eines Jugendhauses). Aus den Beobachtungen und Analysen wird eine Art Expertise erstellt, die der Partnerinstitution ihre Schwachstellen kritisch kooperativ aufzeigt. Diese Form von kooperativer Gewaltanalyse eignet sich für in Zusammenarbeit schon fortgeschrittene Partner. Nur wenn gegenseitiges Vertrauen besteht und beiderseitiger Willen auch Gewaltbeförderung durch die eigene Institution zu verändern, können solche Analysen wichtige Erkenntnisse und Veränderungen bringen. Praktische Versuche zeigen, dass der einerseits fremde und doch mitdenkende Blick der jeweils anderen Fachkräfte hilfreich ist, die Tücken in der eigenen Institution aufzulegen und damit Möglichkeiten der Veränderung zu eröffnen.

4.2. Konflikte bearbeiten

Häufig liegen hinter Gewalthandlungen Konflikte, die eskaliert sind oder für deren Bearbeitung den Beteiligten keine Handlungsalternativen außer Gewalt zur Verfügung stehen. Eine gemeinsame Pädagogik von Jugendarbeit und Schule, die Gewalt verhindern will, macht deshalb die Bearbeitung von Konflikten zu einer ihrer zentralen Aufgaben. Die Grundverfahren von Konfliktbearbeitung und -schlichtung sind in den Methoden von Mediation zusammengefasst. Inzwischen sind diese Methoden auch für die schulische Praxis übersetzt worden und sogar Programme entwickelt worden, in denen Schüler selber Konflikte untereinander schlichten (Streitschlichterprogramme, Konfliktlotsen). Fachkräfte aus Jugendarbeit und Schule können sich bei solchen Aktivitäten unterstützen, einerseits in Konflikten in der jeweiligen Institution in der die Fachkräfte aus den anderen als neutrale Konfliktschlichter hinzukommen können und gemeinsam in Konflikten mit Kindern und Jugendlichen im Stadtteil, in dem sie diesen zeigen, dass sie dort nicht alleine gelassen werden, sondern ihre Pädagogen aus Schule und Jugendarbeit ihnen helfen, ihre Schwierigkeiten gewaltfreier zu bewältigen. Mögliche kooperative Arbeitsformen dafür sind:

Konventionelle Konfliktbearbeitungsstrategien optimieren

Der erste Schritt kooperativer Konfliktbearbeitung könnte auch noch Teil gemeinsamer Verstehensanstrengungen von Schule und Jugendarbeit genannt werden. Statt um konkrete Konflikte geht es darum, selbstkritisch zu verstehen, wie bisher in den Institutionen mit Konflikten umgegangen wurde und welche Probleme dadurch noch weiter entstanden. Gemeinsam können sich Fachkräfte berichten, wie sie bisher in Konflikten gehandelt haben und welche kritischen Folgen dieses hatte. In Jugendhaus und Schule sind z.B. Sanktionen üblich gegen Gewalthandeln in Konflikten, die jedoch nicht in der Lage sind, die wirklichen Konfliktursachen und Konfliktsichten bei den Beteiligten aufzuarbeiten. In der Jugendarbeit ist z.B. häufig ein Hausverbot die Folge von Gewalthandlungen. Dieses bringt aber mit sich, dass die betroffenen Jugendlichen dann für eine bestimmte Zeit ausgeschlossen werden und sie damit nicht für eine konstruktive Aufarbeitung des Konfliktes und des Gewalthandelns zur Verfügung stehen. Eine solche gegenseitige selbstkritische Analyse kann öffnen für die Suche nach anderen Konfliktbearbeitungsstrategien wie der Mediation.

Mediation in Einzelkonflikten

Die kooperierenden Institutionen bitten dabei Fachkräfte aus der jeweils anderen Institution um Schlichtung in konkreten Einzelkonflikten, entweder zwischen beteiligten Kindern und Jugendlichen oder zwischen pädagogischem Personal auf der einen und Kindern und Jugendlichen auf der anderen Seite. Einerseits ist das Fachpersonal mit den Kindern und Jugendlichen vertraut, andererseits bringt es in der jeweils fremden Institution eine größere Neutralität mit als Konfliktschlichter, die direkt aus der Institution kommen.

Beispiel:
In einer 6. Klasse einer Realschule kam es immer wieder zu Streitigkeiten zwischen den Jungen und Mädchen, die teilweise in Gewalt ausarteten. Zwar versuchten die Lehrer diese Probleme anzusprechen, fanden aber das sie nicht genügend Zeit und Freiraum hatten, im Schulstundentakt tiefer zu verstehen und neue Lösungen zu finden. Die Klassenlehrerin bat eine Fachfrau des städtischen Jugendzentrums mit der Klasse diesen Konflikt zu bearbeiten. Die Kollegin stellte sich der Klasse vor und schlug ihnen vor, einen ganzen Nachmittag an diesem Konfliktthema im Jugendhaus zu arbeiten. Die Klasse ließ sich darauf ein und in einer ersten Runde der Mediation, in der beide Seiten ihre Konfliktsicht schilderten, kritisierten die Mädchen die häufigen gewaltsamen Übergriffe von Jungen (gemeine Schimpfworte, Haare ziehen, kneifen, treten, mit dem Ball anschießen usw.). Die Jungen kritisierten, dass die Mädchen mit ihnen nichts zu tun haben wollten und sie „doof stehen ließen" und sie außerdem noch verpetzten. Beide Seiten begründeten ihr Handeln durch das negative Handeln der anderen Seite. In der Konfliktschlichtung konnte geklärt werden, dass so ein Teufelskreis entstand, der durchbrochen werden musste. Die Mädchen zeigten den Jungen auf, welche Kontaktaufnahmeweisen denn für sie „o.k." wären und die Jungen sagten zu, keine Gewalt mehr auszuüben. Außerdem wurden Wege besprochen, wie bei wiederauflammenden Konflikten diese sofort thematisiert werden könnten. Nach zwei Monaten besuchte die Jugendarbeiterin die Klasse in der Schule und wertete die Erfahrungen mit ihnen aus. Beide Seiten waren jetzt zufriedener mit dem Konflikthandeln, obwohl es gelegentlich immer noch zu Streitereien kam. In dieser Verhandlung wurde das Interesse der Gruppe deutlich, eine gemeinsame Fete im Jugendhaus zu feiern und dieses wurde auch mit der Jugendarbeiterin und der Lehrerin verabredet und durchgeführt. Für das Jugendhaus ergab sich daraus der Vorteil, dass die Schülerinnen und Schüler das Angebot und die Qualitäten des Jugendhauses kennen lernen konnten und einige zu regelmäßigen Besuchern wurden.

Kooperative Mediation im Stadtteil

Wenn Schule auf die Lebenswelt und die dortigen Probleme der Schülerinnen und Schüler eingehen will, wird sie sich auch um die Konflikte kümmern, die Kinder und Jugendliche in ihrem Lebensraum (z.B. im Stadtteil) haben. Auch Jugendarbeit hat das Interesse, sich nicht ins Innere ihrer Institution zurückzuziehen, sondern auch direkt mit den Kindern und Jugendlichen da zu handeln, wo sich für sie Probleme stellen. So können Schule und Jugendarbeit kooperieren und den Kindern und Jugendlichen bei Konflikten in der Lebenswelt zeigen, dass sie dort nicht alleine sind und Hilfe von ihren pädagogischen Fachkräften kommt. Dazu muss zunächst eine Aufmerksamkeit von Schule und Jugendarbeit für solche Konflikte ergeben, die nicht direkt in ihren Institutionen stattfinden. Wenn sie solche Konflikte entziffern können, geht es darum zu prüfen, ob eine gemeinsame Mediation von Lehrern und Jugendarbeitern möglich und hilfreich wäre. Falls ja, kann sie gemeinsam von Fachkräften durchgeführt werden. Dieses Verfahren hat vor allen Dingen den Vorteil, dass die in der Mediation vorgesehene Bestimmung von Konfliktlösungswegen mit Hilfe der Fachkräfte zu Stande kommen kann und in Schule und Jugendarbeit unterstützt und umgesetzt werden können.

Konfliktschlichterprogramme

In diesen Programmen werden Schülerinnen und Schüler qualifiziert, Konflikte unter Kindern und Jugendlichen in der Schule oder im Jugendzentrum mit den Beteiligten konstruktiv zu bearbeiten. Dafür müssen Schulungen durchgeführt werden. Dies kann auch unter Beteiligung von Jugendarbeitern geschehen. Die Programme sind jedoch nur erfolgreich und langfristig durchführbar, wenn auch die Erfahrungen der jugendlichen Konfliktlotsen aufgenommen werden. Zum einen brauchen sie Beratung bei schwierigen Fällen, zum anderen geht es auch darum, aus ihren Erfahrungen zu lernen und ihre Methoden der Konfliktbearbeitung weiter zu entwickeln und zu verbessern. Dabei müssen ihnen pädagogische Fachkräfte aus beiden Institutionen zur Seite stehen. Außerdem ist es wichtig, dass die Arbeit von Konfliktlotsen eingebunden ist in eine allgemeine Konfliktbearbeitung und demokratische Mitbestimmung in der Schule. Die in den Mediationen bearbeiteten Konflikte weisen oft auf strukturelle Mängel in Schule oder Jugendarbeit hin, die nur gemeinsam in der Institution verändert werden können. Damit müssen Schule und Jugendarbeit gemeinsam einen Übergang schaffen zu mehr demokratischer Mitbestimmung von Kindern in Jugendlichen in ihren Institutionen überhaupt. Ansätze dazu werden in einem gesonderten Punkt weiter unten behandelt.

4.3. Soziales Lernen: Alternativen zu Gewalt einüben

Eine der bisher hauptsächlich praktizierten Kooperationsweisen zwischen Schule und Jugendarbeit sind unterschiedliche Projekte zu verschiedenen Themenstellungen. „Projekt" bedeutet hier, dass die Schülerinnen und Schüler jeweils für eine begrenzte Zeit zu einem begrenzten Thema arbeiten, etwa eine Projektwoche lang oder ein Schuljahr an regelmäßigen Terminen. Häufig finden diese Projekte dann ganz oder teilweise in den Räumen der Jugendarbeit statt und erstrecken sich auf den Nachmittag. Die Jugendarbeiter und LehrerInnen planen zusammen die Projektinhalte und anzuwendenden Methoden und führen die Projekte auch gemeinsam als Leitungsteam durch. Sie nutzen ihre unterschiedlichen Kompetenzen und ergänzen sich gegenseitig. Die Inhalte gehen teilweise direkt auf Gewaltprobleme ein oder versuchen soziales Lernen und Leben zu verbessern, so dass es gar nicht zu Gewalt kommen muss. Enger am Thema Gewalt und Konfliktbearbeitung orientiert sind Projektthemen wie Selbstbehauptung für Mädchen, gewaltkritische Jungenarbeit, Deeskalationstrainings, Projekte zur Befriedung von Schulbusfahrten und zur Regelung von Pausenstreitigkeiten. Projekte, die eher allgemeines soziales Lernen zum Inhalt haben, sind z.B. Schulhofgestaltung, Verstehen und Akzeptieren unterschiedlicher ethnischer Kulturen, Vorbereitung auf das Arbeitsleben, Planung von Biografie und Zukunft, Projekte für Hilfsbedürftige, politische Aktionen (z.B. zur Unterstützung von Flüchtlingskindern im Kosovo usw.), Kooperation mit anderen Gruppierungen im Stadtteil usw.

Beispiel:
In Bielefeld gibt es seit Oktober 1992 das Forum Jungenarbeit, das Schule-Projekttage (meistens drei Tage) in Jugendhäusern zum Thema Jungenarbeit anbietet. So z.B. zum Thema Liebe, Freundschaft, Sexualität, zu Grenzen, Grenzverletzungen und Raumeinnahme und schließlich zum Thema Jungen und Gewalt. Dieses Thema wurde bezogen auf den sogenannten Highlander-Mythos: „Es kann nur einen geben", in dem Männlichkeitsmythen und Heldenbilder der Jungen aufgegriffen wurden. So ging es darum, Kämpfe zu ritualisieren und zu regeln, die Chancen und Risiken der Heldenfiguren herauszuarbeiten, zu klären wo sie positive und wo sie negative Vorbilder für den Alltag der Jungen sein können und die Grenzen und Risiken von Gewalt im Alltag der Jungen zu klären. Die Projekte sind jeweils als modulartige Bausteine konzipiert, so dass die Jugendarbeiter jeweils in der Lage sind, auf unterschiedliche Ausgangabedingungen der Schüler aus verschiedenen Schulen einzugehen. Die Tage werden gemeinsam mit Lehrern und Lehrerinnen vorbereitet und auch mit ihnen ausgewertet.

Beispiel:
In Ahlen hat sich ein großes Jugendhaus als Schwerpunkt gewählt Projekte für Schulen durchzuführen. Gemeinsam mit ihren Kooperationspartnern aus den Schulen stellen sie fest, für welche Themen besonderer Bedarf bei den Schülerinnen und Schülern besteht und entwickeln gemeinsam Inhalte und Methoden für Projekttage. Sie stellen ihr Angebot ganz auf die Bedürfnisse der Schülerinnen und Schüler und ihrer Problemstellungen in der Schule ein und entwickeln dafür spezifische Methoden. Die Projekttage werden gemeinsam mit Lehrerinnen und Lehrern durchgeführt und ständig weiterentwickelt. Aus diesen Projekten können Vernetzungen mit anderen Partnern im Stadtteil entstehen (z.B. zu ausländischen Vereinen, zu Sportclubs usw.). Das Jugendhaus koordiniert auch das Finden von anderen Partnern für Projekttage z.B. aus der Jugendberufshilfe, aus der Drogenberatung, aus der Sexualpädagogik usw.

4.4. Mitbestimmen: Schule und Jugendarbeit als Erfahrungsfeld von Demokratie

Gewalt wird wesentlich dadurch verhütet, wenn Menschen ermöglicht wird, die sie betreffenden Dinge mitzubestimmen und mitzugestalten. Dies sollte jedoch nicht nur geschehen, um Gewalt zu verhindern, sondern sollte ein zentrales Thema von Jugendarbeit und Schule sein, die beide Kinder und Jugendliche auf ein Leben in einer Demokratie vorbereiten wollen und müssen, in der die gemeinsame Aushandlung von Entscheidungen zwischen sehr differenten Gruppierungen immer wichtiger wird. Kinder und Jugendliche erleben die repräsentative politische Demokratie häufig als sehr weit von ihnen entfernt und haben kaum Gelegenheit, demokratisches Handeln praktisch einzuüben und seine Vorteile konkret kennen zu lernen. So entsteht nicht nur Politikferne, sondern auch weitergehende Formen von Ablehnung von Demokratie und Wut auf Politik. Vor allen Dingen die Schule ist in ihrem Alltag wenig demokratisiert und die Selbstverwaltung der Schüler entspricht mehr einem repräsentativen Modell, das wenig Kontakt zu den Problemen der Einzelnen und zum Schulalltag hat. Jugendarbeit, besonders Jugendverbandsarbeit bringt hier andere Kompetenzen mit. Da Jugendarbeit immer darauf angewiesen ist, mit den beteiligten Jugendlichen herauszufinden, was denn wie gemeinsam getan werden soll, hat sie einen größeren Erfahrungsschatz als Schule in Selbst- und Mitbestimmung mit ihren Adressaten. Für beide Seiten besteht aber die Aufgabe der weiteren Demokratisierung ihrer Institutionen und auch die Ermöglichung von politischer Partizipation von Kindern und Jugendlichen, mindestens in der Lokalpolitik (vgl. Bartscher 1999, Sturzenhecker 1998). Mögliche Formen sind:

Klassenräte

Regelung der eigenen Verhältnisse beginnt in der Schule am besten in den einzelnen Klassen. Inhalte der Mitbestimmung sind Gerechtigkeit von Benotungen, gemeinsame Regelung bei Streit und Krach, Verhältnisse zwischen Jungen und Mädchen, Klassenfahrten und Freizeitaktivitäten, Beziehungen zu anderen Klassen usw. Die Jungen und Mädchen müssen nicht nur zu diesen Inhalten mitbestimmen können, sondern sie müssen dabei auch üben wie eine demokratische argumentative Debatte und Entscheidung funktionieren kann. Diese Kompetenzen können ja nicht vorausgesetzt werden, sondern müssen mit ihnen geübt werden. Dafür kann es hilfreich sein, wenn Experten aus der Jugendarbeit dazukommen, die auch Methoden kennen, die nicht nur einfach in Argumentation und Abstimmung beruhen. Spielerische Übungen, kreative Gestaltungen, Gruppenarbeiten gehören zu Repertoire der Jugendarbeit in Mitbestimmungsprojekten, das die hier einfließen können. So z.B. könnte monatlich ein zweistündiges Mitbestimmungstreffen stattfinden, in dem aktuelle Themen aufgegriffen werden und die Schüler Gelegenheit haben, ihre Probleme zu benennen und gemeinsame Regelungen zu finden. Diese Klassenräte könnten gemeinsam vom Jugendarbeiter und LehrerIn geleitet werden.

Beispiel:
Eine Lehrerin in Gladbeck hatte den Leiter eines Jugendzentrums gebeten, sie bei der Mitbestimmungsgestaltung mit einer besonders schwierigen Klasse zu unterstützen. Der Jugendarbeiter kam am Anfang zu zweiwöchentlichen, später zu einmonatlichen einstündigen Treffen in die Klasse und gestaltete diese als „Mitbestimmungsfrühstück". Er brachte Brötchen und Aufschnitt mit und es wurde Kaffee gekocht und beim frühstücken wurden die aktuellen Streitigkeiten und Probleme der Klasse angesprochen und bearbeitet. Die Disziplinprobleme und gewalttätigen Streitigkeiten ließen nach, weil die Klasse bemerkte, dass ihre Probleme aufgegriffen wurden und sie an den Lösungen und Regelungen beteiligt waren. Zunehmend entwickelte sich eine demokratische Mitbestimmungskompetenz von Argumentation, Aushalten von Differenz und Suche nach Kompromisslösungen.

Thematische Mitbestimmungkonferenzen

Über den engeren Zusammenhang der Klasse hinaus gilt es auch, das gesamte Schulleben mit den Schülerinnen und Schülern gemeinsam zu bestimmen und zu gestalten.

Das kann zu bestimmten Themen in den Klassen vorbereitet werden und kann dann in Kooperation mit Jugendarbeit in thematischen größeren Konferenzen zusammenlaufen. So können z.B. Regelungen für die Gestaltung der gemeinsamen Pausen auf dem Schulhof durch Beteiligung aller Schülerinnen und Schüler getroffen werden und müssen nicht mehr von oben durch Lehrerkonferenzen und Schulleitung bestimmt werden. Haben die Schülerinnen und Schüler solche Regelungen selber mitentschieden, sind sie motivierter sie auch umzusetzen. Gewalt geht zurück und ein Stück Demokratie wird geübt. Jugendarbeit kann helfen, solche thematischen Mitbestimmungsprojekte in Schule methodisch zu strukturieren und zu leiten. Entscheidungen müssen in den Klassen vorbereitet werden, auf Konferenzen müssen auch medial Entscheidungsalternativen vorgestellt werden (z.B. durch Rollenspiele) und gemeinsame Entscheidungen müssen methodisch strukturiert werden. Die Erfahrungen von Jugendarbeit in diesen Feldern kann Schule nutzen.

Kommunalpolitische Beteiligung

Jugendarbeit ist daran interessiert, die politische Partizipation ihrer Adressaten auch in der Ortsgemeinde oder im Stadtteil zu stärken. Schule möchte das Leben in die Schule hereinholen und auf die Lebenswelt der Kinder und Jugendlichen auch außerhalb der Schule zurückwirken und hat auch deshalb Interesse an der politischen Partizipation von Kindern und Jugendlichen. Schule möchte gemeinsam mit ihnen und Jugendarbeit Lebenswelt optimieren und d.h. in unserem Thema Belastungen und Gewaltursachen vermindern, Ressourcen und positive Unterstützung eröffnen. Da sich in den verschiedenen Schulformen die meisten Jugendlichen (also die Zielgruppe der Jugend) aufhalten, ergibt es sich notwendigerweise, dass wenn Kinder und Jugendliche beteiligt werden sollen, sie am besten über Schule angesprochen und erreicht werden können. Die Formen reichen von Jugendkonferenzen, in denen im Vorfeld auch an den Schulen wichtige Themen der Kinder und Jugendlichen eruiert werden und dann auf einer großen öffentlichen Konferenz gemeinsam diskutiert und in politische Perspektiven umgewandelt werden bis hin zu Wahlen für repräsentative Jugendparlamente. Das Gelingen beider Arbeitsweisen hängt stark von einer konstruktiven Mitarbeit der Schule ab. Schule hat hier auch Chancen, wichtige Themen aus der Lebenswelt der Kinder und Jugendlichen aufzugreifen (was belastet sie, was wünschen sie sich, was müsste optimiert werden, welche Lösungsvorstellungen haben sie selber). Das kann auch im Unterricht oder im Projektunterricht geschehen, weil viele Themen auch durch sachliches Lernen und Wissensaneignung qualifiziert werden müssen (Umweltschutz, Busverkehr, Straßen- und Stadtplanung, Statik bei Spielplatzgestaltung, politische Prozesse, Rechtssystem, Bevölkerungsstatistik usw.). Wenn die Kinder und Jugendlichen sehen, das ihre Themen von allen Institutionen konstruktiv aufgegriffen und bearbeitet werden und nicht nur in spezielle Spielwiesen abgeschoben werden, fühlen sie sich stärker gehört und akzeptiert und können Sinn in demokratischer Mitgestaltung erkennen. So müssen z.B. auch Wahlen für Jugendparlamente in der Schule thematisiert werden. Es geht um Verstehen eines demokratisch repräsentativen Systems, um Klärung inhaltlicher Interessen, um Prüfung von Kandidaten, um Aufgreifen und Unterstützen von Initiativen, die ein später gewähltes Parlament entwickelt usw. Jugendarbeiter, die solche Partizipationsformen mit Kindern und Jugendlichen entwickeln, sind also hier auch auf die Kooperation mit Schule angewiesen.

4.5. Ressourcen eröffnen

Wenn Kinder und Jugendliche für ihre Probleme Unterstützung in einem sozialen Zusammenhang erhalten, wird Gewalt reduziert oder verhindert. Selbstverständlich haben sie ein ganz allgemeines Recht auf solche Unterstützung, auch wenn es sich nicht nur aus dem Wunsch der Gewaltminderung ergibt. Schule und Jugendarbeit kooperieren um für Kinder und Jugendliche solche Unterstützungsbedingungen in ihren Institutionen und in der Lebenswelt herzustellen und Zugänge dazu zu eröffnen. Unterschiedliche Formen solcher Ressourcenherstellung und -eröffnung sind z.B.:

- Einrichtung von Sprachkursen für Kinder und Jugendliche mit nicht deutscher Muttersprache
- Hausaufgabenhilfe und Nachmittagsbetreuung für Schülerinnen und Schüler
- Beratung bei Schulproblemen (z.B. mit Hilfe eines BeraterInnenduos aus LehrerIn und JugendarbeiterIn)
- Schülercafés (in denen den Jugendlichen ein gemütlicher Aufenthalts- und Freizeitraum eröffnet wird, in dem sie sich nach ihren Vorstellungen gesellen können)
- Arbeitsberatung und Jobvermittlung
- Jugendgerichtshilfe (Begleitung von Gerichtsverfahren auch durch Schule und Jugendarbeit in Kooperation mit den Fachkräften der Jugendgerichtshilfe)
- Kooperation mit Drogenberatung
- Stärkung von Mädchen (in Kooperation mit der Jugendarbeit und anderen Mädchenarbeitsinstitutionen)
- Attraktive Freizeitgestaltung (z.B. in Kooperation mit Jugendarbeit in Sportverbänden)
- Attraktive Gestaltung von Elternarbeit (in der Schule und Jugendarbeit zusammen versuchen können, wie sie Eltern jenseits der traditionellen Formen bei ihren Interessen und Gesellungsformen packen können und sie zur Mitgestaltung von Schule und Jugendarbeit motivieren könnten)

4.6. Vernetzen und koordinieren

Aktivitäten von Schule und Jugendarbeit, die gemeinsam Gewalt verhindern, Konflikte bearbeiten und die Lebenssituation von Kindern und Jugendlichen optimieren wollen, sind auf eine Vernetzung auch mit anderen Institutionen und Organisationen im jeweiligen Einzugsgebiet angewiesen. Will man die Ressourcen für Kinder und Jugendliche erweitern, braucht man dafür möglichst viel Unterstützung. Deshalb richten Schule und Jugendarbeit gemeinsam mit anderen runde Tische, Arbeitskreise, Stadtteilkonferenzen und ähnliches ein, indem sie ihre Aktivitäten konzipieren und koordinieren. An alle Vernetzungs- und Koordinierungsaktivitäten ist stets die kritische Frage zu stellen, ob sie nur der besseren Beherrschung und Befriedung von Jugend dienen oder ob sie tatsächlich eine Verbesserung deren Lebensbedingungen in Zusammenarbeit mit Kindern und Jugendlichen beabsichtigen und erreichen. Deshalb müssen aus Sicht der pädagogischen Institutionen, die ja die Interessen ihrer Adressaten anwaltschaftlich vertreten in solchen Gremien nur solche Aktivitäten und Verhandlungen zugelassen werden, die tatsächlich einer Optimierung der Lebensverhältnisse für Kinder und Jugendliche dienen und nicht einem verbesserten Herrschaftszugriff auf sie. So z.B. ist eine Kooperation mit der Polizei sicherlich sinnvoll, dennoch dürfen Schule und Jugendarbeit nicht das Geschäft der Ordnungsmacht betreiben, sondern müssen den Schutz, die Vertraulichkeit und größtmögliche Autonomie ihrer Kinder und Jugendlichen sichern und verteidigen.

Literatur

Bartscher, M.: Partizipation von Kindern in der Kommunalpolitik. Freiburg 1998
Deinet, U.: Sozialräumliche Jugendarbeit. Eine praxisbezogene Anleitung zur Konzeptentwicklung in der Offenen Kinder- und Jugendarbeit. Opladen 1999
Hurrelmann, K./Rixius, N./Schirp, H.: Gegen Gewalt in der Schule. Ein Handbuch für Elternhaus und Schule. Weinheim/Basel 1996
Sturzenhecker, B.: Qualitätsanfragen an Jugendpartizipation. in: deutsche jugend, Heft 5/1998, S. 210-218

Gerhard Engelking/Christoph Höfer

Schulsozialarbeit – Pädagogische Schulentwicklung durch schulische und sozialpädagogische Praxis

Schularbeit ist auch pädagogische und soziale Praxis-Überlegungen zur Weiterentwicklung der pädagogischen Arbeit für Kinder und Jugendliche in der Schule

Die Lebens- und Lernbedingungen sind grundlegenden Veränderungen unterworfen. Das muss deutliche Auswirkungen auf das Lehren und Lernen, auf Bildungsprozesse haben. Das „Unterrichten" in fachlichen Zusammenhängen ist allein keine angemessene Vermittlungsform von Wissen, Erkenntnissen und Erfahrungen mehr.

Die formulierten Ziele und Anforderungen an Lehren und Lernen in selbstbestimmten Aneignungsprozessen sind mit der Entwicklung von Schüsselqualifikationen systematisch beschrieben.

Pädagogische Arbeit in der Entwicklung von Kindern und Jugendlichen braucht Methodik und Didaktik des fachlichen *und* sozialen Lernens. Die Schule als System bietet herausragende Bedingungen für selbstbestimmte, subjektorientierte Lernprozesse.

Zur Realisierung solcher Ziele ist die fachlich qualifizierte Zusammenarbeit von Lehrerinnen und Lehrern und pädagogischen Fachkräften in der außerunterrichtlichen Pädagogik gefordert.

Die Schulsozialarbeit, der Schulsozialdienst ist eine erste strukturierte Form dieser Zusammenarbeit in der Schule. In der weiteren Entwicklung wird aus der traditionellen Schulsozialarbeit zunehmend eine Praxis der außerunterrichtlichen Bildungsarbeit in Schule = pädagogische Schul(sozial)arbeit!

In einer solchen Schule arbeiten Schülerinnen und Schüler, Lehrerinnen und Lehrer und pädagogische Fachkräfte zusammen. Aus einer fachlich abgesicherten Praxis entwickelt sich sehr schnell mehr als „Schulsozialarbeit", die allerdings ganz eindeutig die Grundlage für weitergehende Entwicklungsprozesse darstellt.

Entscheidend ist, einen Prozess einzuleiten und fortzuführen, der eine möglichst gut geklärte Zielformulierung und angemessene Aufgabenwahrnehmung ermöglicht.

1. „Intelligente" Lösungen sind gefragt

Intelligente Lösungen setzen qualifizierte Analysen der Bedingungsfaktoren, klare Zielsetzungen und fachliche Orientierung voraus. Sehr schnell gelangt man zu der Erkenntnis, dass eigenständige Leistungsprofile und Leistungsziele sowohl in der Schule als auch in der außerschulischen Bildung vorhanden sind. Erforderlich ist allerdings, diese Erkenntnisse soweit möglich von Klischeevorstellungen jedweder Art zu „befreien". Die Verständigung auf das Ziel „möglichst die besten Bedingungen für die Entwicklung von Kindern und Jugendlichen zu schaffen" muss auf einem fachlich qualifizierten Diskurs, aller basieren, die Schulsozialarbeit als außerunterrichtliche Bildung an einem konkreten Ort verantworten und praktizieren. Notwendige, belastbare und innovative Kommunikationsstrukturen sind eine wesentliche Voraussetzung zur Vermeidung von ansonsten unvermeidlicher Ressourcenvergeudung.

Wie ist eine solche Forderung zu realisieren? Für eine regional und sozialraumorientierte Jugendhilfe ist ein flächendeckendes Angebot von besonderer Bedeutung. Die Entwicklungsmöglichkeiten aller Kinder und Jugendlichen in der Region müssen im Blick bleiben, Insellösungen schaffen isolierte Praxen, denen häufig Innovation und Dynamik schnell verlorengehen. Die kommunalen Instanzen und Entscheidungsträger sind in der Verantwortung für die Schaffung und Erhaltung möglichst gleich guter Lebensverhältnisse in einer Stadt oder einer Region. Mittlerweile hat sich längst die Erkenntnis durchgesetzt, dass durchaus auch andere pädagogische Kompetenzen in die immer noch eher kognitiv orientierten Strukturen aller Schulen gehören.

Im ersten Realisierungsschritt sind natürlich somit die SchülerInnen zu unterstützen, die unter besonderen Belastungen stehen und in schwierigen ökonomischen und sozialen Bedingungen leben. Hier setzt die intensive, gemeinsame *Diskussion auf fachlicher Ebene zwischen dem jeweiligen Jugendamt/Bildungsträger und dem entsprechenden staatlichen Schulamt* eine erste „Synergie" frei und kann Vorbild für viele andere Beteiligte sein. Diese Diskussion ist „hierarchiefrei" und fachlich zu führen. Verantwortungsdelegation und Kompetenzentwicklung stellen die Ressourcenfrage schnell ins „Abseits". Die konsequente Orientierung an fachlichen Erfordernissen und eine qualifizierte Entwicklung von Leistungsfeldern, sind eine wesentliche Voraussetzung zur Überwindung von Ressort-Egoismen. Dieser Prozess braucht notwendig Engagement und Erkenntnisfähigkeit auf beiden Seiten.

Die genaue *Überprüfung vorhandener Einzelfälle bisheriger Zusammenarbeit* von Jugendhilfe und Schulen in einer bestimmten Region wird schnell nachweisen, dass jenseits eines gemeinsamen Verständnisses längst ein tradierter, häufig weniger sinnvoller Ressourcentransfer stattfindet, wenn die Jugendhilfe „auf Anforderung der Schule" – wenn auch widerwillig – unter Aspekten der ‚Defizitorientierung' tätig wird. Die Mär von der generellen, systematischen Unvereinbarkeit von Schule und Jugendhilfe wird bei analytischer Betrachtung schnell entlarvt – und plötzlich lassen sich durchaus vorhandene „Ressourcen" finden.

Jugendhilfe und Schule sind beide an den Stärken, an der Entwicklung von Fähigkeiten und Fertigkeiten der Kinder und Jugendlichen orientiert. Die Intervention der Jugendhilfe wird – wo und wann immer möglich – durch eine konstruktive Praxis und präventive Orientierung tendenziell abnehmen. Trotz struktureller Schwierigkeiten sind enorme Spielräume für veränderte Formen der Zusammenarbeit vorhanden – und sie ergeben sich ständig neu. So gesehen ist nicht allein eine formale Entscheidung über Ressourcen die Voraussetzung für eine gelingende Kooperation. Vielmehr sollte auf der Grundlage klar entwickelter Profile die Schaffung bestmöglicher Entwicklungschancen für die Kinder und Jugendlichen der gemeinsame Ausgangspunkt für eine tragfähige Zusammenarbeit sein.

Im Kreis Herford waren diese Erfahrungen die wesentliche Basis für die flächendeckende Realisierung von Schulsozialarbeit/außerunterrichtlicher Bildungsarbeit. Da die Jugendhilfe seit Jahren *intensive Formen der Kooperation mit Schule* entwickelt hatte und ambitionierte Projekte sozialen Lernens kontinuierlich durchführte, war das Widerstandspotential relativ gering.

Gemeinsam mit den anderen Projekten und Leistungen der Jugendhilfe firmiert die Schulsozialarbeit unter „Schulsozialdienst" und ist integraler Bestandteil des Regionalen Bildungsbüros im Kreis Herford. Häufig in unterschiedlichen Anteilen sind die Mitarbeiter in mindestens halben Stellen in der Schulsozialarbeit – und darüber hinaus zur anderen Hälfte in Leistungsbereichen wie „Offene Jugendarbeit", „Jugendsozialarbeit", u.s.w. – tätig. Im Rahmen der Dezentralisierung des Jugendamtes und der Organisationsentwicklung zum Regionalen Bildungsbüro im Rahmen des Projektes „Schule & Co", sind alle SchulsozialarbeiterInnen in die örtlichen Teams integriert und somit aktiver Teil einer sozialraum- und lebensweltorientierten Praxis. Die Reflexion und Perspektiventwicklung im Arbeitsfeld wird gemeinsam vom Regionalen Bildungsbüro und von der Schulaufsicht abgesichert. Zur Zeit sind Schulsozialarbeiterinnen mit mindestens je einer halben Stelle in allen Sonderschulen, Hauptschulen und Gesamtschulen der Kommunen im Kreis Herford tätig, die die Leistungen des Kreisjugendamtes in Anspruch nehmen.

2. Die Einführung von pädagogischer Schul(sozial)arbeit muss als Prozess geplant und gestaltet werden

Es lassen sich in der Organisation Schule, aber sicher auch in anderen Organisationen aus der Vergangenheit viele Beispiele benennen, in denen lange und hart dafür gekämpft wurde, eine bestimmte Ressource für die Bearbeitung eines bestimmten Problembereichs zu erhalten. Alle Energie wurde häufig auf das „*Ob*" und das „*Was*" verwendet, zu wenig das „*Wie*" parallel dazu mitentwickelt. So soll es auch heute noch Schulen geben, die nach Jahren der Auseinandersetzungen eine aktuelle Computerausstattung erhalten und dann erst beginnen, detailliert ein didaktisches Konzept, Qualifizierungsmaßnahmen usw. zu bedenken.

Der nachfolgende Text beschreibt die bestimmenden Merkmale des Prozesses der Entwicklung der Praxisfelder an Haupt-, Sonder- und Gesamtschulen im Kreis Herford.

2.1. Schule und pädagogische Schul(sozial)arbeit haben teilweise unterschiedliche Interessen

Auf abstrakter Ebene sind sich Vertreter von Schulen und der Jugendarbeit häufig sofort über die Sinnhaftigkeit von Schulsozialarbeit einig. Schließlich sind die Zielgruppen die gleichen, egal ob morgens für die Schule oder zu anderen Zeiten für die Jugendarbeit. Sobald man diese Abstraktionsebene verlässt, wird jedoch sofort ein zentrales Problem deutlich. Lehrkräfte verbinden häufig mit Schulsozialarbeit völlig andere Zielvorstellungen als SozialarbeiterInnen. Ursachen für diesen nicht zu vernachlässigenden Interessenunterschied sind auf beiden „Seiten" zu finden.

Auf seiten der Schule entsteht ein bestimmtes Wunschbild von Schulsozialarbeit durch ein Bündel von Faktoren, wie z.B.:

- ein zunehmend emfpundenes subjektives Gefühl der Überforderung bei Lehrkräften, mit Kindern und Jugendlichen angemessen umzugehen, die große Probleme haben und ebenso große Probleme machen,
- den heimlichen Wunsch, diese Schüler „loszuwerden",
- nicht intensiv durchdachte Vorstellungen von Schulsozialarbeit als „Reparaturbetrieb" gesellschaftlich erzeugter Probleme,
- Unwissen über Ausbildung, Qualifikation und formale Legitimation von Sozialarbeit und außerschulischer Pädagogik.

Häufig bezeichnen Sozialarbeiter diese Haltung als „Abschiebementalität". Deutlich wird in vielen Gesprächen mit in Schulen Beschäftigten der *Vorrang für Maßnahmen mit Interventionscharakter*, fast immer ausgehend von bestimmten Einzelfällen. Von vielen Schulleitungen, aber auch Kollegien wird dabei dann selbstverständlich angenommen, dass die erwünschte Schulsozialarbeiterin nicht nur Teil der Schule ist, sondern der Schule gehört. Hin und wieder finden sich in solchen Gesprächen darüber hinaus auch klare Vorurteile („unzuverlässig" usw.), aber auch subjektiv erlebte negative Erfahrungen, z.B. mit Sozialarbeitern eines Jugendamtes im Bereich der Jugendhilfe.

Aber es gibt auch eine Reihe von Wahrnehmungen und Einstellungen, die die *Interessenlage* bei Sozialarbeitern kennzeichnen bzw. mitbestimmen:

- Schule wird ausschließlich als staatliche Zwangsveranstaltung gesehen.
- Lehrkräfte werden ausschließlich als Wissensvermittler wahrgenommen, die Erziehungsaufgaben abschieben wollen.
- Sozialarbeit könnte durch die Schule vollkommen vereinnahmt und dominiert werden.
- Eigenständige sozialarbeiterische Ansätze werden von schulischer Seite nicht gewünscht.
- Es herrschen grundsätzliche Auffassungsunterschiede und diversierende methodische Grundlagen.

Wenn man die Augen vor der beschriebenen Ausgangssituation nicht bewusst verschließt, wird klar, dass die vielerorts geübte Praxis zur Entwicklung des Arbeitsfeldes und der Einsatz der Fachkräfte nicht angemessen ist. In der Regel existiert zwar vor Dienstantritt eine grundsätzliche Beschreibung der Arbeitsfelder. Aber, z.B. Prioritätensetzung oder andere wichtige Absprachen werden den eher zufälligen Kommunikationsstrukturen, z.B. mit der Schulleitung, KlassenlehrerInnen usw. überlassen. Sind die SchulpädagogInnen Landesbedienstete, hat die Schulleitung den Vorgesetztenstatus. In diesen Fällen hat die örtliche Jugendhilfe überhaupt keinen strukturell abgesicherten Einfluss auf die Konzeption und Realsierung von Schulpädagogik. Damit findet de facto auch keine fachliche Steuerung statt, da die zuständige Schulaufsicht damit i. d. R. überfordert ist. D.h., dass die Ausgestaltung des Arbeitsfeldes nicht nur den zufälligen Anforderungen der Vor-Ort-Situation und den subjektiven Möglichkeiten eines neues Mitarbeiters bzw. einer neuen Mitarbeiterin – womöglich BeufsanfängerIn – unterliegen würde, sondern auch durch keinerlei „schulfreie" auf das Selbstverständnis der außerschulischen Bildungsarbeit bezogene Sichtweise relativiert würde.

Schulsozialarbeit – Pädagogische Schulentwicklung 143

Wenn es aber stimmt, dass es zunächst unterschiedliche Interessen gibt, dann ist es dringend notwendig, durch das gegenseitige Verstehen und den bewussten Abgleich der Interessen für gegenseitige Akzeptanz zu sorgen. Durch die gezielte Vereinbarung von Arbeitsfeldern zwischen den direkt Beteiligten ist darüber hinaus eine Kooperationsplattform zu entwickeln und abzusichern, die sowohl die professionelle Eigenständigkeit beider Zugänge zu Jugendlichen klärt und regelt als auch deren bewusstes Ineinandergreifen. Wird die Tatsache unterschiedlicher Interessen nicht in Form aktiver Bearbeitung angemessen berücksichtigt, ist die Gefahr sehr groß, dass aus den zunächst nur unterschiedlichen Interessen ein manifester Interessengegensatz wird. Pädagogische Schul(sozial)arbeit ist ein eigenständiges Aufgabenfeld, das im Einzelfall natürlich Unterstützung und Beratung anbietet bzw. organisiert, das vor allem aber eigene, präventiv-konstruktive Angebote realisiert.

2.2. Zusammenarbeit von Schule und SchulpädagogIn

In der Vergangenheit wurde in vielen Fällen von Seiten interessierter Schulen unreflektiert erwartet, dass der/die neue SchulpädagogIn ein/e MitarbeiterIn der Schule würde, ihren Arbeitsplatz in der Schule habe und der Schule ausschließlich zur Verfügung stünde. Daraus folgte dann, dass die SchulleiterInnen Vorgesetzte waren und damit weisungsbefugt. Diese Konstellation trifft jedoch nur auf den Teil der Schulsozialarbei-terInnen zu, die auf Landesstellen arbeiten. Alle anderen werden von Kommunen oder Kreisen beschäftigt oder durch freie Träger, die Schulsozialarbeit organisieren.

Um eine einseitige Vereinnahmung durch schulische Interessen zu vermeiden und eine gewisse Eigenständigkeit zu ermöglichen, aber auch im Sinne der inhaltlich angemessenen Wahrnehmung von Fachaufsicht sowie der quantitativen und qualitativen Absicherung präventiver Ansätze, ist folgende Positionierung eines/r SchulsozialarbeiterIn als Beschäftigte, z.B. des Kreisjugendamtes aus unserer Sicht angemessen:

Abbildung 1: Positionierung eines/r SchulsozialarbeiterIn als Beschäftigte/r des Regionalen Bildungsbüros in der Kreisverwaltung

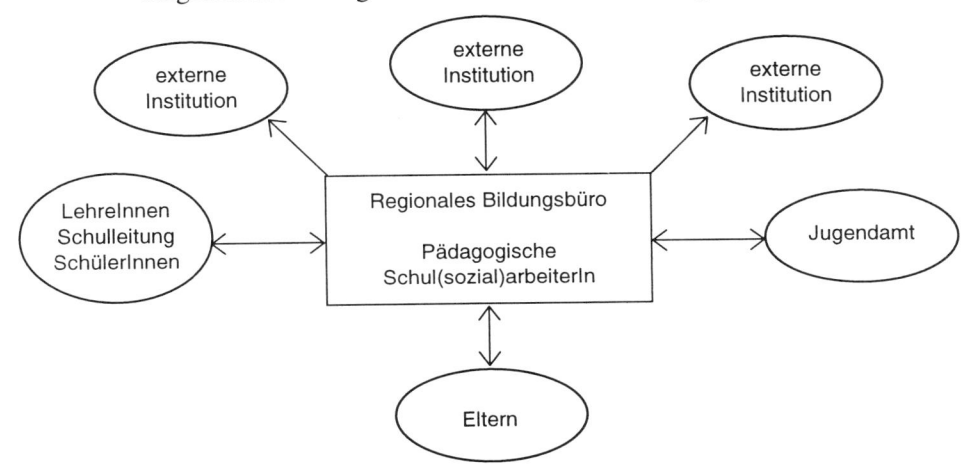

Der/die SchulsozialarbeiterIn arbeitet im Alltag natürlich vorrangig mit LehrerInnen, Eltern und SchülerInnen in der Schule zusammen. Er/sie übernimmt aber eine besonders wichtige Funktion dem Jugendamt und/oder dem örtlichen Allgemeinen Sozialen Dienst wie auch anderen Institutionen gegenüber. Da er/sie ein/e MitarbeiterIn der örtlichen oder regionalen Bildungsarbeit ist, die ihren Arbeitsplatz in der Schule hat, ist er/sie Teil beider Systeme, der Schule und der außerschulischen Bildungsarbeit.

Der/die SchulleiterIn ist sicherlich einer der wichtigsten AnsprechpartnerInnen der Schule, da er/sie aus seiner/ihrer Verantwortung für die Arbeit der gesamten Schule nicht zu entlassen ist. Er/sie kann aber andererseits nicht per Anweisung eine bestimmte Aufgabenwahrnehmung durchsetzen, die den/die PädagogIn aus fachlicher Sicht nicht für angemessen hält. Diese Konstruktion sichert die Form der Eigenständigkeit ab; sie verhindert, dass sich z.B. die obengenannte „Abschiebementalität" durchsetzen kann oder etwa präventiv angelegte Arbeitsschwerpunkte ununterbrochen durch Interventionen im Sinne von Einzelfallhilfe überlagert werden. Damit sind die wichtigsten und ernstzunehmenden Vorbehalte von seiten der Sozialarbeit strukturell berücksichtigt.

Wenn es zwischen der Institution Schule, vertreten durch den/die SchulleiterIn und den/die SozialarbeiterIn, keine Einigung zu bestimmten Punkten geben sollte, da keine Seite die andere dominieren kann, muss allerdings von Anfang an klar sein, wie im Falle eines nicht vor Ort in der Schule zu lösenden Dissens verfahren werden soll.

Abbildung 2: Normalfall und Sonderfall

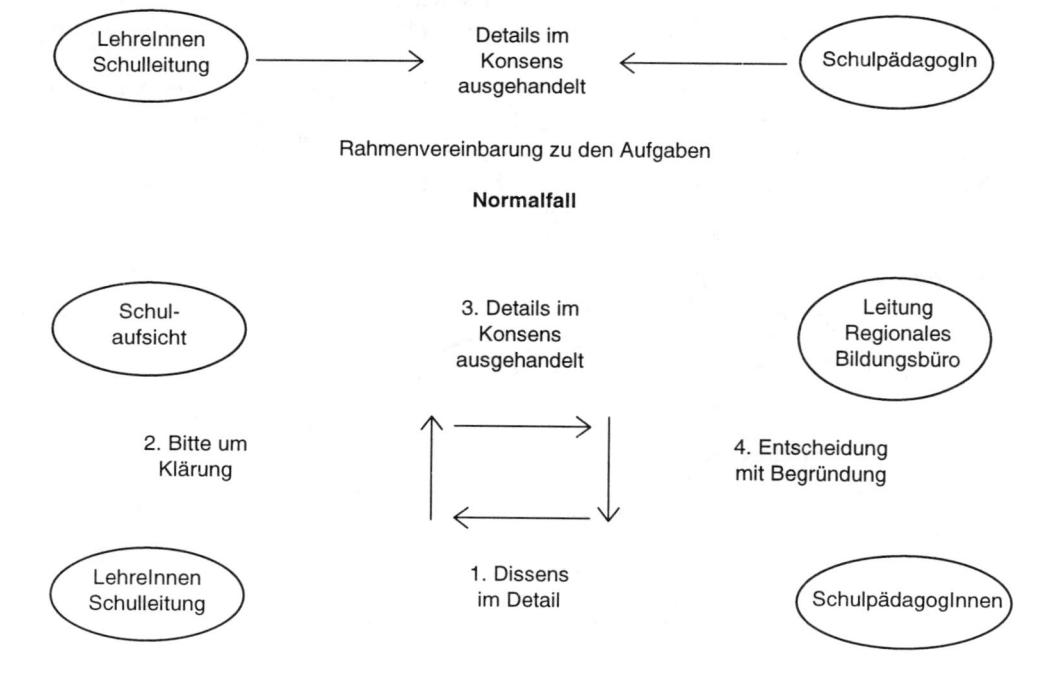

Der Lösungsweg, wie in Abb. 2 beschrieben, wird auch zu beschreiben sein, wenn unabhängig von fachlich unterschiedlichen Auffassungen Prioritätensetzungen angesichts (eigentlich immer zu knapper) zeitlicher Ressourcen der/die SchulsozialarbeiterIn innerschulisch nicht im Konsens gelingen.

2.3. Zusammenarbeit von SchulpädagogInnen und den Diensten des Jugendamtes

Häufig klagen SchulsozialarbeiterInnen, die im Landesdienst MitarbeiterInnen einer Schule sind, über ähnliche Kooperationsprobleme mit regionalen oder kommunalen Diensten wie LehrerInnen. Im hier beschriebenen Modell sind sie aber nicht nur personalwirtschaftlicher Teil des Kreisjugendamtes/Regionalen Bildungsbüros, sondern nehmen z.B. an den wöchentlichen Dienstbesprechungen des regionalisierten Dienstes teil. Ihnen sind nicht nur alle weiteren Dienste und Institutionen der öffentlichen Jugendhilfeträger, wie z.B. „Häuser der offenen Tür" bekannt, sondern sie haben einen direkten Zugang dazu. Durch die geklärte Kooperationsform mit dem Allgemeinen Sozialen Dienst ist dann abgesichert, dass z.B. Maßnahmen der Familienhilfe, die auch aus schulischer Sicht dringend notwendig sind, über die SchulpädagogInnen in den Allgemeinen Sozialen Dienst übermittelt und von dort initiiert und begleitet werden können. Dies führt zu einer deutlichen Entlastung auf Schulseite, ohne dass der/die SchulsozialarbeiterIn die Vielfalt der Ansprüche von Einzelfallhilfe selbst abzuarbeiten versucht und dabei „in die Knie" geht.

Durch diese *Einbindung der pädagogischen Schularbeit in vorhandene Arbeitsstrukturen,* z.B.: des Jugendamtes, ist eines der Hauptprobleme für Lehrkräfte beseitigt. Das Problem „ich erreiche niemand im Jugendamt" oder „die tun ja doch nichts" ist erledigt; eine Fachkraft wie der/die SchulpädagogIn nimmt der Schule die Initiierung einer Maßnahme ab und sorgt für Schnelligkeit und Verfahrenssicherheit. Trotzdem und eigentlich um so effektiver, sind z.B. Klassenlehrer, dann in die Umsetzung von Maßnahmen einzubeziehen.

Die Zusammenarbeit von pädagogischer Schul(sozial)arbeit mit den Leistungsfeldern der öffentlichen Jugendhilfe ist jedoch keine Einbahnstraße. Geplante Aktionen (z.B. ein Videoprojekt), Ressourcenangebote (z.B. Raumnutzung für eine Projektwoche zu Mädchenarbeit) von seiten der Jugendarbeit/-bildung können aus der wöchentlichen Dienstbesprechung zielgenau in die Schule transportiert und sicher zurückgekoppelt werden. Aber auch z.B. ein aktueller Fall von Jugendgerichtshilfe kann nun über diesen Weg in angemessener Form an die Schule herangetragen werden. Durch die festen Arbeitszusammenhänge ist es auch möglich, kostenrelevante Maßnahmen über den Allgemeinen Sozialen Dienst zu initiieren. Der/die SchulpädagogIn selbst hat dafür natürlich keinen direkten Zugriff auf Haushaltmittel. Die Vermittlung eines Mädchens, bei dem z.B. eine Mißbrauchssituation vermutet wird, an einen Fachdienst oder die entsprechende Beratungsstelle eines anderen Trägers ist durch den/die SchulsozialarbeiterIn über den Allgemeinen Sozialen Dienst ebenfalls wesentlich schneller zu organisieren.

Abbildung 3: Einführung in die päd. Schul(sozial)arbeit im Kreis Herford

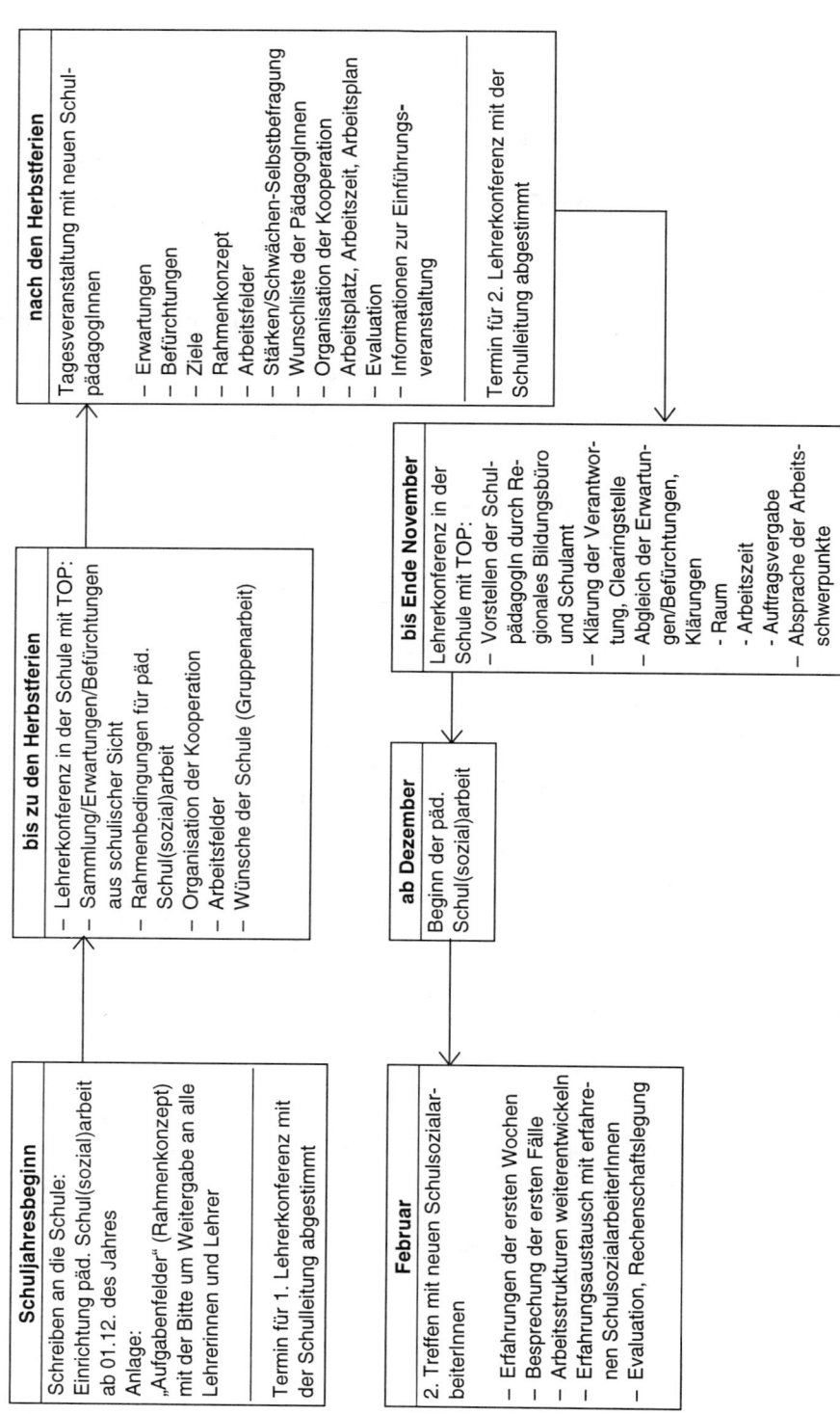

Schuljahresbeginn

Schreiben an die Schule: Einrichtung päd. Schul(sozial)arbeit ab 01.12. des Jahres
Anlage:
„Aufgabenfelder" (Rahmenkonzept) mit der Bitte um Weitergabe an alle Lehrerinnen und Lehrer

Termin für 1. Lehrerkonferenz mit der Schulleitung abgestimmt

bis zu den Herbstferien

- Lehrerkonferenz in der Schule mit TOP:
- Sammlung/Erwartungen/Befürchtungen aus schulischer Sicht
- Rahmenbedingungen für päd. Schul(sozial)arbeit
- Organisation der Kooperation
- Arbeitsfelder
- Wünsche der Schule (Gruppenarbeit)

nach den Herbstferien

Tagesveranstaltung mit neuen SchulpädagogInnen

- Erwartungen
- Befürchtungen
- Ziele
- Rahmenkonzept
- Arbeitsfelder
- Stärken/Schwächen-Selbstbefragung
- Wunschliste der PädagogInnen
- Organisation der Kooperation
- Arbeitsplatz, Arbeitszeit, Arbeitsplan
- Evaluation
- Informationen zur Einführungsveranstaltung

Termin für 2. Lehrerkonferenz mit der Schulleitung abgestimmt

bis Ende November

Lehrerkonferenz in der Schule mit TOP:
- Vorstellen der Schulpädagogln durch Regionales Bildungsbüro und Schulamt
- Klärung der Verantwortung, Clearingstelle
- Abgleich der Erwartungen/Befürchtungen, Klärungen
  - Raum
  - Arbeitszeit
  - Auftragsvergabe
- Absprache der Arbeitsschwerpunkte

ab Dezember

Beginn der päd. Schul(sozial)arbeit

Februar

2. Treffen mit neuen SchulsozialarbeiterInnen

- Erfahrungen der ersten Wochen
- Besprechung der ersten Fälle
- Arbeitsstrukturen weiterentwickeln
- Erfahrungsaustausch mit erfahrenen SchulsozialarbeiterInnen
- Evaluation, Rechenschaftslegung

2.4. Gemeinsame Verantwortung von außerschulischer Bildungsarbeit und Schule

Das bisher beschriebene grundsätzliche Prinzip der gleichberechtigten Kooperation und Verantwortung von Schule und außerschulischer Bildungsarbeit muss auf allen beteiligten Ebenen und in allen Phasen des Prozesses gelten. Der folgende Text zeichnet in großen Zügen die Entwicklung der Einführung bzw. der Zusammenführung von Schulsozialarbeit in allen Haupt-, Sonder- und Gesamtschulen der sieben Kommunen nach, für die das Jugendamt des Kreises Herford zuständig ist.

In diesem Beispiel sind entscheidende Schritte gemeinsam für Schule und Jugendarbeit aus der Leitungsebene beider Institutionen heraus initiiert, begleitet und mitverantwortet worden. Die an der konkreten Planungs- und Umsetzungsarbeit beteiligten LehrerInnen, Schulleitungen und SozialarbeiterInnen waren an praxisentscheidenden Punkten immer entsprechend einbezogen. In ihrer eigenen Rollendefinition entsprechend wurde sowohl Lobbyistentätigkeit als auch Steuerung des Prozesses „von oben" praktiziert, ohne die Arbeit vor Ort direkt zu beeinflussen. Die Klärung der Rahmenbedingungen gemeinsam durch die beiden Leitungsebenen war die Reaktion auf die Tatsache, dass die jahrelange Forderung „von unten" genausowenig erreicht hatte, wie es die alleinige Arbeit der Schulaufsicht oder des Jugendamtes vermocht hätte.

Auf der Grundlage des frühzeitig abgestimmten Aufgabenkatalogs votierten die beteiligten Verwaltungen und politischen Gremien für die Einführung von Schulsozialarbeit an bestimmten Schulen. Als besonders hilfreich erwiesen sich in den vielfältigen Diskussionen, die dieser Entscheidung vorausgingen, zwei Bestandteile des Rahmenkonzepts:

– die Klammerfunktion des/der neuen SchulpädagogIn zwischen Schule und Jugendarbeit auf der Grundlage einer geklärten Struktur,
– die relative Selbständigkeit des/der SchulpädagogIn.

Keines der Gremien hätte zugestimmt, aus kommunalen Mitteln eine Stelle einzurichten, die allein dem Zugriff der jeweiligen Schule unterlegen hätte.

3. Die Einführung des neuen Schulsozialarbeiters bzw. der neuen Schulsozialarbeiterin in den Schulen

3.1. Vorbereitung der Schulen

Der erste Schritt in der Phase der Einführung der Schulsozialarbeit wurde in einer Lehrerkonferenz an jeder beteiligten Schule getan, die vom zuständigen Schulaufsichtsbeamten geleitet wurde. Von jugendamtsseite war bewusst auf eine Teilnahme an dieser ersten Lehrerkonferenz verzichtet worden. Ziele dieser Konferenz waren:

– Information des Kollegiums über die bisherige Entwicklung und die Rahmenbedingungen des Konzepts durch die Schulaufsicht,
– kollegiumsinterne Klärung der Erwartungen an den/die SchulsozialarbeiterIn in Partnerarbeit oder Zufallsgruppen,

- jahrgangs- oder stufenbezogene Absprachen zu Arbeitsprioritäten der Schulsozialarbeiterin/des Schulsozialarbeiters im Sinne einer Wunschliste im Plenum,
- Information des Kollegiums über die Prozessstationen bis zur Aufnahme der Tätigkeit.

Abbildung 4: Erwartungen an päd. Schul(sozial)arbeit von Schule X

- Erleichterung der Arbeit mit den Eltern (z.B. Hausbesuch)
- Unterrichtsbeobachtungen
- Übersicht über Freizeitmöglichkeiten vor Ort
- Vermittlung
- Sprechstunde für SchülerInnen
- Mittagsangebote
- offener Unterrichtsbeginn
- Gespräch mit allen Beteiligtengruppen
- Konfliktberatung Elternhaus/Schule
- Einzelfallhilfe – Integration
- Übergang in die Arbeitswelt
- Gesundheitsprävention

Abbildung 5: Erwartungen an päd. Schul(sozial)arbeit von Schule Y

- soziale Begleitung beim Übergang aus Förder- in Regelklassen
- Arbeit mit verschiedenen kulturellen Hintergründen
- Begleitung bei bestimmten Hausbesuchen
- Sprechstunde für SchülerInnen
- Hilfe für Außenseiter
- Vermittlung von Helfern (Versorgung eines Kindes, Scheidungswaisen)
- Gemeinschaftsgefühl entwickeln helfen
- Unterstützung bei Elterngesprächen
- Umgang mit Aggressionen
- bestimmte Pausenaktivitäten
- bessere Koordination mit dem Jugendamt
- Förderung des Selbstbewusstseins schüchterner SchülerInnen

Wie aus Abb. 4 und Abb. 5 exemplarisch deutlich wird, stellte sich in den Konferenzen heraus, dass es in allen Schulen ähnliche Erwartungen gab. Deutlich trat zwar auch fallbezogenes Denken zutage, es gab jedoch auch Prävention meinende Äußerungen. Insgesamt konnte an keiner Stelle die zu befürchtende „Abschiebementalität" registriert werden. Auf Nachfrage wurde bestätigt, dass für diese differenzierte Sichtweise auch das frühzeitige Zur-Verfügung-Stellen der „Aufgabenfelder" des Rahmenkonzepts bedeutsam war. Offensichtlich kannten fast alle Lehrkräfte das Papier.

Abbildung 6: Befürchtungen zu päd. Schul(sozial)arbeit von Schule Z

- Verzettelung von Aufgaben
- zu hohe Erwartungen von Lehrern
- Klarheit der Rollen und Verabredungen über Kooperationspraxis

Die Liste der Befürchtungen aus LehrerInnensicht war viel kürzer (Abb. 6) und bezog sich eigentlich eher selbstkritisch, z.B. auf die eigene Anforderungsdichte an SchulpädagogInnen. Außerdem wurde ein Bewusstsein auf Schulseite dafür deutlich, dass angesichts der Vielfalt möglicher Aufgabenfelder *Prioritäten gemeinsam abgestimmt* werden müssten und man sich vor Überforderungen hüten sollte. Besonders interessant war, dass auf Nachfrage bestätigt wurde, dass hinter der Bemerkung „Klarheit der Rollen" ebenfalls Befürchtungen versteckt waren. Einige Lehrkräfte fragten sich und das Plenum, was der/die SchulpädagogIn wohl tun würde, wenn sich SchülerInnen in einer Sprechstunde bei ihm/ihr über Lehrkräfte beschwerten. Hier wurde eine z.T. starke Verunsicherung deutlich und Fragen gegenseitigen Vertrauens und gegenseitiger

Loyalität thematisiert. Von seiten der Schulaufsicht wurde zugesichert, dass die geäußerten Befürchtungen anläßlich der Vorstellung des/der SchulpädagogIn thematisiert würden.

Die Wunschlisten wurden in jahrgangsbezogenen Gruppen arbeitsteilig diskutiert und dann im Plenum gesammelt und visualisiert. Der Arbeitsauftrag dazu lautete: „Diskutieren Sie die Situation Ihrer Schülerinnen und Schüler im Jahrgang. Verständigen Sie sich auf die ein bis zwei wichtigsten Wünsche an den/die SchulpädagogIn, und begründen Sie die Wünsche im Plenum." Der Blick auf die „Wunschliste" einer Hauptschule (Abbs. 7) zeigt keine grundsätzlich anderen Wünsche als die einer Sonderschule für Lernbehinderte (Abb. 8), zumindest ab Jahrgang 5. Insgesamt wurde in den beteiligten Schulen sowohl Intervention als auch – wenn auch insgesamt mit weniger Gewicht – Prävention angesprochen. In den Lernstufen 1-4 wird in der Sonderschule allerdings deutlicher Prävention in den Blick genommen. In jeder einzelnen Schule wurden die in der Konferenz gesammelten Erwartungen, Befürchtungen und Wunschlisten auf Wandzeitungen fixiert.

Abbildung 7: Prioritäten- und Wunschliste einer Hauptschule

Jahrgang 5
- individuelle Hilfe (Misshandlung, Versorgung)
- Stärkung der Gemeinschaft
- Stärkung des Selbstbewusstseins der Redescheuen

Jahrgang 6
- Umgang mit Aggressionen
- Pausengruppe für Redescheue (mädchenspezifisch)

Jahrgang 7
- Gruppenarbeit für Aggressionsabbau
- Gruppenarbeit zur Stärkung der Klassengemeinschaft
- außerschulische Angebote
- Hausbesuche, Elternberatung

Jahrgang 8
- sozialpädagogische Gruppenarbeit für bestimmte SchülerInnen, „Schülertreff"

Jahrgang 9
- Hilfe zur Integration ausländischer und ausgesiedelter SchülerInnen
- Sprechstunden für SchülerInnen

Jahrgang 10
- Einzelfall

Förderklasse
- siehe alle Jahrgänge
- außerschulische Betreuung für ausländische Kinder

Abbildung 8: Prioritäten- und Wunschliste einer Sonderschule (für Lernbehinderte)

Unterstufe (Klassen 1-4)	
– Kontakt Schule/Elternhaus	*Prävention im Eingangsbereich*
– Beobachtungen im Unterricht	
– Einzelgespräche mit SchülerInnen, LehrerInnen, Eltern	*Herstellen von Gruppenfähigkeit*
– Förderung von Kommunikation	
– Spielangebote	
Mittelstufe (Klassen 5 u. 6)	
– „Kummerkasten"	*Angebot für SchülerInnen*
– separate Sprechzeiten (für Unter-, Mittel, und Oberstufe)	
– Pausen als Ansprechzeit	*Angebot für LehrerInnen*
– Einzelfallhilfe	
Oberstufe (Klassen 7-10)	
– Einzelfallberatung „schwieriger SchülerInnen" einschließlich Elternhilfe	
– Beratung verschiedenster Kleingruppen zur Aufarbeitung von Konflikten (kulturellen, ethnischen und sexuellen Ursprungs) von Problemschülern	
– Einbindung in vorhandene soziale Gruppen	

3.2. Vorbereitung der pädagogischen Schul(sozial)arbeiterInnen

Im Einführungsprozess der SchulpädagogInnen wurde nach den Lehrerkonferenzen eine Einführungsveranstaltung für neue SchulsozialarbeiterInnen durchgeführt. Da die in den Schulen gesammelten Wünsche nicht Inhalt der Tagesordnung sein sollten, hätte diese Veranstaltung auch vor oder parallel zu den Konferenzen stattfinden können. Wie in den Kollegien wurden in der Gruppe der neuen SchulsozialarbeiterInnen sowohl ihre Erwartungen an Schule als auch ihre Befürchtungen gesammelt. Wie auch in den Schulen, war die aus den Partnerergebnissen zusammengestellte Gesamtliste der Erwartungen länger als die der Befürchtungen. Interessanterweise wurden mehr Erwartungen an die Arbeitsstrukturen formuliert als zunächst an die Inhalte (Abb. 9). Die geäußerten Befürchtungen begründen diese Orientierung der Erwartungen deutlich.

Da den pädagogischen Schul(sozial)arbeiterInnen eine auf ihre Interessen und Stärken bezogene Ausgestaltung des Aufgabenbereiches vor allem zum Beginn ihrer Tätigkeit ermöglicht werden sollte, wurden alle gebeten, bis zu einem festgelegten Termin vor ihrer Ein-führung in der Schule ihre individuelle „Prioritätenliste/Wunschliste" an das Regionale Bildungsbüro zu schicken und in Form einer Wandzeitung zur Einführung mitzubringen. Aus Abb. 9 wird die eigenständige Sichtweise der SchulsozialarbeiterInnen auf ihr zukünftiges Arbeitsfeld deutlich. Gleichzeitig zeigt sich in den Formulierungen natürlich noch eine eher allgemeine Sicht auf Schule überhaupt, da spezifisches Wissen über die Einzelschule fehlt.

Abbildung 9: Erwartungen und Befürchtungen der SchulsozialarbeiterInnen

Erwartungen	Befürchtungen
– eigener Raum	– Urlaub nur in den Schulferien?
– enge Kooperation mit der Jugendarbeit	– Aufsicht führen?
– Elternarbeit in Kooperation mit den Lehrkräften	– Vereinnahmen ausschließlich durch Schule
– Klärung der Arbeitszeit	
– Austausch im Arbeitsfeld	
– eigenes Angebot in der Unterrichtszeit	
– Zeitstruktur	
– Zusammenarbeit mit Institutionen vor Ort	

Abbildung 10: Denkbare Arbeitsschwerpunkte

Denkbare Arbeitsschwerpunkte im ersten Vierteljahr
(aus Sicht einer Schulpädagogin bzw. eines Schulpädagogen)
- Einrichtung eines Raumes, um eine kontinuierliche Arbeit zu gewährleisten und um für SchülerInnen erreichbar zu sein, feste Sprechzeiten
- Kontakte zu SchülerInnen und LehrerInnen knüpfen, z.B. durch Teilnahme an klassengemeinschaftlichen Veranstaltungen, Hospitationen im Unterricht
- Elternarbeit, Hausbesuche
- Mitwirkung bei schon bestehenden Projekten, z.B. Berufswahl und Lebensplanung
- Mitarbeit bei freizeitorientierten Angeboten
- Kooperation mit den Einrichtungen der offenen Jugendarbeit vor Ort
- Orientierung und Fortbildung im Arbeitsfeld päd. Schul(sozial)arbeit

3.3. Einführung der pädagogischen Schul(sozial)arbeiterInnen

Wenige Tage vor dem offiziellen Arbeitsbeginn wurde jede Schulpädagogin/jeder Schulpädagoge in einer Lehrerkonferenz der jeweiligen Schule eingeführt. Jede dieser Konferenzen wurde aus der Leitungsebene des Regionalen Bildungsbüros und durch die Schulaufsicht gemeinsam moderiert. Im Zentrum stand neben der *Vorstellung der Person* und der *Klärung der Struktur* vor allem die *vergleichende Bearbeitung der Erwartungen und Befürchtungen* als auch der *Abgleich der zwei Wunschlisten* mit dem Aushandeln der Prioritäten für die ersten Wochen der Tätigkeit.

Grundlage für diese Klärungsphase als auch die Absprachen zur Arbeitsstruktur waren die nebeneinander gehängten Wandzeitungen der jeweiligen Schule und der Gruppe der SchulpädagogInnen zu Erwartungen und Befürchtungen. Ähnlich wurde auf der Grundlage der beiden Wandzeitungen mit den Wunschlisten die Prioritätensetzung für die ersten Tätigkeitswochen ausgehandelt. Dieser Aushandlungsprozess gestaltete sich in allen Fällen deshalb unproblematisch, weil einerseits durch das nebeneinanderhängen der beiden Wunschlisten schnell und für alle nachvollziehbar klar wurde, dass es

- eigenständige gedankliche Zugänge gab,
- keine erkennbaren direkten Gegensätze gab,
- eine Reihe von deckungsgleichen Vorstellungen gab.

3.4. Einschätzung des Prozesses

Während der verschiedenen Gespräche im Verlaufe des Einführungsprozesses wurde immer wieder deutlich, dass die unterschiedlichen Interessen ohne gezielte Moderation durchaus hätten „durchschlagen" können. Durch den praktizierten Prozess wurden sie allerdings offensichtlich konstruktiv nutzbar gemacht. Dabei bestätigten sich im Nachhinein alle im Vorfeld in anderen Prozessen gemachten Beobachtungen, die im Sinne von Annahmen in die Konstruktion des Prozesses einbezogen worden waren. Niemand wurde einseitig „vereinnahmt", da keiner über den anderen zu bestimmen hat. Niemand konnte ein Problem einfach „abschieben", weil keiner gezwungen werden kann, das Problem anzunehmen. Inzwischen ist nicht nur aufgrund von Annahmen, sondern aus der gemachten Erfahrung heraus bestätigt, dass es besonders bedeutsam war

- die Interessen beider „Seiten" zu klären,
- das jeweilige Interesse der anderen „Seite" offenzulegen und zu begründen,
- die Interessen der anderen „Seite" zu verstehen und zu akzeptieren,
- keine Möglichkeiten zu haben, die eigenen Interessen aufgrund eines Machtvorsprungs durchsetzen zu können.

Nach einigen Tätigkeitensjahren haben sich, bezogen auf das jeweilige Arbeitsfeld der Einzelschule (je nach Schulform, Standortfaktoren usw. unterschiedlich), *schulindividuelle Arbeitsprogramme* herausgebildet. Sie sind entstanden immer auf der Grundlage ausgehandelter Prioritätensetzung und berücksichtigen in jedem Fall die quantitativen und qualitativen Möglichkeiten der einzelnen SchulpädagogInnen.

Aufgabe der Leitungsebene bleibt, vor allem dafür zu sorgen, dass bei aller auf die Einzelschule bezogenen Differenzierung der Arbeit grundsätzliche Standards und eine gewisse Vergleichbarkeit der Leistungen gewährleistet werden.

Alle Beteiligten sind sich inzwischen darüber einig, dass das Konzept und der Einführungsprozess ein ausgewogenes Verhältnis der Interessen, von Nähe und Distanz, von Rahmenvorgaben und Entscheidungsmöglichkeiten gewährleisten. Nur die Form relativer Selbständigkeit ermöglicht überhaupt ein *ausgewogenes Verhältnis von präventiver Arbeit zu Interventionen*. Darüber hinaus bestimmen mittlerweile grundlegende Strukturentwicklungen den Prozess der Kooperation in der Schule. So ist ein Regionales Bildungsbüro entstanden, in dem die inhaltliche Weiterentwicklung der jeweiligen Arbeitsfelder obligatorisch in Kooperation zielorientiert sichergestellt werden.

4. Schlussbemerkung

Die Institution Schulamt im Text meint einen Schulrat, der für alle Haupt- und Sonderschulen im Kreis zuständig ist. Die Institution Regionales Bildungsbüro meint dessen Leiter, der gleichzeitig eine Fachabteilung im Jugend- und Sportamt führt.

Mittlerweile hat die Zusammenarbeit von Schule und außerschulischer Bildungsarbeit, mit Unterstützung des Projektes ‚Schule & Co' zur strukturellen und inhaltlichen Weiterentwicklungen geführt.

Über die Praxis des sozialen Lernens, der subjekt- und sozialraumorientierten Bildung hinaus, werden z. Zt. Modelle des Assessments als Potenzialanalyse, vor allem in der Berufwahlvorbereitung, neue Formen der Partizipation von Schülerinnen und Schülern und andere Formen der Elternarbeit erprobt.

Das Regionale Bildungsbüro, in dem die Schulaufsicht und die außerschulische Bildung intensiv zusammenarbeiten, sichert diese Entwicklungsprozesse im kommunalen wie regionalen Kontext ab.

Aktive Beteiligte an diesen Gestaltungs- und Entwicklungsprozessen sind die SchulpädagogInnen wie auch Lehrerinnen und Lehrer, die z.T. in Teams zusammenarbeiten.

Mittelfristig werden die entwickelten Projekte zu evaluieren und der Transfer der Erfahrungen sicherzustellen sein.

Die vorhandenen Strukturen nachhaltig abzusichern und innovative Entwicklungsprozesse als gemeinsame Aufgabe zu verstehen, ist dabei *eine* der Herausforderungen.

Helmut Niemeier

Interkulturelles Lernen in Zusammenarbeit von Schule und Jugendhilfe

1. Verortung

Deutschland ist offiziell kein Einwanderungsland. Dennoch sind zahlreiche Arbeitsmigranten und Kriegsflüchtlinge sowie ihre Kinder und Enkel längst schon als Einwanderer/innen auf Dauer zu betrachten. Das neue Staatsangehörigkeitsgesetz versucht diesem Tatbestand wenigstens in gewisser Weise Rechnung zu tragen. Das seit Jahrzehnten beklagte Fehlen ausreichender staatlicher und gesellschaftlicher Maßnahmen zur rechtlichen, politischen, kulturellen, sozialen und pädagogischen Eingliederung dieser Einwanderer/innen hat aber dazu geführt, dass sich die meisten der ausländischen Kinder und Jugendlichen, selbst wenn sie in Deutschland geboren und aufgewachsen sind, ebenso wie ihre Eltern als Fremde in diesem Land fühlen, mehr noch: als Ausgegrenzte.

Dass das interkulturelle Lernen (Anmerkung zum Begriff am Ende des Beitrags) und Leben in Deutschland nicht genügend entwickelt ist, zieht natürlich nicht nur ein bleibendes und sich oft sogar allmählich verstärkendes Gefühl des Fremdseins und der ungerechtfertigten Benachteiligung bei den Migranten und ihren Kindern nach sich, sondern beeinträchtigt überhaupt das Zusammenleben zwischen den unterschiedlichen ethnischen Bevölkerungsgruppen eines Ortsteils, einer Kommune oder Region. Selbst dort, wo es zu keinen besonders auffälligen Auseinandersetzungen etwa in Form von Gewalttaten kommt, ist das unschwer zu beobachten. Auch auf deutscher Seite herrschen oft Ängste, werden Entfremdung und Unsicherheit durch tatsächliche oder vermeintliche Erfahrungen mit Ausländern empfunden.

Die Schule ist die einzige Institution, die alle deutschen und ausländischen Kinder und Jugendlichen einer bestimmten Altersstufe erreicht. Insofern hat sie eine besondere Verpflichtung und Bedeutung für die Entfaltung interkulturellen Lernens und Lebens. Auf sich allein gestellt, ist eine Schule allerdings mit der Erfüllung einer solchen Aufgabe restlos überfordert. Daher braucht sie Partner, vor allem aus dem Bereich der Jugendhilfe, damit sich das schulische Lernen und Leben mit dem außerschulischen verzahnt bzw. verzahnen lässt. Dies gilt um so mehr, wenn sie als Hauptschule häufig eine Schülerschaft hat, deren deutscher Anteil absurderweise lediglich die Minderheit bildet.

Die Einrichtungen der Jugendhilfe wissen andererseits ebenso, dass Schulen für sie gerade auf dem Gebiet des interkulturellen Lernens und Lebens unverzichtbare Kooperationspartner sind oder sein könnten. Zum einen wird ein Gutteil der Lebensprobleme ausländischer Kinder und Jugendlicher dadurch sichtbar bzw. bedrückend spürbar, dass diese jungen Menschen den schulischen Anforderungen nicht oder nur sehr begrenzt zu genügen vermögen. Allein die sprachlichen Defizite, die andersartigen kulturellen Grunderfahrungen, die mangelhafte Betreuung bei der Erledigung der Hausaufgaben oder das Unverständnis der Eltern für viele schulische Gepflogenheiten stellen ein ungeheure Beeinträchtigung der schulischen und damit der gesellschaftlichen Chancen dieser Kinder und Jugendlichen dar.

Darüber hinaus ziehen sich deutsche Kinder und Jugendliche relativ schnell aus den Jugendhilfe-Einrichtungen, z.B. dem Jugendhaus, zurück, wenn aus ihrer Sicht anonyme ausländische Gruppen hinein strömen und sich vermehrt Konfliktfelder aufbauen. In der Zusammenarbeit mit der Schule lassen sich demgegenüber die unterschiedlichen Ethnien mit weit größeren Erfolgsmöglichkeiten zusammen führen und die speziellen Lern- und Lebensprobleme der ausländischen Kinder und Jugendlichen gezielter aufgreifen. Für einen bestimmten Wohnbezirk oder Ortsteil ist das zugleich die Voraussetzung, dass zumindest auf der Ebene der sich im Schulalter befindenden Generation aus einem bloßen Nebeneinander oder sogar Gegeneinander ein Miteinander wird.

2. Das Beispiel der Kooperation in Gelsenkirchen-Hassel

Die folgende Skizzierung interkulturellen Lernens spiegelt einen Teil der Zusammenarbeit wider, die zwischen der Hauptschule am Eppmannsweg und dem Dietrich-Bonhoeffer-Haus, einem Jugendhaus der offenen Tür in der Trägerschaft der evangelische Lukas-Gemeinde, besteht. Beide Einrichtungen sind, was die Kooperation wesentlich erleichtert, unmittelbare Nachbarn im immer noch fast völlig vom Kohlebergbau (Bergwerk, Kokerei, Kraftwerk) bestimmten Ortsteil Hassel im Norden Gelsenkirchens. Hassel hat ca. 16000 Einwohner, davon ca. 3500 Ausländer/innen (fast ausnahmslos türkischer Nationalität). Der Anteil der ausländischen Schüler/innen in der Hauptschule am Eppmannsweg beträgt zwischen 50-65% pro Jahrgang, in der nahe gelegenen Realschule hingegen nur zwischen 5-10%.

Trotz der engen Nachbarschaft von Hauptschule und Jugendhaus ist es erst in den letzten zehn Jahren zu einer ständigen festen Kooperation zwischen diesen beiden Einrichtungen gekommen. Dass dies nicht schon früher geschah, resultierte nicht in erster Linie aus dem zu bequemen oder einbahnstraßenmäßigen Denken und Handeln der jeweiligen Leiter und Beschäftigten, sondern war strukturell bedingt. Die durch äußere Vorgaben und innere Praxis unterschiedlichen Handlungsansätze und Organisationsrahmen mussten erst so in Einklang miteinander gebracht werden, dass eine permanente enge Zusammenarbeit überhaupt möglich wurde. Damit hat sich aber zugleich die Chance auf größere Lebensnähe und Effizienz der jeweils eigenen bzw. gemeinsamen Maßnahmen im Interesse der Heranwachsenden wesentlich erhöht.

Bezogen auf das KJHG sind die in den § 1, 2, 9, 11, 13, 14, 22 und 29 enthaltenen Aufgaben, junge Menschen auf den verschiedenen Feldern ihrer Entwicklung zu fördern, Benachteiligungen abzubauen, sie vor gefährdenden Einflüssen zu schützen und die positiven Lebensbedingungen für sie zu vermehren, die Leitlinie dieser Kooperation. Wegen des Zusammentreffens verschiedener Ethnien ist dabei bestimmend, dass dies unter Berücksichtigung ihrer besonderen sozialen und kulturellen Bedürfnisse und Eigenarten sowie der unterschiedlichen Lebenslagen von Mädchen und Jungen geschieht, deren Gleichberechtigung gerade deshalb ein Hauptaugenmerk bei allen Maßnahmen ist. Das entscheidende Konstrukt im Grundverständnis von Jugendhaus und Schule ist vor diesem Hintergrund, nicht allein oder generell die ausländischen Kinder und Jugendlichen als förderungsbedürftig anzusehen, wenngleich sich an ihnen eine Reihe spezifischer Defizite und Benachteiligungen kennzeichnen lässt, sondern ebenso die deutschen, die ebenfalls sowohl mehr Offenheit gegenüber fremden Denk- und Verhaltensweisen aufbringen müssen als auch neue oder in unserer Zeit verloren gegangene Handlungsansätze lernen können. Insofern geht es nicht lediglich um ein multikulturelles Nebeneinander, sondern möglichst um ein interkulturelles Lernen, das bei aller auszuhaltenden Unterschiedlichkeit auf einen gemeinsamen Werterahmen setzt und ihn bewusst zu machen und zu verankern sucht.

Die Initiative für den Aufbau einer täglichen, also regelmäßigen, festen Zusammenarbeit ging zwar seinerzeit von der Hauptschule am Eppmannsweg aus, weil bei ihr der Handlungsdruck am größten war und es überdies an geeigneten Räumen für eine über den Unterricht hinausgehende Betreuung ihrer Schüler/innen weitgehend fehlte, aber die Träger und Mitarbeiter des Jugendhauses waren in ihrem eigenen Bemühen, das Zusammenleben der Bevölkerungsgruppen und damit vor allem die Lern- und Freizeitbedingungen der ausländischen Kinder und Jugendlichen nachhaltig zu verbessern, ebenfalls weit vorangeschritten. Das zeigten nicht nur zahlreiche Veranstaltungen, sondern noch mehr die Einstellung eines muslimischen Sozialpädagogen. Da zudem in beiden Einrichtungen eine langjährige personelle Kontinuität bestand, die im übrigen bis heute andauert, sich die Leiter und einige Mitarbeiter beider Häuser mithin relativ gut persönlichen kannten, waren die Voraussetzungen für die Kooperation, selbst wenn ihre konkrete Entwicklung und Verankerung durchaus mit erheblichen Anstrengungen verbunden war, günstig.

Einigkeit bestand von vornherein darin, dass ihr Ziel nicht allein die Schaffung einer Mittagsbetreuung für die Schüler/innen der Hauptschule am Eppmannsweg als Tageseinrichtung in den Räumen des Jugendhauses war, sondern dass die Zusammenarbeit umfassend gestaltet werden sollte. Dies schloss die gegenseitige Information, Konsultation und Unterstützung auch bei der Bewältigung der jeweils einrichtungsspezifischen Aufgabenfelder und Vorhaben mit ein, ohne dass die Eigenständigkeit und Eigenverantwortlichkeit einer der beiden Institutionen dadurch angetastet wurden. Dass dies gelang, hat wesentlich zu einer Veränderung des Selbstverständnisses der Beschäftigten beider Häusern beigetragen. Für sie steht inzwischen außer Frage (und das wissen die Schüler/innen der Hauptschule am Eppmannsweg als die Hauptnutznießer sowie ihre Erziehungsberechtigten), dass diese Schule und das „Bonni", wie das Jugendhaus ebenso kurz wie liebevoll genannt wird, an einem Strang ziehen, um die Lern-, Freizeit- und Lebensmöglichkeiten für Kinder und Jugendliche zu verbessern. Dies prägt ihren Ruf als pädagogische bzw. soziale und kulturelle Einrichtungen und wirkt sich zugleich positiv auf das interkulturelle Lernen und Leben außerhalb der beiden Einrichtungen aus, also auf den gesamten Stadtteil. Ohne den Erfolg überschätzen zu wollen, denn die eingangs geschilderten unzureichenden bzw. ungünstigen staatlichen und gesellschaftlichen Rahmenbedingungen sind ja in Hassel damit nicht aufgehoben, erscheint dieser Weg, sich nicht auf eine punktuelle Zusammenarbeit zu beschränken, gerade unter Anlegung einer kritischen Betrachtungsweise unverzichtbar. Er erfordert einen erheblichen Zeit- und Kraftaufwand, ohne ihn dürften aber Konstanz und Effizienz auf dem Felde des interkulturellen Lernens und Lebens kaum zu erreichen sein.

2.1. Praxisfelder

Tageseinrichtung „Mittagsbetreuung"

Kernstück des interkulturellen Lernangebotes an die Schüler/innen der Hauptschule am Eppmannsweg ist die von montags bis donnerstags zwischen 13.30 Uhr und 15.00 Uhr (an den Tagen, an denen es stundenplantechnische Notwendigkeiten erfordern, auch schon früher beginnend) stattfindende Mittagsbetreuung. Sie umfasst z.Z. folgende Angebote:

- eine Hausaufgabenhilfe durch eine Lehrkraft,
- Nutzung des Internet-Cafes für schulische Recherchen,
- Essen und Trinken (zumindest in Form eines Imbisses),
- Unterhaltung und Spiele in den Räumen der Cafeteria,
- Bewegung im mit verspiegelten Wänden ausgestatteten Tanzraum bzw. mit verschiedenen Sportgeräten in anderen Räumen (Tischtennis, Kickern, Billard, u.U. auch Dart),
- Lesen (Zeitungen, Jugendbücher),
- Feiern in geschlossenen Gruppen (z.B. kleine Geburtstagsfeiern),
- Werkstattangebote (je nach Bedarf und Möglichkeiten z.B. Tanz, Theater, Videoarbeit).

Wurden alle Betreuungsaufgaben anfangs von Lehrkräften und der Schule zugehörigen ABM-Sozialpädagogen ausgeübt, ist dies schon seit langem nicht mehr möglich auf Grund der angespannten Lehrerstellensituation der Schule und der nicht erfolgten Weiterbeschäftigung der Sozialpädagogen durch die Stadt. Durch die Anerkennung der Mittagsbetreuung als Modelleinrichtung durch die Landesregierung konnte das Jugendhaus in den letzten Jahren aber den Einsatz von Honorarkräften finanzieren. Mit der Schaffung des neuen Förderprogramms „13 plus" im Jahre 2000 ist die Grundlage dafür noch gefestigt worden. Die fest angestellten Sozialarbeiter des Jugendhauses stehen, soweit es ihre sonstigen Aufgaben zulassen, den Schüler/innen als Gesprächs- und Beratungspartner zur Verfügung und betreuen verschiedentlich bestimmte Projekte aus dem Werkstattangebot. Die Lehrkraft, die in der Hausaufgabenhilfe eingesetzt ist, erhält die zwei Stunden Betreuungszeit wie an Ganztagsschulen als eine Unterrichtsstunde angerechnet. Die Sachkosten wurden und werden aus Etatmitteln des Jugendhauses, der Schule und zuletzt der Modellförderung getragen. Wegen der Mittagsbetreuung ist das Jugendhaus früher geöffnet als es vorher üblich war, allerdings nur für Schüler/innen der Hauptschule am Eppmannsweg, ohne dass deshalb seine abendlichen Öffnungszeiten verkürzt wurden.

Der Besuch der Mittagsbetreuung erfolgt freiwillig und setzt keine Anmeldung voraus. Die Zahl der Nutzer ist je nach Stundenplan, Jahreszeit und Cliqueninteressen, die zu wellenartigen Verschiebungen führen können, unterschiedlich, liegt jedoch selten unter 30 Personen, hingegen oft deutlich darüber. Die Schüler/innen stammen aus allen Jahrgangsstufen und gehören allen an der Schule vertretenen Ethnien an. Den größeren Anteil stellen die türkischen Schüler/innen, offensichtlich auch weil sich die deutschen Kinder und Jugendlichen stärker an die häuslichen Mahlzeiten halten und überdies daheim eher attraktive Freizeitverlockungen durch eigene elektronische Medien bestehen. Erwartungsgemäß hoch ist der Besuch der Mädchen, die im Jugendhaus Beschäftigungsmöglichkeiten und Freiräume finden, die sich ihnen in der elterlichen Wohnung und Umgebung nicht bieten. Diese Mädchen spielen zudem dadurch eine wichtige Rolle, dass vorrangig sie Helferfunktionen wie den Imbissverkauf oder die Ausgabe der Spiele übernehmen.

Es liegt auf der Hand, dass die Begegnungen während der Mittagsbetreuung eine Fülle von interkulturellen Lernmöglichkeiten bieten, die zu Hause oder der Nachbarschaft nicht gegeben sind, insbesondere nicht für Mädchen. Diese sind ja, sofern sie Muslime sind, in einem –in den letzten Jahren eher noch gewachsenen – Maße vom allgemeinen öffentlichen Leben ausgeschlossen, dass es jedem, der eine angstfreie und erfahrungsreiche Sozialisation und Enkulturation als konstitutiv für die Entwicklung zu einer eigenverantwortlichen und gemeinschaftsfähigen Persönlichkeit in unserer hochkomplexen Gesellschaft mit ihren differenzierten Anforderungen ansieht, nur die Sorgenfalten auf die Stirn treiben kann. Gerade die ausländischen Mädchen finden daher hier einen geschützten Bereich, in dem sie wenigstens vorübergehend altersgemäße, geschlechtsübergreifende und gesellschaftsrelevante Interessen realisieren und Erfahrungen sammeln dürfen.

Denn während der Mittagsbetreuung kommen ja sehr unterschiedliche Schüler/innen zusammen und treten auf vielfältigste Weise direkt oder indirekt miteinander in Kontakt und in Aktion: Sie reden, treffen Verabredungen, spielen, lösen Konflikte, erleben Stärken und Schwächen bei sich und anderen, feiern, tanzen, essen, erledigen Hausaufgaben, lassen sich helfen und helfen selbst, arbeiten an gemeinsamen Vorhaben, übernehmen Verantwortung usw. Dies alles geschieht wohl innerhalb bestimmter Regeln, aber es wird nicht ständig von Erwachsenen, insbesondere Lehrkräften, gelenkt und geleitet; zudem sind die Regeln im Vergleich zum Unterricht viel weiter gefasst. Eben das fördert die Bereitschaft zum offeneren Umgang, zum wirklichen Eingehen aufeinander, zum Wechsel bzw. zur Erweiterung der Perspektive, zur Interessen- und Selbständigkeitsentwicklung. Die Erwachsenen sind dabei nicht überflüssig, weil es durchaus auch immer wieder Anlass zum Eingreifen gibt, aber das Beziehungsverhältnis ist entgegen der ursprünglichen Erwartungen der Lehrer/innen außerordentlich entspannt.

Da Schüler/innen, die ein Vorhaben einüben wollen, z.B. die Aufführung eines Tanzes oder eines Theaterstückes, den dafür erforderlichen Raum reserviert erhalten, ist ernsthaftes Miteinander-Arbeiten ohne äußere Eingriffe und Störungen trotz der in der Regel großen Fülle in der Cafeteria oder an den Spielgeräten gesichert. Die Ergebnisse solcher Gruppen zeigen übrigens recht genau, dass Jugendliche nicht einfach nur Überliefertes konservieren, sondern weiterentwickeln wollen. So werden z.B. in der Regel auch von den türkischen Mädchen moderne Tänze den traditionellen vorgezogen oder letzteren wird zumindest ein moderner Anstrich bzw. eine persönliche Note gegeben. Das trägt mit dazu bei, dass sich deutsche Schüler/innen durchaus an Tänzen türkischen Ursprungs beteiligen mögen. Wir haben u.a. bei schulischen Feiern schon wiederholt gemischte Mädchengruppen erlebt, die nach selbst organisierter intensiver Vorbereitung im „Bonni" mit erstaunlicher Geschmeidigkeit und Rhythmussicherheit komplizierte Bauchtänze dargeboten haben.

Unter interkulturellem Aspekt ist dabei nicht nur wichtig, dass sich die deutschen und ausländischen Schüler/innen über die Unterrichtszeit und deren eingeschränkte Möglichkeiten hinaus in je nach persönlicher Gestaltung mehr oder weniger enger Gemeinschaft versammeln und agieren können, also ein besseres Kennenlernen und vielfaches Erfahrungslernen möglich ist, sondern dass überdies das Jugendhaus selbst zum vertrauten Ort, die Sozialarbeiter zu bekannten Personen werden, die sonstigen Veranstaltungsangebote des Jugendhauses größeren Aufforderungscharakter erhalten und in den eigenen Interessenshorizont rücken und damit festere Bindungen entstehen. So verwundert es nicht, dass Schüler/innen der Hauptschule am Eppmannsweg einen Großteil der jugendlichen „Aktivisten" des Jugendhauses bilden, die bei den zahlreichen Kulturveranstaltungen des Jugendhauses als Akteure oder Helfer mitwirken. Eben dies gestattet wiederum eine stärkere Rückkoppelung zwischen diesen Veranstaltungen einerseits und dem Unterricht und dem schulischen Leben andererseits.

Beteiligung der Schule an den interkulturellen Veranstaltungen des Jugendhauses und seiner Trägergemeinde

Es ist seit einigen Jahren unumstritten, dass sich Schule weit stärker als es in ihrer Tradition angelegt ist, dem Leben und der Umwelt öffnen und das Lernen und Leben im eigenen Hause natürlicher und wirklichkeitsnäher gestalten muss. In Nordrhein-Westfalen gibt es dafür seit längerem ministerielle Empfehlungen und Fördermittel, die unter dem Kürzel GÖS (Gestaltung des Schullebens und Öffnung der Schule) diese Entwicklung wirkungsvoll unterstützen und breite Anerkennung gefunden haben. Selbstverständlich sind das Dietrich-Bonhoeffer-Jugendhaus und seine Trägergemeinde für die Hauptschule am Eppmannsweg auch aus diesem Blickwinkel ideale Partner, gerade wenn es um interkulturelle Lernansätze geht. Denn was liegt näher, als sich Einrichtungen zu öffnen, die vor der Haustür liegen und auf diesem Sektor fast identische Ziele wie die Schule selbst verfolgen. Dieser Teil der Kooperation ist daher ebenfalls in das Schulprogramm der Hauptschule am Eppmannsweg, das für die konkrete Planung und Arbeit ihrer Gremien und einzelnen Lehrer/innen bindend ist, ausdrücklich aufgenommen worden.

Jugendhaus und Trägergemeinde arbeiten ja mit dem Anspruch, Sozial- und Kulturarbeit für die Menschen des Ortsteils unabhängig von ihrer Konfession und ihrer Ethnie zu betreiben. Dies geschieht nicht lediglich in einem folkloristischen Sinne, sondern es werden Lebenserfahrungen und Problemlagen aufgegriffen, Foren für ihre Darstellung geschaffen oder künstlerische Verarbeitungsformen entwickelt und andere Bewältigungshilfen angeboten. Die Schule wird frühzeitig über diese Planungen informiert bzw. an ihnen beteiligt, kann also auch auf diesem Wege das schulische Lernen mit dem gesellschaftlichen Leben zu verzahnen suchen. Bessere Lernfelder lassen sich kaum finden, zumal etliche der Akteure ohnehin Schüler/innen oder Erziehungsberechtigte der Schule sind. Selbstverständlich stellt die Schule ebenfalls Räume, Geräte und sonstige Unterstützung bereit.

Beispiele für solche Veranstaltungen sind das preisgekrönte Projekt „Ates", in dem u.a. türkische Jugendliche (Schüler der Hauptschule am Eppmannsweg) Szenen spielten, in denen sich ebenso die täglichen Diskreditierungserlebnisse von Ausländern wie ihre schwierige Suche nach einer Leitlinie widerspiegelten; andere Theaterprojekte, ein Zirkusprojekt, Kulturwochenenden mit Workshopcharakter, Diskussions- und Begegnungsrunden zu spezifischen Anlässen und Themen, Stadtteilfeste und Gastspiele von fremden Laien- oder Berufskünstlern. Die Schule macht auf diese Veranstaltungen aufmerksam, ermutigt zu ihrem Besuch, bereitet vielfach auch darauf vor, nimmt mit ausgesuchten Klassen oder Gruppen daran teil und steuert sogar eigene Beiträge bei.

Letztere sind zum Beispiel beim jährlichen Stadtteilfest, das jeweils eine besondere thematische Ausrichtung erhält, längst feste Tradition. Zum diesjährigen der Jahrtausendwende gewidmeten Fest wurden u.a. von Schüler/innen mit einfachen Mitteln historische Formen der Zeitmessung demonstriert, Weltzeituhren sowie christliche und muslimische Kalender verkauft, Sprichwörter und Redensarten über die Zeit ausgehängt und Leute um ihre Meinung dazu befragt, Informationen über die Relativität von Zeit, Uhren der Natur, die Entwicklung der Zeitmessung und der Pünktlichkeit ausgestellt, Computerausdrucke über bestimmte Tage angeboten. Überdies spielte die Schülerband im Rahmen des Bühnenprogramms.

Die Schule demonstriert ihren Schüler/innen und deren Eltern damit zugleich, dass es unabhängig von der Nationalität und ethnischen Herkunft sinnvoll ist, am öffentlichen Leben Anteil zu nehmen. Denn auf diesem Wege lassen sich neue Erfahrungen sammeln und Bekanntschaften machen, wird der Gewinn von Freude und Anerkennung möglich, können Vorbehalte und Ängste abgebaut werden. Gerade für junge Menschen ist es außerordentlich wichtig, dass sie mit solchen Abläufen vertraut werden, sich über sie mit der Umgebung, in der sie aufwachsen, identifizieren und sich ernst genommen und beteiligt fühlen. Daraus folgt nicht, dass alle Veranstaltungen den gleichen Anklang finden oder immer alle Schüler/innen zur Mitwirkung bereit sind, aber das Jugendhaus festigt sich doch als ein Ort in ihrem Bewusstsein, der im Leben des Ortsteils eine wichtige Rolle spielt und dessen soziale, kulturelle und – sicherlich nur für manche Schüler/innen erkennbar – auch politische Angebote für sie Bedeutung haben.

Besondere interkulturelle Veranstaltungen der Schule, die vom Jugendhaus gestützt werden

Natürlich ist die Frage nach den interkulturellen Lernmöglichkeiten bei allen Veranstaltungen der Schule zu stellen, angefangen vom normalen Fachunterricht über die erzieherische Grundrichtung bis hin zu den Sonderveranstaltungen, die Unterricht und Schulleben bereichern und würzen. Mit letzterem sind große Einzelprojekte (z.B. Wettbewerbsbeiträge), Projektwochen unter einem Leitthema, Schulfeste oder Feiern gemeint. Hier ist es als Pendant zu 2.1.2 genauso üblich, das Jugendhaus zu informieren und – wenn möglich – zu beteiligen. Das Jugendhaus verfügt ja über spezifische Kompetenzen seiner Mitarbeiter, über nötigenfalls mit nutzbare Räumlichkeiten und Geräte. Sie werden ähnlich bereitwillig zur Verfügung gestellt, wie es umgekehrt die Schule tut. Durch die solcherart erreichbaren Anregungen, tatkräftige Mitarbeit oder verbesserte Infrastruktur sind viele Veranstaltungen in ihrer Planung, Durchführung und vor allem ihren Ergebnissen nachhaltig gestärkt worden. Dies gilt z.B. in besonderem Maße für die Theaterarbeit.

Eine Reihe von preisgekrönten Wettbewerbsprojekten der Schule, die sich auf den Ortsteil bezogen, z.B. die Untersuchung von rechtsradikalen Erscheinungen im Stadtteil, die Erforschung des Schicksals von Zwangsarbeitern während des 2. Weltkriegs in Hassel oder ein auf die Restaurierung eines Brunnens in einer Bergmannssiedlung ausgerichtetes Wasserprojekt, erhielt ebenfalls wertvolle Impulse aus Jugendhaus und Trägergemeinde: durch Hinweise auf Zeitzeugen, Ausstellung der ermittelten Erkenntnisse, Einladungen zur Berichterstattung. Für die Schüler/innen waren das gleichermaßen Hilfen wie Bewährungsproben.

Die interkulturellen Merkmale dieser Projekte seien noch einmal herausgestellt: Schüler/innen unterschiedlicher Herkunft und Voreinstellungen arbeiteten in gemeinsamer Anstrengung an anspruchsvollen Vorhaben, die sehr kontroverse moralische Empfindungen und Urteile auslösende Sachverhalte zu Tage förderten. Sie mussten sie außerdem in der Öffentlichkeit so präsentieren, dass auch Auseinandersetzungen darüber bestanden werden konnten. Da war mitzubedenken oder sogar sorgsam abzuwägen, wie in der eigenen Gruppe, unter den Betroffenen oder Zeitzeugen, in der interessierten Umgebung und Fachwelt darauf reagiert werden könnte, zumal ganz handfeste Ziele (schnelleres Beseitigen rechtsradikaler Schmierereien, Errichtung eines Denkmals oder die Wiederinbetriebnahme eines verfallenen Brunnens) den im wahrsten Sinne greifbaren Schlusspunkt bilden sollten. In diesen Schritten wurde für wohl jedes Gruppenmitglied Identifikation spürbar: mit der Sache einschließlich der dahinter stehenden Erfahrungen und Schicksale von Menschen, um die es ging; mit dem Ziel, für das man eintrat; mit den Mitschülern, mit denen das Projekt betrieben wurde; mit dem Erfolg, der schließlich errungen wurde. Nicht minder bedeutsam war, dass die Schüler/innen von außen als Einheit gesehen wurden, in der die Unterschiede zwischen Deutschen und Ausländern unwichtig waren. Dass auch Ausländer in diesen Stadtteilprojekten mitwirkten, rief allerdings verschiedentlich Erstaunen und Anerkennung hervor, was unterstreicht, wie wenig selbstverständlich ein derartiges Engagement in Teilen unserer Gesellschaft zu sein scheint.

Dabei ist ein solches Interesse von ausländischen Kindern und Jugendlichen an den derzeitigen Belangen, der Geschichte oder der zukünftigen Gestaltung des Wohnumfeldes bzw. des Ortes, in dem sie aufwachsen, nicht nur ein ganz natürliches Bedürfnis, sondern es trägt auch – zumal wenn es gelingt, es in gemeinsames Handeln mit deutschen Kindern und Jugendlichen münden zu lassen – entscheidend zum „Heimisch- und Vertrautwerden", „Fußfassen" und „Verwurzeltsein" mit der hiesigen sozialen und kulturellen Umwelt bei. Unterbleibt dies, wird hingegen die Persönlichkeitsentwicklung nachhaltig gestört, weil zu schnell Gleichgültigkeit, Misstrauen, Angst, Hoffnungslosigkeit usw. das Denken und Tun bestimmen. Indem das Jugendhaus und seine Trägergemeinde verlässliche Bundesgenossen der Schule für solche z.T. recht aufwendigen Lernaktionen sind, kann sich die Schule eher und erfolgreicher dieser Aufgabe annehmen.

2.2. Zusammenhänge und Erkenntnisse

Selbst besonders günstige Voraussetzungen wie die räumliche Nähe, ein gewisser persönlicher Bekanntschaftsgrad und/oder ein relativ hoher Kooperationsbedarf zwischen Schule und Jugendhaus führen beide Häuser nicht ohne weiteres zu einer engen Zusammenarbeit, können diese aber natürlich wesentlich erleichtern. An dem hier skizzierten Beispiel ist daher entscheidend, dass mit dem zu Anfang der 90er Jahre erfolgten Beginn einer täglichen Betreuung von Schüler/innen im „Bonni" eine Intensität der Begegnung, der

Abstimmungsnotwendigkeit und des Sammelns von Erfahrungen einsetzte, die an sich nur zwei Möglichkeiten offen ließ: entweder das schnelle Scheitern dieser Bemühungen oder die Stärkung des Vertrauens, der Beziehungen und der Sicherheit, auch Ärgernisse, sich abzeichnende Fehlentwicklungen oder personelle und finanzielle Engpässe ohne übermäßigen Reibungsverlust stoppen und überwinden zu können.

Dass deutsche und ausländische Schüler/innen insbesondere einer Hauptschule ein solches Zusammenwirken von Schule und Jugendhaus vielleicht dringlicher benötigen als vor 20 Jahren, obwohl inzwischen die meisten der in Deutschland lebenden ausländischen Kinder und Jugendlichen schon in diesem Land geboren sind, mag Außenstehende überraschen, kann aber nicht verwundern, wenn man ernsthaft in den Blick nimmt, wie segregiert und mit welchen Benachteiligungen und Brüchen viele ausländische Kinder und Jugendliche in Deutschland aufwachsen, wie sozial verworren, kulturell eingeschränkt und damit ungünstig aber auch die Lebensbedingungen eines Großteils der deutschen Hauptschüler/innen sind, so dass es sowohl im schulischen Lernen erhebliche Entwicklungshemmnisse gibt und erst recht im unmittelbaren Aufeinandertreffen beider Gruppen immer wieder schnell zu generellen Vorbehalten und Fehlurteilen kommt, also zu unangemessenen Verallgemeinerungen und Parteiungen, die ethnisch zuzuschreiben suchen, was eher individuell bzw. durch die bedrückende soziokulturelle Ausgrenzung erklärt werden müsste. Insofern reicht es für diese jungen Menschen keineswegs, dann und wann einmal fremde kulturelle Aspekte in den Unterricht aufzunehmen, sondern es geht darum, das ständige reibungsvolle Zusammensein so großer Gruppen unterschiedlicher ethnischer Herkunft bzw. Orientierung einerseits überhaupt in Bahnen zu lenken, deren Kommunikations- und Sozialprozesse akzeptabel sind, andererseits aber die zugleich in der fortwährenden Begegnung geborgenen spezifischen interkulturellen Lernmöglichkeiten fruchtbar zu machen. Das kann weder nur in der Schule noch nur im Jugendhaus in ausreichendem Maße geschehen, weil die jeweiligen Lern- und Begegnungsfelder, hier die eher geschlossenen der Schule, dort die eher offenen des Jugendhauses, der Ergänzung durch das Gegenstück bedürfen.

Wenn Schule und Jugendhaus über die Durchführung einer Mittagsbetreuung hinaus kooperieren, d.h. sich gegenseitig über ihre jeweiligen Projekt- und sonstigen Veranstaltungsplanungen informieren und – wo das möglich bzw. wünschenswert ist – beteiligen, erwachsen daraus zahlreiche Planungsimpulse, eine Ressourcenerweiterung (logistischer, räumlicher, technischer, finanzieller und sogar personeller Art), eine quantitative und qualitative Bereicherung der Veranstaltungsinhalte und eine Stärkung ihrer Effizienz. Angesichts der – allein schon altersmäßigen – Zusammensetzung mancher Lehrerkollegien oder der knappen Kassen ist dies alles ein keineswegs zu unterschätzender Vorteil. Natürlich ist eine solche Kooperation und damit die Ausweitung der Inanspruchnahme der Beschäftigten eine zeitliche Mehrbelastung, die nicht unbegrenzt ausgedehnt werden kann, aber sie ist andererseits in der Regel auch mit Erleichterungen und größeren Erfolgen bzw. gestiegener Zufriedenheit verbunden. Von großer Bedeutung ist unter dem Gesichtspunkt der ohnehin hohen zeitlichen Beanspruchung daher, dass die Beziehungen nicht zu stark formalisiert werden, damit sie nicht erstarren und zum Selbstzweck werden. Aus diesem Grunde ist auch eine gewisse Skepsis hinsichtlich der Erfolgsaussichten angebracht, wenn unter Einbeziehung sehr vieler Einrichtungen so große Kooperationszirkel angestrebt werden, dass ihre konkreten „Handlungsschnittmengen" zu schmal sind, um dauerhaft über mehr als einen bloßen Informationsaustausch hinaus zu gelangen. So sehr heute Vernetzung zum Schlagwort geworden ist und auf spezifischen Feldern sicherlich Sinn macht, so wenig wäre es leistbar, effizient und damit angebracht, sollte die Schule alle möglichen Jugendhilfe-Einrichtungen, mit denen sie kooperiert, ständig an einen Tisch zu bringen versuchen. Aus dem gleichen Grunde wird die Zusammenarbeit mit dem „Bonni" bewusst von der Belastung frei gehalten, die dadurch entstünde, dass das Jugendhaus bei Verstößen von Schüler/innen gegen die Schulordnung für sanktionierende Resozialisierungsmaßnahmen in Anspruch genommen würde. Dies muss die Schule selbst leisten, denn intensive Partnerschaften, die halten sollen, dürfen nicht durch Überfrachtung gefährdet werden.

Wenn aber andererseits nicht bezweifelt werden kann, dass interkulturelles Lernen für die deutschen wie für die ausländischen Kinder und Jugendlichen ein Prozess ist, der wohl auch, aber nicht in erster Linie über kognitive Leistungen vollzogen wird (durch den Erwerb von Wissen), sondern über gemeinsames Handeln und möglichst gute Beziehungen untereinander, wenn dazu ein gewissermaßen ständiges Übungs- und Bewährungsfeld für interkulturelle Begegnungen, Konflikte und Lösungen zwingend notwendig ist, wenn also die wichtigste Voraussetzung und zugleich der Erfolgsmaßstab für interkulturelles Lernen in der „Beheimatung" junger Menschen unterschiedlicher Herkunft in Schule und Stadtteil (als dem idealtypisch engen Lebensraum, in dem man sich größtenteils bewegt) zu sehen ist, dann ist eine Zusammenarbeit von Schule und Jugendhaus wie in dem hier geschilderten Sinne und Umfange unabdingbar.

2.3. Strukturen der Zusammenarbeit

Aus dem Gesagten ergibt sich, dass der Erfolg der Kooperation nicht zuletzt aus der Art ihrer Entstehung und ihrer grundsätzlichen Strukturen resultiert. Die Zusammenarbeit ist nicht verordnet worden, sondern aus eigener Initiative von Schule und Jugendhaus erwachsen und beruht weiterhin auf Freiwilligkeit. Zwar ist ihr seinerzeit ein (von der Schule verfasster) schriftlicher Konzeptionsentwurf zugrunde gelegt worden, aber es hat nur einen mündlichen „Vertragsabschluss" gegeben, also eine erhebliche Vertrauensinvestition. Die prinzipielle Selbständigkeit beider Häuser, das Fehlen jeglicher Weisungsbefugnis und die erwiesene Bereitschaft, auf eine bloße Instrumentalisierung der jeweils anderen Seite zu verzichten, sind bis heute wesentliche Kennzeichen geblieben. Sowohl die Schule wie das Jugendhaus entscheiden aus eigener Kompetenz heraus, ob und inwieweit sie sich an Vorhaben des Partners beteiligen bzw. gemeinsame Veranstaltungen durchführen wollen. Die Verlässlichkeit ist nicht dadurch gefährdet, dass ein Miteinander verschiedentlich nur begrenzt möglich ist.

Mit der Installierung der Tageseinrichtung „Mittagsbetreuung" als dem Kernstück der Zusammenarbeit hat es zunächst wöchentliche Treffen der Leitungsteams beider Häuser gegeben, die einen Erfahrungsaustausch und die Beseitigung von Problemen zum Gegenstand hatten. Eine derartige Häufigkeit dieser Treffen ist inzwischen längst nicht mehr nötig, weil sich die Abläufe größtenteils störungsfrei und selbstverständlich vollziehen und vor allem die informellen Kontakte außerordentlich intensiv sind. An den Planungssitzungen für größere Veranstaltungen wird die jeweils andere Seite ohnehin beteiligt.

Die Sicherung von Kontinuität (Verlässlichkeit) und klaren Verantwortlichkeiten lässt sich auch daran ablesen, dass es über jetzt immerhin acht Jahre gelungen ist, trotz zeitweiliger erheblicher personeller und finanzieller Engpässe sowohl die Mittagsbetreuung als auch die weitergehende Zusammenarbeit bruchlos aufrechtzuerhalten und im Bewusstsein aller Beteiligten zunehmend zu verankern. Dass nach dem Unterricht bis mindestens 15.00 Uhr „Bonni-Zeit" ist, die man nutzen kann, ist für die Schüler/innen ein feststehender Begriff. Das Bemühen um Verlässlichkeit zieht nach sich, dass die Schule stets die Präsenz eines Lehrkraft während der Mittagsbetreuung sichert, selbst wenn die eigentlich dafür vorgesehene Person ausfällt, und das Jugendhaus seinerseits auch vor und nach eigenen Großveranstaltungen in aller Regel die Raumnutzung (unter Beachtung gewisser Einschränkungen) zulässt.

Während der Mittagsbetreuung oder wenn Schülergruppen anderweitig in geschlossenen Veranstaltungen das „Bonni" nutzen, trägt die Schule natürlich die Verantwortung. Sie wickelt z.B. Schäden ab, die von Schüler/innen verursacht werden, und greift ein, wenn vorsätzlich oder grob gegen die Ordnung verstoßen wird (erforderlichenfalls durch die Verhängung eines „Bonni"-Verbotes). Solche Eingriffe sind aber bislang äußerst selten notwendig gewesen. Ähnlich verfährt das Jugendhaus, wenn seine Gruppen die Schule nutzen.

Bei der Einrichtung der Mittagsbetreuung war es der Schule auf Grund von Sondermitteln der Stadt möglich, die Einrichtung einer Bücherei, die Beschaffung von Spielen und die Ausstattung eines Essbereiches zu finanzieren. Durch die Einstufung der Mittagsbetreuung als Modell und jetzt durch die Nutzung des Förderprogramms „13 plus" stehen in den letzten Jahren begrenzte Landesmittel für Ersatzbeschaffungen zur Verfügung, die vom Jugendhaus abgerechnet werden, doch ist die Schule damit nicht grundsätzlich aus ihrer Beteiligungspflicht entlassen. Betriebskosten erhebt das Jugendhaus allerdings nicht. Selbstverständlich bringt es auch eigene Aufwendungen für spezifische Anschaffungen ein. Bewährt hat sich, dass Jugendhaus und Schule größere Investitionen (z.B. den Kauf von Funkmikrophonen) abgestimmt und gemeinsam getätigt haben, so dass beiden Einrichtungen qualitativ und quantitativ eine bessere Ausstattung zur Verfügung steht. Die Kosten für die eher schulischen Veranstaltungen außerhalb der Mittagsbetreuung und die Beiträge der Schule zu Jugendhaus- und Gemeindeveranstaltungen trägt die Schule, die des Jugendhauses wiederum dieses selbst, doch werden auch im Jugendhaus entwickelte Aufführungen (Theater oder Zirkus) von der Schule „eingekauft" (über die Erhebung eines Unkostenbeitrages von den Schüler/innen und einen Subventionszuschuss des Fördervereins).

Die eingesetzten Lehrkräfte und die anfangs von der Schule gestellten ABM-Sozialpädagogen werden bzw. wurden auch von der Schule instruiert und dienstrechtlich „verwaltet", die heute dem Jugendhaus über das Förderprogramm „13 plus" möglichen Honorarkräfte von diesem. In den gemeinsamen Abstimmungs- und Reflexionsgesprächen spielt das aber keine wesentliche Rolle, vielmehr wird gemeinsam nach den jeweils besten Lösungen gesucht. Es hat bislang nicht einmal Streit darüber gegeben, wer wem „was zu sagen" hat. Ebenso erfolgten und erfolgen die häufigen Berichterstattungen auf Tagungen und in Publikationen in gemeinsamer Abstimmung. Für alle Beteiligten wird dadurch immer wieder unterstrichen, dass die interkukturelle Arbeit beider Häuser ein aufeinander abgestimmtes Gemeinschaftsprojekt ist.

Außer Zweifel steht schließlich, dass die Mittagsbetreuung und viele andere interkulturelle Begegnungs- und Lernangebote der freiwilligen Nutzung durch die Schüler/innen überlassen bleiben, also nicht verordnet werden. Durch immer wieder neue

Anreize und eine insgesamt große Attraktivität kann aber ein hoher Nutzungsgrad erreicht werden.

3. Stolpersteine und Tipps

Wenn zwei so unterschiedliche Regelbereiche wie der relativ offene Jugendhausbetrieb und der relativ stark formalisierte Schulbetrieb dauerhaft aufeinandertreffen oder sogar integriert werden, entstehen naturgemäß leicht Reibunngsflächen, die u.U. zu schweren Rissen führen können. So ist insbesondere die Furcht der Lehrer/innen vor einem „Chaos", weil die Schüler/innen die zufallende Freiheit eventuell missbrauchen, die des Jugendhausteams vor einer etwaigen „Verschulung" der Arbeit und einem daraus resultierenden Verlust an Attraktivität für bestimmte Jugendliche nicht von der Hand zu weisen. Hinzu kommen die Ängste mancher Lehrer/innen vor einer Ausweitung ihrer schulischen Dienstzeit und ihrer außerunterrichtlichen Pflichten, die Furcht der Sozialarbeiter/innen vor der Gefahr der Instrumentalisierung, der permanenten Störung der sonstigen Abläufe, der Möglichkeit, am Ende nicht mehr Herr im eigenen Haus zu sein. Auch ist natürlich klar, dass die Schule ihrerseits Räume, Geräte usw. dem Jugendhaus zur Verfügung zu stellen bereit sein muss, obwohl sie als sog. „unselbständige Behörde" formal nur eine begrenzte Entscheidungsgewalt darüber hat. Da überrascht es im Rückblick geradezu, dass diese Stolpersteine in den vergangenen acht Jahren tatsächlich kaum eine Rolle spielten.

Das wiederum hängt zweifellos mit der grundsätzlichen Bereitschaft der beiden Leitungsteams zusammen, die Kooperation ehrlich und vertrauensvoll sowie mit Augenmaß und hohem Einsatzwillen durchzuführen. Als Grundsatz galt und gilt, die den eigenen Hause oder den eigenen Tätigkeitsbereich zufallenden Probleme und Aufgaben nicht einfach zu delegieren oder dem anderen Verantwortungsbereich zuzuschieben, sondern möglichst selber zu sehen, dass der eigenen Verantwortung genügt wird, ohne unnötig an sich zu ziehen, wofür man nun wirklich nicht zuständig ist. Indem beide Einrichtungen die Eigenständigkeit der anderen Seite respektieren, werden störende Kompetenzüberschreitungen weitestgehend vermieden.

Natürlich gab und gibt es nach der ersten Euphorie schöner Erfolge auch Enttäuschungen und sogar Durststrecken, weil sich eine gewisse Abnutzung oder Erstarrung in Routine breitzumachen beginnt. Deshalb ist es wichtig, kritische Reflexionsphasen einzubauen, neue Ideen und Angebote auszuprobieren oder gegebenenfalls übertriebene Erwartungen auf ein vernünftiges Maß zurückzuschrauben, ohne von der grundsätzlichen Zielsetzung abzulassen. Dass sich ein regelmäßiger Mittagstisch, unter interkulturellem Aspekt sicher wertvoll, nicht hat durchhalten lassen, sich immerhin aber ein festes Imbissangebot und mindestens einmal in der Woche eine selbstorganisierte Speisenzubereitung (vor allem Teiggerichte) gut behaupten, ist ein Beispiel dafür.

Wichtig ist weiter, den Lehrer/innen und Sozialarbeiter/innen, die nicht sofort von der Leistbarkeit und dem Erfolg der Zusammenarbeit zwischen Schule und Jugendhaus überzeugt sind, Zeit einzuräumen. So hat die Schule einige Jahre nur die Lehrkräfte für diese Aufgaben herangezogen, die ohne Vorbehalte darangingen. Die Mitglieder der Schulleitung haben ebenfalls stets selbst Betreuungsaufgaben (z.B. in der Hausaufgabenhilfe oder bei Projekten) übernommen, kennen also die Abläufe und Probleme aus eigener Anschauung. Inzwischen ist kaum noch jemand aus dem Kollegium unwillig, seinen Beitrag zu leisten. An den großen interkulturellen Stadtteilfesten, obwohl an einem Sonntag terminiert, hat inzwischen über die Hälfte des Kollegiums mitgewirkt. In die gleiche Richtung zielt der Hinweis, sich nicht zu viel auf einmal vorzunehmen, sondern die Ziel- und Arbeitsfelder zunächst vorsichtig zu begrenzen und erst allmählich nach den jeweiligen Möglichkeiten auszudehnen. Dazu gehört auch, dann und wann Bilanz zu ziehen, um zu wenig effektive oder zu aufwendige Maßnahmen zu streichen oder zumindest die zeitlichen Abstände der Realisierung zu strecken. Auf der anderen Seite ist Kontinuität, auch hinsichtlich des Personaleinsatzes, für alle Beteiligten eine wesentliche Voraussetzung für die Entstehung von Sicherheit und Vertrauen.

Für die interkulturelle Arbeit in Abstimmung mit dem Jugendhaus gilt schließlich, die Abläufe nicht zu straff durchzuorganisieren und damit den Jugendlichen kaum eigene Freiheiten zu lassen. Schule und Jugendhaus geben natürlich Impulse und Hilfen, aber die Schüler/innen haben grundsätzlich die Möglichkeit, ihre eigenen Wünsche thematisch und organisatorisch zu verwirklichen. Dahinter steht der Gedanke, dass es auf diesem subtilen Felde wenig Sinn macht, den naturgemäß immer wieder spürbaren Ethnozentrismus der Schüler/innen einfach unterdrücken oder moralisch diskreditieren zu wollen, sondern dass es vielmehr darauf ankommt, durch Einräumung vermehrter Chancen zur Befriedigung gemeinsamer Interessen, zum gemeinsamen Erleben von Freude, Erfolgen oder auch nur bestimmten Handlungsabläufen, zum gemeinsamen Ringen um grundlegende Einsichten und Positionen zu neuen bzw. reflektierteren Haltungen zu gelangen.

Schule und Jugendhilfe (hier Jugendhaus) können ein starkes Team zur Förderung interkulturellen Lernens werden, wenn sie ihre Arbeit durchdacht und engagiert anlegen. Aber sie brauchen dazu auch einen gesicherten Finanzrahmen und eine bessere Einrechnung dieser Bemühungen in ihre Arbeitszeitbemessung, denn kosten- und arbeitszeitneutral ist diese Aufgabe nicht zu erfüllen. Es bleibt zu hoffen, dass dies von Politik, Verwaltung und Gesellschaft stärker als bisher gesehen wird, um eine breitere Kooperationsbewegung auszulösen.

Anmerkung zum Begriff „Interkulturelles Lernen"

Der Begriff wird nicht einheitlich in der Literatur und öffentlichen Diskussion verwendet. Hier ist damit gemeint, sich mit Personen einer anderen Ethnie und/oder mit Elementen der anderen Kultur auseinanderzusetzen und dadurch einen Zugewinn zu erfahren. Interkulturelles Lernen setzt sich bewusst von dem manchmal synonym gebrauchten, aber doch zumindest missverständlichen Begriff des Mulikulturellen ab. Bei aller kulturellen Vielfalt und Akzeptanz von Unterschieden, für die interkulturelles Lernen steht, will es nämlich keineswegs Wertebeliebigkeit im Sinne eines Verzichtes auf jegliche verbindliche Werte für alle anstreben oder hinnehmen. Im Gegenteil lässt sie sich von den Prinzipien der liberalen Demokratie und der individuellen Menschenrechte leiten, die sich (auch im Islam) einer religiösen Begründung keineswegs verschließen und hinter die gerade in unserer modernen Zeit bzw. in einer (immer noch) dem Gerechtigkeitsgebot unterworfenen Gesellschaft nicht zurückgegangen werden kann. So erscheint es z.B. für Schule und Jugendhilfe nicht hinnehmbar, dass Mädchen gegenüber Jungen in ihren Rechten beschnitten werden. Dass bestimmte muslimische

Eltern, deren Zahl offenkundig im Wachsen begriffen ist, aus einem traditionalistischen Denkansatz heraus oft koedukativen und emanzipatorischen Zielsetzungen ablehnend gegenüberstehen, macht darum das Vorstellen von Gegenbildern und die Schaffung wenigstens von Möglichkeiten zur Nutzung alternativer Erfahrungsräume für die Mädchen nur um so wichtiger. Ähnliches gilt für die deutschen Schüler/innen, die mit grundsätzlichen Vorbehalten gegenüber Ausländern aufwachsen. Siehe genauer dazu Oberndörfer und Tibi.

Literatur

Auernheimer, Georg: Interkulturelle Jugendarbeit muss Kulturarbeit sein. In: gemeinsam 25 (1992), S. 20-26

Nieke, Wolfgang: Interkulturelle Erziehung für eine multikulturelle Gesellschaft In: gemeinsam 20 (1991), S. 4-8

Ders.: Interkulturelle Jugendarbeit – die Minderheiten stärken und die Einheimischen einbeziehen. In: gemeinsam 25 (1992), S. -19

Heitmeyer, Wilhelm mit Helmut Schröder und Joachim Müller: Desintegration und islamischer Findamentalismus. Über Lebenssituation, Alltagserfahrungen und ihre Vorbereitungsformen bei türkischen Jugendlichen in Deutschland. In: Aus Politik und Zeitgeschehen 7/8 (1997), S. 17-31

Niemeier, Helmut: Spurensuche. Über den Versuch von Schülern, sich ferne Nähe zu erschließen, in: gemeinsam 14 (1989), s. 27-30

Niemeier, Helmut: Schule als Ort und Mitgestalterin des Zusammenlebens im multikulturellen Stadtteil, in: gemeinsam 27 (1993), S. 40-51

Niemeier, Helmut: Schüler als Geschichtsforscher. Einige Anmerkungen zu der Betreuung eines preisgekrönten Forschungsprojektes über die Zwangsarbeiter in Gelsenkirchen-Hassel während des 2. Weltkrieges, in: Beiträge zur Stadtgeschichte, Bd. XVIII (1994), hg. Vom Verein für Orts- und Heimatkunde Gelsenkirchen-Buer, S. 270-275

Niemeier, Helmut: Auf dem Wege zur Stadtteilschule? Eine Hauptschule zwischen Innovation und Resignation, in: Amos. Kritische Blätter aus dem Ruhrgebiet 2 (1994), S. 10-12

Niemeier, Helmut: Erfahrungen mit dreieinhalb Jahren Über-Mittag-Betreuung von Hauptschülern in einem Jugendhaus, in: Ulrich Deinet (Hrsg.), „Schule aus – Jugendhaus?" Ganztagsangebote und Kooperationsmodelle in Jugendhilfe und Schule, Münster 1996, S. 35-52

Niemeier, Helmut: Wie ein Schülerprojekt den Anstoß gab, aus einem Aschenputtel eine Prinzessin zu machen. Erläuterungen zum preisgekrönten Unterrichtsprojekt „Der Howeg-Brunnen in Gelsenkirchen-Hassel" der Klasse 7a der Hauptschule am Eppmannsweg, in: Beiträge zur Stadtgeschichte, Bd. XIX (1996), hg. vom Verein für Orts- und Heimatkunde Gelsenkirchen-Buer, S. 262-272

Niemeier, Helmut: Praxisbericht „Interkulturelles Lernen in Schule und Stadtteil", in: Verständigung in religiöser Vielfalt, hg. von Folkert Rickers und Eckart Gottwald, Duisburg 1997, S. 47-55

Niemeier, Helmut: Schule als Agentur interkulturellen Lernens im Stadtteil. Ein Praxisbericht aus der Hauptschule am Eppmannsweg in Gelsenkirchen-Hassel, in: Heimat – Fremde. Jahrbuch der Religionspädagogik 14 (!997), hg. von Peter Biehl u.a., Neukirchen-Vluyn 1998, S. 200-219

Nohl, Arnd-Michael: Jugend in der Migration. Türkische Banden und Cliquen in empirischer Analyse, Baltmannsweiler 1996

Oberndörfer, Dieter: Die politische Gemeinschaft und ihre Kultur. Zum Gegensatz zwischen kulturellem Pluraismus und Multikulturalismus, in: Aus Politik und Zeitgeschehen 52/53 (1996), S. 37-46

Tibi, Bassam: Multikultureller Werte-Relativismus und Werte-Verlust. Demokratie zwischen Werte-Beliebigkeit und pluralistischem Werte-Konsens, in: Aus Politik und Zeitgeschehen 52/53 (1996), S. 27-36

Planungs- und Strukturebene

Martin L. Treichel

Das Schulprogramm als Instrument zur Entwicklung und Sicherung der Zusammenarbeit von Schule und Jugendhilfe

Mit dem Runderlass vom 25.6.1997 („Entwicklung von Schulprogrammen") hat das Ministerium für Schule Wissenschaft und Forschung des Landes Nordrhein-Westfalen die Schulen aufgefordert, bis zum Jahr 2000 ein Schulprogramm zu entwickeln. Damit wurde eine Linie im Bereich der Sekundarstufe I weitergeführt, die bereits in den 80er Jahren mit einer entsprechenden Aufforderung an die Grundschulen des Landes begonnen worden war.

Weshalb sollen Schulen überhaupt ein Schulprogramm erstellen?

„Das Schulprogramm beschreibt die grundlegenden pädagogischen Ziele einer Schule, die Wege, die dahin führen und Verfahren, die das Erreichen der Ziele überprüfen und bewerten. Es ist damit das zentrale Instrument der innerschulischen Verständigung und Zusammenarbeit, die darauf zu richten sind, die Qualität der Bildungs- und Erziehungsarbeit weiterzuentwickeln und auf einem hohen Niveau nachhaltig zu sichern" (Erlass, s.o.).

Das Schulprogramm einer Schule definiert die spezifischen Ausprägungen und Angebote der erzieherischen und unterrichtlichen Arbeit einer Schule. Es stellt somit ein besonders wichtiges Dokument der Schule dar, das von allen Beteiligten einer Schule entwickelt, diskutiert, verändert und beschlossen wird. Maßnahmen und Projekte, die im Schulprogramm ihren Niederschlag gefunden haben, erfahren damit ein hohes Maß an Anerkennung in der Schule und haben gegenüber anderen Vorhaben Priorität.

Die Schulleitung hat zu sichern, dass im Prozess der Schulprogrammentwicklung alle Beteiligten ihre Beiträge einbringen und zur Diskussion stellen können. Als Beteiligte gelten hier zunächst Eltern, Schülerinnen und Schüler, Lehrkräfte, Schulleitung, weitere an der Schule Beschäftigte (z.B. sozialpädagogische Fachkräfte, Schulpsychologen/-innen). Aber auch von außen können Vorschläge und Anregungen zum Schulprogramm an die Schule herangetragen werden.

Die innerschulische Diskussion wird zweckmäßigerweise zunächst von einzelnen fachlichen bzw. überfachlichen Gremien vorbereitet und geführt. In weiteren Erörterungen auf den Ebenen von Schulpflegschaft, Schülervertretung sowie Lehrerkonferenz wird der Diskussionsprozess übergeleitet in die Verabschiedung des Schulprogramms durch die Schulkonferenz.

Dabei werden die beteiligten Gruppen und Personen sicherlich daran interessiert sein, die Arbeitsbereiche, die sie bislang in der Schule vertreten, auch im Schulprogramm abgesichert zu wissen.

Mit der Fixierung im Schulprogramm wird es leichter, Ressourcen in Anspruch zu nehmen: Sachmittel, Peronalressourcen, Fortbildungsmöglichkeiten.

Die Ebenen der schulischen Diskussion

Fachkonferenzen
Jahrgangsteams
Projektgruppen
Beratungsteam(s)
Schulleitung

Die Ebenen der schulischen Mitwirkung

Schulpflegschaft
Schülervertretung
Lehrerkonferenz

Die Ebene der Entscheidung

Schulkonferenz

Ein Schulprogramm ist nie „fertig". So wie sich die Menschen, die Umstände verändern, so muss auch das Schulprogramm von Zeit zu Zeit überarbeitet und aktualisiert werden. Von daher stellt das jeweilige Schulprogramm immer einen Zwischenstand dar, der veränderbar und entwicklungsfähig ist. Neue Bedarfe und Aufgaben können aufgenommen, überholte oder realisierte Aufgaben können ggf. gestrichen werden.

1. Ganztägige Angebote im Schulprogramm – ein Fallbeispiel

Aus dem breiten Feld der Kooperationsmöglichkeiten von Schule und Jugendhilfe soll im Folgenden ein beispielhaftes Thema näher ausgeführt werden: die ganztägige Betreuung von Kindern und Jugendlichen und seine Verankerung im Schulprogramm.

Der Bedarf an ganztägiger Betreuung ist in den letzten Jahren ständig gestiegen. Die Politik ruft verstärkt nach solchen Betreuungsangeboten. Die staatlichen und kommunalen Stellen reagieren zunehmend mit Initiativen zur Verstärkung ganztägiger Betreuung. Dabei ist eine Vielfalt von Formen entstanden, die hier nicht näher beschrieben werden soll. Unstreitig ist, dass dabei die Kooperation von Schulen und Einrichtungen der öffentlichen und freien Jugendhilfe wertvolle Hilfe leistet. Durch die Bündelung von Ressourcen wurden Lösungen möglich, die auf den jeweiligen Bedarf von Eltern und Kindern zugeschnitten werden konnten. Auf diese Weise hat einerseits die Schule ihren Bildungs- und Erziehungsaspekt erweitern können, andererseits haben Einrichtungen der Jugendhilfe Möglichkeiten gefunden, auch zu solchen Kindern und Jugendlichen Kontakte herzustellen, die sonst kaum erreichbar gewesen wären. Dennoch gab und gibt es im Kooperationsfeld auch Widerstände.

Entwicklung und Sicherung der Zusammenarbeit von Schule und Jugendhilfe 173

So zeigt sich an einer Schule der Sekundarstufe I in den letzten Jahren zunehmend der Wunsch von Eltern, für ihre Kinder Möglichkeiten einer ganztägigen Betreuung zu schaffen. Die Reaktionen von Kollegium und Schulleitung sind sehr reserviert. Zwar nimmt man das Interesse der Eltern wahr, möchte aber andererseits auch die Arbeitszeit von Schulleitung und Lehrkräften nicht soweit verändern, dass zusätzliche Präsenzzeiten für die Beschäftigten an der Schule entstehen. In der Schulkonferenz hat es bislang keine Mehrheit gegeben, den Elternwunsch aufzugreifen.

Die im Stadtteil arbeitende Einrichtung der Jugendhilfe hat von den Wünschen der Eltern gehört und tritt an die Schulleitung mit einigen Vorschlägen heran, ein solches Angebot zu entwickeln und sagt dabei ihre Unterstützung, auch personelle Unterstützung, zu. Die Schulleitung sieht sich jedoch nach wie vor durch die bestehenden Beschlüsse der Schulkonferenz in ihrer ablehnenden Haltung bestätigt und führt die Gespräche nicht weiter.

Was tun?

Es gibt eine Reihe von Handlungsvarianten:

- Die Eltern wenden sich an den Schulträger, hier die Stadtverwaltung (Schulverwaltungsamt), und machen auf ihr Problem aufmerksam.
- Die Eltern wenden sich an die zuständige Schulaufsicht mit der Bitte um Unterstützung.
- Die Eltern wenden sich an die Einrichtung der Jugendhilfe, um zu klären, welche Vorstellungen und Unterstützung es dort gibt, um das Problem zu lösen.
- Schulaufsicht oder Stadtverwaltung laden zu einem Runden Tisch ein, um über mögliche Bedarfe, Argumente und Gegenargumente, Modelle und Lösungsversuche zu diskutieren

Dem Gespräch mit Trägern der Jugendhilfe – ob freie oder öffentliche Träger – kann sich die Schule nach Beschluss des Schulrechtsänderungsgesetzes vom 15.6.1999 nicht mehr entziehen. Das Schulverwaltungsgesetz NRW hat einen neuen Passus, den § 5 b, bekommen. Danach ist nun auch die Schule in einer vergleichbaren Verpflichtung zur Kooperation mit der Jugendhilfe, wie umgekehrt die Jugendhilfe zur Kooperation mit der Schule verpflichtet ist (s. Kasten nächste Seite).

Mit dieser insbesondere von der Jugendhilfe lang erwarteten gesetzlichen Regelung besteht nunmehr für *beide* Seiten die Verpflichtung zur Zusammenarbeit.

Für unser Fallbeispiel gilt dennoch, dass es Sinn macht, zunächst die Schule von der Notwendigkeit eines Angebots ganztägiger Betreuung zu überzeugen. Ohne eine zustimmende Einstellung der Schule dürfte jedes Angebot nur mit Schwierigkeiten durchgeführt werden können. Verändert sich durch die in und mit der Schule geführten Gespräche die dortige Einstellung, sollte über eine konkrete Lösungsvariante nachgedacht werden.

Kann ein Angebot realisiert werden, sollten zunächst Erfahrungen gesammelt werden und eine gewisse „Tradition" und Selbstverständlichkeit hinsichtlich ganztägiger Betreuung entstehen.

Nach dieser Entwicklungs- und Erfahrungszeit könnte dann daran gedacht werden, die ganztägige Betreuung als Profilmerkmal der Schule in das Schulprogramm aufzunehmen. Dabei kann durchaus das Gespräch zwischen externem Partner und Beteiligten der Schule zu diesem Vorschlag führen.

Rechtliche Grundlagen zur Kooperationsverpflichtung von Schule und Jugendhilfe

Für die Jugendhilfe:
Im Kinder- und Jugendhilfegesetz (KJHG) in der Fassung vom 20.6.1999 ist in § 81 die Kooperationsverpflichtung der öffentlichen Träger der Jugendhilfe wie folgt geregelt:

„*Die Träger der öffentlichen Jugendhilfe haben mit anderen Stellen und Einrichtungen, deren Tätigkeit sich auf die Lebenssituation junger Menschen und ihrer Familien auswirkt, insbesondere mit*
1. Schulen und Stellen der Schulverwaltung,
2. Einrichtungen und Stellen der beruflichen Aus- und Weiterbildung....
   im Rahmen ihrer Aufgaben und Befugnisse zusammenzuarbeiten."

Für die Schule:
Im Schulrechtsänderungsgesetz des Landes Nordrhein-Westfalen vom 15.6.1999 – Änderung des Schulverwaltungsgesetzes – ist in § 5b festgelegt:

(1) „*Die Schulen sollen mit den Trägern der öffentlichen und der freien Jugendhilfe und mit anderen Einrichtungen, die Bildung und Erziehung fördern, zusammenarbeiten. Grundlage für die Zusammenarbeit ist die gemeinsame Verantwortung für die Belange von Kindern, Jugendlichen und jungen Volljährigen, soweit sie schulpflichtig sind oder über ihre Schulpflicht hinaus eine Schule besuchen.*
(2) *Die Zusammenarbeit soll sich insbesondere auf Maßnahmen zur Förderung der Persönlichkeitsentwicklung von Kindern und Jugendlichen, zur Abwendung von Risiken und Gefährdungen junger Menschen und auf die Entwicklung und Sicherung schulergänzender Maßnahmen richten.*"

Die im Gesetz formulierte Sollbestimmung ist zwingend; es kann nur bei schwerwiegenden Gegenanzeigen von der Sollbestimmung abgewichen werden. Die Abweichung bedarf der Begründung.

---

2. Wie können sich externe Partner einer Schule in den Entwicklungsprozess zum Schulprogramm einbringen?

Wenn es auch grundsätzlich die Möglichkeit gibt, dass externe Partner Anträge an die Schule (Schulleitung, Schulkonferenz) richten können, ist der Weg eines schulintern formulierten Antrags vorzuziehen. Erfahrungsgemäß sind in der Schule die Vorbehalte hinsichtlich externer Einflüsse auf die Schule oft nicht unerheblich.

Für externe Partner von Schule gilt deshalb auch im Hinblick auf relevante Angebote für das Schulprogramm:

Erster Ansprechpartner für alle Kontakte mit einer Schule ist der Schulleiter/die Schulleiterin. Er/sie wird im Bedarfsfall an zuständige bzw. interessierte Lehrkräfte oder Gremien weitervermitteln.

Sollen konkrete Vorhaben an einer Schule durchgeführt werden, muss in jedem Fall zunächst das Gespräch mit dem Schulleiter/der Schulleiterin gesucht werden.

In Ausführung ihrer Aufgabe, einen staatlich definierten Bildungs- und Erziehungsauftrag zu realisieren, können die Schulen mit staatlichen oder kommunalen Unterstützungssystemen kooperieren. Dabei ist allerdings der eigenständige Charakter der verschiedenen Institutionen (Fachmethoden, personelle Strukturen u.a.) zu beachten. Der Initiierung und Ralisierung gemeinsamer Projekte kann es nützlich sein, wenn Einrichtungen der Jugendhilfe oder andere Partner der Schule ihre Interessen und Vorschläge deutlich machen.

3. Rahmenbedingungen für ein Schulprogramm

Neben den unveränderbaren Rahmenvorgaben (z.B. Gesetze, Rechtsverordnungen) gibt es für eine Schule eine Reihe von Faktoren, die es sinnvoll und notwendig erscheinen lassen, das eigene Angebot in Fragen des Unterrichts und der Erziehung zu formulieren. Als bedenkenswerte Faktoren können dabei eine Rolle spielen: Aspekte des Einzugsbereichs der Schule; Erwartungen von Eltern, Schülerinnen und Schülern, Lehrkräften; auftretende Problemsituationen und -strukturen; Vorhaben zur Öffnung von Schule; Arbeitsschwerpunkte der Schule (die zu einem nicht unerheblichen Teil von den Interessen, dem Engagement und den Begabungen der Lehrkräfte abhängen). Darüber hinaus gibt es auch Erwartungen externer Partner an die Schule. Dies können Wirtschaftsbetriebe sein, die bestimmte Qualifikationen erwarten; dies können auch Einrichtungen der Jugendhilfe sein, die im Blick auf Angebote jugendgemäßer Freizeitgestaltung oder der Aufarbeitung von Problemstellungen die Kooperation mit den Schulen in der Stadt bzw. im Stadtteil suchen.

4. Verankerung des Elements „Ganztägige Angebote" im Schulprogramm

Die Verankerung eines Arbeitsschwerpunktes im Schulprogramm kann nicht mit seiner Benennung abgeschlossen sein. Sie muss verbunden werden mit der Beschreibung

— eines Ziels (Entwicklungsziels),
— eines Arbeitsplans, der die Arbeitsschritte erläutert sowie
— der Beschreibung, wie der Erfolg der Maßnahme zu messen ist.

Im Hinblick auf unser Fallbeispiel könnte das Schulprogrammelement „Unsere Schule als Schule mit Ganztagsangeboten" folgende Bausteine enthalten:

1. Unser Angebot („Das machen wir bereits – das haben wir vor")
2. Unsere Ziele
3. Schritte
4. Erfolgskontrolle/Evaluation

Zu 1.
Die Schule beschreibt den gegenwärtigen Status ihres Projekts (Zielgruppe, Ausbaustand, Organisation, Kosten, Finanzierung...).

Zu 2.
Sollte das Vorhaben erst im Planungsstadium sein, müssten Ziele formuliert werden (z.B. In welchem Umfang soll die Betreuung angeboten werden – hinsichtlich des zeitlichen Umfangs, hinsichtlich bestimmter Jahrgänge? Sollen die Angebote auch für externe Schülerinnen und Schüler geöffnet weren? Welche Möglichkeiten der pädagogischen Anbindung an den Unterricht oder an das Schulleben sind möglich – inhaltlich, personell, strukturell?)

Zu 3.
Für die Arbeitsplanung sollten eine Zeitleiste, ein Ablaufdiagramm, Checklisten erstellt werden, die unter den Fragestellungen „Wer? Was? Wann? Bis Wann?" Auskunft erteilen. Dabei ist sicherzustellen, dass zwischen Arbeitsplan und Zielsetzung Übereinstimmung besteht.

Aspekte, die bei einer Arbeitsplanung zum Thema „Ganztägige Betreuung" Berücksichtigung finden könnten, sind:

– Beauftragung einer Lehrkraft als *Ganztagskoordinator(-in)* mit den Aufgaben, den aktuellen Bedarf zu erheben, Informationen zu sammeln, Kontakte z.B. zu Trägern der Jugendhilfe herzustellen, an Stadtteilkonferenzen teilzunehmen...
– jährliche *Berichterstattung* an Schulleitung und Schulkonferenz
– Einrichtung einer *Ganztagskonferenz*, in der mit den Beteiligten (z.B. im Ganztagsbereich tätige Lehrkräfte, mitarbeitende Eltern, Ganztagskräfte der Jugendhilfe, Schüler) die aktuellen Fragen und Probleme besprochen werden
– Besprechungen mit *außerschulischen Kooperationspartnern*

Solche strukturellen Aspekte sind jeweils auf die Situation der einzelnen Schule zuzuschneiden. Dabei spielen Faktoren wie die Größe, das Raumprogramm, der Umfang des Bedarfs, der sozialräumliche Standort der Schule eine wichtige Rolle.

Zu 4.
Die Schule legt fest, mit welchen Mitteln und Instrumenten sie den Grad ihrer Zielerreichung messen will.

Hierzu können Befragungen von Eltern, von Kindern und Jugendlichen, beteiligten Lehrkräften, Mitarbeitern(-innen) der Jugendhilfe anhand von Fragebögen gehören. Außerdem sollten statistische Angaben über die Nutzung des Angebots geführt und ausgewertet werden wie auch ggf. die einer Warteliste. Es können qualitative Erhebungen in der Form von Interviews mit Vertretern aller beteiligter Gruppen durchgeführt werden, die differenzierte Stellungnahmen und Nachfragen zulassen. Die Evaluation ist kein Selbstzweck, sondern dient der Optimierung und Weiterentwicklung des Angebots.

5. Mögliche Konsequenzen, die sich aus der Verankerung des Arbeitsbereichs im Schulprogramm ergeben

Ob ein Arbeitsbereich der Schule als ein von Eltern, Schülerinnen und Schülern sowie Lehrkräften anerkannter Bereich im Schulprogramm aufgenommen ist oder nicht, muss Auswirkungen haben.

Dies kann folgende Faktoren betreffen:

— Finanzielle Ressourcen
  Gegenüber nicht im Schulprogramm verankerten Arbeitsbereichen hat der verankerte auch in finanzieller Hinsicht Priorität. Das Erreichen der definierten Ziele soll auch über die Bereitstellung notwendiger Finanzen gesichert werden. Das muss nicht heißen, dass z.B. ein sich neu ergebender Bereich nicht gefördert werden darf. Vorrang jedoch hat der im Schulprogramm dargestellte Bereich, wenn es zum Dissens kommen sollte.
— Personelle Ressourcen
  Es kann notwendig werden, dass die Umsetzung der Ziele eines im Schulprogramm definierten Arbeitsbereichs durch die besondere Beauftragung einer Person abgesichert wird. In unserem Fallbeispiel könnte dies ein(e) Ganztagskoordinator(in) sein, der die zur Wahrnehmung seiner/ihrer Aufgaben bestimmte zusätzliche Zeitdeputate benötigt. Die Verankerung des Themas „Ganztägige Betreuung" im Schulprogramm böte dafür eine wichtige Grundlage
— Auch könnte der Arbeitsbereich bei einer „schulscharfen Einstellung" – ein in NRW praktiziertes Lehrereinstllungsverfahren, in dem die Schule die einzustellende Lehrkraft aus dem Kreis der Bewerber/-innen selbst auswählt – ein wichtiges Qualifikationsmerkmal sein (Nachweis organisatorischer bzw. koordinierender Fähigkeiten...). Die Schule würde also neben dem notwendigen Fachbedarf auch die Merkmale z.B. der Tätigkeit einer(eines) Ganztagskoordinatos(-in) in die Ausschreibung aufnehmen und das Auswahlverfahren entsprechend akzentuieren.Insbesondere an Schulen mit erweiterten Beförderungsmöglichkeiten könnten außerdem Beförderungsstellen mit dem Aufgabenbereich der Ganztagskoordination verknüpft werden.

Übergreifend muss mitgedacht werden, welche Priorität der Arbeitsbereich (hier: die ganztägige Betreuung) im Schulprogramm im Verhältnis zu anderen begonnenen oder geplanten Vorhaben der Schule haben soll. Die Umsetzung eines anspruchsvollen Schulprogramms lässt sich erst nach und nach realisieren. Zu viele Projekte gleichzeitig binden viele Kräfte; dies kann zu Ermüdungserscheinungen führen. Ein planvoller, mit allen Beteiligten abgestimmter Prozess, der mit Augenmaß die gewünschten Ziele angeht, wird erfolgreich sein.

Helga Heukeroth

Gemeinsame Fortbildung zwischen Fachkräften der Jugendhilfe und Lehrerinnen und Lehrern

Wenn Schule und Jugendhilfe gemeinsame Themen „gefunden" haben, können gemeinsame Fortbildungen ein wichtiges Instrument der Kooperation sein, um gegenseitige Vorurteile abzubauen und an eben den gleichen Fragestellungen zu arbeiten; so entsteht damit eine über konkrete Projekte hinausgehende Kooperationsstruktur.

Es gibt jedoch zunächst erhebliche Schwierigkeiten, geeignete Rahmenbedingungen für gemeinsame Fortbildungen herzustellen. Der Begriff der Fortbildung wird in Jugendhilfe und Schule nicht nur anders verstanden, sondern in beiden Bereichen existieren z.T. völlig unterschiedliche Verfahrensregelungen und Richtlinien, von der Beantragung der Fortbildung bis zur Abrechnung der Fahrtkosten. Diese konkreten Bedingungen schlagen oft auch auf die Atmosphäre von Fachtagungen durch, wenn z.B. JugendhilfevertreterInnen die mangelnde Teilnahme von LehrerInnen beklagen; die Ursache dafür aber nicht in deren Desinteresse liegt, sondern daran, dass die entsprechende Fortbildung im Schulbereich nicht hinreichend bekannt gemacht wurde bzw. nicht so in den Fortbildungskatalogen „institutionalisiert" war, dass Lehrerinnen und Lehrer während ihrer Dienstzeit an der Fortbildung teilnehmen können.

Diese und andere Bedingungen müssen im Vorfeld auf jeden Fall geklärt werden, da die unterschiedliche Behandlung von Mitarbeiterinnen und Mitarbeitern aus der Jugendhilfe sowie Lehrerinnen und Lehrern Mißverständnisse erzeugen und vorhandene Vorurteile verstärken.

Ebenso wie für alle Kooperationsprojekte gilt auch für die gemeinsamen Fortbildungen, dass zunächst ein gemeinsames Thema gefunden und ein Bezug hergestellt werden muss, reine Informationsveranstaltungen sind selten erfolgreich.

Neben der inhaltlich-thematischen Ebene haben Fortbildungen auch die Funktion, dass sich Mitarbeiterinnen und Mitarbeiter aus beiden Bereichen kennenlernen, informelle Kontakte knüpfen, ihre Kenntnisse über den jeweils anderen Bereich erweitern und so vorhandene Vorurteile und Ressentiments abbauen.

Auch hier macht eine sozialräumliche Orientierung Sinn, wenn z.B. Fachkräfte aus einem Stadtteil einer Großstadt oder einem Schulbezirk fortgebildet werden, die auch später in einem Arbeitszusammenhang stehen und so die Ergebnisse einer Fortbildung auch umsetzen können.

Fortbildungen dieser o. g.Art weiter zu verbreiten, ist ein Anliegen der Schreiberin diese Artikels.

1. „Wo ist denn nur die Kollegin?" – Zusammenarbeit von Jugendhilfe und Schule am Beispiel der Kollegialen Fallberatung

LehrerIn:
„Ich werde langsam unruhig; obwohl ich den Eltern mehrmals Nachrichten in das Laufheft schrieb und auch einen „offiziellen Brief" geschickt habe, kommen weder Kinder noch die Eltern in die Schule. Hier muss das Jugendamt dringend helfen."

oder SozialarbeiterIn:
„Die Lebenssituation der Kinder muss mir klarer werden, wenn ich doch endlich die Klassenlehrerin erreichen könnte, um einen weiteren Einblick in die Lage zu bekommen:"

Solche und ähnliche Situationen gehören zum Alltag von Schule und Jugendhilfe.

Neben dem Wunsch nach Zusammenarbeit auf beiden Seiten, spiegeln die beschriebenen Situationen aber auch gegenseitige z.T. falsche Erwartungen und Einschätzungen wider. Diese können zu Reibepunkten bzw. zu Reibungsverlust in der Zusammenarbeit führen.

Dabei wäre es für alle Beteiligten wichtig, Synergiegewinne zu nutzen, um so Arbeitszeit, know-how und Effektivität zu steigern.

Deshalb wurden in Hagen – wie auch in anderen Städten – mehrere gemeinsame Fortbildungen für Fachkräfte der Jugendhilfe und LeherInnen zum Thema „Jugendhilfe und Schule" durchgeführt mit dem Ziel, eine mögliche Zusammenarbeit zu initiieren und zu strukturieren.

Im Folgenden sollen Ziele, Grenzen und Möglichkeiten dieser Arbeit erläutert werden.

Beispiele aus den konkreten Fortbildungen dienen dabei zum einen der Erklärung, sie sind aber auch als Anregungen, zur Nachahmung und als offenes Konzept und somit zur Weiterentwicklung zu verstehen. Dabei sind die Thematiken, die Methode sowie der TeilnehmInnenkreis, die Beteiligung verschiedener Institutionen etc. grundsätzlich erweiterbar bzw. veränderbar in Hinblick auf die jeweilige Schwerpunktsetzung und die TeilnehmerInnenerwartungen. Bei allen Überlegungen gilt jedoch: Wichtig ist es „anzufangen".

2. Vom Wunschdenken bis zur realen Umsetzung
Tipps, Hürden und Fallen bei der Planung und Durchführung von gemeinsamen Fortbildungen

Ob Schule, ob Jugendzentrum, ob ASD (Allgemeiner Sozialer Dienst), um nur einige Institutionen zu nennen, alle haben mit Jugendlichen zu tun, haben die gleiche Aufgabe: nämlich die Jugendlichen auf dem Weg zu selbstverantwortlichen, selbstbewussten Menschen zu begleiten.

Doch reden, jammern, Erfolge sehen, konstruktiv nach Lösungen und neuen Wegen suchen – das passiert selten gemeinsam. Informell bleiben LehrerInnen unter LehrerInnen, SozialpädagogInnen unter SozialpädagogInnen.

Das hat verschiedene Gründe:

- Man kennt sich nicht durch die Ausbildung,
- man hat unterschiedliche Arbeitszeiten und Arbeitsorte,
- wenn man sich beruflich trifft, „will man etwas" voneinander,
- man hat Vorurteile, was die Arbeitsweise des jeweils anderen betrifft,
- man wird unterschiedlich entlohnt, im hierarchischen System eine weitere Hürde;

und trotzdem kamen „wir" in Hagen zusammen.

Auslöser war eine Stadtteilkonferenz, die in Hagen-Eilpe initiiert durch die Gesamtschule Eilpe seit Mai 1993 regelmäßig bis heute schwerpunktmäßig zum Thema Jugendarbeit stattfindet.

Hier wurde/wird unter anderem deutlich:

Die Arbeit in der Stadtteilkonferenz, also die Zusammenarbeit der Mitglieder aus Jugendarbeit (Kinderschutzbund(KSchB), Regionale Arbeitsstelle zur Förderung ausländischer Kinder und Jugendlicher (RAA),Allgemeiner Sozialer Dienst(ASD), Jugendzentrum etc.), Politik, verschiedenen anderen Institutionen wie Kirche etc. und Schulen führten zu einer erweiterten Bearbeitungssicht in Bezug auf die Arbeit mit Jugendlichen, ihren Wünschen, Bedürfnissen bzw. unseren Antworten und Angeboten. Durch die Zusammenarbeit wurden verschiedene Herangehensweisen, unterschiedliche Methoden und das Nutzen differgierender Räume deutlich, diese Vielfalt wurde als gewinnbringend für die Arbeit gesehen. So wurden unterschiedliche Lösungsmuster simmuliert, verschiedene Blickrichtungen erweiterten das Handlungsspektrum etc. und zugleich wurden Vorurteile zwischen den Institutionen revidiert, zwischenmenschliche Beziehungen aufgebaut und stabilisiert. Darüberhinaus wurden neue Strukturen geschaffen, die andere z.T. weiterreichende Kooperationen zulassen und fördern.

Diese Zusammenarbeit breiter zu initiieren und zu festigen mit dem Ziel, die Lebenssituation der Jugendlichen besser zu erfassen, eine breitere Palette von (Hilfe zu Problemlösungs-) Angeboten bieten zu können, kurz, um eine qualitativ bessere Jugendarbeit aus den bestehenden Möglichkeiten heraus zu entwickeln, wurde Wunsch der (zukünftigen o.g.) Fortbildungsplanungsgruppen.

Hierbei waren unterschiedliche Aspekte im Blick:

Freizeitabgebote, berufsbegleitende Beratung, Familienhilfe, street-work, Gewaltprophylaxe, Arbeit der Jugendzentren und der AG-Arbeit an Schulen, Stadtteilorientierung, zeitliche und räumliche Effektivierung von Beratung, wobei jeweils eine spezielle Standortbestimmung vorausgehen sollte, z.B. nach den Kriterien: Anteil von Einelternfamilien, MigrantInnenkinder, Bildungsangebote und Schullaufbahnen etc..

Dass die unterschiedlichen Blickwinkel zu verschiedenen Fortbildungen führten, wird zu einem späteren Zeitpunkt angesprochen werden.

Zur Stabilisierung und zur Vorbereitung der ersten Fortbildung hat sich die Gruppe das Instrument „Fortbildung" ersteinmal selbst erarbeitet.

Hierbei war es nicht notwendig, Ziele der Fortbildung allgemein zu definieren.

Auch in dieser Darstellung wird davon abgesehen, eine allgemein gültige Definition zu geben, vielmehr soll die Planung einer Fortbildung zum Zwecke der gemeinsamen Arbeitsstruktur aufgezeigt werden.

Fortbildung hat je nach Anbieter und Adressat unterschiedliche Ziele. Gerade diese sind aber andererseits die bestimmenden Determinanten für die Arbeitsweise.

Konkret bedeutete und bedeutet dies für unsere Fortbildungen:
Thema und Methodik müssen die Kooperation betonen, ermöglichen und festigen.
Es muß eine Möglichkeit der Weiterarbeit auf breiter Ebene geben.
Möglichst viele TeilnehmerInnen sollten ausgewogen jeweils aus den Bereichen Schule und Jugend stammen. Wobei man je nach Thema die Adressatenkreise (Fachbereiche der Jugendarbeit, Primarstufe oder Sekundarstufe I und II) gezielt auswählen muss und die Themen müssen relevant für alle Beteidigten sein.
Doch zurück zur Planung, denn diese kann zur „Falle" werden. So muss man bedenken, dass LehrerInnen und JugendarbeiterInnen selten dem gleichen Dienstherrn unterstehen (nur SchulsozialarbeiterInnen und LeherInnen finden hier strukturell schnell zusammen), somit erreicht sie kaum das gleiche erst recht nicht ein abgestimmtes Fortbildungsprogramm. (Auch hierin zeigt sich, dass Zusammenarbeit in diesem Bereich noch wenige Strukturen hat.)
Notwendig ist somit bei den jeweiligen – z.T. nach Lehrämter unterschiedlichen – Dienstbehörden und dem zuständigen Jugendamtsleiter bzw. der Personalbehörde der Stadt um Genehmigung der Fortbildung und evtl. um finanzielle Unterstützung (Räume, evtl. ReferentInnenhonorare) nachzufragen.
Weitere eher formale Vorgaben bei der Planung waren:

– Terminsetzungen durch die Ausschreibungsbedingungen
– genaue Festlegung des Fortbildungsablaufes und der Methoden, *nach* Feststehen der TeilnehmerInnenliste (da sich z.B. Veränderungen in der Arbeitsplanung je nach Gruppenzusammensetzung ergeben müssen (paritätische Besetzung Jugend-Schule, Stadtteilorientierung; auch hier ist das Kriterium zielabhängig).
– Räumlichkeiten und Versorgung sicher stellen; je nach Gestaltung schafft man so Atmosphäre und Platz für Informelles – wesentliche Faktoren für den Erfolg eines solchen Vorhabens – erreicht aber auch, dass Räume der verschiedenen Institutionen bekannt werden.

**Fortbildung
„Kooperation: Jugendhilfe und Schule"
vom 28. bis 29. 1. 1998 im Ev. Freizeitheim Holthausen**

Mittwoch, 28.1.1998

8.30 Uhr	Stehkaffee
8.45 Uhr	Begrüßung, Einführung, Programmvorstellung
9.00 Uhr	Praktische Fallarbeit der TeilnehmerInnen, hier besonders: Kollegiale Fallarbeit/Fallberatung
	Schwerpunkte der Betrachtung sollen sein:
	– Besondere Charakteristika der unterschiedlichen Verhaltensauffälligkeiten, die Eigenarbeiten ihrer Kommunikations- und Beziehungsgestaltung
	– Die Betroffenheit des Lehrers/Sozialarbeiters zwischen Helfen und Resignation
	– Muster institutioneller Verflechtungen
	– Die Ressourcenseite der Schule/des Jugendamtes
	– Daraus resultierende Handlungsmöglichkeiten
12.30 Uhr	Mittag
13.30 Uhr	Fortsetzung der praktischen Fallarbeit

16.30 Uhr	Ende des 1. Tages
Donnerstag, 29.1.1998	
8.30 Uhr	Gruppenarbeit/kollegiale Fallberatung
10.00 Uhr	Plenum
10.30 Uhr	Workshops Möglichkeiten der Zusammenarbeit
12.30 Uhr	Mittag
13.30 Uhr	Vorstellung der Ergebnisse und Auswertung der Fortbildung

3. „Man muß mal anfangen!"
Probleme können effektiver und nachhaltiger durch das gemeinsame, abgestimmte Arbeiten „gelöst" werden

„Wie arbeitet Ihr eigentlich mit schwierigen Kindern/Jugendlichen?"

„Was tut Ihr, wenn sie nicht zur Schule kommen?"

Die gleiche Frage kann je nach Adressat verschiedene Antworten hervorrufen!

— *„Ich berate mich mit KollegInnen."*
  Diese Antwort zeigt, das kollegialer Austausch einen hohen Stellenwert besitzt. Gleichwohl muß es bei dieser Art des eher informellen Austausches mehr oder weniger zwischern „Tür und Angel" aber nicht notwendig auch zu Veränderungen der Sichtweisen, zu einem evtl. notwendigen Perspektivwechsel kommen, vielmehr bergen Gespräche dieser Art die Gefahr, dass die Probleme des Jugendlichen nicht intensiv beleuchtet und somit evtl. Hilfen zur Lösung kaum entwickelt werden, sei denn, man entscheidet sich, professionelle Beratungshilfe nachzufragen.
— *„Ich sage dem Klassenlehrer Bescheid."*
  Auch dieses Gespräch könnte als schnelles informelles „Pausengespräch" ablaufen. Eine einzelne Person des Kollegiums wird für die Problemlösung verantwortlich gemacht. Diese muß ihrerseits Energie aufbringen, um mögliche unterschiedliche Sichtweisen einzuholen und um evtl. alle Beteiligte zusammen zu bringen. Die einzusetzende Energie könnte bei anders installierten bzw. systematisierten Beratungsformen effektiver eingesetzt werden.
— *„Der Beratungslehrer/die Beratungslehrerin ist dafür zuständig."*
  Wenn die Schule ein entsprechendes Beratungsnetz aufgebaut hat, kann dieser Weg sicher zu einer guten Problemanalyse mit Hilfeangeboten zur Problemlösung beitragen. Im negativen Sinne kann es aber auch dazukommen, dass der Beratungslehrer/die Beratungslehrerin alleine steht, dass Erwartungen an sie/ihn herangetragen werden, die ohne einen entsprechend institutionalisierten Rahmen, der auch die notwendige Rollendistanz der Lehrperson gewährt, nicht zu erfüllen sind. Die sich hieraus möglicherweise ergebende Unzufriedenheit kann zu „Beratungsmüdigkeit" allgemein führen, da sich der Eindruck einstellen könnte, dass die Arbeitszeit so nicht effektiv genutzt wurde.

– *„Ich berufe eine HelferInnenkonferenz ein!"*
oder
„Wir machen im KollegInnenkreis kollegiale Fallberatung."
sind Äußerungen, die auf methodisch durchdachte und strukturell vorbereitete Wege schließen lassen. Durch diese Arbeitsformen können verschiedene Sichtweisen eines Problems verdeutlicht werden, Fremdwahrnehmung und Rollendistanz sind vorgesehen, durch die Teilnahme von unterschiedlichen BeraterInnen kann differenziertes Fachwissen eingebracht werden. Auf menschlicher und fachlicher Ebene sind so größere nachhaltigere Erfolge zu erreichen.

4. Kollegiale Fallberatung als Methode, um am gemeinsamen Thema „Schulmüde" zu arbeiten!

Dieser Idee näherten wir uns in Hagen im Jan.98, nachdem schon Erfahrungen mit gemeinsamen Fortbildungen zu den Themen:

„Schule und ASD" und „Schule und Jugendarbeit im Stadtteil – Stadtteilkonferenzen" vorlagen.

Deutlich wurde bei allen Tagungen, dass der erste Schritt, das warming-up, der Türöffner (oder -Schließer) für den Erfolg ist.

In dieser Phase muß Platz sein, Erwartungen aber auch Vorbehalte z.T. auch Klischees der anderen Berufsgruppe gegenüber zu äußern.

Kollegiale Fallberatung, systemische Fallsupervision in Schulen

1. Neue Denk- und Handlungsstrukturen
1.1 Einleitung
1.2 Vorüberlegungen

2. Kollegiale Fallberatung in der Praxis
2.1 Mögliche Ausgangssituation
2.2 Ziel
2.3 Sachinformationen
2.4 Struktur der kollegialen Fallberatung

3. Phasen der kollegialen Fallberatung
3.1 Vorgehensweise
3.2 Kollegiumsinterne kollegiale Fallberatung
3.3 Kollegiumsexterne kollegiale Fallberatung

4. Literaturhinweise

5. Supervision – ein kurzer Überblick

Nur durch das Benennen der Erwartungen und durch gegenseitiges Definieren von Aufgaben und Rollen können sich Vorbehalte klären, kann eine Annäherung erfolgen und können neue Aufgaben gemeinsam festgelegt werden.

Dazu gibt es verschiedene Methoden, die zielorientiert ausgewählt werden müssen. (Zu allen Fortbildungen sind Dokumentationen erschienen. Bezug: Fachbereich Jugend und Soziales der Stadt Hagen)

Wichtig ist dabei nach meiner Erfahrung, dass es zu einer direkten Begegnung und Konfrontation der verschiedenen Berufsgruppen kommt. Persönliches Kennenlernen ist der erste Schritt zum Erfolg und später der Draht für kleine Dienstwege zum Wohle des Klienten (gegebenenfalls können hier Inputs über Strukturen und Aufgaben von Schule und Jugendarbeit im Anschluß nützlich sein), zur Umsetzung des gemeinsamen Zieles, nämlich das „Wohl des Jugendlichen" zu verbessern, ihn/sie zu stärken, seine/ihre eigenen Möglichkeiten zu nutzen, ihm/ihr gegebenenfalls Grenzen zu setzen und wo notwendig Hilfen zu bieten. Dabei dürfen aber auch notwendige Hilfen und Unterstützungen für die BeraterInnen selbst nicht aus dem Blick fallen.

Bei dem o.g. Vorgehen organisieren sich die BeraterInnen entsprechende Hilfen selbst mit, da sie zum einen die „men-power" der gemischten „Schul-Jugend-Gruppe" komprimiert nutzen konnten und zum anderen, da ihre eigenen reichen Erfahrungen durch den in-put eines externen Referenten erweitert wurde.

Diese Fortbildung quasi in der Fortbildung wurde mit den Zielen geplant:

— die Methode der kollegialen Beratung allen zugänglich zu machen,
— sie in diesem Kreise weiterzuentwickeln,
— durch die Methode gesicherte Lösungsvorschläge verbindlich umzusetzten,
— erste neue gemeinsame Arbeitsbasen zu entwickeln,
— erste gemeinsame Arbeitsstrukturen zu entwerfen und im Modell auszuprobieren.

Die Vermittlung der Methode durch einen Referenten hatte den Vorteil, dass verschiedene Wissensstände in der Gruppe von einem Außenstehenden ausgeglichen wurden und sich so innerhalb des Arbeitskreises keine (neuen) störenden Hierachien bildeten.

Als günstig erwies sich dieses Vorgehen auch deshalb, da die Methode selbst innerhalb der Einzelsysteme (Schule/Jugend) unabhängig voneinander in der Beratungsarbeit genutzt werden kann.

Kollegiale Fallberatung ist zudem eine Methode, die ein Team voraussetzt. Teamarbeit, Teamfähigkeit auch zwischen den Institutionen war Inhalt und Ziel, zugleich wurden sie durch die gemeinsame Arbeit dokumentiert und so als mögliche (neue) Strukturen erarbeitet.

Fortbildungsarbeit kann viele Methoden zur Grundlage haben. Hier sind auch andere Wege denkbar.

Die vermittelnde bzw. vermittelte Methode muss aber zwingend eine mögliche Arbeitsmethode für alle an der Fortbildung beteiligte Institutionen sein und sie muss das Ziel, zugleich den Weg, nämlich die gemeinsame Arbeit, spiegeln und dokumentieren.

Den Fortbildungsinhalt „Schulmüde" habe ich in dieser Darlegung vernachlässigt. Eine genaue Definition der Arbeit ist in einem führenden Kapitel dieses Buches zu finden.

Festzuhalten ist für diese Fortbildung, dass die Beteiligten die Problematik der Schulmüden durch die Methode für sich erschlossen haben und in einem nächsten Schritt mögliche Lösungen im Rahmen ihrer Kommune gesucht und entwickelt haben.

5. „Und jetzt!"
Mittel- und langfristige Auswirkungen der Fortbildung

Fortbildungen stellen eine Auszeit, Zeit zur Besinnung und Reflexion" im Alltagstrott dar. Sind somit eine Chance der Weiterentwicklung von Ideen.

Die gemachten positiven Erfahrungen ermuntern dazu, arbeitsreichen Vorhaben und Innovationen zuzustimmen.

Alle Fortbildungen haben viele zwischenmenschliche Kontakte gebracht, damit kürzere Dienstwege installiert, die auf abgeklärten Erwartungen fußten.

Alle Fortbildungen haben auch die jeweils andere Institution in ihren Strukturen stärker be- und durchleuchtet, haben strukturelle Grenzen deutlicher (nicht immer begreifbarer) werden lassen.

Alle Fortbildungen haben aber auch Ideen zu neuen Modellen geliefert, haben positive Spannungen erzeugt und Kraft für übergreifende Weiterarbeit gegeben.

Für die „Schulmüdenarbeit" sind z.B. erst klare Verabredungen zwischen Jugendarbeit und Schule getroffen worden, z.B. Angebote, die die Schule machen kann/will, da die Problematik aus der gemeinsamen Sicht heraus deutlicher wurde (Selbstsicherheitstraining, Öffnung der Schule- Werkstattprojekt, verbindliche Ansprechpartner in der Schule etc.) und Angebote, die die Jugendarbeit machen wird (stärkere Präsenz im schulischen Ganztag, Präsenz in (schulischer) Beratung mit Eltern, Arbeitsamt etc., Konflikttraining/Hilfe bei Problemen), die alle die gemeinsame Arbeit stärken, zu mehr und ständiger Gemeinsamkeit führen.

Große Modelle der Zusammenarbeit werden im Laufe der nächsten Monate entwickelt bzw. werden z.Zt. durchgeführt. Vergleiche hierzu Modellvorhaben der Gesamtschulen Hagen-Haspe, TÜV Rheinland und der evangelischen Schülerhilfe bzw. den Schulen des Hagener Nordens in Zusammenarbeit mit dem Diakonischen Werk und dem Fachbereich Jugend und Soziales der Stadt Hagen.

6. „Und was bleibt!"
Ausblicke, Möglichkeiten, Forderungen – erste Reflexion über durchgeführte Fortbildungen

Gemeinsame Fortbildungen zwischen Schule und dem Fachbereich Jugend und Soziales bieten wie oben an einem Beispiel dargelegt verschiedene Möglichkeiten und Ziele:

– Die Arbeitsgebiete werden für die an einer gemeinsamen Arbeit beteiligten transparent.
– Vorurteile/Klischees werden abgebaut.
– Gemeinsamkeiten wurden gefunden und genutzt, um schnelle Lösungen zu finden.
– Es wurden kurze Dienstwege aufgebaut zum Wohle der Jugendlichen.
– Es werden mittelfristig neue Strukturen der Zusammenarbeit von der Basis her zur Effektivierung entwickelt.

Gerade hier zeigen sich viele weitere Arbeitswege, so sind gemeinsame Beratungskonferenzen zwischen Schule und Jugend eine schnell zu installierenden Möglichkeit, gemeinsame Elternsprechtage, gemeinsame Hausbesuche, gemeinsame Arbeit im Freizeitbereich etc. können zum Standart in der Jugendarbeit einer Kommune werden.

Häufig finden sich für die Umsetzung dieser Ideen die Grundlagen auf der Basis schon bestehenden Erlasse, die im Inhalt und den Vorgaben länderübergreifend sind bzw. in Ihrer Auslegung ähnlich angewandt werden:
KJHG, Ganztagsschulen und AG-Angebote, Beratungsaufgaben der KlassenlehrerInnen, Erziehungsaufgaben von Schule und Jugend, Öffnung der Schule um nur einige Schlagworte zu nennen.

An den Beispielen wird auch deutlich, dass diese Form der Zusammenarbeit auch die Öffnung zu freien Trägern gestattet.

Hier gibt es schon entsprechende Beispiele z.B. die Zusammenarbeit von Schulen mit dem CVJM im Ganztagsbereich, gemeinsamte Projekt der Berufsbildungswerke mit Schulen etc.

Doch die gemeinsame Arbeit hat auch Grenzen.

Wie eingangs erwähnt, ist das Beginnen ein wesentlicher Impuls.

Selten finden sich aber (z.Zt.) innerhalb der beteidigten Institutionen genügend Entlastungsmöglichkeiten für die InnovatorInnen.

Das bedeutet in der Regel, die Arbeit wird aufgrund von persönlichem Engagement – zusätzlich – geleistet.

Dies birgt zwei Gefahren:

– Die Personen gelangen schnell an persönliche Grenzen (Zeit, Kraft).
– Die neuen Wege hängen an Einzelpersonen, eventuell erkennbare Strukturen sind nicht (genügend) gefestigt.

Hier sind sicher noch Weiterentwicklungen möglich.

Bewußtmachung der Problematik und des Erfolges dieser Arbeit kann und muß zu Diskussionen auf allen Ebenen führen.

Oft sind Schule und Jugend getrennte Dezernate in einer Stadt, so dass strukturelle Annäherungen notwendig sind.

Die Autonomie der Schulen in der Gestaltung ihrer Arbeit kann einerseits dazu führen, dass standort- und problembezogene Arbeit in der einzelnen Schule intensiviert werden und außerschulische Kooperationspartner gesucht werden. Diese Aspekte werden in den entsprechenden Schulprogrammen verankert und so können sie gewinnbringend – auch im Schulentwicklungsplan – für die Jugendarbeit in der Kommune aufgenommen und weiterentwickelt werden.

Hierzu ist aber eine Sensibilisierung für die gemeinsame Jugendarbeit auf breiter Ebene notwendig.

Je nach Standort werden sich unterschiedliche inhaltliche Schwerpunkte herauskristalisieren – z.B. Integration von Migrantenkindern, Arbeit mit Jugendgangs, Arbeit mit Kindern aus zerrütteten Familien, Kindern aus Familien mit langzeitarbeitslosen Eltern.

Häufig sind die Auffälligkeiten bei „diesen" Jugendlichen ähnlich, gleichwohl benötigen sie unterschiedliche Hilfsangebote.

Es verleitet, allein auf Grund dieses kurzen Problemanrisses, verschiedene Fortbildungsstrukturen mit neuen Zieldefinitionen zu erarbeiten.

Es erschreckt aber, wenn man daraufhin die Notwendigkeit dieser Arbeit und die bisher (mir bekannten) wenigen quantitativ nicht qualitativ durchgeführten und inizierten Modelle für diese Arbeit sieht.

Aufgezeigte Grenzen gibt es, wie genannt, viele, sie sind z.T. strukturell, z.T. gibt es auch welche, die aufgrund persönlicher Machtorientierung auf allen Ebenen oder aufgrund von zu geringem Engagement geschaffen worden sind.

Gleichwohl ist es notwendig mit der Arbeit zu beginnen, Kooperationspartner zu suchen.

Konkret lässt sich für die Weiterentwicklung dieses Instrumentes festhalten:

- Schulische Fortbildung muss die durch das KJHG geforderte Zusammenarbeit mit den Stellen der Jugendarbeit als Aufgaben der Schule stärker berücksichtigen.
- Schulautonomie muß ernstgenommen werden, muß aber in ihrer Gesamtheit der Schulen in einer Stadt zu einem pädagogisch sozialen Netz für alle Jugendlichen führen.
- Schulsozialarbeit – Jugendsozialarbeit ist demokratische Aufgabe des Landes und der Kommune, des Landes auf Grund der durch die Bildungshoheit gegebenen Strukturen, der Kommune auf Grund der für die BürgerInnen notwendigen Fürsorge (KJHG), hier werden sich mittelfristig neue Strukturen der Zusammenarbeit zwischen Jugend und Schule zwingend zeigen.

All dies kann Auswirkungen auf Budgetierung und auf Zuständigkeiten bedeuten; kann neue Planungen im Ganztagsbereich der Schulen und der offenen bzw. verbandlichen Jugendarbeit mit sich bringen und kann auch und/oder Neudefinition von freiwilliger und notwendiger Jugendarbeit erforderlich machen.

Alles über Fortbildung initiieren zu wollen, ist vermessen.

Für manche Vorhaben liegen die Grenzen auch im politischen und/oder juristischen Bereich.

Konsequente kommunale Jugendpolitik, die regelmäßig Standortbestimmung und Neudefinitionen von Jugendproblemen vornimmt, die die Schulsozialarbeit (auch in ihrer Schulentwicklungsplanung) einbezieht, die neue pädagogisch-sozial definierte Managementkonzepte effizient und wirtschaftlich zum Wohl der Jugendlichen einsetzt und einsetzen will, die Probleme in ihrer Ganzheit sieht und umfangreiche, zukunftsorientierte Lösungen sucht, kann auf Fortbildungen als *ein* Mittel zur Umsetzung zurückgreifen.

Dabei werden sich Fortbildungsmuster für alle Ebenen der Zusammenarbeit entwickeln müssen. Die hier beschriebene Fortbildung als Arbeit von der Basis her findet Entsprechungen und Ergänzungen in den gemeinsamen Fortbildungen von Schuldezernenten und Jugendamtsleitern und umgekehrt in der regionalen wie überregionalen Arbeit.

7. „Der Weg ist das Ziel."
Exemplarisches Tun ist ein Weg, notwendige Veränderungen und/oder systemische Erweiterungen aufzuzeigen und sie so in die Systeme einzubringen.

Grenzen und Probleme bei der gemeinsamen Sozialarbeit von Jugend und Schule sollten ebenso wenig abschrecken, wie die aufgezeigten strukturellen Mängel.

Sicher kann man nicht das Engagement der Einzelnen als Katalysator für Qualitätsentwicklung und -Sicherung in der Schul-Jugendsozialarbeit nutzen.

Doch das von einzelnen eingebrachte Engagement gewährte erhebliche Erfolge für die Arbeit mit/für die Klienten, soweit man Klientenberatung messen kann, aber auch Stabilität und Absicherung der Einzelnen an Beratung Beteiligten in dem neuentstandenen Netzwerk.

Die hier aufgebaute Kraft, die possitiven Verstärkungen müssen genutzt werden, um die gemachten Erfahrungen modellhaft in die Systeme zu verankern, sie langfristig zu institutionalisieren.

Aktuelle Themen dafür sind z.B. z.Zt. Primarstufe und Jugendarbeit (gesicherter Halb- oder Ganztag), der Zusammenhang von Sprachkompetenz und Bildungserfolg als Teil des Chancenerweiterung, Gewaltverhalten unter/von Jugendlichen, um einige Ideen zu nennen.

Die Themen werden sich ständig verändern, der Bedarf an gemeinsamem, vernetztem Handeln im Bereich Jugend und Schule sicher nicht.

Literatur

Cordts, U./Goldbach,R./Heukeroth,H./Müller, L.W./Pfaff,R./Versteeg-Schulte,G.: Jugendhilfe und Schule, Anmerkungen und Materialien zur Fortbildung – hier Zusammenarbeit Schule und ASD, 13./14. November 1996, Stadt Hagen

Goldbach,R./Heukeroth,H./Müller, L.W.: Fortbildung – hier Zusammenarbeit von Schule und Jugendarbeit im Rahmen der Stadtteilkonferenz, 26./27. Juni 1995, Stadt Hagen

Cordts,U./Heukeroth,H./Holtemeyer-Stampoulis, K.: Jugendhilfe und Schule, Anmerkungen und Materialien zur Fortbildung – hier Kollegiale Fallberatung, 28./29. Januar 1998, Stadt Hagen

Heukeroth, H. (Hrsg.): Stadtteilkonferenz Hagen-Eilpe, Hagen 1995

Landschaftsverband Westfalen- Lippe (Hrsg.): Kooperation zwischen Jugendhilfe und Schule, Münster 97

Marco Szlapka

Jugendhilfeplanung als Instrument des Austausches und der Kooperation

Angebote und Leistungen der Jugendhilfe sollen dazu beitragen, junge Menschen in ihrer individuellen und sozialen Entwicklung zu fördern, Eltern bei der Erziehung ihrer Kinder zu unterstützen, das Kindeswohl zu sichern sowie positive Lebensbedingungen für junge Menschen und ihre Familien sowie eine kinder- und familienfreundliche Umwelt zu erhalten oder zu schaffen (vgl. § 1 KJHG). Zur Erreichung dieses Zieles hat der Gesetzgeber zwei generelle Steuerungsinstrumente verpflichtend für die Jugendhilfe festgeschrieben. Dabei handelt es sich um das Verfahren für den individuellen Hilfeplan sowie um die Jugendhilfeplanung. Der Hilfeplan im Sinne des § 36 KJHG dient der individuellen Erstellung eines Hilfekonzeptes für junge Menschen und ihren Familien, wenn sie Leistungen aus dem Bereich der Erziehungshilfe in Anspruch nehmen. Die Jugendhilfeplanung hingegen, dient der generellen Steuerung aller Angebote und Leistungen der Jugendhilfe. Der Gesetzgeber hat in den §§ 79 und 80 KJHG einige Grundsätze für die Jugendhilfeplanung festgelegt.

1. Ziele und Aufgaben der Jugendhilfeplanung

Die gesetzliche Verpflichtung des öffentlichen Trägers der Jugendhilfe zur Jugendhilfeplanung gründet in verschiedenen Zielsetzungen und fachpolitischen Perspektiven. Konkret soll die Jugendhilfeplanung als Aufgabe und Instrument zur sozialen Gestaltung der Lebensbedingungen, zur Aufnahme der Interessen und Bedürfnisse junger Menschen sowie zur Entwicklung der Jugendhilfe beitragen.

Das erste Ziel – soziale Gestaltung der Lebensbedingungen – nimmt die programmatische Aussage des Kinder- und Jugendhilfegesetzes auf, nach der die Jugendhilfe dazu beitragen soll, positive Lebensbedingungen für junge Menschen und ihre Familien zu erhalten oder zu schaffen. In diesem Sinne ist die Jugendhilfe aufgefordert, nicht nur ihre eigenen institutionalisierten Aufgabenfelder planungsbezogen in den Blick zu nehmen, sondern auch die Verknüpfung mit anderen Planungs- und Handlungsfeldern (Schulentwicklungsplanung, Bauleitplanung, Kulturentwicklungsplanung u.a.m.) zu betreiben.

Des weiteren soll die Jugendhilfeplanung zur Aufnahme der Interessen und Bedürfnisse junger Menschen und ihrer Familien bei der Ausgestaltung von Leistungen der Jugendhilfe dienen. Dieses Ziel findet im Kinder- und Jugendhilfegesetz eine mehrfache Begründung. Zunächst hat die Jugendhilfe selbst die generelle Aufgabe der Wahrung der Interessen junger Menschen und ihrer Familien, sowohl im Hinblick auf die Umsetzung des Rechts auf Erziehung als auch in Bezug auf die hoheitlichen Aufgaben. Sodann orientiert sich das Kinder- und Jugendhilfegesetz am Grundsatz der Beteiligung junger Menschen an den sie betreffenden Angelegenheiten und Entscheidungen. Dies bedeutet, dass sich die öffentlichen Träger – aber auch im weiteren die freien Träger – mit den Interessen- und Bedürfnislagen befassen müssen. Schließlich kann die Jugendhilfeplanung ohne das Aufgreifen der Bedürfnisse, Wünsche und Interessen junger Menschen kaum zu angemessenen Bedarfsaussagen kommen.

Jugendhilfeplanung soll letztlich auch zur qualitativen und quantitativen Weiterentwicklung der Jugendhilfe beitragen. So heißt es im § 79 KJHG zur Gesamtverantwortung und zur Grundausstattung durch den öffentlichen Träger der Jugendhilfe, „dass die zur Erfüllung der Aufgaben nach diesem Buch erforderlichen und geeigneten Einrichtungen, Dienste und Veranstaltungen den verschiedenen Grundrichtungen der Erziehung entsprechend rechtzeitig und ausreichend zur Verfügung stehen sollen". Der Begriff „erforderlich" deutet darauf hin, dass die Bedürfnisstrukturen ermittelt werden müssen und fachliche begründete Entscheidungen über den zu befriedigenden Bedarf zu treffen sind. Dabei ist darauf zu achten, dass die Angebote und Leistungen der Jugendhilfe im Sinne von vorher definierten Zielen sowie der Bedürfnis- und Problemartikulationen junger Menschen und deren Familien „geeignet" sind. Als eine der wesentlichsten Strukturmaxime für die Jugendhilfe gilt die primäre und sekundäre Prävention. „Rechtzeitig" verweist in diesem Zusammenhang darauf, dass entsprechende Angebote so initiiert sein müssen, dass sie ihren präventiven Charakter entfalten können und auch ein „unvorhergesehener Bedarf befriedigt werden kann". Die Angebote und Leistungen der Jugendhilfe müssen im Rahmen des als erforderlich definierten Bedarfs „ausreichend" zur Verfügung gestellt werden. Die Jugendhilfeplanung hat in diesem Sinn nicht nur sichernde und formierende, sondern auch flexibilisierende und innovative Funktionen zu erfüllen.

Diese vorgegebenen Zielkategorien des KJHG sind in der Planungspraxis nicht immer im Bewußtsein aller Planungsbeteiligten. Sie verpflichten letztlich aber die örtliche Jugendhilfeplanung und damit vor allen auch die Politik (Jugendhilfeausschuß) zu definieren, was als Bedarf erachtet und welche fachlichen Kriterien zur Erfüllung der Aufgaben und Leistungen von den Einrichtungen und Dienstleistungseinheiten beachtet werden müssen.

2. Konzeptionelle Aspekte der Jugendhilfeplanung

Eine einheitliche Vorgabe für die Konzeption der Jugendhilfeplanung kann es nicht geben. In Abhängigkeit der gegebenen Verhältnisse und der jeweiligen Trägerlandschaft in den Kommunen müssen Fragen nach einer effektiven und effizienten Konzeption für die Jugendhilfeplanung gemeinsam zwischen den beteiligten Trägern vor Ort beantwortet werden. In der Planungspraxis haben sich aber einige konzeptionelle Grundsätze bewährt und können daher als fachlicher Standard für die Jugendhilfeplanung erachtet werden.

In der Jugendhilfeplanung kann der Planungszugang generell aus drei verschiedenen Perspektiven gefunden werden, die erst einmal nicht im Widerspruch zueinander stehen sondern durchaus sinnvoll miteinander verbunden werden können.

Am häufigsten wird zur Zeit von den kommunalen Jugendämtern der sozialraumorientierte Planungsansatz verfolgt. Dieser sozialraumbezogene, sozialökologische Planungsansatz geht vom sozialen Lebensraum der Menschen aus. In der modernen Sozialarbeit spielt dieser Aspekt beispielsweise im Sinne von Stadtteilarbeit eine wichtige Rolle. Er erschließt in einer recht umfassenden Form die Problemlagen „vor Ort", ist in diesem Kontext zunächst an der Aktivierung der Menschen ausgerichtet und sucht hiervon ausgehend dann die Anforderungen an die Ziele, Aufgaben und Organisationsformen sozialer Arbeit und Jugendhilfe zu definieren. Der sozialraumorientierte Zugang ist allein nicht tragfähig. Zum einen gibt es im Sozialraum arbeitsteilig wahrgenommene Fachaufgaben, die unter bereichsspezifischen Gesichtspunkten betrachtet werden müssen, zum anderen spielt sich das „mobile" Leben nicht ausschließlich in abgegrenzten Sozialräumen ab.

Zunächst muß die Jugendhilfeplanung im Hinblick auf die Leistungen und Aufgaben des KJHG sicherstellen, dass alle relevanten Leistungsfelder in die Planung einbezogen werden. Es ergibt sich mithin aus dieser Perspektive die Notwendigkeit, von den Arbeitsfeldern und Arbeitsbereichen der Jugendhilfe (Jugendarbeit, Tageseinrichtungen für Kinder, Hilfen zur Erziehung etc.) auszugehen und darzustellen, welche Leistungen von wem angeboten werden. In jedem Fall wird also eine bereichsorientierte Planungsaussage erfolgen müssen, selbst wenn sie nur für einen Teil der Planung oder für einzelne Prozessschritte bestimmend ist.

Traditionell sind mit den einzelnen Arbeitsfeldern der Jugendhilfe auch jeweils bestimmte Zielgruppen (z.B. Mädchen, jugendliche Aussiedler etc.) verbunden. Es ist dabei eine wichtige Aufgabe, die Bedarfsanforderungen der Zielgruppen beziehungsweise deren spezifische Interessen und Lebenslagen genau zu studieren, um dann die möglichen Reaktions- und Handlungsformen der Jugendhilfe zu suchen und festzulegen.

Die drei genannten Planungszugänge stellen somit keine sich ausschließenden Planungsansätze dar, sondern sind in jeder umfassenden Planung mehr oder weniger zu entfalten, da sie in wechselseitiger Ergänzung erst die Planung komplett werden lassen. Die Entscheidung für den jeweiligen Planungsansatz oder für eine bestimmte Kombination muß unter fachlichen und planungs-ökonomischen Gesichtspunkten getroffen werden.

Planungsprozesse in der Jugendhilfe sollten generell als Prozess angelegt sein und trotzdem im Sinne eines Planungszyklus einen zeitlichen Ablauf mit einem Beginn und einem Ende aufweisen. Unter planungslogischen Gesichtspunkten und unter dem Aspekt, dass Planung zu einer ständigen Tätigkeit werden muß, reicht die Vorstellung eines linearen Planungsablaufs nicht aus. Die Darstellung des Planungsprozesses im Bild eines Regelkreises wird den Anforderungen eher gerecht.

Grafik 1: Regekreis der Planung

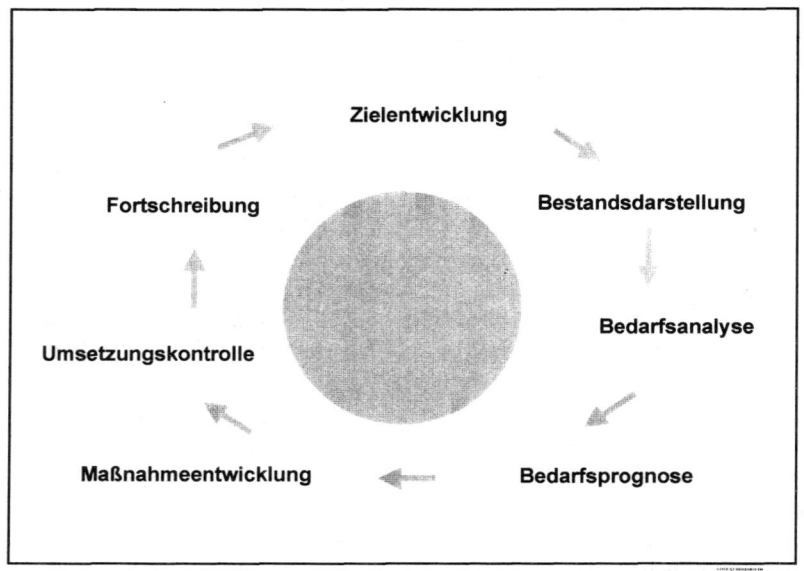

[Diagramm: Kreislauf mit den Stationen Zielentwicklung → Bestandsdarstellung → Bedarfsanalyse → Bedarfsprognose → Maßnahmeentwicklung → Umsetzungskontrolle → Fortschreibung → (zurück zu Zielentwicklung). © INSO 2000]

3. Organisation der Jugendhilfeplanung

Im Sinne einer präzisen Bestimmung der Planungsabläufe und -dimensionen ist es notwendig, zwischen strategischer und operativer Planung zu unterscheiden. Dabei ist es wichtig, dass unter dem Aspekt der zeitlichen Abfolge im PlanungsProzess zunächst die strategischen Perspektiven erarbeitet und entsprechende Entscheidungen herbeigeführt werden. Erst danach kann mit der operativen Planung als Vorbereitung des Handelns begonnen werden.

Im PlanungsProzess wird zunächst eine mehr oder weniger komplexe Erarbeitung der Grundlagen über den Bestand, die Problemlagen und die Bedarfe vorgenommen. Die strategische Planung endet mit der Entscheidung darüber, welches die zentralen Merkmale der sich anschließenden Umsetzung in konkrete Maßnahmen sind. Die operative Planung, das heißt die Umsetzung in den Handlungsalltag der Jugendhilfe, findet nach den Grundsatzentscheidungen statt. Sie gehört damit zum Handlungsalltag der Jugendhilfe.

Die Durchführung der Jugendhilfeplanung erfordert unterschiedliche Planungstätigkeiten, die klar definiert sein sollten, um Rollenkonflikte im PlanungsProzess vermeiden zu können. Die Planungssachbearbeitung macht den Kern der Planung aus. Es handelt sich um die detaillierte Sammlung, Bearbeitung, Analyse und Ausarbeitung von Daten, Informationen, Texten u.a.m. Diese Tätigkeit liegt beim Öffentlichen Träger der Jugendhilfe. Die Planungsorganisation ist unverzichtbarer Bestandteil der Planungsverantwortung des Öffentlichen Trägers, weshalb alle damit zusammenhängenden Aufgaben der Koordination, Gesprächsführung, Dokumentation u.ä.m. sinnvollerweise in einer Hand liegen sollten.

Jugendhilfeplanung als Instrument des Austausches und der Kooperation   195

Parallel zur Sachbearbeitung beim Öffentlichen Träger müssen auch die freien Träger sachbearbeitende Anteile und Zuarbeiten übernehmen, um damit zu einem qualifizierten PlanungsProzess beizutragen. Der freie Träger ist in diesem Zusammenhang zwar rechtlich nicht zur Mitwirkung an der Jugendhilfeplanung verpflichtet, da eine Förderung von Leistungen und Angeboten des freien Trägers aber in Abhängigkeit der Jugendhilfeplanung erfolgen kann, ist seine Mitwirkung schon aus Eigeninteresse notwendig.

Die fachpolitische Verantwortung der Jugendhilfeplanung liegt beim Jugendhilfeausschuß, die letzte politische Verantwortung bei der politischen Vertretungskörperschaft. Diese Verantwortung kann nicht abgegeben werden, worauf vor allem die konkrete Aufgabenfestlegung in § 71 KJHG hinweist.

Planungsvorgänge sind kommunikative Prozesse. Da für die Jugendhilfeplanung praktisch keine verfahrenstechnischen gesetzlichen Regelungen getroffen wurden, ist die Steuerung der Kommunikation häufig außerordentlich schwierig. An die Moderation von Planungsprozessen ist daher eine besondere Anforderung zu stellen. Da der öffentliche Träger im unterschiedlichen Umfang selbst Träger von Einrichtungen und Dienstleistungseinheiten der Jugendhilfe ist, bietet es sich zum Teil an, dass die Rolle des neutralen und nur fachlich orientierten Moderators von außen wahrgenommen wird.

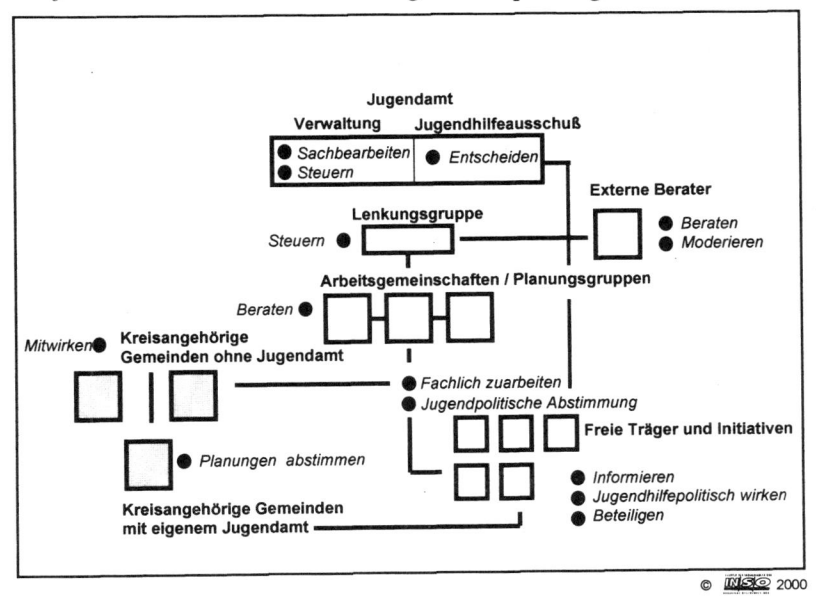

Grafik 2: Funktionsstruktur der Jugendhilfeplanung

4. Planungsbezogene Abstimmung zwischen Schule und Jugendhilfe

Nimmt die Jugendhilfe ihren Auftrag zur sozialen Gestaltung der Lebensbedingungen ernst, ist sie unerläßlich auf die Zusammenarbeit mit anderen Stellen und öffentlichen Einrichtungen, deren Tätigkeit sich auf die Lebenssituation junger Menschen und ihrer Familien auswirkt, angewiesen. Der Gesetzgeber hat daraus ein Gebot für die Jugendhilfe zur Zusammenarbeit gemacht (vgl. § 81 KJHG). Die Zusammenarbeit kann sich dabei sowohl auf die strategische als auch die operative Ebene der Jugendhilfeplanung beziehen.

Mit Blick auf die Schulen muß bei der planungsbezogenen Kooperation zwischen zwei unterschiedlichen Arbeitsfeldern der Jugendhilfe unterschieden werden. So gibt es einmal Leistungen der Jugendhilfe die in einem unmittelbaren Zusammenhang mit Schule stehen. Hierzu gehören Angebote der schulbezogenen Jugendarbeit, der Jugendsozialarbeit, der Erziehungsberatung bei Schulproblemen sowie die Eingliederungshilfe für Schüler/innen. Eine Jugendhilfeplanung die diese Arbeitsfelder umfaßt, kommt ohne eine planungsbezogene Einbeziehung von Schule nicht aus. Zusätzlich gibt es eine ganze Reihe weiterer Angebote der Jugendhilfe, die mit vergleichbaren Aufgaben oder Angeboten im Schulbereich korrespondieren. Hierzu gehört zum Beispiel die Tagesbetreuung von Schulkindern, der erzieherische Kinder- und Jugendschutz, die Erziehungsberatung oder auch die Kinder- und Jugendarbeit. In diesen Arbeitsfeldern ist die planungsbezogene Abstimmung zwischen Schule und Jugendhilfe im Interesse eines umfassenden und sich ergänzenden Angebotes, welches nicht in Konkurrenz oder gar Widerspruch zu einander steht, notwendig.

Auf der strategischen Ebene geschieht die planungsbezogene Abstimmung in der Regel durch die direkte Mitwirkung eines Vertreters oder einer Vertreterin der Schulen oder der Schulverwaltung im Jugendhilfeausschuß. In der Praxis läßt sich leider feststellen, dass zwar die entsprechenden Institutionen an den Sitzungen des Jugendhilfeausschuß teilnehmen, sie sich aber relativ selten aktiv in die Debatte über strategische Perspektiven der Jugendhilfe einbringen. Wünschenswert wäre hier die aktivere Einmischung von Schule in die strategischen Grundsatzdiskussionen der Jugendhilfe. Das selbe gilt aber auch umgekehrt. Bei strategischen Diskussionen über die Weiterentwicklung von schulischen Angeboten, zum Beispiel im Schulausschuß, bleibt die Jugendhilfe in der Regel außen vor.

Anders sieht die Situation auf der operativen Ebene aus. Im Rahmen von Stadtteil- und/oder Sozialraumkonferenzen bringen sich die Vertreter/innen der örtlichen Schulen aktiv in die Diskussionen ein und nehmen so Einfluß auf die Ausgestaltung von Jugendhilfeleistungen vor Ort.

5. Möglichkeiten der Beteiligung von Schulen an der Jugendhilfeplanung

Die Beteiligung der Schulen an der Jugendhilfeplanung kann über drei unterschiedliche Ebenen erfolgen. Dabei handelt es sich zum einen um die politische Entscheidungsebene im Jugendhilfeausschuß, über die fachliche Planungsebene der Jugendhilfe, zum Beispiel in Form von Arbeitsgemeinschaften oder Planungsgruppen der Jugendhilfe, sowie über die sozialräumliche Einrichtungs- und Dienstleistungsebene.

Durch die beratende Funktion, die den Schulen im Jugendhilfeausschuß zukommt, können sie ohne größere Probleme Einfluß auf die strategische Diskussion in der Jugendhilfe nehmen. Wer im Einzelfall das beratende Mandat für die Schulen im Jugendhilfeausschuß wahrnimmt, muß vor Ort erkundet werden. Eine entsprechende Auskunft ist jederzeit über das Jugendamt zu erhalten. Da es sich bei diesem Mandat

Jugendhilfeplanung als Instrument des Austausches und der Kooperation 197

um eine Vertretung des gesamten Schulbereiches gegenüber der Jugendhilfe handelt, muß die interne Kommunikation und damit auch die Weitergabe von Informationen aus dem Jugendhilfeausschuß in die Schulen und von den Schulen in den Jugendhilfeausschuß, von den Institutionen der Schulen selbst sichergestellt werden. Ob zu diesem Zweck auf die Konferenzen der Schulleiter/innen zurückgegriffen wird oder ob die Schulen extra einen Arbeitskreis bilden, muß vor Ort entschieden werden.

Grafik 3: Planungsbeteiligung von Schulen

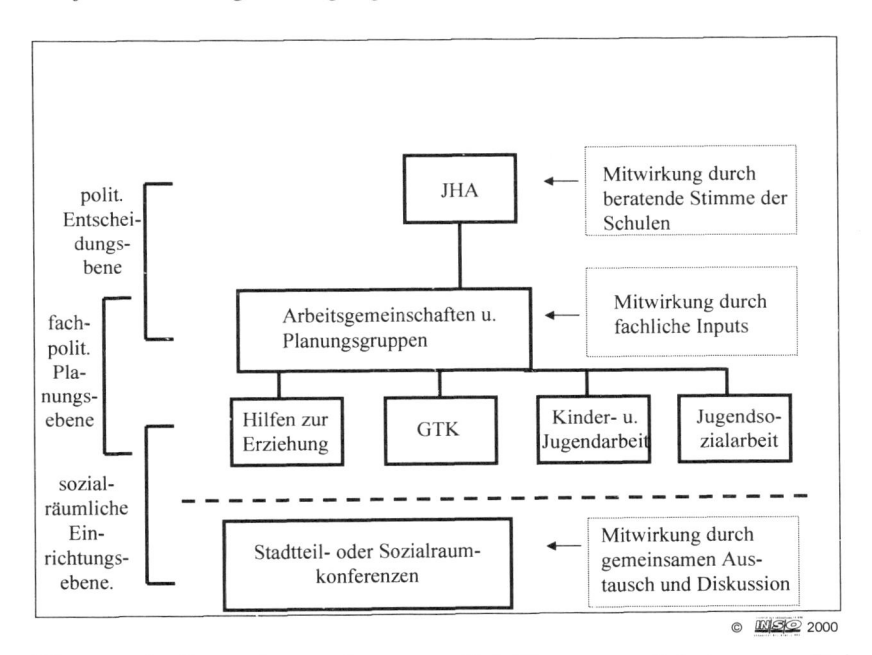

Eine unmittelbare planungsbezogene Beteiligung von Schulen, zum Beispiel durch die Mitwirkung in zentralen Planungsgruppen der Jugendhilfe, ist aus arbeitsökonomischen und fachlichen Gesichtspunkten nicht empfehlenswert. Statt dessen sollte lieber mit Blick auf den Regelkreis der Planung geschaut werden, zu welchem Zeitpunkt der Jugendhilfeplanung und mit welcher Intensität eine Planungsbeteiligung von Schulen sinnvoll ist. So kann eine solche Beteiligung schon bei der Bestandsdarstellung sinnvoll und notwendig sein, wenn die Schulen zum Beispiel eigene Angebote im Handlungsfeld der Schulsozialarbeit oder auch der schulbezogenen Jugendarbeit anbieten. Bei der Bedarfsanalyse und gegebenenfalls auch bei der Bedarfsprognose ist ein Abgleich mit den von den Schulen definierten Bedarfen sinnvoll. Spätestens jedoch bei der Maßnahmenplanung muß es zu einer Abstimmung mit den Schulen kommen.

Die Ausgestaltung dieser Planungsbeteiligung kann dann über gemeinsame Treffen von Vertreter/innen der Schulen mit Personen aus den Planungsgruppen, durch eine Hinzuziehung von Vertreter/innen der Schulen in die Planungsgruppen oder auch nur über eine Stellungnahme von Schulen zu einzelnen Fragestellungen der Jugendhilfeplanung erfolgen. Welche Form der Beteiligung gewählt wird, sollte in Abhängigkeit des jeweiligen Planungsgegenstandes entschieden werden.

Als Ansprechpartner für die Schulen bietet sich in der Regel die oder der Jugendhilfeplaner des öffentlichen Trägers an. Dieser Person obliegt die Koordinierung der Jugendhilfeplanung. In Absprache mit den Planungsgruppen der Jugendhilfe sowie den Vertreter/innen der Schulen muß bei der örtlichen Konzeption für die Jugendhilfeplanung entschieden werden, zu welchem Zeitpunkt und in welcher Form die Planungsbeteiligung der Schulen sichergestellt wird.

Auf der Ebene der Stadtteil- oder auch Sozialraumkonferenzen sollte der regelmäßige Austausch zwischen den Einrichtungen und Dienstleistungseinheiten der Jugendhilfe sowie der Schulen auch weiterhin Bestand haben. Bezogen auf den gesamten Prozess der Jugendhilfeplanung muß nur sichergestellt werden, dass die auf der sozialräumlichen Ebene diskutieren Inhalte auch in den weiteren PlanungsProzess integriert werden.

Ulrich Deinet

Strukturen in der Zusammenarbeit von Jugendhilfe und Schule

verstehen, verändern und entwickeln!

Unklare Strukturen und „Stolpersteine" führen oft zu Schieflagen in der Zusammenarbeit von Jugendhilfe und Schule. Aus der Verschiedenartigkeit und dem unterschiedlichen Profil beider Bereiche lassen sich jedoch auch große Vorteile ziehen durch unterschiedliche Zugangsweisen, Methoden etc. Deshalb werden in diesem Beitrag im ersten Kapitel Systeme geklärt, im zweiten Kapitel Strukturen vorgeschlagen und konkrete Handlungsanweisungen gegeben. Wie auch moderne Instrumente der Qualitätsentwicklung für die Kooperation nutzbar gemacht werden können, wird an der Arbeiten mit Zielen und der Entwicklung von Schlüsselsituationen und- prozessen im ditten Teil gezeigt.

1. Systemisches Verständnis für Kooperationsprobleme

Um die wesentlichen Strukturunterschiede zwischen Jugendhilfe und Schule besser zu erfassen, hilft eine systemische Betrachtungsweise: Mit diesem Blick erscheinen Institutionen nicht wie Menschen beispielsweise als interessiert oder uninteressiert, sondern aus systemtheoretisch-konstruktivistischer Anlayse sind diese etwa geschlossener oder offener.

Jugendhilfe und Schule – so die nüchterne Bilanz – erscheinen als Systeme sehr stark geschlossen und selbstreferenziell, d.h. auf sich selbst bezogen, in sich befangen und sehr stark mit sich selbst beschäftigt. In beiden Systemen gibt es unterschiedliche Sprachcodes und Begriffe, die z.T. ganz anders definiert sind, z.B. der Begriff Fortbildung hat in Jugendhilfe und Schule jeweils eine andere Bedeutung.

Beide Systeme suchen deshalb keine Partner, sondern Hilfen, um sich selbst zu stabilisieren, so wird etwa die Schulsozialarbeit zu einem Subsystem der Schule, zu deren Stützmechanismus.

Der Ausbau einzelner Subsysteme muss deshalb auch nicht unbedingt zu mehr Kooperation führen; einseitige Maßnahmen sind im Sinne einer besseren Zusammenarbeit meist relativ sinnlos.

So könnte etwa eine Schulsozialarbeit mit einer stark den Unterricht stützenden Funktion endlos ausgebaut werden, ohne dass dies zur Kooperation mit der Jugendhilfe führen würde. Genauso führt die einseitige Einrichtung von Beauftragten für die

Kooperation im Bereich der Jugendhilfe (wie im Kooperationsmodell NRW) ebenfalls nicht automatisch zu einer besseren Kooperation mit Schulen.

Systeme reagieren dann, wenn sie von innen oder außen unter Druck geraten! Nach einer relativ abstrakten Diskussion über die Kooperation zwischen Jugendarbeit und Schule hat gesellschaftlich-politischer Druck die Akzente verschoben: Die Kooperation zwischen Jugendhilfe und Schule wird von der Politik eingefordert. Gesellschaftlich-politischer Druck zwingt beide Systeme deshalb zu deutlichen Veränderungen und auch zu einer Entwicklung der Kooperation! Dabei stellt sich die unterschiedliche und hochkomplizierte Struktur beider Systeme als Hindernis dar.

1.1. Beide Systeme haben diverse Subsysteme

Beide Systeme haben diverse Subsysteme, die teilweis in Konkurrenz untereinander stehen bzw. wenige Verbindungen haben: In der Schule sind dies die einzelnen Schulformen; in der Jugendhilfe die verschiedenen Felder wie Jugendarbeit, Tagesstätten, Hilfen zur Erziehung die z.T. in institutioneller Abgrenzung zueinander stehen.

Die Ergebnisse vieler Kooperationsmodelle zeigen, dass sich die Jugendhilfe sehr oft auf die Jugendarbeit reduziert hat und wichtige Bereiche wie z.B. die Hilfen zur Erziehung nicht beachtet werden. Auch wenn aus pragmatischen Gründen die Einrichtungen der Offenen Kinder- und Jugendarbeit z.T. gute Voraussetzung für eine Kooperation mit Schulen in Bezug auf Ganztagsangebote mitbringen (Ressourcen, Mitarbeiter, Räume usw.), bleibt festzustellen, dass andere Bereiche der Jugendhilfe oft außerhalb von Kooperationsmodellen bleiben. So gelingt es vielfach kaum, den Allgemeinen Sozialen Dienst mit einzubeziehen, obwohl das KJHG ein breit aufgefächertes Feld der erzieherischen Hilfen durch teilstationäre und ambulante Formen der Betreuung vorsieht.

Aus schulischer Sicht ist die Segmentierung der Jugendhilfe nur schwer durchschaubar und verstehbar. Es teilt sich aus ihrer Sicht die Jugendhilfe nicht nur in verschiedene Felder wie Jugendarbeit, Tagesstätten usw., sondern auch in ein kompliziertes Geflecht zwischen öffentlicher und freier Trägerschaft, das je nach kommunalpolitischer Kultur sehr differenziert sein kann.

Im Schulbereich gibt es eine klare Trennung der einzelnen Schulformen, die z.T. sehr wenig miteinander zu tun; Oft gibt es kaum Besprechungen zwischen den Schulformen in einer Stadt, es sei denn durch Anstoß von außen z.B. in einer Stadtteilkonferenz. Lediglich die Schulleiterkonferenz bildet im Schulbereich ein übergreifendes Gremium auf kommunaler Ebene.

Ein weiteres Problem im schulischen Bereich ist die Trennung von Schulunterrichts- und Trägersystem. Schulträger ist die Kommune, und die Schulverwaltungsämter regeln wichtige Ressourcen wie Räume, Ausstattung (Schulhöfe, Sporthallen) aber auch den Einsatz des nicht pädagogischen Personals (Schulsekretärin, Hausmeister usw.).

Institutionell völlig getrennt davon ist das Schulaufsichtssystem, das in Bezug auf einzelne Schulformen auch noch unterschiedlich organisiert ist und sich im wesentlichen um Unterrichtsfragen, die inhaltliche und pädagogische Gestaltung des Schullebens sowie die Laufbahnen der Schulbeamten kümmert.

Jugendhilfe ist dagegen weitgehend kommunal organisiert; es gibt zwar einen überörtlichen Träger (Landesjugendamt) und eine oberste Jugendbehörde, deren Größe und Eingriffsmöglichkeiten aber nicht mit dem Schulbereich zu vergleichen sind.

1.2. Systeminterne Hindernisse und systemische Abgrenzungen überwinden

Aus schulischer Sicht besteht ein systeminternes Kooperationsproblem darin, dass die einzelne Schule zur Zeit kaum Möglichkeiten hat, Ganztagsangebote oder Kooperationsprojekte zu fördern bzw. personell auszustatten.

So hat die einzelne Schule noch zu wenige Spielräume, z.B. durch Stundenreduzierung bzw. Verlagerung, erkennbare Substanzen in eine Kooperation einzubringen. Im Bildungsgutachten NRW „Zukunft der Bildung, Schule der Zukunft" finden sich viele alte und neue Hinweise auf notwendige Veränderungen im Bildungswesen, die auch für die Kooperation zwischen Jugendhilfe und Schule von großer Bedeutung sind. Ein wichtiges Stichwort ist die „Kommunalisierung von Schule" und deren neue soziale Rolle beim Ausbau von Kooperations- und Betreuungsangeboten. Versteht man Schule als Lebensraum (und nicht nur als Lernort), so erfordert dieses Verständnis geradezu die Kooperation mit außerschulischen Institutionen, wozu die Jugendhilfe in starkem Maße gehört. Eine Kommunalisierung von Schule in Bezug auf zur Verfügung stehende Ressourcen und die Entscheidung über diese würde die Kooperation zwischen Jugendhilfe und Schule wesentlich vereinfachen.

Die zur Zeit noch vorhandene Trennung zwischen Schulunterrichts- und Schulträgersystem muss deshalb auf Dauer überwunden werden, weil zu einer Gestaltung von Schule als Lebensort nicht nur neue Unterrichtsinhalte und -formen gehören, sondern auch die bisher als äußerlich „geltenden Rahmenbedingungen" wie Räume, Ausstattung, Schulhof usw. Wenn diese in völlig unterschiedlichen Subsystemen verwaltet und bestimmt werden, kann eine Kooperation nur schwer in Gang kommen.

Die Mittelbehörden (Landesjugendämter, Schulabteilungen von Bezirksregierungen, Oberschulämter usw.) haben die Funktion, die Praxis vor Ort zu unterstützen und fachlich zu begleiten. Ihre Kontroll- und Aufsichtsfunktion, die im Bereich der Schule noch wesentlich ausgeprägter ist als im Bereich der Jugendhilfe, wird in Zukunft auf ein notwendiges Maß zurückgenommen werden müssen, um die Praxis vor Ort nicht zu behindern.

Die Problemlagen lassen kein segmentiertes Denken mehr zu; neue Herausforderungen können nicht mehr mit einem Schubladendenken beantwortet werden. In Jugendhilfe und Schule wird es darum gehen, innerhalb der jeweiligen Systeme Kooperationsbarrieren abzubauen und Hindernisse aus dem Weg zu räumen.

Die Erfahrungen aus vielen Kooperationsprojekten zeigen, dass solche Einrichtungen und Schulen zur Zusammenarbeit mit anderen Partnern fähig sind, die zunächst innerhalb ihres Systems schon kooperiert haben, z.B. mit anderen Schulen, mit anderen Feldern der Jugendhilfe usw.

Kooperation und Vernetzung ist also zunächst ein wesentliches Ziel innerhalb des jeweiligen Systems und Grundlage für eine Kooperation mit Einrichtungen aus dem jeweils Anderen.

2. Strukturen entwickeln

Die folgenden Checklisten sind als Hilfestellungen für die Entwicklung der Zusammenarbeit gedacht. Dabei geht es zunächst um Schritte für die Planung eines gemeinsamen Projektes. Aus der Erkenntnis, dass Strukturen notwendig sind, um über einzelne Projekte hinaus eine Zusammenarbeit zwischen Schulen und der Jugendhilfe zu sichern, geht es danach um die Nutzung bestehender und Entwicklung neuer Strukturen sowie um Instrumente der strukturellen Absicherung. Der vierte Abschnitt beschreibt Ebenen der Kooperation, die die „richtigen" Leute aus Jugenhilfe und Schule zusammenbringen.

2.1. Schritte zur Planung eines gemeinsamen Projektes

(z.B.: gemeinsames Ganztagsangebot „Schülercafé", Woche zur Suchtprävention, gemeinsame Fortbildung usw.)

- Persönlicher Kontakt und Austausch:
  Nur wenn es zu einer persönlichen Begegnung zwischen Fachkräften aus beiden Bereichen kommt, können gemeinsame Themen gefunden werden. Beide Seiten stellen fest, dass ihre eigene Betroffenheit noch nicht ausreicht, um ein gemeinsames Thema zu finden. Hierzu dient ein Austausch über die Lebenslage von Kindern und Jugendlichen im Stadtteil ihre Themen und Probleme.
- Zielformulierung:
  Beide Seiten müssen sich Klarheit über gemeinsame und getrennte Ziele (was will ich, was kann ich bieten) verschaffen. Um gegenseitige Instrumentalisierungen (der Einsatz des anderen zur Verwirklichung der eigenen Ziele) zu verhindern, ist es erforderlich, die eigene Zielsetzung klar zu definieren und zu bestimmen, welche angestrebten Ziele in ein Kooperationsprojekt passen und welche nicht.
- Bestimmung von Schnittmengen und Konsensbildung:
  Was beide Seiten gemeinsam erreichen wollen, muss geklärt und abgesprochen werden. Aufgrund der beiderseitigen Zielformulierung können Schnittmengen für Kooperationsprojekte gefunden werden, gemeinsame Ziele formuliert werden.
- Konzepterstellung:
  Gemeinsam erfolgt eine Planung der Aktivitäten und eine Beschreibung der Aufgaben für beide Partner. Je klarer die Aufgabenstellung und Rollenzuschreibung ist, desto eher können Schwierigkeiten verhindert werden. Die Konzepterstellung soll Klarheit über Rahmenbedingungen, Ziele, Inhalte und Methoden schaffen und die Grundlage für einen schriftlichen Kontrakt sein.
- Schaffung einer Struktur für die Zusammenarbeit:
  Die Kooperation zwischen Jugendhilfe und Schule kann nicht nur auf dem Engagement einzelner basieren, sondern muss in Strukturen übergehen, um längerfristig stabilisiert zu werden. Dazu dienen unterschiedliche Gremien, Beauftragte usw. (s.u.).
- Überprüfung, Evaluation der Ergebnisse:
  In regelmäßigen Abständen muss die Zielerreichung überprüft werden, damit Probleme frühzeitig angegangen werden können, Ziele evtl. neu formuliert werden usw. Dazu ist es notwendig, eine Instanz zur Klärung von Problemen und veränderten Zielen zwischen den Kooperationspartnern zu schaffen (z.B. regelmäßige Besprechungen zwischen den Leitern).

2.2. Instrumente der strukturellen Absicherung

Um die Kooperation zwischen Jugendhilfe und Schule nicht nur von Personen abhängig zu machen, sondern langfristig zu stabilisieren, ist es notwendig, Strukturen zu schaffen:

- Schulen und Einrichtungen der Jugendhilfe benennen jeweils einen konkreten Ansprechpartner, der die gemeinsamen Projekte für die jeweilige Seite koordiniert. Beide Ansprechpartner sollten in ihrem System über die notwendige Kompetenz und Befugnis verfügen, sowie in die Strukturen eingebunden sein, um Absprachen und Entscheidungen schnell umsetzen zu können.
- Gemeinsame Fortbildungen dienen dazu, Vorurteile abzubauen, persönlichen Kontakt herzustellen und die Erwartungen und Ziele konstruktiv zu bearbeiten. Sinnvoll ist eine sozialräumliche Anbindung, d.h. Fachkräfte aus beiden Bereichen sollten aus dem gleichen Einzugsbereich/Stadtteil kommen, um hinterher auch gemeinsam handeln zu können.
- Anbindung an vorhandene Gremien und Strukturen: Neue Kooperationsprojekte und Formen müssen an vorhandene Strukturen angebunden werden, um Verbindlichkeit herzustellen und Doppelstrukturen zu vermeiden. Schulausschuss, Jugendhilfeausschuss, vorhandene Stadtteilkonferenzen, runde Tische, Arbeitsgemeinschaften nach § 78 SGB VIII usw. sind solche vorhandenen Strukturen, die für eine Kooperation genutzt werden können.
- Aufbau neuer Gremien und Strukturen: Aufgrund der strukturellen Unterschiede zwischen beiden Systemen sind die vorhandenen Strukturen zum großen Teil auf Schule oder Jugendhilfe begrenzt. Um wirkliche Kooperationsprojekte aufzubauen ist es deshalb notwendig, auch neue Gremien zu schaffen, z.B. paritätisch besetzte Arbeitskreise zwischen Jugendamt und Schulverwaltungsamt, gemeinsame Dienstbesprechungen usw.
- Einrichtungen sozialräumlich orientierter Konferenzen (z.B. Stadtteilkonferenzen unter Beteiligung der Schulen, des Schul- und Jugendhilfeträgers sowie der örtlichen Träger der freien Jugendhilfe).
- Schulamt (Generalie „Schule/Jugendhilfe"), Schulverwaltungsamt und Jugendamt benennen Beauftragte, die die Zusammenarbeit von Jugendhilfe und Schule initiieren, koordinieren und unterstützen.
- Koordination der Schulentwicklungs- und Jugendhilfeplanung.
- Sicherung der Kooperation durch schriftliche Vereinbarungen zwischen der Schule, ggf. mehreren Schulen und dem/den Kooperationspartner(n); sofern Schulträgerbelange betroffen sind, ist der Schulträger durch Mitzeichnung der Vereinbarung zu beteiligen. Die Vereinbarung soll Inhalte und Themen der Kooperation, die Mitarbeit hauptberuflich und freiwillig tätiger Mitarbeiterinnen und Mitarbeiter, Verantwortlichkeiten, Veranstaltungsort, -räume und -zeiten sowie die Finanzierung entstehender Kosten regeln. In der Vereinbarung müssen auch Versicherungsfragen geklärt werden. Wichtig für Schule: ins Schulprofil

2.3. Nutzung bestehender und Entwicklung neuer Strukturen

In Modellprojekten haben Stadtteilkonferenzen als neue Kommunikationsformen oft eine zentrale Bedeutung. Die Erfahrungen zeigen aber, dass es auch hier gelingen muss, diese neu geschaffene Institution mit Leben zu füllen und im Sinne der o.g. Faktoren konkrete inhaltliche Anknüpfungspunkte zu finden. Ausgangspunkt für eine konkrete Zusammenarbeit kann z.B. die gemeinsame Betroffenheit und Problemstellung (z.B. Gewalthandlungen von Jugendlichen) als Anstoß für eine Kooperation sein.

Die Einrichtung von Stadtteilkonferenzen schafft zwar ein Forum zwischen Jugendhilfe und Schule, die Kooperation in einzelnen Fällen und Bereichen muss jedoch noch konkreter vor Ort organisiert werden.

Erfahrungen mit Stadtteilkonferenzen, z.B. im Rahmen der Jugendhilfeplanung, in anderen Städten bestätigen, dass die Schaffung einer neuen Institution bzw. eines neuen Gremiums alleine nicht ausreicht, um eine inhaltliche Kooperation zwischen Jugendhilfe und Schule in Gang zu bringen.

Neue Strukturen und Gremien müssen mit den vorhandenen verbunden werden, z.B. mit Schul- und Jugendhilfeausschuss.

Ein unverbundenes Nebeneinander zwischen „alter" und „neuer" Struktur macht keinen Sinn und ist für die Kooperation zwischen Jugendhilfe und Schule nicht förderlich. Schulausschuss und Jugendhilfeausschuss, kommunalpolitische Gremien, Ämter und Dezernate müssen nicht alle in der Stadtteilkonferenz vertreten sein aber zu dieser in Beziehung gesetzt werden.

Beschlüsse eines Jugendhilfeausschusses über die Förderung von Betreuungsmaßnahmen und Ganztagsangeboten ohne vorherige Absprache und Koordination mit der vorhandenen Stadtteilkonferenz machen nicht nur wenig Sinn, sondern geben dem Teilnehmer der Stadtteilkonferenz auch das Gefühl, nicht gebraucht zu werden.

Die Zusammensetzung einer Stadtteilkonferenz, an der zunächst alle in Frage kommenden Institutionen und Bereiche aus Schule und Jugendhilfe vertreten sein sollen, muss über diese hinaus vor Ort im Sinne der Anbindung an vorhandene Strukturen genau konzipiert werden.

In einer kommunalpolitischen Abstimmung müssen die Rollen der Ämter und deren Vertreter geklärt, bzw. deren Spielräume vermessen werden.

Dazu gehört auch eine Verbindung von Schulentwicklungs- und Jugendhilfeplanung.

2.4. Verantwortliche und Beauftragte auf beiden Seiten

In Schule und Jugendhilfe sollten aufgrund der Komplexität beider Systeme Verantwortlichkeiten für die Kooperation geschaffen und klar benannt werden. Beispiele dafür sind u.a.:

– Im Rahmen eines Modellprojektes in NRW („Kooperationsmodell zwischen Jugendhilfe und Schule...") wurden an drei Projektstandorten drei hauptamtliche Geschäftsführer angestellt, die drei Jahre lang im Bereich der Jugendhilfe die Kooperation zwischen Jugendhilfe und Schule sowie den Aufbau von Ganztagsangeboten entwickelten.
– Eine Duisburger Gesamtschule verfügt über eine Projektbeauftragte für die Kooperation mit der Jugendhilfe mit einer festen Aufgabenbeschreibung, die u.a. folgende Aufgaben enthält: „Kontakt halten, an einen Tisch bringen, organisieren und vermitteln, Sachkenntnis über Finanz- und Rechtsfragen haben bzw. verschaffen usw.".
– Eine Schulabteilung einer Bezirksregierung benennt einen Schulverwaltungsbeamten, der schulformübergreifend für die Kooperation mit der Jugendhilfe zuständig ist.
– In Baden-Württemberg wurde ein flächendeckendes Netz von Ansprechpartnern im Schulischen Bereich (bei den Schulämtern) aufgebaut.

2.5. Ebenen der Kooperation

Je nach Inhalt und Zielsetzung eines Kooperationsprojektes müssen verschiedene Ebenen berücksichtigt werden, damit die „richtigen" Leute zusammenkommen.

- *Erste Ebene:*
  Lehrer/innen und Sozialarbeiter/innen vor Ort
  Diese Fachkräfte arbeiten mit Kindern und Jugendlichen in Einrichtungen der Jugendhilfe und Schulen. Enge persönliche Kontakte untereinander und zu den Jugendlichen ermöglichen aufgrund von gemeinsamen Erfahrungen einen wechselseitigen Informationsaustausch. Gemeinsame Angebote können initiiert, durchgeführt und anschließend ausgewertet werden. Die Bedürfnisse der Kinder und Jugendlichen stehen im Vordergrund und spiegeln sich in der Gestaltung der Aktivitäten wieder. Auf dieser Ebene werden alle gemeinsamen Aktivitäten geplant und durchgeführt.
- *Zweite Ebene:*
  Schulleiter/innen – Jugendpfleger/innen bzw. Abteilungsleiter/innen im Jugendamt (Unterstützung durch Schulaufsicht: Schulamt)
  Auf dieser Ebene wird die Kooperation zwischen den einzelnen Schulen und Einrichtungen der Jugendhilfe koordiniert und unterstützt. Da Schulen und Einrichtungen der Jugendhilfe weder übereinstimmende Einzugsbereiche noch Planungshintergründe haben, ist es unbedingt notwendig, zu koordinieren, wie und welche Einrichtungen am besten zusammenarbeiten können.
- *Dritte Ebene (Ebene der Amtsleitung):*
  Schulverwaltungsamt, staatliches Schulamt (Schulaufsicht), Jugendamt
  Die Leitungsebene der Ämter kann die Kooperation zwischen Jugendhilfe und Schule nachdrücklich unterstützen, wenn sie dieses Thema nicht nur delegiert, sondern auch zu einer Leitungsaufgabe macht. Die Schaffung evtl. notwendiger neuer Strukturen ist eine Leitungsaufgabe, die nicht delegiert werden kann.
- *Vierte Ebene (Politische Entscheidungsebene):*
  Kommunale Dezernenten für Schule und Jugendhilfe, Schulausschuss/Jugendhilfeausschuss. (Einbeziehung von Schulaufsicht: Schulamt/Schulabteilung)
  Die politisch verantwortlichen Personen und Gremien steuern die Kooperation und fassen die entsprechenden Beschlüsse. Schule und Jugendhilfe ressortieren oft in unterschiedlichen Dezernaten. Deshalb ist eine Koordination auf politischer und Dezernentenebene unbedingt notwendig.
- *Fünfte Ebene:*
  Unterstützung der örtlichen Kooperationsprojekte und Strukturen durch Landesjugendämter, obere Schulaufsicht und Ministerium
  Die obere Schulaufsicht (Ministerium, Schulabteilung) kann im Rahmen ihrer Aufsichtsfunktion ebenso wie die Landesjugendämter bzw. obersten Jugendbehörden durch ihre Beratungsfunktion die Kooperationspraxis vor Ort unterstützten, geeignete Maßnahmen auf Landesebene implementieren und für den notwendigen Transfer von Erfahrungen sorgen.

3. Instrumente der Qualitätsentwicklung für die Kooperation nutzen

3.1. Arbeiten mit Zielen

Auf Grund der institutionellen Logik beider Systeme ist es schwer, gemeinsame Zielsetzungen zu finden. Voraussetzung für die Suche nach „Schnittmengen" ist es, die eigene Zielsetzung deutlicher als bisher zu beschreiben und dabei zu unterscheiden zwischen Zielen der Institution und sogenannten Wirkungszielen, die sich auf die bei Kindern und Jugendlichen angestrebten Wirkungen beziehen. Oft bleiben gerade diese Wirkungsziele unklar oder werden gar nicht formuliert. Die Folge ist oft, dass eine unklare Zielsetzung im Verlaufe gemeinsamer Projekte dann zu Störungen führt, weil der einen oder anderen Seite im Verlauf des Projektes klar wird, dass sie eigentlich etwas ganz anderes erreichen will. Beide Systeme haben einen gesetzlichen Auftrag, der sich auf die Erziehung und Bildung von Kindern und Jugendlichen bzw. die Bereitstellung der dazu notwendigen Rahmenbedingungen bezieht.

Oft werden in der Praxis Ziele formuliert, die sich nicht auf die bei Kindern und Jugendlichen erhofften Wirkungen beziehen, sondern auf die Institution selbst, so wird etwa als Ziel der Jugendarbeit die Verbesserung der Öffentlichkeitsarbeit oder die deutlichere Wahrnehmung der Einrichtung im Stadtteil genannt. Solche Ziele geben aber keine Anhaltspunkte für die gemeinsame Arbeit mit Kindern und Jugendlichen, die doch eigentlich im Vordergrund stehen sollte. In einem Seminar mit Mitarbeiterinnen und Mitarbeitern aus der Jugendarbeit sind folgende Beispiele entstanden, die den Versuch zeigen, Wirkungsziele zu operationalisieren, d.h. auf verschiedene Handlungsebenen „herunterzuziehen" und dazu Indikatoren zu bilden, die eine Zielerreichung beobachtbar und bewertbar machen.

Wirkungsziel (Kinder/ Jugendliche)	Kinder und Jugendliche sollen sich als einflussnehmende Teilnehmer sehen!		
Handlungsziel:	Schule Lehrer/Schüler	Eltern	Jugendhilfe
	– Beteiligungen an Entscheidungsprozessen (demokratische Strukturen) – Mitgestaltungsmöglichkeiten – Partnerschaftlicher Umgang mit Schülern	– Stärkung des Selbstwertgefühls des Schülers	– Gestaltungstechniken (Methoden) geben – Gemeinschaftliche Treffen
Indikatoren (beobachtbare Anzeichen!)	– Schüler äußert Kritik – Schüler fordern Durchsetzung ihrer Interessen – Der Schüler verhält sich selbstbewusster – Zukunftswerkstatt – Projektarbeit		

Strukturen der Zusammenarbeit zwischen Jugendhilfe und Schule

Wirkungsziel (Kinder/ Jugendliche)	Kinder und Jugerndliche erleben Schule als Teil des Gemeinwesens			
Handlungsziel:	Lehrer	Schüler	andere Koop.-Partner	Eltern
	nehmen Anteil an außerunterrichtlichen Maßnahmen	Schüler sollen ihre Freizeit innerhalb der Schule gestalten	Das Gemeinwesen öffnet sich der Schule zum Ziele vermehrter Transparenz (Rathaus)	engagieren sich in der Projektarbeit
Kriterien (Teilziele)	– LehrerInnen unterstützen und motivieren Schüler – identifizieren sich mit „Projekt"	– Schüler initiieren je nach Fähigkeiten Aktivitäten für andere Schüler	– Vernetzung: Polizei, Kirche, Jugendamt, Kollegen stellen Arbeitskreise her	– bieten ihre Mitarbeit an
Indikatoren (beobachtbare Anzeichen!)	– geben Informationen weiter – sprechen Schü. und Mitarbeitern ihre Anerkennung aus – geben Mitarbeitern feedback über Verhalten der Schüler im Unterricht	– nehmen Erfahrungen mit nach Hause – nehmen Angebote wahr; kommen regelmäßig – melden sich selbst an und ab, Entschuldigen Fehlen – holen sich Informationen	– Vereine/Verbände stellen Kursleiter/innen – Personen des öffentl. Lebens stellen sich für Schülerbefragung zur Verfügung (Talk-Show) – Polizei lädt ein zur Besichtigung der Dienststelle – Eltern + Mitglieder des Schulvereins fahren mit, das Hamburger Rathaus zu besichtigen	– nehmen an schulischen Veranstaltungen teil – machen selbst Angebote – informieren sich über Schule und Projekte

3.2 Schlüsselsituationen und -prozesse für die Kooperation zwischen Jugendhilfe und Schule

Auch in diesem Feld gibt es immer wiederkehrende Situationen und Abläufe, deren Gestaltung maßgeblich für das Gelingen oder Misslingen der Zusammenarbeit ist. Solche Situationen kann man als Schlüsselsituationen bezeichnen; Schlüsselprozesse bringen verschiedene solcher Schlüsselsituationen in einen prozessualen oder thematischen Zusammenhang (z.B. Planung eines gemeinsamen Projektes, Auwertung usw.).

Für die erfolgreiche Gestaltung von Schlüsselsituationen und -prozessen ist ein zielgerichtetes Handeln bedeutsam. So geht es etwa in der Präsentation eines Vorhabens in der Lehrerkonferenz aus Sicht der Jugendarbeit darum, das eigene Profil und die Position genau so deutlich zu machen wie die Schnittmengen eines gemeinsamen Projektes für das ein Angebot gemacht werden soll. Für die erfolgreiche Gestaltung von Schlüsselsituationen und -prozessen müssen deshalb auch Indikatoren gesucht werden, mit denen sich die Zielerreichung überprüfen lässt.

Schlüsselsituation	Ziele und Arbeitsprinzipien	Handlungsschritte	Indikatoren
Rolle und Funktion sind nicht geklärt (Hauptschule – Gymnasium – Jugendhaus)	schriftl. Festlegung der jeweiligen Aufgaben (Schule einerseits und Jugendhilfe) andererseits	Konzept der Jugendhilfe wird in der Lehrerkonferenz vorgestellt	Die Lehrkraft übernimmt die Aufgabe selbst (Aufsicht auf dem Schulhof)
	Schaffung eines „inner circle", an dem Kollgegen *aller* 3 Schultypen teilnehmen	Herantreten an die 3 Schulleitungen (diese tragen den Vorschlag in der Lehrerkonferenz vor)	Die 3 delegierten Kollegen kommen zu den regelmäßigen Treffs
	Sensibilisierung der gesamten (!) Kollegenschaft für die Arbeitssituation	Einladungen der Lehrer u. der Belegschaft in den Gruppenraum	Eine Kollegin des Gym. kennt einige Hauptschüler mit Namen
	Arbeitsprinzipien: Verlässlichkeit, Konsequenz, Motivierungsbereitschaft, Gesprächsführungsgeschick		
Gemeinsame Nutzung von Räumen Schule/Projekt	Der Raum soll so genutzt werden, dass beide zu ihrem Recht kommen	Raumplan entwickeln	zusammen entwickelt Raumplan steht fest
		Vorstellung/Verstehen der Arbeit des Anderen	Gegenseitige Wertschätzung
	Fernziel: Übertragung der „Zusammenarbeit" auf andere Bereiche	Veränderungen möglich machen	
		Regeln entwickeln	Regeln stehen fest und werden eingehalten
			Regelmäßige Treffen finden statt
			Gegenseitige Besuche finden statt
Vorstellung des Projektes auf der Lehrerkonferenz	Überzeugung der Lehrkräfte	Eckdaten	Rektor macht eigene Vorschläge
	Verbündete gewinnen (Teil des Schulsystems werden !!!)	Referat (+ Pressemappe + Fotos)	Einbeziehung von Förderverein und Elternbeirat
		Moderation eines Gesprächs übernehmen	Lehrkräfte beteiligen sich
	Informationen vermitteln – Ist-Zustand	Vereinbarungen treffen (Termine etc.)	Sporthalle steht zur Verfügung
		Ansprechpartner	Lehrkräfte bringen Material (Spiele etc.) mit und schenken sie dem Projekt
			Projekt wird am Schulfest beteiligt
			Schulräume werden benutzt – Werken – Musik – Malen
			Schulrektor zeigt Interesse durch Nachfrage

Die vorstehend genannten Beispiele wurden ebenfalls in einem Seminar mit Mitarbeiterinnen und Mitarbeitern aus der Jugendarbeit gestaltet. In einem Beispiel geht es um die gemeinsame Nutzung von Räumen – oft ein konkreter Anlass zur Kooperation, aber auch schnell ein Streitpunkt und Konfliktfeld, sowie im zweiten Beispiel um die Vorstellung eines Projektes auf der Lehrerkonferenz – eine Schlüsselsituation für die Jugendarbeit, von der oft die weitere Zusammenarbeit mit Schule abhängt.

Die beiden Instrumente der Operationalisierung von Zielen und der Erarbeitung von Schlüsselsituationen und -prozessen stammen aus dem Modellprojekt „Qualitätsentwicklung, Qualitätssicherung und Selbstevaluation in der Kinder- und Jugendarbeit (QQS)", das das Landesjugendamt Westfalen-Lippe zusammen mit der Fachhochschule Münster (Prof. Dr. Hiltrud von Spiegel) durchgeführt hat (von Spiegel 2000).

4. Resümee

Diese vorgestellten Instrumente dienen einerseits der Vorbereitung und Planung gemeinsamer Projekte oder wichtiger Besprechungen, andererseits können sie auch als Methoden der Evaluation genutzt werden, weil sie Indikatoren benennen. So können in regelmäßig stattfindenden Reflexionsgesprächen gemeinsame Bewertungen vorgenommen werden die z.B. auch dazu führen können, dass Ziele umformuliert und Projekte entsprechend verändert werden können, wenn dies notwendig ist.

Auch wenn eine gute Zusammenarbeit immer von engagierten Personen „lebt" machen es die vorgeschlagenen Strukturen und Instrumente möglich, die Kooperation zu verstetigen und damit auch sicherer zu machen. Ein wichtiger Faktor für das Zustandekommen einer längerfristigen Zusammenarbeit, die über die Gestaltung einzelner Projekte hinausgeht, ist die Veränderung und Weiterentwicklung der Zusammenarbeit. Dazu sind einige der vorgeschlagenen Verfahren nützlich, geht es doch darum, auch aus Fehlern zu lernen, neue Themen und Felder aufzugreifen und damit eine Dynamik herzustellen, die notwendig ist, um Aufgaben in einer sich verändernden und den Herausforderungen immer wider anzupassenden Kooperationsstruktur gemeinsam angehen zu können.

Literatur

Bildungskommission NRW: Zukunft der Bildung – Schule der Zukunft. Denkschrift der Kommission „Zukunft der Bildung – Schule der Zukunft" beim Ministerpräsidenten des Landes Nordrhein-Westfalen. Neuwied 1995

Böhnisch, Lothar: Gespaltene Normalität Lebensbewältigung und Sozialpädagogik an den Grenzen der Wohlfahrtsgesellschaft. Weinheim und München 1994, (darin insbesondere das Kapitel „Mit dem Rücken zur eigenen sozialen Wirklichkeit: Das Anomieproblem der Schule")

Brenner, Gerd/Nörber, Martin (Hrsg.): Jugendarbeit und Schule – Kooperation statt Rivalität um die Freizeit. Weinheim und München 1992

Brenner, Gerd: Jugendarbeit in einer neuen Bildungslandschaft. In: Deutsche Jugend Heft 6 (1999), S. 249ff.

Deinet, Ulrich (Hrsg.): „Schule aus – Jugendhaus?" Praxishandbuch Ganztagskonzepte und Kooperationsmodelle in Jugendhilfe und Schule. Münster 1997

von Spiegel, Hiltrud (Hrsg.): Jugendarbeit mit Erfolg. Arbeitshilfen und Erfahrungsberichte zur Qualitätsentwicklung und Selbstevaluation. Münster 2000

von Spiegel, Hiltrud, 1998: Erfolg? Qualitätskriterien und ihre Prüfung in der Offenen Jugendarbeit. In: Deinet/Sturzenhecker: Handbuch Offene Jugendarbeit, Münster 1999

Sandra Kreis

Regelungen und rechtliche Rahmenbedingungen zu Kooperationen zwischen Schule und Jugendhilfe in den Bundesländern

Materialsammlung

Die Frage nach Kooperationen zwischen Schule und Jugendhilfe erfreut sich in der öffentlichen Diskussion, respektive in den angesprochenen Stellen der Jugendhilfe und Schule, eines immer größer werdenden Interesses.

In den meisten Bundesländern hat die Kooperationsthematik inzwischen an Bedeutung gewonnen und es existieren die unterschiedlichsten Kooperationsformen und -maßnahmen.

Eine klare Zusammenarbeit zwischen den Institutionen erfordert jedoch Regelungen und Richtlinien, um Planung und Durchführung von Kooperationen, wie auch deren Übergang in feste Strukturen und ihre ständige Weiterentwicklung zu gewährleisten und zu sichern. Immer wieder scheitern Kooperationsmodelle und Projekte an unklaren und (scheinbar) schwierigen rechtlichen Rahmenbedingungen.

Aus diesem Grund wurden die verschiedenen Kultusministerien der Länder angeschrieben und um die Zusendung der relevanten schulrechtlichen Rahmenbedingungen im jeweiligen Bundesland gebeten. Die Beantwortung erfolgte anhand der folgenden vorgegebenen Fragen:

- Wie sind Dienst- und Fachaufsicht bei gemeinsamen Veranstaltungen von Schulen und Trägern der Jugendhilfe in Ihrem Bundesland geregelt (z.B. Betreuungsangebote, gemeinsame Projekte usw.)?
- Wie sind Aufsichtspflicht und Versicherungsschutz geregelt?
- Wie müssen Vereinbarungen/Verträge zwischen Schulen und außerschulischen Partnern der Jugendhilfe aussehen?
- Existieren für die Kooperation zwischen Schulen und Trägern der Jugendhilfe in Ihrem Bundesland spezielle schulrechtliche Bestimmungen und/oder Erlasse, wenn ja, welche?
- Wie werden schulische, bzw. nichtschulische Angebote in Ihrem Bundesland definiert?

Die daraus resultierende Materialsammlung soll zum Vergleich der Rahmenbedingungen in den unterschiedlichen Bundesländer beitragen. Zudem dient Sie der generellen Information und kann ebenso als Materialpool, bzw. als Quelle für Ideen hinsichtlich geplanter Kooperationen und Vorgehensweisen genutzt werden.

Trotz der erfreulich hohen Rücklaufquote kann die vorliegende Sammlung jedoch keine Vollständigkeit für sich beanspruchen. Es bot sich aus diesem Grund nicht an, bei der Erfassung der beantworteten Fragen getrennt nach Bundesländern vorzugehen. Stattdessen erfolgt die Zusammenstellung der vorhandenen Materialien aus den Bundesländern jeweils bezogen auf die entsprechende Frage.

Existierende Erlasse/Gesetze/Bestimmungen etc. werden der Übersichtlichkeit halber gesondert erfaßt und abschließend zusammengetragen.

Daraus ergibt sich eine Darstellung der zugesandten Informationen nach folgenden Rubriken:

1. Regelungen von Dienst- und Fachaufsichten bei gemeinsamen Veranstaltungen von Schule und Trägern der Jugendhilfe in den Bundesländern
2. Regelungen hinsichtlich Aufsichtspflicht und Versicherungsschutz
3. Formen von/Vorgehensweise bei Vereinbarungen/Verträgen zwischen Schule und außerschulischen Partnern der Jugendhilfe
4. Definitionen von schulischen/nichtschulischen Angeboten in den Bundesländern
5. schulrechtliche Bestimmungen und/oder Erlasse der Bundesländer bezogen auf die Thematik „Kooperation"
   – Gesetze, Beschlüsse und schulrechtliche Bestimmungen/Erlasse
   – Kooperationsvereinbarungen
   – Kooperationsprojekte
   – Literaturhinweise/Veröffentlichungen
6. Anschriftenverzeichnis

Die Aufschlüsselung der Materialien in diese Rubriken soll gewährleisten, den Lesern bei gezielter Suche schnell und umfassend weiterzuhelfen.

1. Regelungen von Dienst- und Fachaufsichten bei gemeinsamen Veranstaltungen von Schule und Trägern der Jugendhilfe in den Bundesländern

Das Land *Brandenburg* geht entsprechend dem Gesetz über die Schulen im Land Brandenburg (Brandenburgisches Schulgesetz – BbgSchul § 9 Abs. 1) davon aus, mit anderen Stellen und öffentlichen Einrichtungen, deren Tätigkeiten sich auf die Lebenssituation junger Menschen und ihrer Familien auswirkt, zusammenzuarbeiten. Sie können nach Zustimmung durch das staatliche Schulamt und den Schulträger Vereinbarungen, insbesondere mit einem Träger der Jugendhilfe, über die Durchführung von Sozialarbeit oder von Freizeitangeboten an der Schule treffen, soweit der Schulträger nicht selbst solche Vereinbarungen trifft. Auch die Jugendhilfe ist durch den Gesetzgeber verpflichtet, mit der Schule zu kooperieren (vgl. SGB VIII, § 81). Im Land Brandenburg ist Sozialarbeit an Schulen gegenwärtig eine der am häufigsten vorzufindenden und weitestgehend strukturierten Form von Zusammenarbeit zwischen Jugendhilfe und Schule. Im Rahmen gemeinsamer Veranstaltungen sind Dienst- und Fachaufsicht folgendermaßen geregelt: Die jeweils eigenen Aufgaben von Schule und Jugendhilfe ergänzen sich im Interesse der Kinder und Jugendlichen sowie deren Eltern. Daraus folgt ein Gebot zur Zusammenarbeit. Der Inhalt einer Maßnahme bestimmt die Zuständigkeit der Schule oder der Jugendhilfe. Die für diese Bereiche getroffenen Festlegungen zur Dienst- und Fachaufsicht sind bei der Zusammenarbeit zu beachten. Für eine entsprechende Klarstellung können dann Vereinbarungen sinnvoll sein (vgl. auch Angaben des Bundeslandes Brandenburg zum Thema „schulrechtliche Bestimmungen...").

Das Land *Sachsen-Anhalt* dagegen geht davon aus, dass die Dienst- und Fachaufsicht für die MitarbeiterInnen der Jugendhilfe bei den Institutionen liegt, bei denen Sie beschäftigt sind. SchulleiterInnen haben in Fragen des Hausrechts in entsprechender Anwendung von § 26 Schulgesetz des Landes Sachsen-Anhalt Weisungsbefugnis gegenüber den sozialpädagogischen Fachkräften in den Einrichtungen der Schule. Bei der Wahrnehmung der Dienst- und Fachaufsicht hat der Projektträger (i.d.R. anerkannte freie Träger der Jugendhilfe sowie Träger der öffentlichen Jugendhilfe nach SGB VIII) bei der Regelung der Dienstzeit, der Urlaubsgewährung, der Fortbildung der MitarbeiterInnen spezielle schulische Belange wie Ferienzeiten zu berücksichtigen. Der Projektträger hat im Rahmen seiner Weisungsbefugnis gegenüber seinen MitarbeiterInnen zu gewährleisten, dass diese nicht gegen geltende Vorschriften, Anordnungen der Schulaufsichtsbehörden oder Beschlüsse der schulischen Mitwirkungsgremien verstoßen und eine geordnete Unterrichts- und Erziehungsarbeit durch das Projekt nicht behindert oder gestört wird.

Im Bundesland *Niedersachsen* existieren keine Regelungen hinsichtlich der Fach- und Dienstaufsicht bei gemeinsamen Veranstaltungen. Sie liegt entweder bei der Jugendhilfe oder bei der Schule. Auch im Bundesland *Berlin* bestehen keine generellen Regelungen. Im Einzelfall sind sie dort jedoch Gegenstand von Kooperationsvereinbarungen.

Der Freistaat *Bayern* betont, dass bei allen Formen der Zusammenarbeit die Eigenständigkeit und Eigenverantwortlichkeit der beteiligten Institutionen unberührt bleiben. Bei Projekten der Jugendhilfe obliegt die Dienst- und Fachaufsicht dem Träger der Jugendhilfe, auch wenn sie in Räumen einer Schule stattfinden (z.B. Schulsozialarbeit, Nachmittagsbetreuung). Veranstaltungen der Schule unterliegen der Schulaufsicht. Bei gemeinsam getragenen Projekten, die allerdings eher selten vorkommen, ist zunächst jede Seite für ihr Handeln und das ihrer Mitarbeiter verantwortlich; für die Abgrenzung der Zuständigkeiten und etwaige übergreifende Befugnisse sind getroffene Vereinbarungen maßgebend.

In der Freien und Hansestadt *Hamburg* existieren nur im Bereich des Einsatzes von Horterzieherinnen in der Verlässlichen Halbtagsgrundschule rechtliche Rahmenbedingungen, bei der die Dienstaufsicht für den Einsatz beim Träger des Hortes verbleibt und die Fachaufsicht auf die Leitung der Schule übergeht (siehe auch die „Rahmenvereinbarung über die Gestellung von Arbeitnehmerinnen und Arbeitnehmern" unter Pkt. 3 „Formen von Vereinbarungen/Verträgen").

Im Bundesland *Thüringen* existiert seit dem 02. Juni 1999 eine Kooperationsvereinbarung zwischen dem Thüringer Kultusministerium und dem Landesjugendring Thüringen e.V. Diese wurde im Einvernehmen mit dem Thüringer Ministerium für Gesundheit und Soziales und den Thüringer Spitzenverbänden (Thüringischer Landkreistag und Gemeinde- und Städtebund Thüringen) getroffen. Regelungen zur Unterscheidung von schulischen und außerschulischen Angeboten und daraus abzuleitende Regelungen zur jeweiligen Aufsichtspflicht der Partner liegen bislang jedoch noch nicht vor. Weitere Zusammenkünfte sind geplant, in deren Rahmen erste Erfahrungen der Zusammenarbeit ausgetauscht werden und Fragen, wie die hier beschriebenen, angesprochen werden.

In *Baden-Württemberg* existieren unterschiedliche Formen der Kooperation zwischen Jugendhilfe und Schule, die von losen Formen mit dem Allgemeinen Sozialen Dienst bis hin zur Jugendsozialarbeit an Schulen reichen. Entsprechend der Intensität der jeweiligen Kooperationsform bedarf es auch an Absprachen zwischen den beteiligten Stellen. Dienst- und fachaufsichtsrechtliche Regelungen sind hierdurch allerdings nicht betroffen.

2. Regelungen hinsichtlich Aufsichtspflicht und Versicherungsschutz

Brandenburg regelt die Frage der Aufsichtspflicht und des Versicherungsschutzes in der folgenden Weise: Wenn die Schulleiterin oder der Schulleiter, das staatliche Schulamt oder das Ministerium für Bildung, Jugend und Sport eine Veranstaltung zur „schulischen Veranstaltung" erklärt hat, besteht Aufsichtspflicht der Schule sowie gesetzlicher Unfallversicherungsschutz gemäß § 2 Abs. 1 Nr. 8 Buchstabe b des Siebten Buches Sozialgesetzbuch.

Eine Erklärung zur schulischen Veranstaltung darf dann erfolgen, wenn die Schule sowohl für die äußeren Bedingungen als auch für die inhaltliche Gestaltung und Leitung verantwortlich ist. Die bloße Bereitstellung von Schulräumen reicht nicht aus.

Reine Freizeitveranstaltungen dürfen dementsprechend nicht zur schulischen Veranstaltung erklärt werden.

Regelungen sind hier Verwaltungsvorschriften über die Wahrnehmung der Fürsorge- und Aufsichtspflicht im schulischen Bereich (VV-Aufsicht – VVAUFs) vom 8.Juli 1996 (ABl. MBJS S. 383) und das Rundschreiben Nr. 26/98 vom 30. Mai 1998 über Unfallversicherung und Haftpflicht in Schulen (ABl.MBJS S. 337).

Die sozialpädagogischen Fachkräfte haben in *Sachsen-Anhalt* während der Durchführung der Projekte zur Schulsozialarbeit die Aufsichtspflicht gegenüber den teilnehmenden SchülerInnen. Für die SchülerInnen, die im Rahmen des Projektes an den Veranstaltung teilnehmen, besteht über die Gesetzliche Unfallversicherung Sachsen-Anhalt Versicherungsschutz. Der Projektträger stellt den Gesetzlichen Unfallversicherungsschutz seiner Beschäftigten sicher. Zur Schadensabwendungs- und -minderungspflicht im Bereich der Sach- und Vermögensschäden durch Beschädigung oder Verlust verpflichtet sich der Projektträger, eine Haftpflichtversicherung für seine Beschäftigten im Projekt abzuschließen.

Im Bundesland *Niedersachsen* existieren hier analog der Dienst- und Fachaufsicht keine expliziten Regelungen für gemeinsame Veranstaltungen. Sie obliegt entweder der Jugendhilfe oder der Schule.

Auch in *Berlin* bestehen bezogen auf die Aufsichtspflicht und den Versicherungsschutz keine grundsätzlichen Regelungen. Im Einzelfall sind entsprechende Regelungen Gegenstand von Kooperationsvereinbarungen.

In *Bayern* bestimmt sich die Aufsichtspflicht gegenüber den Schülern nach Grundsätzen des Zivilrechts, die für Schule und Jugendhilfe gleichermaßen gelten. Für die Zuordnung der Verantwortlichkeit wird auf das unter Pkt. 1 Gesagte verwiesen.

Regelungen und rechtliche Rahmenbedingungen 215

Die gesetzliche Unfallversicherung zu Gunsten der Schüler ist analog zu Brandenburg bei schulischen Veranstaltungen durch § 2 Abs. 1 Nr. 8b SGB VII, bei Einrichtungen der Tagesbetreuung im Sinne des Jugendhilferechts durch § 2 Abs.1 Nr. 8a SGB VII gewährleistet. Weitergehende staatliche Regelungen bestehen nicht; doch schließen die meisten freien Träger der Jugendhilfe noch zusätzliche privatrechtliche Unfall- und Haftpflichtversicherungen ab.

Die Aufsichtspflicht im Bereich der staatlichen Schulen ist in § 31 des *Hamburgischen* Schulgesetzes (HmbSG) geregelt. Während des Unterrichts, während des Aufenthalts auf dem Schulgelände und bei *jeder* sonstigen Schulveranstaltung ist eine ordnungsgemäße Aufsicht zu gewährleisten. Dies gilt unabhängig von einer Kooperation mit der Jugendhilfe. Sie kann die Aufsichtspflicht der Schule weder ausschließen noch begrenzen. Alle schulischen Veranstaltungen stehen – unabhängig von einer Kooperation mit der Jugendhilfe – unter dem Unfallversicherungsschutz des SGB VII. Haftungsfragen sind im Übrigen innerhalb der in Hamburg existierenden „Rahmenvereinbarung über die Gestellung von Arbeitnehmerinnen und Arbeitnehmern" geregelt (vgl auch Pkt. 3 „Formen von Vereinbarungen/Verträgen").

Bei schulischen Veranstaltungen in *Baden-Württemberg* (auch wenn an diesen Veranstaltungen die Jugendhilfe beteiligt ist) handelt es sich nach einer Auskunft des württembergischen Gemeindeunfallversicherungsverbandes um solche, bei der die SchülerInnen Versicherungsschutz genießen.

3. Formen von Vereinbarungen/Verträgen zwischen Schule und außerschulischen Partnern der Jugendhilfe

Die Maßnahme selbst und die an Ihr beteiligten Träger bestimmen in *Brandenburg* den Inhalt und die Form einer Vereinbarung. Als Beispiel nennt das Land Brandenburg seine Vereinbarung zur Durchführung von Sozialarbeit an Schulen, welche dem Rundschreiben 26/94 „Empfehlung zum Projekt ‚Sozialarbeit an Schulen'" angegliedert ist (vgl. auch die Ausführungen unter Pkt. 5).

Sachsen-Anhalt geht im Fall einer Kooperation zwischen Jugendhilfe und Schule folgendermaßen vor: Wenn die Gesamtkonferenz die Absicht beschließt, ein Projekt zur Schulsozialarbeit an der Schule durchzuführen, bedarf es anschließend der Abstimmung mit den nachfolgenden Institutionen: mit der Schulbehörde, mit der örtlichen Jugendhilfe zur Koordination der geplanten Maßnahme zur Schulsozialarbeit an einer Schule mit der örtlichen Jugendhilfeplanung, mit dem Schulträger und mit einem geeigneten Maßnahmeträger. Zwischen den Beteiligten wird dann eine gemeinsame Vereinbarung abgeschlossen.

In *Niedersachsen* existieren dagegen keine Vorgaben hinsichtlich der Form von Vereinbarungen/Verträgen.

Im Kooperationsverbund Jugendhilfe und Schule in *Berlin* sollen entsprechende Muster ausgearbeitet werden. Dabei ist geplant, sich an einem Rundschreiben des Ministeriums für Bildung, Jugend und Sport des Landes Brandenburg zu orientieren (Angaben zum betreffenden Rundschreiben wurden nicht gegeben).

Bayern: Zum Zeitpunkt der Befragung erarbeitete das Bayerische Staatsministerium für Unterricht und Kultus und das Staatsministerium für Arbeit und Sozialordnung,

Familie, Frauen und Gesundheit gemeinsam „Handreichungen" zur Zusammenarbeit von Schule und Jugendhilfe. Für die Vereinbarungen zwischen Schulen und Trägern der Jugendhilfe werden in diesen folgende Hinweise gegeben:

- Zwischen den Beteiligten (Jugendhilfeträger, Schulleitung, ggf. Schulaufwandsträger) müssen möglichst klare Absprachen über Ziele, Art und Umfang des Projekts, über die Rahmenbedingungen und die beiderseits zu erbringenden Leistungen getroffen werden. Es empfiehlt sich, die Absprachen in schriftlicher Form festzuhalten.
- Notwendig ist eine klare Abgrenzung der Verantwortlichkeiten. Grundsätzlich bleiben die Projekte der Jugendhilfe, auch wenn Sie in Räumen einer Schule stattfinden, in der Verantwortung des Jugendhilfeträgers; sie unterliegen nicht schulischer Weisungsbefugnis. Unberührt bleibt andererseits die Verantwortung des Schulleiters für den gesamten Schulbetrieb und das Unterrichtsgeschehen (Art. 57 Abs. 2 BayEUG). Die beide Seiten berührenden Fragen müssen in gegenseitiger Abstimmung auf gleichberechtigter Grundlage partnerschaftlich geregelt werden.
- Die Zusammenarbeit zwischen den am Projekt beteiligten Fachkräften der Jugendhilfe und Lehrkräften der Schule soll durch regelmäßige Besprechungen gefördert werden. Bei größeren Projekten kann die Errichtung eines Projektbeirats sinnvoll sein, dem neben der Schulleitung, dem Jugendhilfeträger und Mitarbeitern des Projekts auch Vertreter der Eltern und Schüler angehören können.

In *Hamburg* existiert ein Vertrag zwischen dem Hamburger Schulverein von 1875 e.V. und der Freien und Hansestadt Hamburg, vertreten durch die Behörde für Schule, Jugend und Berufsbildung – Amt für Verwaltung -, der anlässlich der Einführung der Verlässlichen Halbtagsgrundschule in Hamburg abgeschlossen wurde. In dieser Rahmenvereinbarung über die Gestellung von Arbeitnehmerinnen und Arbeitnehmern werden einerseits die Gestellungen der an der Kooperation beteiligten MitarbeiterInnen geregelt. Auf der anderen Seite befaßt sie sich mit generellen Rahmenbedingungen und mit zu klärenden Sachverhalten, die hinsichtlich einer effektiven Zusammenarbeit zu beachten sind und zu derselben beitragen.

Laut Aussage aus *Baden-Württemberg* ist es wegen der vielfältigen möglichen Problemsituationen und der unterschiedlichen Kooperationsansätze nicht möglich, hinsichtlich der zu treffenden Absprachen zwischen Jugendhilfe und Schule allgemein verbindliche Vorgaben zu machen. Um die diesbezüglichen Informationsmöglichkeiten für die interessierten und betroffenen Schulen zu verbessern, wurde in Baden-Württemberg eine landesweit zuständige Landesarbeitsstelle Kooperation und bei jedem Staatlichen Schulamt eine Arbeitsstelle Kooperation eingerichtet. Diese Arbeitsstellen haben u.a. die Aufgabe, bei Anfragen zur Erleichterung bei der Entwicklung eigener Kooperationsformen Ansprechpartner zu vermitteln und erprobte Kooperationsmodelle zu sammeln und bei Bedarf zu Verfügung zu stellen. Außerdem soll über diesen Weg ein landesweiter Informationsaustausch gewährleistet werden.

Regelungen und rechtliche Rahmenbedingungen *217*

4. Definitionen von schulischen/nichtschulischen Angeboten in den Bundesländern

Zur Definition von schulischen, bzw. nichtschulischen Angeboten in *Brandenburg* lassen sich die Ausführungen zu Punkt 1. hinsichtlich der Aufsichtspflicht wiederholen. Dementsprechend gilt, dass es sich um eine schulische Veranstaltung handelt, wenn die Schulleiterin oder der Schulleiter, das staatliche Schulamt oder das Ministerium für Bildung, Jugend und Sport eine Veranstaltung zu einer solchen erklärt hat. Eine Erklärung zur schulischen Veranstaltung darf dann erfolgen, wenn die Schule sowohl für die äußeren Bedingungen als auch für die inhaltliche Gestaltung und Leitung verantwortlich ist, wobei die bloße Bereitstellung von Schulräumen nicht ausreichend ist. Reine Freizeitveranstaltungen stellen dementsprechend keine schulische Veranstaltung dar.

Laut Angaben aus *Sachsen-Anhalt* sind schulische Angebote solche Veranstaltungen, Maßnahmen und Projekte, die durch die Schule durchgeführt oder initiiert werden, bzw. im Rahmen einer verbindlich verabredeten Kooperation zwischen der Schule und freien Trägern oder Vereinen stattfinden. Daneben können freie Träger und Vereine Angebote für Kinder und Jugendliche außerhalb der Schule vorhalten.

Der Handlungsrahmen für die Schulen in *Bayern* wird durch das Bayerische Erziehungs- und Unterrichtsgesetz, für die Kinder- und Jugendhilfe durch das SGB VIII bestimmt. Darüber hinaus wird keine Notwendigkeit gesehen, das Verhältnis von schulischen zu nichtschulischen Angeboten generell näher zu definieren. Da sich die erzieherischen Aufgaben von Schule und Jugendhilfe vielfach überschneiden, kommt es im Einzelfall mehr auf die von den Beteiligten gewählte formale Zuordnung an (siehe hier auch unter Pkt. 1).

Angebote sind in *Hamburg* dann als schulisch definiert, wenn sie in der Verantwortung der Schule durchgeführt werden und der Erfüllung des Bildungs- und Erziehungsauftrags nach § 2 HmbSG dienen.

5. Schulrechtliche Bestimmungen und/oder Erlasse der Bundesländer bezogen auf die Thematik „Kooperation"

5.1. Gesetze, Beschlüsse und schulrechtliche Bestimmungen/Erlasse

Brandenburg

Brandenburgisches Schulgesetz – BbgSchulG
Laut diesem Gesetz vom 12.04.1996 über die Schulen im Land Brandenburg sollen Schulen mit anderen Stellen und öffentlichen Einrichtungen, deren Tätigkeit sich auf die Lebenssituation junger Menschen und ihrer Familien auswirkt, im Rahmen ihrer Aufgaben und Befugnisse zusammenarbeiten. Das Brandenburgische Schulgesetz thematisiert des weiteren die Verantwortung von Schulen der Primarstufe, Absprachen zu treffen, die auf eine Zusammenarbeit zwischen Schule und Hort hinauslaufen und bis zu einer für Eltern verlässlichen Betreuung ihrer Kinder führen können.

Rundschreiben 26/94 vom 11.April 1994 – Empfehlung zum Projekt "Sozialarbeit an Schulen" des Ministeriums für Bildung, Jugend und Sport
In: Amtsblatt des Ministeriums für Bildung, Jugend und Sport – Nr.9 vom 14.Juli 1994
Inhaltlich befaßt sich dieses Rundschreiben mit der Notwendigkeit, den Zielsetzungen, den Ausgestaltungen und organisatorischen Modalitäten von Kooperationen zwischen Jugendhilfe und Schule, d.h. in diesem Fall speziell der Sozialarbeit an Schulen. Das Rundschreiben beinhaltet außerdem den Vertragsentwurf einer Vereinbarung für eine solche Kooperation.

Rundschreiben 22/98 des Ministeriums für Bildung, Jugend und Sport – Empfehlung zur Qualitätsentwicklung und Qualitätssicherung der Sozialarbeit an Schulen im Land Brandenburg
In: Amtsblatt des Ministeriums für Bildung, Jugend und Sport – Nr.7 vom 5. Juni 1998
Im Rahmen dieser Empfehlung werden Voraussetzungen für das Gelingen einer Kooperation, Hinweise auf konzeptionelle, wie auch fachliche Anforderungen und mögliche Kooperationsstrukturen genannt. Abschließend ist die Aktualisierung des Vereinbarungsentwurfs aus dem Rundschreiben 26/94 zu finden.

Verwaltungsvorschriften des Ministeriums für Bildung, Jugend und Sport über die Wahrnehmung der Fürsorge- und Aufsichtspflicht im schulischen Bereich (VV-Aufsicht – VVAUFs)
In: Amtsblatt des Ministeriums für Bildung, Jugend und Sport – Nr.10 vom 13. August 1996
Diese Vorschrift vom 8.Juli 1996 thematisiert den Geltungsbereich der Fürsorge- und Aufsichtspflicht, wie auch grundsätzliche Inhalte der Aufsichtsführung. Darüber hinaus werden unterschiedliche Aufsichtsbereiche wie z.B. der Schulweg oder der Unterrichtsweg definiert und die entsprechenden Zuständigkeiten hinsichtlich der Aufsicht geklärt.

Rundschreiben 26/98 – Unfallversicherung und Haftpflicht in Schulen
In: Amtsblatt des Ministeriums für Bildung, Jugend und Sport – Nr.8 vom 25. Juni 1998
Erläutert werden in diesem Rundschreiben vom 30.Mai 1998 Inhalte, Geltungsbereiche und Bestimmungen der Unfallversicherung und Haftpflicht an Schulen im Bundesland Brandenburg.

Sachsen-Anhalt

Gem. RdErl. des MK und MS vom 18.02.1998, Zusammenarbeit von Schule und Jugendhilfe; Schulsozialarbeit in Sachsen-Anhalt (SVBl. LSA Nr.3/1998, S. 80)
Im Rahmen dieses Runderlasses wird thematisiert, dass durch die sich verändernden Lebensbedingungen von Kindern und Jugendlichen die Notwendigkeit wächst, Angebote zu schaffen, die über das normale Aufgabenspektrum der Schule hinausgehen. Rechtliche Grundlagen, die zu einer Kooperation zwischen Schule und Jugendhilfe auffordern und diese begründen werden ebenso genannt, wie die möglichen und erforderlichen Zielsetzungen einer solchen Kooperation. Außerdem werden Aufgaben-

Regelungen und rechtliche Rahmenbedingungen

schwerpunkte der Schulsozialarbeit an Schulen aufgelistet, die auch jenen Einrichtungen, die zukünftige Kooperationen planen, einen Einblick in die Varietät der möglichen Ansatzpunkte bieten. Des weiteren sind Rahmenbedingungen für die Durchführung formuliert und die Aufgaben und Leistungen des Schulträgers wie auch des örtlichen Trägers der Jugendhilfe erläutert. Abschließend ist der Vordruck einer Vereinbarung zur Schulsozialarbeit zu finden.

Gem. RdErl. des MK und MS vom 18.02.1998, Richtlinie über die Gewährung von Zuwendungen zur Förderung der Zusammenarbeit von Schule und Jugendhilfe; Schulsozialarbeit in Sachsen-Anhalt (SVBl. LSA Nr.3/1998, S. 84)
Es wird Bezug genommen auf die Grundlagen der Förderungen. Es folgen eine Definition des Zuwendungszwecks und der Inhalte der Förderung wie auch eine Beschreibung der Antragsmodalitäten.

Niedersachsen

Erlass des MK vom 25.01.1994 – 5033-51 742/15-1 N, Zusammenarbeit zwischen Schule, Jugendamt und freien Trägern der Jugendhilfe (SVBl 4/94, S.91)
Allgemeine Überlegungen wie auch Umsetzungsmöglichkeiten der Zusammenarbeit zwischen Schule, Jugendhilfe und Erziehungsberechtigten werden thematisiert.

Bayern

Art. 31 des Bayerischen Gesetzes über das Erziehungs- und Unterrichtswesen i.d.F. der Bekanntmachung vom 17. Juli 1994 (GVBl S. 689)
Mit diesem Gesetzesartikel zur „Zusammenarbeit mit Jugendämtern und Einrichtungen der Erziehung, Bildung und Betreuung", welcher mit § 81 Nr. 1 SGB VIII korrespondiert, wird die Zusammenarbeit zwischen Schule und Jugendhilfe für beide Seiten gesetzlich vorgeschrieben und untermauert.

Gemeinsame Bekanntmachung der Staatsministerien für Unterricht, Kultus, Wissenschaft und Kunst und für Arbeit und Sozialordnung, Familie, Frauen und Gesundheit zur Regelung der institutionellen Zusammenarbeit von Schule und Jugendhilfe vom 13. August 1996 (KWMBl I, Nr.16/1996, S. 337) „Richtlinien über die Koordination der Zusammenarbeit und über regelmäßige gemeinsame Besprechungen zwischen Jugendämtern und Schulen"
Die Ministerien informieren über gemeinsam erarbeitete Richtlinien für die Zusammenarbeit zwischen Jugendämtern und Schulen. Sie beziehen sich darin auf organisatorische Fragen der Zusammenarbeit wie auch auf die Frage des notwendigen Austauschs untereinander.

Gemeinsame Bekanntmachung der Staatsministerien für Unterricht, Kultus, Wissenschaft und Kunst und für Arbeit und Sozialordnung, Familie, Frauen und Gesundheit zur Zusammenarbeit zwischen vorschulischen Einrichtungen und Grundschule am 29. Juni 1998 (KWMBl I, Nr.16/1998, S. 403)
Die Ministerien verweisen auf die Bedeutung und die Notwendigkeit einer Zusammenarbeit zwischen vorschulischen Einrichtungen und Grundschulen und erläutern

darauf bezogene Maßnahmen. Sie geben zudem Hinweise auf und Ratschläge für die erforderliche enge Kooperation der Einrichtungen mit den Erziehungsberechtigten.

Bekanntmachung des Bayerischen Staatsministeriums für Unterricht, Kultus, Wissenschaft und Kunst – Empfehlungen zur Zusammenarbeit zwischen Hort und Schule vom 12. Juni 1991 (KWMBl I, Nr.13/1991, S. 189)
In dieser Empfehlung betonen die Ministerien die Relevanz der Zusammenarbeit zwischen Erziehern und Lehrern als Vertretern von für die Heranwachsenden wichtigen Erziehungs- und Bildungseinrichtungen. Sie fordern die Institutionen auf, im Rahmen intensiver Zusammenarbeit geeignete Lösungen für bestehende Probleme zu erarbeiten und den Eltern fundierte und vielfältige Beratung anzubieten. Zudem werden in der vorliegenden Empfehlung Vorschläge hinsichtlich möglicher Kooperationsformen gemacht.

Gemeinsame Bekanntmachung der Staatsministerien für Unterricht und Kultus und für Arbeit und Sozialordnung zur Zusammenarbeit zwischen Schulen und Erziehungsberatungsstellen in Bayern vom 18. Juli 1989 (KWMBl I, Nr.13/1989, S. 162)
Die Ständige Konferenz der Kultusminister der Länder und die Jugendministerkonferenz haben in übereinstimmenden Beschlüssen vom 01. September 1981 und vom 04. Dezember 1981 eine Verstärkung der Zusammenarbeit zwischen Schule und Jugendhilfe insbesondere auf den Gebieten der Schul- und der Erziehungsberatung angeregt. Zur Weiterentwicklung der dazu in der Praxis existierenden Ansätze werden im Rahmen dieser Bekanntmachung Feststellungen getroffen und Empfehlungen gegeben.

Bekanntmachung des Bayerischen Staatsministeriums für Unterricht, Kultus, Wissenschaft und Kunst zur Nachmittagsbetreuung von Schülern in Einrichtungen der Jugendarbeit vom 13. Juli 1994 (KWMBl I, Nr. 14/1994, S. 225)
Nach Beschluß des Ministerrats vom 21. Juni 1994 soll die Nachmittagsbetreuung von Schülern in Einrichtungen der Jugendarbeit einen neuen Schwerpunkt innerhalb des Jugendprogramms der Bayerischen Staatsregierung bilden. Diese vorläufige Richtlinie informiert über Gegenstand und Zweck von Förderungen in diesem Rahmen und erläutert die Fördermodalitäten.

Gemeinsame Bekanntmachung der Staatsministerien des Innern, der Justiz, für Unterricht und Kultus sowie für Arbeit und Sozialordnung, Familie, Frauen und Gesundheit zur Verbesserung der Zusammenarbeit bei der Verhütung der Jugendkriminalität vom 03. März 1999 (KWMBl I, Nr.7/1999, S. 103)
Die Staatsministerien verweisen auf Kriminalität, respektive auf Jugendkriminalität als gesamtgesellschaftliches Phänomen und Problem, zu dessen Verhinderung und präventiven Bekämpfung alle gesellschaftlichen Kräfte und ihre Institutionen beizutragen haben. Sie fordern daher eine regelmäßige Zusammenarbeit zur Förderung gegenseitigen Austauschs und Koordination und zur Erhöhung der Wirksamkeit einzelner Maßnahmen und Initiativen. Beispielhaft werden Empfehlungen hinsichtlich einer effektiven Zusammenarbeit gegeben.

Bekanntmachung des Staatsministeriums für Unterricht und Kultus zur Zusammenarbeit von Schule und Jugendhilfe – Bericht über gemeinsame Beratungen von KMK und AGJ – vom 23. November 1999 (KWMBl I, Nr. 23/1999, S. 389)
In diesem Bericht als Resultat gemeinsamer Beratungen zwischen dem Schulausschuss der Ständigen Konferenz der Kultusminister der Länder in der Bundesrepublik Deutschland (KMK) und der Arbeitsgemeinschaft für Jugendhilfe (AGJ) geben die Beteiligten Empfehlungen für die Zusammenarbeit zwischen Jugendhilfe und Schule unter Berücksichtigung der Ziele schulischer als auch außerschulischer Erziehung und Bildung. Es werden die möglichen Aufgabenbereiche einer Zusammenarbeit ebenso thematisiert wie die Formen, die bei Kooperationen zwischen den Institutionen möglich sind.

Berlin

Drucksache 13/3348 des Abgeordnetenhauses von Berlin: „Notwendige Kooperation nichtschulischer Einrichtungen im Schulbereich
In der o.a. Drucksache wird hervorgehoben, dass in unseren Schulen Heranwachsende aufeinandertreffen, deren individuelle Ausgangslagen höchst verschieden sind. Betont wird die Notwendigkeit und Aufgabe der Schule, die Förderung auch von SchülerInnen mit höchst unterschiedlichem Förderbedürfnis und Hintergrund zu gewährleisten. Um den vielfältigen Aufgaben gerecht zu werden, bedarf es daher der Zusammenarbeit mit außerschulischen Einrichtungen. Beschrieben wird nun u.a., welche nichtschulischen Einrichtungen und Dienste mit besonderen Maßnahmen und Angeboten für SchülerInnen in die Schule hineinwirken. Des weiteren wird über Verbesserungsmöglichkeiten für die Zusammenarbeit informiert. Als Anlage sind zwei Kooperationsvereinbarungen beigefügt, die als Vorlage für zukünftige Vereinbarungen herangezogen werden können.
Bestelladresse der Veröffentlichungen des Abgeordnetenhauses:
Kulturbuch-Verlag GmbH, Postfach 47 04 49, 12313 Berlin.

Sachsen

Schulgesetz für den Freistaat Sachsen (SchulG) vom 03. Juli 1991.
Seit dem 3. Juli 1991 verfügt Sachsen als erstes östliches Bundesland über ein eigenes Schulgesetz, das die Grundlage für ein flächendeckendes, zweigliedriges Schulsystem bildet. Das Abitur nach 12 Jahren ist – wie viele andere Reformansätze – Realität an sächsischen Schulen. Die Vielfalt des sächsischen Schulwesens wird durch Schulen in freier Trägerschaft abgerundet, die in Sachsen als Ersatz- bzw. Ergänzungsschulen eingerichtet wurden. Aktive private Schulen sind eine wichtige Bereicherung der sächsischen Schullandschaft. Die für beide Schularten grundlegenden Gesetze sind hier zusammengefasst.

Konzept des Sächsischen Staatsministeriums für Kultus zur Schuljugendarbeit in Sachsen vom 20. Dezember 1996.
In: Amtsblatt des SMK Nr. 4 vom 07. April 1997
Die Schuljugendarbeit wird in diesen Überlegungen als ein effektives Medium aufgezeigt, um den erhöhten Forderungen durch die Gesellschaft, bedingt durch politische,

soziale, aber auch alltägliche (Umwelt-) Änderungen, gerecht zu werden. Die Schule wird als Institution gesehen, die stärker als zuvor gefordert ist. Zu ihren Aufgaben gehört, sich den neuen Herausforderungen anzupassen und bereit zu sein, neue Wege einzuschlagen, um Werte zu vermitteln und die SchülerInnen auf die sich verändernden Bedingungen der modernen Welt vorzubereiten.
Schuljugendarbeit bietet dafür den Ansatzpunkt. Im Rahmen dieses Konzeptes wird nun auf die Ziele und Inhalte der Schuljugendarbeit hingewiesen. Eingegangen wird auch auf deren organisatorische Aspekte und Möglichkeiten der Umsetzung.

Richtlinie des Sächsischen Staatsministeriums für Kultus zur Gewährung von Zuwendungen aus dem Programm zur Verbesserung der Struktur der Jugendarbeit im Freistaat Sachsen sowie zur Fachkraftförderung in der Jugendarbeit gemäß §§11 und 12 Sozialgesetzbuch Achtes Buch (SGB VIII) vom 28. Mai 1997.
In: Sächsisches Amtsblatt, Sonderdruck Nr. 7/1997 vom 29. Juli 1997.
Das Ministerium definiert Zuwendungszweck, Rechtsgrundlage und Zuwendungsmodalitäten von Förderungen wie auch das Verfahren, das der Gewährung von Zuwendungen aus dem Programm zur Verbesserung der Struktur der Jugendarbeit im Freistaat Sachsen sowie zur Fachkraftförderung in der Jugendarbeit vorausgeht.

Förderrichtlinie des Sächsischen Staatsministeriums für Kultus zur Gewährung von Zuwendungen im Bereich präventiver Jugendarbeit im Freistaat Sachsen (FrPrävJuArb) vom 05. Dezember 1996.
In: Sächsisches Amtsblatt Nr. 4 vom 23. Januar 1997.

Förderrichtlinie des Sächsischen Staatsministeriums für Kultus zur Gewährung von Zuwendungen für Projekte der Schuljugendarbeit in Kooperation mit der Deutschen Kinder- und Jugendstiftung (FrSchJuArb) vom 20. November 1998.
In: Ministerialblatt des SMK Nr. 1 vom 28. Januar 1999.

Förderrichtlinie des Sächsischen Staatsministeriums für Kultus zur Gewährung von Zuwendungen im Bereich Jugendarbeit/ Jugendverbandsarbeit gemäß §§ 11 und 12 Sozialgesetzbuch Achtes Buch (SGB VIII) vom 28. Mai 1997.
In: Sächsisches Amtsblatt, Sonderdruck Nr. 7/1997 vom 29. Juli 1997.
Analog zur erstgenannten Richtlinie definiert das Staatsministerium für Kultus im Freistaat Sachsen in Folge die Modalitäten für die Gewährung von Zuwendungen in den Bereichen präventive Jugendarbeit, Projekte der Schuljugendarbeit in Kooperation mit der Deutschen Kinder- und Jugendstiftung und Jugendarbeit/Jugendverbandsarbeit.

Hamburg

Globalrichtlinie „Kinder- und Jugendarbeit/Jugendsozialarbeit" von 1997.
Diese Globalrichtlinie verpflichtet die Träger der öffentlichen Jugendhilfe zur sozialräumlichen Angebotsplanung und zur Zusammenarbeit mit den Schulen. Dort heißt es unter Ziffer II 4.3:„Kooperationsprojekte sollen sowohl mit den Jugendverbänden im Rahmen unterschiedlicher Arbeitsfelder der Jugendhilfe als auch mit anderen Institutionen und Trägern im Stadtteil (insbesondere Schulen, soziokulturelle Zentren, Sport-

vereine etc.) entwickelt und durchgeführt werden. Dazu sind vom Jugendamt in allen Planungsräumen Koordinationsgremien einzurichten".
Entsprechendes gilt auch für die Schulen, wenn mit bildungsspezifischen Konzepten eine Öffnung der Schulen in den Stadtteil empfohlen wird (vgl. § 51 (1) HmbSG).

Ganztagsschulverband GGT e.V. – Beschluss des Bundesvorstandes vom Juni 1999: „Qualitätsmerkmale von Schulen mit ganztägigen Konzeptionen"
Im Rahmen dieses Beschlusses werden Qualitätsmerkmale für Schulen mit Ganztagsangeboten beschrieben, die durch Kooperationen, z.B. mit Einrichtungen der Jugendhilfe, zustande kommen.

Nordrhein-Westfalen

Runderlass des Ministeriums für Schule und Weiterbildung, Wissenschaft und Forschung vom 29.12.1999, Betreuung von Schülerinnen und Schülern in Schulen der Primarstufe vor und nach dem Unterricht („Schule von acht bis eins") sowie in Schulen der Sekundarstufe I nach dem Unterricht („Dreizehn Plus") (ABl. NRW. 1 Nr. 1/2000 S.6 – Zu BASS 12 – 08 Nr.2)
Betreuungsangebote werden laut dieses Runderlasses als Medium gesehen, SchülerInnen Hilfe zur Selbständigkeit und Eigenverantwortung zu eröffnen und deren Eltern zu unterstützen. Durch die zeitliche Verknüpfung von Unterricht und Betreuungsangebot wird eine verlässliche und regelmäßige Schulzeit erreicht, wobei die Annahme des Betreuungsangebots allerdings auf Freiwilligkeit beruht. Die intensive Zusammenarbeit von Eltern, Schulträgern, Lehrkörpern und Kooperationspartnern – wobei Träger der Jugendhilfe von besonderer Bedeutung sind – wird hervorgehoben. Der Erlass geht nun auf Elemente der Betreuung und unterschiedliche Betreuungsmaßnahmen ein, erörtert Fragen zur ‚Betreuung als schulische Veranstaltung', wie auch Details zum Versicherungsschutz und zur Landesförderung.

Runderlass des Ministeriums für Schule und Weiterbildung, Wissenschaft und Forschung vom 29.12.1999, Richtlinien über die Gewährung von Zuwendungen für die Betreuung von Schülerinnen und Schülern in Schulen der Primarstufe vor und nach dem Unterricht („Schule von acht bis eins") sowie in Schulen der Sekundarstufe I nach dem Unterricht („Dreizehn Plus") (ABl. NRW. 1 Nr. 1/2000 S.4 – Zu BASS 11 – 02 Nr.9))
Dieser Runderlass erörtert die Modalitäten für die Gewährung von Zuwendungen für die o.a. Maßnahmen und gibt in diesem Rahmen Auskunft über Zuwendungszweck und -empfänger, Inhalt und Voraussetzung der Förderung. Art, Umfang und Höhe der Zuwendungsart werden ebenso erläutert wie der Vorgang des Antrags- und Bewilligungsverfahrens. Als Anlage sind Muster für die Anträge auf Zuwendungsgewährung, des Zuwendungsbescheids als auch des Verwendungsnachweises angefügt.

Runderlass des Ministeriums für Schule und Weiterbildung, Wissenschaft und Forschung vom 15.12.1999, Förderrichtlinie zur Durchführung von Vorhaben der Schulen im Rahmen des Landesprogramms „Gestaltung des Schullebens und Öffnung von Schule" (GÖS) (ABl. NRW. 1 Nr. 1/2000 S.2 – Zu BASS 11 – 02)

Die Bedingungen, die zur Förderung von Maßnahmen im Rahmen des Landesprogramms GÖS vorliegen müssen, werden hier wiedergegeben. Daneben werden ebenso wie bei der vorangegangenen Richtlinie Zuwendungsempfänger und Antragsverfahren erläutert. Als Anlage sind auch hier die notwendigen Muster angefügt.

Im Schulrechtsänderungsgesetz des Landes Nordrhein-Westfalen vom 15 .6.1999 – Änderung des Schulverwaltungsgesetzes – ist in § 5b festgelegt:
(1) „Die Schulen sollen mit den Trägern der öffentlichen und der freien Jugendhilfe und mit anderen Einrichtungen, die Bildung und Erziehung fördern, zusammenarbeiten. Grundlage für die Zusammenarbeit ist die gemeinsame Verantwortung für die Belange von Kindern, Jugendlichen und jungen Volljährigen soweit sie schulpflichtig sind oder über ihre Schulpflicht hinaus eine Schule besuchen.
(2) Die Zusammenarbeit soll sich insbesondere auf Maßnahmen zur Förderung der Persönlichkeitsentwicklung von Kindern und Jugendlichen, zur Abwendung von Risiken und Gefährdungen junger Menschen und auf die Entwicklung und Sicherung schulergänzender Maßnahmen richten."
Die im Gesetz formulierte Sollbestimmung ist zwingend; es kann nur bei schwerwiegenden Gegenanzeigen von der Sollbestimmung abgewichen werden. Die Abweichung bedarf der Begründung.

5.2. Kooperationsvereinbarungen

Thüringen

Kooperationsvereinbarung zwischen dem Thüringer Kultusministerium und dem Landesjugendring Thüringen e.V., Bekanntmachung vom 21.Juni 1999
In: Amtsblatt des Thüringer Kultusministeriums und des Thüringer Ministeriums für Wissenschaft, Forschung und Kultur Nr.7/1999, S. 290

Hamburg

Rahmenvereinbarung über die Gestellung von Arbeitnehmerinnen und Arbeitnehmern
Vereinbarung zwischen dem Hamburger Schulverein von 1875 e.V., und der Freien und Hansestadt Hamburg, vertreten durch die Behörde für Schule, Jugend und Berufsbildung – Amt für Verwaltung –, anlässlich der Einführung der Verlässlichen Halbtagsgrundschule in Hamburg.

5.3. Kooperationsprojekte

Hamburg

Behörde für Schule, Jugend und Berufsausbildung, Amt für Jugend und Amt für Schule (Hg.): Rahmenkonzept zum Projekt PROREGIO (Projekt Regionale Kooperation von Jugendhilfe und Schule), Hamburg 1997.
Es werden in diesem Rahmenkonzept unterschiedliche Projektbeispiele, sowie die Ausgangs- und Ursprungssituation der gesamten PROREGIO vorgestellt. Die PROREGIO umfaßt diverse Projekte, die von abenteuerpädagogischen Maßnahmen

Regelungen und rechtliche Rahmenbedingungen 225

über umweltpädagogische Aktionen bis hin zu konkreten zukunfts- und berufsbezogenen Tätigkeiten reichen. Zum Zeitpunkt der Recherchen zu diesem Buch wurde PROREGIO in Hamburg ausgewertet und läßt spannende Resultate erwarten, die in einem Abschlußbericht zusammengefaßt sein werden.

5.4. Literaturhinweise/Veröffentlichungen

Sachsen-Anhalt:

Deutsche Kinder- und Jugendstiftung, Kultusministerium des Landes Sachsen-Anhalt, Ministerium für Arbeit, Soziales und Gesundheit des Landes Sachsen-Anhalt (Hg.): *Leitfaden zur Schulsozialarbeit*, Berlin 1998

Rheinland-Pfalz

Landesamt für Soziales, Jugend und Versorgung Rheinland-Pfalz – Landesjugendamt/Landesjugendhilfeausschuß (Hg.): *Empfehlung für die Zusammenarbeit von Jugendhilfe und Schule. Beschluß des Landesjugendhilfeausschusses vom 30. Oktober 1995*, Mainz 1996

Sachsen

Sächsisches Staatsministerium für Soziales, Gesundheit und Familie – Referat Presse- und Öffentlichkeitsarbeit (Hg.): *Jugendpolitisches Programm der Sächsischen Staatsregierung – Landesjugendplan*, Dresden 1996.

6. Anschriftenverzeichnis

Brandenburg

Ministerium für Bildung, Jugend und Sport
Referat 41
Postfach 900 161
14437 Potsdam

Thüringen

Thüringer Kultusministerium
Postfach 190
99004 Erfurt

Baden-Württemberg

Ministerium für Kultus, Jugend und Sport Baden-Württemberg
Postfach 10 34 42
70029 Stuttgart

Berlin

Senatsverwaltung für Schule, Jugend und Sport
Beuthstr. 6-8
10117 Berlin-Mitte

Sachsen-Anhalt

Kultusministerium
Presse- und Öffentlichkeitsarbeit
Turmschanzenstr. 32
39114 Magdeburg

Niedersachsen

Niedersächsisches Kultusministerium
Büro der Ministerin
Presse- und Öffentlichkeitsarbeit
Schiffgraben 12
30159 Hannover

Bayern

Bayerisches Staatsministerium für Unterricht und Kultus
80327 München

Hamburg

Behörde für Schule, Jugend und Berufsbildung
Postfach 76 10 48
22060 Hamburg

Rheinland Pfalz

Ministerium für Bildung, Wissenschaft und Weiterbildung Rheinland Pfalz
Postfach 32 20
55022 Mainz

Sachsen

Sächsisches Staatsministerium für Kultus
Postfach 10 09 10
01076 Dresden

Nordrhein-Westfalen

Ministerium für Schule und Weiterbildung,
Wissenschaft und Forschung des Landes Nordrhein-Westfalen
40190 Düsseldorf

Glossar: Kooperation von Jugendhilfe und Schule

Ulrich Deinet (unter Mitarbeit von Wolfgang Gernert, Martin Treichel, Christoph Gilles, Ulrich Gläßer, Helmut Niemeier, Beate Rotering)

Die Stichworte: „Konzeptionen in der Jugendhilfe, Qualitätsdialog (Wirksamkeitsdialog), Qualitätsentwicklung, Qualitätssicherung, Selbstevaluation, Standards" sind mit freundlicher Genehmigung entnommen aus dem Buch: von Spiegel, Hiltrud (Hg.): Jugendarbeit mit Erfolg. Arbeitshilfen und Erfahrungsberichte zur Qualitätsentwicklung und Selbstevaluation. Münster 2000

Dieses Kapitel enthält Definitionen und weitere Erläuterungen zum Inhalt der wesentlichen Begriffe, die im Zusammenhang mit der Zusammenarbeit von Jugendhilfe und Schule immer wieder benutzt werden. Wir haben uns entschieden, diese Begriffe aus den Texten herauszunehmen und gesondert aufzulisten.

Das Glossar enthält folgende Begriffe:

Allgemeiner Sozialer Dienst (ASD)
Ausbildung der sozialpädagogischen Fachkräfte
Beteiligung von Kindern und Jugendlichen
Dezernent/Dezernentin
Erziehungsberatungsstellen
Finanzierung der Jugendhilfe
Fürsorgeerziehung
„GÖS"
Heimaufsicht
Hilfeplan
Hilfe zur Erziehung
Integrative Erziehung
Jugendamt
Jugendhilfe
Jugendhilfeausschuss
Jugendhilfeplan
Kinder- und Jugendarbeit
Kinder- und Jugendhilfegesetz (KJHG, SGB VIII.)
Konzeptionen in der Jugendhilfe
Landesjugendämter
Mitwirkung in der Schule
Neues Steuerungsmodell
Qualitätsdialog (Wirksamkeitsdialog)
Qualitätsentwicklung

Qualitätssicherung
Rechtlicher Rahmen des Schulwesens
Schulamt
Schulaufsicht
Schulausschuss
Schulisches Förderprogramm „13 plus„ (NRW)
Schulprogramm
Schulträgerschaft
Schulverwaltungsamt
Selbstevaluation
Sozialpädagogische Familienhilfe
Standards
Subsidiaritätsprinzip
Tagesbetreuung
Tageseinrichtungen
Träger der Jugendhilfe
Wirtschaftliche Jugendhilfe

Allgemeiner Sozialer Dienst (ASD)

Fachliche Arbeit entsprechend vorgebildeter Sozialarbeiter/innen/Sozialpädagog/innen innerhalb der Kommunalverwaltung ohne Spezialisierung auf einzelne Aufgabengebiete (z.B. Jugendgerichtshilfe) zum Teil gleichzeitig für Jugendamt und Sozialamt der Stadtverwaltung tätig . Ältere Begriffe für dieses Arbeitsgebiet: „Bezirkssozialarbeit", „Familienfürsorge". Aufgaben des ASD:

- Gewährleistungspflicht (§ 3) des ASD im Bereich Hilfen zur Erziehung
- Sicherung des Kindeswohls (§§ 42, 50, 3)
- Beratung junger Menschen und Familien in schwierigen Lebenslagen (zum Teil mit Sozialamtsaufgaben: z.B. Sozialhilfeanträge)
- Trennungs- und Scheidungsberatung (§§ 17, 18)
- Einleitung von erzieherischen Hilfen (§§ 27ff.)
- Hilfeplanung (§ 36)
- Inobhutnahme (§ 42)
- Unterrichtung des Gerichtes in Sorgerechtsfragen (§ 50, 3)
- Pflegekindervermittlung (§ 33)
- Jugendgerichtshilfe (§ 52)

Ausbildung der sozialpädagogischen Fachkräfte

Die Fachkräfte in der Jugendhilfe können nach folgenden Ausbilsungsabschlüssen, Gruppen und Arbeitsgebieten unterschieden werden:

Universität
Fachkräftegruppen: PädagogInnen, PsychologInnen, SoziologInnen, SozialwissenschaftlerInnen
Arbeitsgebiete: Leitung, Organisation, Planung, Therapie, Pädagogik, alle Arbeitsfelder

Fachhochschule
Fachkräftegruppen: SozialpädagogInnen, SozialarbeiterInnen
Arbeitsgebiete: Leitung, Pädagogik, Organisation, Planung, Verwaltung, alle Arbeitsfelder

Glossar

Fachschule
Fachkräftegruppen: ErzieherInnen, HeilpädagogInnen
Arbeitsgebiete: Leitung (bei Kindertageseinrichtungen), Pädagogik im Gruppendienst (vorwiegend Kindertageseinrichtungen), Erziehungshilfen

Berufsfachschule/Berufsausbildung
Fachkräftegruppen: KinderpflegerInnen, HeilerziehungshelferInnen
Arbeitsgebiete: Pädagogik im Gruppendienst

Beteiligung von Kindern und Jugendlichen

Kinder, Jugendliche und Eltern müssen in allen Angelegenheiten der Jugendhilfe ausreichend informiert, beraten und beteiligt werden (§ 8 SGB VIII). Sie haben ein Recht, über Art und Umfang der Leistungen mitzubestimmen. Erfahrungen von Eltern als BürgerInnen von Mädchen und Jungen sollen in der Jugendhilfeplanung berücksichtigt werden. Sie sollen Ihre Kenntnisse und Erfahrungen einbringen können.

Dezernent/Dezernentin

Beigeordneter, Stadtrat/Referent (Länderweise verschiedene Bezeichnung), Ltd. Mitarbeiter einer Behörde mit Entscheidungsbefugnis in einem bestimmten abgegrenzten Bereich (z.B. Jugend- und Sozialdezernat, Rechtsdezernat usw.) unter der Verantwortung des Hauptverwaltungsbeamten. Dezernate sind die organisatorischen Grundeinheiten von Behörden, etwa der Bezirksregierungen in NRW. Sie werden von einer „Dezernentin" bzw. einem „Dezernenten" geleitet. Ebenso tragen die mit den Aufgaben der Schulaufsicht beauftragten Beamtinnen und Beamten die Funktionsbezeichnung „Dezernent/-in" (so wie in den Schulabteilungen der Bezirksregierungen in NRW).

Erziehungsberatungsstellen

Aufgaben nach § 28 SGB VIII sind:
– Beratung von Eltern und anderen Bezugspersonen
– Gruppenarbeit für Eltern und Kinder
– Fortbildungsangebote, z.B. für Eltern und andere
– Kindertherapien
– Entwicklungsdiagnostik
– Trennungs- und Scheidungsberatung (§§ 17, 18)

Finanzierung der Jugendhilfe

Öffentliche Mittel für Leistungen der Jugendhilfe werden zu 80% von den Kommunen (Städten, Gemeinden und Kreisen) aufgebracht. Etwa 20% der Finanzierung geschieht durch Landesjugendämter und oberste Landesjugendbehörden (Länder) sowie zu einem sehr geringen Teil durch den Bund (ca. 1%).
Die Ausgaben für die Aufgaben der Jugendhilfe verteilen sich sehr unterschiedlich: Ca. 2/3 aller Mittel gehen in die Tagesbetreuung für Kinder (Tageseinrichtungen, Kindergärten, Horte usw.). Dies ist nicht nur der größte Bereich der Jugendhilfe insgesamt, sondern bedingt durch den Rechtsanspruch auf einen Kindergartenplatz wurden in den letzten Jahren sehr viele neue Einrichtungen geschaffen. An zweiter Stelle mit etwa einem Viertel der Ausgaben stehen die Hilfen zur Erziehung sowie die Hil-

fen für junge Volljährige (stationäre, teilstationäre Unterbringungen, Maßnahmen der Hilfen zur Erziehung). An dritter Stelle, weit hinter den beiden großen Bereichen rangiert im Durchschnitt Kinder- und Jugendarbeit, Jugendschutz, Jugendsozialarbeit.

Fürsorgeerziehung

Öffentliche Erziehungshilfe auf der Grundlage des JWG, die durch den Vormundschafts- oder Jugendrichter angeordnet wurde; mit in Kraft treten des SGB VIII entfallen.

„GÖS"

Abkürzung für „Gestaltung des Schullebens und Öffnung der Schule", ein in NRW von immer mehr Schulen mit nachweisbaren Erfolgen aufgegriffener pädagogischer Ansatz, das unterrichtliche Lernen und das schulische Leben durch Praxisbezüge zur Außenwelt zu bereichern und zu intensivieren. Das Schulministerium hat dazu Empfehlungen, Beispielsammlungen und gezielte Fördermittel bereitgestellt.

Heimaufsicht

Begriff der JWG für die Tätigkeit von Trägern der Jugendhilfe im Hinblick auf den Schutz von Minderjährigen in fremder Familienpflege und Einrichtungen; heute: Schutz von Minderjährigen durch Beratung, Fortbildung und Kontrolle.

Hilfeplan

Verpflichtend im SGB VIII vorgeschriebene Vereinbarung der Beteiligung zur planmäßigen, d.h. methodischen Hilfeleistung (§ 36 SGB VIII).

Hilfe zur Erziehung

Nach § 27 SGB VIII mit Rechtsanspruch des Personensorgeberechtigten versehene Leistung, die individuell je nach Situation des Minderjährigen konkretisiert werden muss.

Ambulante Hilfen
- Soziale Gruppenarbeit (§ 29):
  Intensives gruppenpädagogisches Angebot für Kinder und Jugendliche, ein bis drei Treffen wöchentlich
- Erziehungsbeistandschaft (§ 30):
  Einzelbetreuung, evtl. ergänzt durch Gruppenarbeit für ältere Kinder und Jugendliche, zwischen zwei und sechs Stunden wöchentlich
- Sozialpädagogische Familienhilfe „SPFH" (§ 31):
  Intensive Betreuung in der Familie mit vorwiegend jüngeren Kindern, zwischen zwei und 20 Stunden wöchentlich
- Intensive sozialpädagogische Einzelbetreuung (§ 35):
  Betreuung eines Kindes/Jugendlichen, ca. sieben bis 30 Stunden wöchentlich im sozialen Umfeld: zu Hause, Straße, Schule, Clique; erlebnispädagogische Maßnahmen

Teilstationäre Hilfen
- Tagesgruppen (§ 32):
Intensives Angebot für 10 bis 12 Kinder im Alter von sechs bis ca. zwölf Jahren mit dem Auftrag, soziales Lernen in der Gruppe zu ermöglichen, schulische Förderung und intensive Elternarbeit (Ähnlichkeiten mit Hortstrukturen)

Stationäre Hilfen
- Vollzeitpflege (§ 33):
„Normale" Pflegefamilie
Pädagogisch qualifizierte Pflegefamilie
- Heimerziehung (§§ 34, 41, 19):
Gruppeneinrichtungen
Kleinstheime
Wohngemeinschaften
Betreutes Wohnen

Krisenhilfen
- Inobhutnahme (§ 42):
Kinder- und Jugendschutzstellen
Bereitschaftspflegefamilien

Integrative Erziehung

Hilfe zur Eingliederung für Benachteiligte, z.B. Behinderte, Ausländer, Spätaussiedler und andere durch Einbeziehung in Regelangebote. Die gemeinsame Erziehung von behinderten und nichtbehinderten Kindern in Tageseinrichtungen (Kindergärten, Hort). Schwerpunkt der Förderung sind u.a.: Zusätzliches Fachpersonal, Pauschalen für die fachliche Qualifikation der Mitarbeiterinnen und Mitarbeiter durch Beratung und Fortbildung, sowie die Mitfinanzierung von Bau- und Ausstattungskosten.

Jugendamt

Örtlicher Träger der Jugendhilfe, kommunal als Amt einer kreisfreien Stadt, eines Kreises oder einer kreisangehörigen Gemeinde organisiert, bestehend aus politischem Jugendhilfeausschuss und hauptamtlichen Mitarbeitern (Verwaltung). Das Jugendamt ist als zweigliedrige Behörde verfasst, d.h. die Aufgaben des Jugendamtes werden durch den Jugendhilfeausschuss und durch die Verwaltung des Jugendamtes wahrgenommen (§ 70 SGB VIII). Der Aufbau der Verwaltung eines Jugendamtes ist je nach Verwaltungsorganisation der Gebietskörperschaft unterschiedlich geregelt (vgl. neue Steuerungsmodelle). Oft sind die Abteilungen eines Jugendamtes entsprechend des Leistungskataloges des SGB VIII organisiert: Kinder-, Jugendarbeit, Jugendsozialarbeit und erzieherischer Kinder- und Jugendschutz; Förderung der Erziehung in der Familie; Förderung von Kindern in Tageseinrichtungen und Tagespflege; Hilfen zur Erziehung (Allgemeiner Sozialer Dienst), zentrale Einrichtungen und Verwaltung des Jugendamtes.

Jugendhilfe

das gesamte System familienergänzender, -unterstützender und -ersetzender Dienste/Einrichtungen in freier und öffentlicher Trägerschaft. Öffentliche und freie Jugendhilfe sollen partnerschaftlich zusammenarbeiten. Wenn die freie Jugendhilfe Aufgaben übernehmen kann, soll die öffentliche Jugendhilfe davon absehen. Die öffentliche Jugendhilfe – das Jugendamt – ist für die Jugendhilfe insgesamt verantwortlich. Die öffentliche Jugendhilfe ist zur ideellen und finanziellen Förderung der freien Jugendhilfe verpflichtet.

Jugendhilfeausschuss

Nach dem SGB VIII ist der Jugendhilfeausschuss in den Gemeinden, Städten und Kreisen das Zentrum der Jugendhilfepolitik vor Ort. Dieser Ausschuss soll alle Grundsatzentscheidungen in Sachen Jugendhilfe treffen. Er hat eine Lobbyfunktion für die Interessen von Kindern, Jugendlichen und Familien. Sein zentraler Auftrag besteht darin, positive Lebensbedingungen und für junge Menschen und ihre Familien sowie eine kinder- und familienfreundliche Umwelt zu erhalten oder zu schaffen (vgl. § 1 SGB VIII). Mit einem gegenüber anderen Ausschüssen der Kommunalverwaltung deutlich erweiterten Handlungsspielraum und einer anderen Zusammensetzung (2/5 freie Träger: Jugendverbände, Wohlfahrtsverbände, Religionsgemeinschaften, Vereine; 3/5 Vertreter des Kommunalparlaments) nimmt der Jugendhilfeausschuss eine einmalige Sonderstellung innerhalb der Gebietskörperschaft wahr. Vorgänger des Jugendhilfeausschusses war der Jugendwohlfahrtsausschuss (Jugendwohlfahrtsgesetz) bis zum In-Kraft-Treten des neuen Jugendhilfegesetzes 1990.

Jugendhilfeplan

Aufgabe des Jugendhilfeausschusses nach § 71ff. SGB VIII zur Interessenvertretung von Kindern/Jugendlichen und jungen Erwachsenen mit ihren Familien und Weiterentwicklung der Jugendhilfe unter frühzeitiger Beteiligung der freien Träger, üblicherweise aufgeteilt in Bestandsaufnahme, Zieldefinition und Bedarfsermittlung sowie durch Finanz- und Personalplanung ergänzt.

Kinder- und Jugendarbeit

Diese soll als eigener Bildungsbereich neben Familie und Schule jungen Menschen Angebote zur Förderung Ihrer Entwicklung machen, an ihren Interessen anknüpfen, von ihnen bestimmt und mitgestaltet werden, zur Selbstbestimmung befähigen, zu gesellschaftlicher Mitverantwortung und sozialem Engagement anregen und hinführen (§ 11 Abs. 1 SGB VIII). Formen der Kinder- und Jugendarbeit sind: Kinder- und Jugendgruppen (Jugendverbände), Kinder- und Jugenderholung, Jugendberatung, Jugendeinrichtungen/Treffs/Zentren (Offene Kinder- und Jugendarbeit), Jugendfahrten, Kinder- und Jugenderholung, Seminare, Mobile Jugendarbeit usw. Die Leistungen der Kinder- und Jugendarbeit werden von öffentlichen und freien Trägern der Jugendhilfe, insbesondere auch von den Jugendverbänden bereitgestellt.

Kinder- und Jugendhilfegesetz (KJHG, SGB VIII)

Das Kinder- und Jugendhilfegesetz ist Bestandteil der Sozialgesetzgebung und als SGB VIII verfasst. Die Länder erlassen zu diesem Bundesgesetz Ausführungsgesetz die z.B. Förderungen festlegen, etwa das GTK (Gesetz über Tageseinrichtungen für Kinder in Nordrhein-Westfalen) oder der Landesjugendplan (auch NRW als Fördergesetz der Jugendarbeit). Das SGB VIII regelt in seinen zentralen Kapiteln Leistungen und Aufgaben der Jugendhilfe, Träger der Jugendhilfe, deren Zusammenarbeit und die Gesamtverantwortung, zentrale Aufgaben, Zuständigkeiten usw. Wesentliche Neuerungen gegenüber dem Jugendwohlfahrtsgesetz sind u.a.:

- Leistungen und andere Aufgaben der Jugendhilfe werden noch stärker dem kommunalen Jugendamt übertragen
- Leistungsberechtigte können zwischen Einrichtungen und Diensten verschiedener Träger wählen
- Ausländer sind stärker in die Leistungen der Jugendhilfe einbezogen

Glossar   *233*

- Die Beteiligung von Kindern wird ausdrücklich festgeschrieben
- Die unterschiedlichen Lebenslagen von Mädchen und Jungen sind zu berücksichtigen
- Ausbau des Beratungsangebotes in Fragen von Partnerschaft, Trennung und Scheidung
- Seelisch Behinderte werden einbezogen
- Ausbau eines differenzierten Kataloges von ambulanten und stationären Hilfen zur Erziehung
- Erstellung eines Hilfeplanes wird festgeschrieben
- Hilfe für junge Volljährige (bis zur Vollendung des 21. Lebensjahres) werden aufgenommen
- Ein spezieller Datenschutz wird im Kinder- und Jugendhilfegesetz vorgesehen
- Den Arbeitsgemeinschaften (z.B. für Jugendarbeit) wird eine eigene Grundlage geschaffen
- Die Jugendhilfeplanung ist das verbindliche Steuerinstrument der Jugendhilfe

Mit der Einfügung des Elementes Förderung wird der spezifische Zweck des Gesetzes nachdrücklich herausgestellt: Generelle Förderung der jungen Menschen als positive Leistungspflicht neben dem staatlichen Wächteramt, das in § 1 Abs. 2 SGB als schützende Form staatlichen Handelns für Kinder und Familie statuiert ist. Förderungen bezwecken vor allem die Angebote der

- § 11ff. (Jugendarbeit, Jugendsozialarbeit, erzieherischer Kinder- und Jugendschutz)
- § 16ff. (Förderung der Erziehung in der Familie)
- § 22ff. (Förderung von Kindern in Tageseinrichtungen und Tagespflege)

Sie verpflichten zum Teil als Kann-Vorschriften mit freiem pflichtgemäßem Ermessen, überwiegend aber als Soll-Vorschriften mit gebundenem Ermessen und zum Teil als Rechtsansprüche, die Träger der öffentlichen Jugendhilfe zu entsprechenden, auch finanziellen Leistungen.

Die Kooperation mit Schulen und anderen Institutionen wird für die Jugendhilfe in §81 geregelt. Jugendhilfe ist zur Zusammenarbeit verpflichtet „mit anderen Stellen und öffentlichen Einrichtungen, deren Tätigkeit sich auf die Lebenssituation junger Menschen und ihrer Familien auswirkt ..." (§ 81 SGB VIII). Dazu zählen an erster Stelle die Schulen.

Konzeptionen in der Jugendhilfe

sind Konzepte, die von den Fachkräften für ihren institutionellen Handlungszusammenhang konkretisiert werden. Die Entwicklung einer Konzeption muss unter Berücksichtigung der Rahmenbedingungen, der Erwartungen der verschiedenen Beteiligten und der verfügbaren Ressourcen einer Einrichtung erfolgen. Im Unterschied zum Konzept umfasst also die Konzeption *zusätzlich* zu wissenschaftlichem Erklärungswissen, Wertwissen und Verfahrenswissen auch das *institutionelle* und *politische* Zustandswissen und das persönliche Erfahrungswissen der Fachkräfte vor Ort (vgl. Heiner u.a.1998). ....

Eine (ausgehandelte) Konzeption bildet die Basis für das methodische Handeln. Sie sollte Aussagen darüber enthalten, welchen Zielgruppen welche Leistungen mit welchen Zielen, welchen Arbeitsformen und welchen wünschenswerten Wirkungen angeboten werden sollen und wie und mit welchen Aufgaben welche Organisationseinheiten (Fachkräfte, Verwaltung, Hilfskräfte) zusammenarbeiten....

Landesjugendämter

Im SGB VIII sind neben Jugendämtern und freien Trägern – die unmittelbar Leistungen für Kinder, Jugendliche und deren Familien erbringen – auch Landesjugendämter als überörtliche Träger der Jugendhilfe vorgeschrieben. Die Landesjugendämter sind in den Bundesländern unterschiedlich organisiert, etwa als staatliches Landesjugendamt, als Abteilung eines Ministeriums oder in kommunaler Organisation sowie in Nordrhein-Westfalen oder Baden-Württemberg, wo die Landesjugendämter Bestandteile von Landschaftsverbänden bzw. Landeswohlfahrtsverbänden sind. Die Landesjugendämter unterstützen kommunale Jugendämter und freie Träger durch Beratung und Fortbildung der dort beschäftigten MitarbeiterInnen, durch finanzielle Förderung (im Auftrag der obersten Jugendbehörden/Länder). Ferner sind den Landesjugendämtern die Aufgaben der sogenannten Heimaufsicht über

Kindergärten und Heime übertragen. Dies dient dem Zweck des Schutzes von Kindern und Jugendlichen in Einrichtungen. Bei der weit überwiegenden Zahl seiner Aufgaben haben die Landesjugendämter keine sogenannten hoheitlichen Funktionen gegenüber den Jugendämtern und freien Trägern und können diesen auch keine Weisungen erteilen. Vielmehr bieten die Landesjugendämter Leistungen an, die Jugendämter und freie Träger auf freiwilliger Basis in Anspruch nehmen können. Zentrale Produkte der Landesjugendämter sind: Beratung, Fortbildung, Förderung, Testate (Betriebserlaubnisse für Kindertageseinrichtungen und Heime) sowie Einzelfall- und Fachservice.

Mitwirkung in der Schule

Die Schulmitwirkungsgesetze der Ländern regeln, dass Lehrer, Erziehungsberechtigte und Schülerinnen und Schüler – letztere entsprechend ihrer altersgemäßen Urteilsfähigkeit – über schulische Angelegenheiten informiert, an schulischen Angelegenheiten, Entscheidungen beteiligt werden und selbst Entscheidungen zu treffen haben. Gremien der Schulmitwirkung sind die Schulkonferenz, die Klassenkonferenz, die Lehrerkonferenz und die Schulpflegschaft (Beispiel NRW).

Insbesondere in den Schulformen der Sekundarstufe I und II ist die Mitwirkung der Schülerinnen und Schüler in der Schülervertretung gewährleistet. Die Schülervertretung wirkt mit bei der Förderung von fachlichen, kulturellen, sportlichen, politischen und sozialen Interessen der Schüler. Sie hat das Recht, Probleme des schulischen Lebens sowie Beschwerden allgemeiner Art aufzugreifen, sie mit den an der Schule Beteiligten zu diskutieren und sie über die Schulen den Schulaufsichtsbehörden vorzutragen. .... der Schülervertretung sind der Klassen-, Kurs- oder Jahrgangsstufensprecher, der Schülerrat, der Schülersprecher oder die Schülerversammlung. Ein Verbindungslehrer unterstützt die Schülervertretung bei der Durchführung ihrer Aufgaben. Er kann z.B. auch Kooperationsmöglichkeiten mit außerschulischen Partnern aufzeigen (Beispiel NRW).

Neues Steuerungsmodell

Unter dem Begriff neues Steuerungsmodell versteht man Ansätze und Maßnahmen der Modernisierung öffentlicher Verwaltungen mit dem Ziel, eine unternehmensähnliche dezentrale Führungs- und Organisationsstruktur und damit im Sinne der Nutzer (Kunden) bürgerfreundlichere und effektivere Verwaltungen aufzubauen. Wesentliche Grundlagen sind:

- Klare Verantwortungsabgrenzung zwischen Politik und Verwaltung
- Zielvorgabe durch die Politik
- Führung durch Leistungsabsprachen und Einzeleingriff
- Dezentrale Gesamtverantwortung im Fachbereich
- Zentrale Steuerung neuer Art
- Instrumente zur Steuerung der Verwaltung von der Leistungsseite her und
- Beschränkung der Politik auf die Kontrolle der Erfüllung der Leistungsaufträge

Die Kernelemente dieses Entwicklungsprozesses sind: Die Gestaltungsprinzipien Output-Orientierung, dezentrale Ressourcenverantwortung, Kontraktmanagement, die Prozesse, Budgetierung und Controlling sowie die Instrumentarien Haushaltskassen und Rechnungswesen (HKR) und Kosten- und Leistungsrechnung (KLR). Der Einstieg kann z.B. über die Beschreibung von Produkten erfolgen. Weiterer unverzichtbarer Bestandteil zur Bewältigung der Umwandlungs- und Reformprozesse der Verwaltung ist die *Personalentwicklung*.

Output-Orientierung im Rahmen des neuen Steuerungsmodelles bedeutet, dass die Planung, die Durchführung und die Kontrolle des Verwaltungshandelns strikt an den beabsichtigten und tatsächlichen Ergebnissen orientiert werden.

Ein *Produkt* ist das Endergebnis eines internen Leistungsprozesses, einer für externe oder interne Kundinnen oder Kunden produzierenden Organisationseinheit. Es ist ein Element des neuen Steuerungsmodells, durch das die Verbindung zwischen Input und Output herstellbar ist. Die Einzelaktivitäten der Verwaltung müssen zu einer überschaubaren Anzahl von Leistungspaketen bzw. Produkten zusammengefasst werden.

Das *Leitbild* ist Orientierungshilfe und Wegweiser für den Prozess der Verwaltungsmodernisierung. Das Selbstverständnis einer Organisation, ihre Identität und Zukunftsperspektiven kommen darin zum Ausdruck.

Kontraktmanagement bedeutet Vereinbarungen darüber, welche Leistungen mit welchen (finanziellen, personellen und sächlichen) Ressourcen zu erbringen sind. Vereinbarungen, sogenannte Kontrakte, werden mit unterschiedlicher inhaltlicher Konkretisierung sowohl zwischen Politik und Verwaltung, als auch zwischen den einzelnen Verwaltungsebenen getroffen.

Organisationsentwicklung meint den Umbau von Verwaltungen im Sinne des neuen Steuerungsmodells z.B. die Einrichtungen von Fachbereichen oder die quasi Privatisierung einzelner Bereiche in Stadtbetrieben.

Ein transparentes produktorientiertes und zeitnahes *Berichtswesen* ist ein zentraler Baustein des Controllings. Neben einer finanzwirtschaftlich orientierten Berichterstattung kann es weitere Berichte geben, die strategisch aber auch aktuelle Fragen thematisieren.

Unter *Budgetierung* wird der Prozess im neuen Steuerungsmodell verstanden, in dem Zielvorstellungen und Ressourcenbedarf aufeinander abgestimmt und verbindlich in Budgets festgestellt werden.

Das *Controlling* ist Bestandteil des Führungsprozesses der über Planung und Kontrolle eine zielorientierte Steuerung der Verwaltung ermöglichen soll. Es umfasst die regelmäßige Information der Führungskräfte, die für die Produkte oder ganze Produktbereiche verantwortlich sind. Auf der Grundlage eines zeitnahen Berichtswesens können Aussagen zu Zielfindungs- und Zielerreichungsprozessen getroffen werden.

Dezentrale Ressourcenverantwortung meint das Delegieren von Entscheidungskompetenzen und Verantwortungen für Finanzen, Personal- und Organisation an dezentrale Bereiche (Abteilungen, Dienststellen, Einrichtungen) also weg von der großen Querschnittsabteilung (Kämmerei, Haupt- und Personalabteilung).

Qualitätsdialog (Wirksamkeitsdialog)

ist ein nach § 78 b ff. SGB VIII vorgeschriebener kommunaler Dialog zwischen freien Trägern und kommunalen Jugendämtern. Die gesetzliche Regelung gilt zunächst für die stationäre und teilstationäre Jugendhilfe. Sie sieht vor, dass die kommunalen Spitzenverbände mit den Verbänden der Träger der freien Jugendhilfe und den Vereinigungen sonstiger Leistungserbringer auf Landesebene Rahmenverträge abschließen. Um zu einer *Entgeltvereinbarung* zu kommen (die das finanzielle „Überleben" der Einrichtungen gewährleistet), müssen die freien Träger mit dem öffentlichen Träger der Jugendhilfe zunächst *Leistungsvereinbarungen* und *Qualitätsentwicklungsvereinbarungen* abschließen. Sie legen ihre Leistungsbeschreibungen vor und treffen Vereinbarungen darüber, in welcher Weise sie die in den Leistungsbeschreibungen dargelegten „Qualitätsversprechen" qualitativ und zuverlässig umsetzen und überprüfen. Als Instrument zur Diskussion der Qualität wird ein „Qualitätsdialog" eingeführt. Die Notwendigkeit eines solchen Dialoges begründet sich aus dem Konstrukt-Charakter des Qualitätsbegriffs. Wenn Qualität nichts Feststehendes, sondern als Ergebnis von ausgehandelten Erwartungen und Interessen der verschiedenen Beteiligten zu verstehen ist, muss konsequenter Weise ein solcher Dialog geführt werden. Er muss sich auf die den Leistungen zu Grunde liegenden und je nach Perspektive differenten Werte und Normen beziehen, auf die Kriterien, die zur Beurteilung der Qualität angewendet werden und auch auf die Aussagekraft und Geltung der Indikatoren und die Interpretation der Ergebnisse (vgl. Merchel 1999).

Wenn auch die Offene Kinder- und Jugendarbeit bisher nicht direkt durch die Bestimmungen des neu gefassten § 78 b ff. SGB VIII betroffen ist, zeigt sich doch in Nordrhein-Westfalen eine vergleichbare Entwicklung für dieses Arbeitsfeld. Das Land führt derzeit für die Kinder- und Jugendarbeit den „Wirksamkeitsdialog" ein. Dieser Dialog ist in der Struktur am Vorbild des § 78 b ff. SGB VIII orientiert. Auch hier ist eine wesentliche *Bedingung* für die finanzielle Förderung, dass die Einrichtungen Qualitätsberichte erstellen, die in einem kommunalen Wirksamkeitsdialog erörtert werden.

Qualitätsentwicklung

Ist ein Sammelbegriff für verschiedene Verfahren, die dazu dienen, die Erwartungen der verschiedenen Beteiligten zu erkunden, diese Erwartungen mit Blick auf die vorhandenen Rahmenbedingungen und Ressourcen aufeinander abzustimmen und aus dem Ergebnis dieser Abstimmung verbindliche Qualitätsziele zu entwickeln und diese im weiteren Verlauf umzusetzen (vgl. Meinhold 1996). In der Kinder- und Jugendarbeit bezeichneten wir diese Vorgehensweisen bisher als Konzeptionsentwicklung.

Der Begriff der Qualitätsentwicklung hat durch die Novellierung des § 78 b ff. SGB VIII eine besondere Bedeutung für die Jugendhilfe erhalten. In der Begründung zum Gesetzesentwurf heißt es hierzu: „Der Entwurf verwendet ... nicht den im industriellen Bereich entwickelten Begriff ‚Qualitätssicherung‘, sondern gibt dem Begriff ‚Qualitätsentwicklung‘ den Vorzug. Damit soll einerseits deutlich gemacht werden, dass Qualität in sozialpädagogischen Handlungsfeldern aus einem komplexen Bedingungsgefüge entsteht, in dem verschiedene Faktoren in einer Wechselwirkung stehen und bei denen auch schwer fassbare subjektive Faktoren eine wichtige Bedeutung haben. Aufgrund dieser Komplexität erscheinen sozialtechnische Erwartungsmuster, die darauf abzielen, Qualität durch sorgfältigen Instrumenteneinsatz in den Griff zu bekommen, für das Handlungsfeld Jugendhilfe verfehlt. ‚Qualitätssicherung‘ setzt darüber hinaus eine bereits definierte Qualität voraus. Demgegenüber verfügt der Bereich sozialer Arbeit über kein allgemein anerkanntes Verständnis von Qualität bzw. die dafür maßgeblichen Faktoren. Angemessen erscheint deshalb der Begriff ‚Qualitätsentwicklung‘, der deutlich zum Ausdruck bringt, dass die Sicherung von Qualität im Bereich der sozialen Arbeit ein ständiger Prozess der (Weiter-)Entwicklung ist." (zit. n. Der Paritätische 1998, S. 21).

Qualitätssicherung

bezieht sich auf alle Maßnahmen, die dem Erreichen und Überprüfen der konzeptionellen und der Qualitätsziele dienen (vgl. Meinhold 1996). Es soll also – analog zu Produktionsprozessen in der Industrie – gesichert werden, „das das, was draufsteht, auch drin ist". Die sog. KundInnen sollen also zuverlässig erwarten können, dass die „versprochenen" Leistungen in der beschriebenen und gleichbleibenden Qualität erbracht werden. Als KundInnen sind dabei nicht in erster Linie die Erwartungen der „KlientInnen-KundInnen" (also der Kinder und Jugendlichen), die im Vordergrund stehen, sondern die Erwartungen der „Zuwendungsgeber-KundInnen" (Meinhold 1996). Ein wesentlicher Baustein der Qualitätssicherung ist die Entwicklung eines Dokumentationssystems, mit Hilfe dessen erfasst wird, ob die Tätigkeiten tatsächlich wie vorgesehen erfolgt sind. Mit solchen Aufzeichnungen soll dann „bewiesen" werden, dass die Handlungen auf die Ziele abgestimmt sind.

Nach einer näheren Beschäftigung mit diesen „Zumutungen" haben wir auf die Verwendung des Begriffes der Qualitätssicherung verzichtet, um auch die Konnotation dieses Begriffes zu vermeiden, der unterstellt, es sei möglich, pädagogische Prozesse analog zu technischen Abläufen zu organisieren mit dem Ziel, dass auch „Wirkungen" durch => Technologien" herstellbar seien. Dies fiel uns um so leichter, als auch in der Neufassung des § 78 b ff. SGB VIII auf den Begriff der Qualitätssicherung verzichtet wurde (Qualitätsentwicklung).

Rechtlicher Rahmen des Schulwesens

Das gesamte Schulwesen steht unter Aufsicht der Länder. Grundlegende Fragen des Schulwesens und der Schulverwaltung sind in Schul- und Bildungsgesetzen der Länder geregelt, z.B. in Nordrhein-Westfalen: Schulordnungsgesetz, Schulverwaltungsgesetz, Schulmitwirkungsgesetz, Schulpflichtgesetz, Schulfinanzierungsgesetz. Rechtsverordnungen und Erlasse regeln weitere wichtige Sachverhalte im Zusammenhang mit Schulgestaltung und Schulorganisation. Mit den skizzierten rechtlichen Rahmen werden die Länder ihrer Verpflichtung gerecht innerhalb ihres Gebietes für ihre Bürger gleichwertige schulische Grundlagen zu schaffen.

Schulamt

Das Schulamt ist in NRW und anderen Bundesländern die untere staatliche, d.h. in Trägerschaft des Landes befindliche untere Schulaufsichtsbehörde. Es ist den Organisationsstrukturen der Kreisverwaltungen bzw. der Stadtverwaltungen der kreisfreien Städte zugeordnet. Das Schulamt in NRW nimmt seine Aufsichtsfunktion für die Grund-, Haupt- und Sonderschulen wahr, die Schulformen der Sek.I.u.II. unterliegen der oberen Schulaufsicht (Schulabteilungen der Bezirksregierungen).

Schulaufsicht

Das gesamte Schulwesen steht unter Aufsicht der Länder. Schulaufsicht umfasst Dienst- und Fachaufsicht sowie Förderung und Pflege des Schulwesens. Aufgabe der Schulaufsicht ist es, die pädagogische Selbstverantwortung zu pflegen und die Beteiligten zur Erfüllung ihrer Pflichten anzuhalten. Es sind vielfältige neue Aufgaben in den meisten Bundesländern auf die Schulen zugekommen, bei deren Erledigung Schulaufsicht in beratender Funktion tätig ist. Bezogen auf die Zusammenarbeit zwischen Schule und Jugendhilfe regt Schulaufsicht häufig die erforderlichen Kontakte an und lädt die Beteiligten zu ersten Gesprächen über Grundsatzfragen ein. Sie organisiert entsprechende Maßnahmen der Lehrerfortbildung auf lokaler Ebene und evtl. auch gemeinsame Veranstaltungen zwischen Schule und Jugendhilfe und regt die Teilnahme von Lehrkräften an bezirks- oder landesweiten Veranstaltungen an. Auf diese Weise setzt Sie sich im Rahmen der Personalentwicklung für Kooperationswillige und fähige Lehrkräfte ein und fördert deren fachliche Weiterentwicklung auch im Interesse der jeweiligen Schule. Die Schulaufsicht ist in den Bundesländern unterschiedlich organisiert. Sie differenziert sich etwa in Nordrhein-Westfalen auf drei Stufen:

- Das Ministerium für Schule und Weiterbildung, Wissenschaft und Forschung als Schulaufsichtsbehörde
- Bezirksregierungen als obere Schulaufsichtsbehörde
- Schulämter in den Kreisen und kreisfreien Städten als untere Aufsichtsbehörde.

Die Schulämter sind in der Regel Ansprechpartner der Jugendhilfe. Für Real-, Gesamtschulen sowie für Gymnasien und Berufskollegs liegt die Schulaufsicht bei den Bezirksregierungen (obere Schulaufsicht).

Schulausschuss

Gemäß Gemeindeordnung NRW ist in jeder Gemeinde/in jedem Kreis ein Schulausschuss einzurichten, der sich mit die Fragen des örtlichen Schulwesens zu befassen hat. Dazu gehören Finanzfragen (Finanzierung von Schulbauten und Sachausstattung der Schulen) und Personalangelegenheiten (kommunales Personal wie Hausmeister, Reinigungskräfte, Entscheidung bei der Besetzung von Schulleiterstellen). In einigen Städten/Kreisen tagen Schul- und Jugendhilfeausschuss gemeinsam. Der Schulausschuss wird von Mitgliedern des Rates bzw. des Kreistages, sachkundigen Bürgerinnen und Bürgern sowie Vertretern der Schulen und Kirchen besetzt (s. auch „Schulträgerschaft").

Schulisches Förderprogramm „13 plus„ (NRW)

Mit diesem Programmm soll in NRW die Schaffung und Sicherung verlässlicher Ganztagsangebote für Kinder und Jugendliche in der Sekundarstufe I erreicht werden. Die Angebote schließen in besonderem Maße Hilfen bei der Hausaufgabenerledigung, die Bereitstellung eines Mittagessens sowie die Ermöglichung von Freizeit-, Kultur- und Sportaktivitäten ein. Die Trägerschaft kann bei der Schule, einer Jugendhilfeeinrichtung oder auch einem gemeinnützigen Verein (z.B. Förderverein) liegen. Anträge auf Fördermittel sind über den Schulträger, also die Gemeinde, zu stellen.

Schulprogramm

In NRW sind die Schulen verpflichtet, ein eigenes Profil zu entwickeln und die damit verbundenen konkreten Grundsätze, Ziele, Schwerpunkte, Vorhaben und Abläufe so bewusst zu planen und transparent zu machen, dass eine möglichst breite Identifikation der an der Schule Beteiligten, größere Effizienz der Arbeit und eine gewisse Unverwechselbarkeit der Schule erzielt wird. Das Schulprogramm gibt also die gültige Leitlinie einer Schule an. Das Schulprogramm ist vergleichbar mit der Entwicklung einer Konzeption für eine Jugendhilfeinrichtung.

Schulträgerschaft

In der Regel sind die Gemeinden verpflichtet Schulen zu errichten und fortzuführen. Schulträger sind zuständig für die Errichtung und Unterhaltung der Schulanlagen, für die Bereitstellung der Lehrmittel und für das Verwaltungspersonal einer Schule. Der Aufgabenkatalog bezieht sich also überwiegend auf sogenannte äußere Schulangelegenheiten, die meist von einem kommunalen Schulverwaltungsamt geregelt werden. Im Rahmen der in vielen Bundesländern vorangetriebenen Kommunalisierung von Schule übernimmt der Schulträger zunehmend neue Funktionen im Rahmen einer erweiterten Schulträgerschaft. Schulträger wirken z.B. bei der Einrichtung von gemeinsamem Unterricht und den sonderpädagogischen Fördergruppen sowohl in räumlich sächlicher Hinsicht, als auch durch die Bereitstellung von helfendem Personal mit, ebenso bei der Umsetzung von besonderen Projekten der Landesregierungen wie z.B. der Schule von „acht bis eins" oder des Programms „Gestaltung des Schullebens und Öffnung von Schule (GÖS) in Nordrhein-Westfalen.

Schulverwaltungsamt

Das Schulverwaltungsamt ist die kommunale Dienststelle, die die Aufgaben des Schulträgers (Kommunen und Kreise) umsetzt, meist im Sinne der „äußeren" Schulangelegenheiten, d.h. der Planung und Instandhaltung der Gebäude und Räume, der Trägerschaft des nicht pädagogischen Personals (Hausmeister etc.). Zunehmend auch im Sinne einer „erweiterten Schulträgerschaft", in der die Schulträger auch unterrichtsbegleitende Massnahmen und Schulentwicklung betreiben (Einrichtung von Schulsozialarbeit, Betreuungsangebote usw.).

Selbstevaluation

ist ein projekthaftes Verfahren zur *kriteriengeleiteten Bewertung* der eigenen Arbeit. Die Wurzel des Wortes Evaluation, das englische „value" ist mit „Wert" zu übersetzen. Unter dem Begriff „valuation" finden wir im Wörterbuch die Bedeutung „Abschätzung, Taxwert". Wer evaluiert, trägt systematisch und schriftlich Daten zusammen und analysiert sie, um den *Wert* eines Sachverhaltes zu ermitteln. Selbstevaluation ist „Forschung in eigener Sache" (Heiner), daher geht man methodisch ähnlich vor wie bei einem *Forschungs*vorhaben: Man entwickelt – je nach Erkenntnisinteresse – eine oder mehrere spezifische Untersuchungsfragen, formuliert Hypothesen über mögliche Zusammenhänge, entwickelt => Kriterien (Maßstäbe) zur Beurteilung der Ergebnisse, beschreibt Indikatoren für die Datenerhebung, entwirft einen Untersuchungsplan, konstruiert mit Blick auf die Indikatoren einen Erhebungsbogen zur Sammlung der entsprechenden Daten und wertet diese nach der Erhebungsphase systematisch und anhand der zuvor festgelegten Bewertungskriterien aus.

Sozialpädagogische Familienhilfe

Eine auf längere Dauer und aktive Mitarbeit angelegte ambulante Hilfe zur Erziehung in der Familie, z.B. durch Betreuung und Begleitung in Erziehungsaufgaben bei der Lösung von Alltagsproblemen, Verwaltung des Haushaltsgeldes, Strukturierung des Tagesablaufes und Organisation von Mahlzeiten, Schulaufgabenhilfe und anderem mehr. Ziel ist die Hilfe zur Selbsthilfe, deshalb ist eine Mitarbeit und das Einverständnis der Familie unerlässlich.

Standards der Jugendhilfe

sind festgelegte Ausprägungsgrade für ausgehandelte Anforderungen (Kriterien) an die Qualität der pädagogischen Arbeit. Standards beschreiben also verlässliche Eigenschaften von Mitteln, Personen und Verfahren. Mit Hilfe der so konkretisierten Ausprägungen der Kriterien kann man z.B. den Grad der Zielerreichung oder den Wirkungsgrad beurteilen. Es ist auch üblich, Minimal- und Maximalstandards zu formulieren und sie anhand von Einschätzskalen zu positionieren. Standards können ebenso wie Kriterien für alle Qualitätsdimensionen (Ergebnis, Prozess, Struktur) beschrieben werden. Auch Standards werden üblicherweise politisch ausgehandelt, wobei es hilfreich sein kann, „fachliche Standards" in die Verhandlungen um Qualität einzubringen.

Subsidiaritätsprinzip

Das Subsidiaritätsprinzip ist ein wichtiger Grundsatz im Verhältnis zwischen den verschiedenen Körperschaften der kommunalen Selbstverwaltung: Für die Leistungen gegenüber den Bürgerinnen und Bürgern ist zunächst die kleinste Einheit, also die kreisangehörige Gemeinde oder Stadt zuständig. Nur wenn sie aus finanziellen oder organisatorischen Gründen dazu nicht in der Lage ist, gibt sie die Aufgaben an den nächstgrößeren Partner ab.

Tagesbetreuung

Möglichkeit, ein Kind unter 14 Jahren in einer anderen Familie, bei einer Tagesmutter, einem Bereitschaftsdienst oder einer Einrichtung zeitweilig betreuen zu lassen.

Tageseinrichtungen für Kinder

Z.B. Krippe, Krabbelstube, Kindergarten, altersgemischte Gruppe und Hort. Etwa 60% des Haushalts eines örtlichen Jugendamtes werden für den Neu-, Aus- und Umbau sowie die laufenden Betriebskosten von Tageseinrichtungen für Kinder verwandt. Diese Kosten beziehen sich auf neue Kindergärten, altersgemischte Gruppen und Horte. Besonderen Wert wurde im Ausbauprogramm (1992 bis 1995) und im Anschlussprogramm (1996 bis 1998) auf eine möglichst einheitliche Versorgung mit Kindergartenplätzen in allen Jugendamtsbezirken gelegt (90% aller Kinder zwischen 3 und 6 Jahren sollen einen Kindergartenplatz bekommen).

Träger der Jugendhilfe

Örtlicher Jugendhilfeträger
All zuständige Behörde zum Wahrnehmen von Aufgaben der Jugendhilfe, meist Stadt-/Kreisjugendamt, zum Teil auch in kreisangehörigen Gemeinden (§ 69 SGB VIII) (Gernert 1993, S. 235).

Freie Träger
Jugendhilfe wird überwiegend von nicht staatlichen gemeinnützigen freien Trägern angeboten. Dieses sind auf örtlicher Ebene Jugendorganisationen und Gruppen, Jugendverbände und Initiativgruppen, Wohlfahrtsverbände, Religionsgemeinschaften und andere Vereinigungen und Träger. Neben den anerkannten großen freien Trägern, die auch auf Landesebene anerkannt sind, können auf kommunaler Ebene auch Vereinigungen und Initiativen als Jugendhilfeträger anerkannt werden, wenn sie bestimmte Bedingungen erfüllen (§ 75 SGB VIII).

Anerkannter Träger der Jugendhilfe
Dieser Titel ist ein Gütesiegel der Jugendhilfe. Die Anerkennung spricht der jeweilige Jugendhilfeausschuss aus wenn der Träger nicht auf Landesebene anerkannt ist oder zu den Religionsgemeinschaften gehört, die im SGB VIII bereits als Träger aufgeführt werden. Voraussetzungen für die Anerkennung sind die klare Orientierung an der freiheitlich-demokratischen Grundordnung der Bundesrepublik Deutschland und die eindeutige Zielsetzung im Sinne des Kinder- und Jugendhilfegesetzes.

Wirtschaftliche Jugendhilfe

Meint denjenigen Teil der Jugendhilfe, der sich mit finanzieller Förderung, z.B. einer Wohnungsanmiete oder einer Ausbildung befasst.

Autorenverzeichnis

Deinet, Ulrich, Dr., Diplom-Pädagoge, Referent in der Fachberatung Jugendarbeit beim Landesjugendamt Westfalen-Lippe, Münster, Lehrbeauftragter an der Universität Dortmund

Engelking, Gerhard Diplom-Pädagoge, Dipl.-Kulturmanager, Jugendamt Kreis Herford, Leiter des Regionalen Bildungsbüros im Kreis Herford

Gernert, Wolfgang, Prof. Dr. Dr., Landesrat, Leiter des Landesjugendamtes Westfalen-Lippe

Gilles, Christoph, Pädagoge, Diplomsportlehrer, Leiter des Sachgebietes Jugendhilfeplanung, Fortbildung und Modellförderung im Landesjugendamt Rheinland, Köln

Heukeroth, Helga, Lehrerin, Stellv. Schulleiterin am Ricarda-Huch-Gymnasium in Hagen

Höfer, Christoph, Lehrer, Schulamtsdirektor im Schulamt für den Kreis Herford

Kesberg, Edith, Dipl.-Sozialpädagogin, wissenschaftliche Angestellte im Sozialpädagogischen Institut des Landes Nordrhein-Westfalen, Köln

Klees-Möller, Renate, Dr., Diplom-Pädagogin, Mitarbeiterin am Essener Kolleg für Geschlechterforschung (Universität GH Essen).

Kreuznacht, Hartmut, Diplom-Pädagoge, Diplom-Sozialarbeiter, Leiter Soziale Dienste, Jugendhilfeplaner, stellvertr. Leiter des FB Jugend und Familie der Stadt Coesfeld, nebenberufl. Dozent am Fachseminar für Altenpflege in Dülmen

Knauer, Raingard, Prof. Dr., Hochschullehrerin an der Fachhochschule Kiel, Fachbereich Sozialwesen

Kreis, Sandra, Diplom-Pädagogin, Mitarbeiterin des Fachbereichs Wohnungslosenhilfe beim Diakonischen Werk Mönchengladbach e.V.

Niemeier, Helmut, Diplom-Pädagoge, Rektor der Hauptschule am Eppmannsweg in Gelsenkirchen, Eppmannsweg 34, 45896 Gelsenkirchen

Schaefer, Hans Peter, Leiter des Sachgebietes Jugendarbeit, Jugendsozialarbeit, FÖJ im Landesjugendamt Rheinland, Köln

Stopp, Achim, Diplom-Pädagoge und Familientherapeut, Fachbereichsleiter der Tagesgruppen im Jugendhilfe-Verbund der Bergischen Diakonie Aprath

Sturzenhecker, Benedikt, Dr., Diplom-Pädagoge, Supervisor (DGSv), Referent in der Fachberatung Jugendarbeit beim Landesjugendamt Westfalen-Lippe

Szlapka, Mario, Diplom-Sozialwissenschaftler, Geschäftsführer und Projektleiter im Institut für Sozialplanung und Organisationsentwicklung – INSO – e.V.

Treichel, Martin, Lehrer, Dezernent in der Schulaufsicht bei der Bezirksregierung Arnsberg

Jugendarbeit auf dem Land
Konzepte und Erfahrungen

Ulrich Deinet
Benedikt Sturzenhecker (Hrsg.)
Jugendarbeit auf dem Land
Ideen, Bausteine und Reflexionen
für eine Konzeptentwicklung
2000. 256 Seiten. Kart.
44,– DM/41,– SFr/321 ÖS
ISBN 3-8100-2715-4

Jugendarbeit auf dem Land ist nicht länger „hinter dem Mond".
Hier werden qualifizierte neue Arbeitsweisen entwickelt und erfolgreich umgesetzt.
Dieses Buch stellt solche Konzepte und Erfahrungen vor und hilft, den Charakter von Jugend und Jugendarbeit auf dem Land zu klären.
Es unterstützt Fachkräfte und Aktive, ihre Arbeit wertzuschätzen und weiterzutreiben. Ein gegenseitiges Lernen und Verstehen wird möglich.
Dazu werden innovative Konzepte, praktische Ideen und Reflexionsmöglichkeiten vorgestellt, wie z.B. „Jugendpflege-Leasing", Förderung von Bauwagentreffs, Jugendbeauftragte in den Gemeinden, Arbeit mit jugendlichen Aussiedlern, Mädchenarbeit auf dem Land und Jugendpartizipation.

Aus dem Inhalt:
Sozialräumliche Jugendarbeit in der Region – Geschichte der Jugendarbeit auf dem Lande – Jugend im regionalen Dorf – Professionalität und Landjugendarbeit – Mädchenarbeit auf dem Land – Jugendpflegeleasing – Jugendtreff im Bauwagen – Kulturarbeit im ländlichen Raum – Kommunale Jugendpolitik und Gemeinde-Jugendarbeit – Jugendpartizipation – Jugendhilfeplanung in ländlichen Regionen

■ **Leske + Budrich**
Postfach 30 05 51 . 51334 Leverkusen
E-Mail: lesbudpubl@aol.com . www.leske-budrich.de

Das Referenzwerk zur Jugend in Deutschland

**Jugendwerk der Deutschen Shell (Hrsg.)
Jugend 2000**

Die 13. Shell Jugendstudie 2000. 891 Seiten. Kart.
Zwei Bände. Zusammen im Schuber
29,80 DM/27,50 SFr/218 ÖS
ISBN 3-8100-2579-8

Die Autorinnen und Autoren:
Arthur Fischer, Yvonne Fritzsche, Werner Fuchs-Heinritz, Richard Münchmeier

Renate Blank, Wolfgang Bauer, Alexandra von Streit

■ Die Themen:
- ■ Zukunftsorientierungen
- ■ Werte
- ■ Religion
- ■ Modernes Leben
- ■ Das Verhältnis zwischen deutschen und ausländischen Jugendlichen
- ■ Jugend und Politik
- ■ Jugendliche im Osten – Jugendliche im Westen
- ■ Deutschlandbild
- ■ Europa
- ■ Mädchen und Jungen

Erste Reaktionen der Presse:

„(...) Leitfaden durch die komplexe Wirklichkeit dieser Generation 2000 (...). Die inzwischen 13. Shell-Studie (...) bietet einen einzigartigen Schatz von Daten aus der Welt der 15-24-Jährigen."
Der SPIEGEL

„... sind diese fast 900 Seiten nicht nur der aufwendigste, sondern auch aufschlussreichste Jugendreport."
Reinhard Kahl, die tageszeitung

www.leske-budrich.de

leske + budrich
Leske + Budrich · Postfach 30 05 51 · 51334 Leverkusen
Tel.: 02171/4907-0 · Fax: 02171/4907-11 · E-Mail: lesbudpubl@aol.com